Dagmar Felix, Sören Deister

Das Sozialrechtsfallbuch IV

Sozialrecht und Sozialpolitik in Europa

Schriftenreihe der
Forschungsstelle für Sozialrecht und Sozialpolitik
an der Fakultät für Rechtswissenschaft
der Universität Hamburg

herausgegeben von

Gerhard Igl (Hamburg)
und
Dagmar Felix (Hamburg)

Band 46

LIT

Dagmar Felix, Sören Deister

Das Sozialrechtsfallbuch IV

LIT

Gedruckt auf alterungsbeständigem Werkdruckpapier entsprechend
ANSI Z3948 DIN ISO 9706

Bibliografische Information der Deutschen Nationalbibliothek
Die Deutsche Nationalbibliothek verzeichnet diese Publikation in der Deutschen Nationalbibliografie; detaillierte bibliografische Daten sind im Internet über http://dnb.dnb.de abrufbar.

ISBN 978-3-643-14944-2 (br.)
ISBN 978-3-643-34944-6 (PDF)

Verlagskontakt:
Fresnostr. 2 D-48159 Münster
Tel. +49 (0) 2 51-62 03 20
E-Mail: lit@lit-verlag.de https://www.lit-verlag.de

Auslieferung:
Deutschland: LIT Verlag, Fresnostr. 2, D-48159 Münster
Tel. +49 (0) 2 51-620 32 22, E-Mail: vertrieb@lit-verlag.de

Inhaltsverzeichnis

A. Einführung

Es ist soweit – das Sozialrechtsfallbuch IV ist endlich fertig! Nachdem seine drei Vorgänger schnell vergriffen waren, haben wir uns entschlossen, an den bisherigen Erfolg anzuknüpfen und vor allem dem Wunsch der Studierenden nach einem weiteren „neuen Buch mit ganz neuen Fällen" nachzukommen.

An sozialrechtlichen Lehrbüchern fehlt es bekanntermaßen nicht. Die Spanne der vorhandenen Literatur reicht von eher schlicht gehaltenen Überblicksdarstellungen, die allenfalls einen ersten Einblick in das Sozialrecht vermitteln, bis hin zu auch wissenschaftlich anspruchsvollen Werken, die manche Studierende selbst in der Phase der Examensvorbereitung jedenfalls in Teilen noch überfordern dürften. Unsere Studierenden haben sich aber etwas anderes gewünscht: Aktuelle Aufgabenstellungen aus den verschiedensten examensrelevanten Bereichen des Sozialrechts mit vollständig ausformulierten Lösungshinweisen – das sollte es sein. Das vorliegende vierte „Sozialrechtsfallbuch" schließt insoweit eine Lücke in der sozialrechtlichen Ausbildungsliteratur. Es behandelt die wichtigsten Themen des Sozialversicherungsrechts und des Existenzsicherungsrechts in Form von Fallbearbeitungen, wie sie im Rahmen der universitären Abschlussprüfung gefordert werden.

Nun sind Fallbücher auch im Sozialrecht keine Neuheit – allerdings ist das vorliegende Werk wieder in ganz besonderem Maße an den Wünschen und Bedürfnissen der Studierenden ausgerichtet. Neben dem Versuch, alle prüfungsrelevanten Bereiche nicht nur des materiellen Sozialrechts, sondern auch des Verfahrensrechts und des gerichtlichen Verfahrens abzubilden, stehen Art und Weise der Falllösungstechnik und die damit verbundenen Fragen der Darstellung und Formulierung im Mittelpunkt. Denn auch wer den Stoff fachlich beherrscht, offenbart in der Prüfung häufig Schwächen. Diese betreffen die Darstellung des materiellen Rechts, vor allem aber auch die Prüfung der Zulässigkeit eines Rechtsbehelfs. Selbst eher einfach anmutende Aspekte – wie etwa die Prüfung der Eröffnung des Sozialrechtswegs – bereiten den Studierenden sprachlich häufig erstaunliche Probleme. Das mag sicherlich der fehlenden Übung in einem leider zumeist noch immer eher kommunikationsarmen Studiengang geschuldet sein, wirkt sich aber eben doch erheblich auf die Bewertung einer schriftlichen Examensleistung aus. In diesem Buch finden sich vollständig ausformulierte Lösungen der einzelnen Fälle – an ihnen können sich Studierende sowohl in Hausarbeiten wie auch Klausuren orientieren und damit Fehler vermeiden, die die Bewertung der Leistung zwangsläufig mindern müssen. Und auch für die Vorbereitung auf die mündliche Prüfung ist das Werk geeignet – die Fälle lassen sich in kleinen Arbeitsgruppen präsentieren und diskutieren.

Dass der mit den Sozialrechtsfallbüchern gegangene Weg erfolgreich ist, zeigen uns die Prüfungsarbeiten der letzten Jahre; das sprachliche und darstellerische Niveau ist in beeindruckender Weise gestiegen.

Das Niveau der ausgewählten Fälle ist durchweg anspruchsvoll. Einzelne Fälle sind eher umfangreich geraten und würden im „echten" Examen nur in Teilen zur Bearbeitung gestellt werden. Insoweit handelt es sich zugleich um ein echtes „Lernbuch" im klassischen Sinne, das aktuelle Probleme des Sozialrechts aufgreift und in Form von Fallbearbeitungen aufbereitet. Zu den spezifischen Fragestellungen der einzelnen Fälle finden sich weiterführende Hinweise auf Literatur und Rechtsprechung, aber auch Aufbau und Darstellung werden gesondert erläutert, wenn dafür Bedarf besteht.

Das Buch soll deutlich machen, dass es nicht um die Beherrschung eines – gerade im Sozialrecht schier unendlichen – Detailwissens geht; vielmehr zielt die wissenschaftliche Befassung mit der Materie auf grundlegende verfassungs- und gemeinschaftsrechtliche Fragestellungen ab. Es geht aber auch um eine dogmatische Auseinandersetzung mit einem Rechtsgebiet, das gerade in den letzten Jahren als wichtiges Referenzgebiet des Allgemeinen Verwaltungsrechts erkannt worden ist und zudem eine ökonomische Bedeutung hat, die sich in kaum einem anderen Rechtsgebiet finden lassen dürfte. Es sollte im Examen nicht um sozialrechtliches Expertenwissen gehen; wichtig ist vielmehr die Fähigkeit, mit soliden sozialrechtlichen Kenntnissen und dem methodischem Grundlagenwissen die besonderen Probleme des Sachverhalts zu erkennen, zu bearbeiten und einer gut begründeten Lösung zuzuführen.

Vorangestellt ist den insgesamt 18 Fällen wiederum ein Allgemeiner Teil, in dem neben grundlegenden Aspekten der Fallbearbeitung immer wieder auftretende Fragen der Prüfung der Zulässigkeit eines Rechtsbehelfs besprochen werden, um wiederholte Erläuterungen im Rahmen der Falllösungen selbst zu vermeiden. Dabei geht es unter anderem um die Besonderheiten, die das Sozialrecht vom sonstigen Öffentlichen Recht unterscheiden. Als Beispiel sei hier nur das Klagesystem des Sozialgerichtsgesetzes genannt, das Studierende mit ihren Vorkenntnissen des Öffentlichen Rechts durchaus zu irritieren vermag.

Eine sinnvolle Arbeit mit diesem Buch könnte wie folgt aussehen: Versuchen Sie die Fälle auf der Grundlage der Ihnen im Examen zur Verfügung stehenden Hilfsmittel eigenständig und in der vorgegebenen Zeit von fünf Zeitstunden zu lösen. Erst dann sollten die Lösungshinweise durchgearbeitet werden, um eine Kontrolle der eigenen Leistung vornehmen zu können, aber auch um neue Erkenntnisse zu gewinnen. Die Fälle bauen nicht aufeinander auf, können also völlig unabhängig voneinander gelöst werden. Den jeweiligen Lösungshinweisen ist eine thematische Einordnung der jeweiligen Aufgabenstellung vorangestellt; hier wird benannt, um welche materiell-rechtlichen Probleme es geht. Auf diese Weise ist es möglich, etwa gezielt eine Klausur zum Recht der gesetzlichen Krankenversicherung zu lösen oder die für den einstweiligen Rechtsschutz maßgeblichen Normen in einer konkreten Aufgabenstellung zu bearbeiten. Am Ende einer jeden Fallbearbeitung finden Sie noch einmal die Gliederung der Lösung, um so einen besseren Überblick über den Aufbau zu gewährleisten.

Da das Buch insbesondere bei der Erstellung von Klausuren, aber auch der häuslichen Schwerpunktarbeit Hilfe bieten soll, finden sich im Allgemeinen Teil auch ausführliche Hinweise zu den formalen Vorgaben einer solchen Arbeit.

Erstmals erscheint das Sozialrechtsfallbuch unter dem Namen Felix/Deister. Sören Deister hat schon als studentische Hilfskraft am Lehrstuhl gearbeitet und später an der Universität Hamburg promoviert. Nach Abschluss des Referendariats ist er zur Wissenschaft zurückgekehrt – und hat das vorliegende Werk mit mir zusammen konzipiert.

Unterstützt wurden wir bei dem Projekt erneut von allen wissenschaftlichen Mitarbeiterinnen und Mitarbeitern sowie den studentischen Hilfskräften. Sie alle haben – die besondere Zielsetzung des Buches vor Augen – bei der Bearbeitung der Fälle mitgewirkt und zahlreiche hilfreiche Hinweise zur Verbesserung des Buches gegeben. Das Ergebnis der monatelangen Diskussionen und Überarbeitungen liegt nun den Studierenden zur Bearbeitung vor.

Wir möchten – der Einfachheit halber in alphabetischer Reihenfolge – für ihr Engagement bei der Bearbeitung der Fälle sehr herzlich danken: Victoria Behrendt, Lena Frerichs, Sebastian Krauß, David Neth, Nina Tzankoff, Dorothea Wasner und Lara Wendland.

Wir alle haben gemeinsam bei der Erstellung des Buches noch einmal sehr viel gelernt!

Ganz besonderer Dank gebührt aber auch Prof. Dr. Thomas Flint, Richter am Bundessozialgericht, der den sozialrechtlichen Schwerpunkt an der Universität Hamburg als

Lehrbeauftragter für das Existenzsicherungsrecht seit vielen Jahren bereichert hat und seit dem Jahr 2020 den akademischen Titel „Professor" führen darf. Er hat vor allem die Hinweise im Allgemeinen Teil dieses Buches aus Sicht des Praktikers ergänzt.

Erwähnt sei aber auch Dr. Christian Grube, ehemals Vorsitzender Richter am Verwaltungsgericht und nunmehr als Rechtsanwalt tätig, der auch nach seinem Wegzug nach Bayern noch immer erhebliche Prüfungslasten trägt und in den vielen Jahren unserer Zusammenarbeit manch gute Idee für eine Aufgabenstellung hatte. Auch er ist häufiger Ansprechpartner für uns aus der Wissenschaft – und er ist nie eine überzeugende Antwort schuldig geblieben.

Ohne sie alle wäre das Sozialrechtsfallbuch IV nicht das, was es ist.

Danken möchte ich aber auch Heike Jansen und Victoria Behrendt für die Unterstützung bei der Erstellung des Manuskripts sowie allen studentischen Hilfskräften – auch den in der Entstehungsphase des Buchs neu hinzugekommenen (Johanna Berkowitz, Anna Yifei Guo und Jule Söderblom) – für die Korrekturarbeiten.

Für Kritik, Anregungen und Fragen sind wir dankbar. Wenden Sie sich gerne unter dagmar.felix@uni-hamburg.de oder soeren.deister@uni-hamburg.de direkt an uns!

Dagmar Felix und Sören Deister

Hamburg, im Mai 2021

B. Allgemeine Hinweise zur erfolgreichen Erstellung von Klausuren und Hausarbeiten

An einführenden Werken, die Studierende in die Lage versetzen sollen, einen fiktiven Lebenssachverhalt juristisch überzeugend zu lösen, fehlt es auf dem Büchermarkt nicht. Es ist nicht das Ziel dieses Buches, diese Fragen umfassend ein weiteres Mal zu erörtern. Vielmehr geht es im Folgenden um einige grundlegende Fragen, die Voraussetzung für die erfolgreiche Erstellung einer Klausur oder Hausarbeit sind. Manches davon erscheint so trivial, dass man sich fast scheut, es überhaupt zu erwähnen; manch anderes soll aufzeigen, wo die besonderen Probleme gerade einer sozialrechtlichen Aufgabenstellung liegen können. Schließlich wird so manches, was seit Jahrzehnten überall in Deutschland so und nicht anders gelehrt wird, kritisch hinterfragt.

I. Gründliche Lektüre von Sachverhalt und Bearbeitungsvermerk

Eine erfolgreiche Bearbeitung der Aufgabenstellung setzt immer die gründliche Lektüre des gestellten Sachverhalts und vor allem des Bearbeitungsvermerks voraus. Dabei ist eine Reihe von Aspekten zu beachten. Gerade bei Klausuren ist die Anspannung der Studierenden aufgrund der besonderen Umstände und der empfundenen Zeitnot verständlicherweise oft groß. Das darf Sie allerdings nicht daran hindern, sich auf die Zeilen vor Ihnen zu konzentrieren und die Angaben langsam und gründlich zu lesen. Das bloße Überfliegen des Textes kann die Bearbeitung im schlimmsten Fall völlig unbrauchbar machen. Bei der Lektüre sollten Sie sich keinesfalls von Gedanken wie „Das schaffe ich nie" oder „Ich weiß überhaupt nicht, worum es geht" nervös machen lassen. Aber auch Überlegungen wie „Ach, das Problem kenne ich …" können in die Irre führen. Möglicherweise ist die Fragestellung doch eine ganz andere, oder das vermeintlich bekannte Problem spielt bei der Lösung nur eine ganz untergeordnete Rolle. Hier besteht dann die große Gefahr der falschen Schwerpunktsetzung. Angst vor Unbekanntem sollten Sie auch bei der Bearbeitung einer juristischen Aufgabenstellung nicht haben: Wer schon nervös wird, weil im Sachverhalt ein „Minderheitsgesellschafter" vorkommt, nimmt sich die Chance, das Gelesene im Gesamtkontext zu erfassen und sich an den juristischen Fragestellungen zu orientieren.

Der so genannte Bearbeitungsvermerk ist die entscheidende Richtschnur für das weitere Vorgehen. Er verdient besondere Aufmerksamkeit, weil sich Flüchtigkeitsfehler gerade hier verheerend auswirken können. Wenn etwa nur nach der Begründetheit einer Klage gefragt ist, kostet die Darstellung der Zulässigkeitsfragen jedenfalls wertvolle Bearbeitungszeit – dieser fahrlässige Umgang mit der Aufgabenstellung zieht aber auch Punktabzüge nach sich. Im Idealfall ist der Bearbeitungsvermerk klar formuliert, sodass keine Fragen offenbleiben (Beispiel: „In einem umfassenden Gutachten – gegebenenfalls in einem Hilfsgutachten – sind die Erfolgsaussichten der Klage der A zu prüfen"). Hier mag man sich allenfalls fragen, wie weitgehend eine Prüfung im Hilfsgutachten eigentlich erfolgen soll. Als Richtschnur kann hier gelten: Jedenfalls alle im Sachverhalt angesprochenen Fragen sollten an irgendeiner Stelle der Bearbeitung thematisiert werden. Bei eher vage gehaltenen Formulierungen (Beispiel: „Wie ist die Rechtslage?") ist man gezwungen, die Angaben im Sachverhalt verstärkt miteinzubeziehen. Nur so kann man genau erkennen, um was materiell-rechtlich konkret gestritten wird und ob zusätzlich auch die Frage im Raum steht, welche Rechtsschutzmöglichkeiten gegeben sind. Der sich aus dem Bearbeitungsvermerk ergebende Obersatz führt Sie selbst und die Korrektoren durch die gesamte Klausur und gibt ihr die gebotene Struktur.

II. Die eigentliche Bearbeitung

Bei der Bearbeitung der Aufgabenstellung sind einige wichtige Aspekte zu beachten, die im Folgenden kurz angesprochen werden sollen.

1. Vollständige Bearbeitung der Aufgabenstellung

Im Idealfall werden in der Klausur alle rechtlichen Fragen, die im Sachverhalt angesprochen werden, einer Beantwortung zugeführt. Das setzt naturgemäß voraus, dass der Aufgabensteller Sachverhalt und Bearbeitungsvermerk gut aufeinander abgestimmt hat. Sollte einmal der Fall eintreten, dass sich bei einer strikten Orientierung am Bearbeitungsvermerk bestimmte Aspekte nicht sinnvoll einbringen lassen – man denke etwa an einen Sachverhalt, der eine Vielzahl von prozessualen Fragen aufwirft, aber nur nach der „Begründetheit der Klage" fragt –, hat der Bearbeitungsvermerk absoluten Vorrang. Man mag sich hier einen einleitenden Hinweis wie etwa „Da die Zulässigkeit der Klage trotz der zahlreichen prozessualen Probleme ausdrücklich nicht zu erörtern ist, ist zu klären, ob der Aufhebungsbescheid der DRV Nord vom … rechtswidrig ist und A in ihren Rechten verletzt." nicht verkneifen können – letztlich entscheidet aber der Bearbeitungsvermerk über die folgenden Ausführungen.

Der Bearbeitungsvermerk gibt zwar die Bearbeitung vor, kann Ihnen aber natürlich nicht die Entscheidung darüber abnehmen, wo die jeweiligen Schwerpunkte der Aufgabenstellung liegen. Die Ausführlichkeit der Erörterung einzelner Punkte hängt angesichts der Beschränkung in zeitlicher (Klausur) oder umfänglicher (Hausarbeit) Hinsicht naturgemäß davon ab, wie viele wirklich diskussionswürdige Aspekte der gestellte Sachverhalt insgesamt beinhaltet. Hier helfen nur juristische Intuition und das Gefühl für das Wichtige – beides sind leider Dinge, die sich nur schwer „erlernen" lassen. Bei kritischer und aufmerksamer Lektüre des Sachverhalts und des in Betracht kommenden Gesetzestextes sollten die problematischen Aspekte aber auffallen; und man muss – unabhängig davon, ob man mit diesem Problem jemals im Rahmen der Ausbildung befasst war – bemüht sein, sie ausführlich zu erörtern. Unproblematische Punkte kann und sollte man dagegen knapp ansprechen – ohne dabei allerdings die gebotene Argumentation aus dem Blick zu verlieren. Der Satz „Der Aufhebungsbescheid der DRV Nord ist offensichtlich ein Verwaltungsakt" genügt in dieser Form keinesfalls, auch wenn die Aussage zutreffend ist; völlig ausreichend ist andererseits aber: „Bei dem Aufhebungsbescheid vom 2.1.2021 handelt es sich um eine hoheitliche Maßnahme der DRV Nord als Behörde im Sinne des § 1 Abs. 2 SGB X, die diese auf dem Gebiet des öffentlichen Rechts (SGB VI) getroffen hat und die an A als außerhalb der Verwaltung stehende Person gerichtet ist und eine Rechtsfolge setzt. Ein Verwaltungsakt im Sinne des § 31 Satz 1 SGB X liegt damit vor." Mit diesen zwei knappen Sätzen hat man alle Tatbestandsmerkmale des § 31 SGB X kurz angesprochen und zugleich eine Subsumtion vorgenommen. Wenn sehr wenig Zeit bleibt, weil es sich um eine sehr umfangreiche Aufgabenstellung handelt, und zugleich völlig unstreitig ist, dass ein Verwaltungsakt vorliegt, darf man auch schreiben: „Der Bescheid vom … erfüllt alle Tatbestandsmerkmale eines Verwaltungsakts im Sinne des § 31 Satz 1 SGB X." In diesem Kontext wird im Übrigen auch die Unterscheidung von Urteil- und Gutachtenstil relevant (hierzu unter 4.).

2. Die Arbeit mit und am Gesetz

Grundlage jeder Falllösung ist die Arbeit am Gesetz. Die Aufgabe einer jeden Fallbearbeitung liegt darin, auf der Grundlage der im Sachverhalt enthaltenen Angaben die einschlägigen Vorschriften zu finden und den Sachverhalt entsprechend der rechtsdogmatischen Methodik unter diese Vorschriften zu subsumieren. Nicht ohne Grund „predigen" Ihre Ausbilder Ihnen vom ersten Semester an, dass Sie die einschlägigen Gesetze mitbringen müssen. Ohne Lektüre der maßgeblichen Normen kann man bereits an einer Lehrveranstaltung nicht sinnvoll teilnehmen – und erst recht keine Aufgabenstellung sachgerecht bearbeiten. Man erlebt immer wieder, dass die Studierenden einzelne Probleme durchaus kennen und deren Bearbeitung zwar irgendwie gelernt haben – aber nicht in der Lage sind zu erklären, wieso das Problem überhaupt entsteht und welches Tatbestandsmerkmal welcher Norm hier Fragen aufwirft. Ein „Klassiker" in diesem Kontext ist etwa die viel zitierte „auf- und abdrängende Sonderzuweisung" im Kontext des § 40 Abs. 1 Satz 1 VwGO als Generalklausel für die Rechtswegzuweisung im öffentlichen Recht. Dass die sogenannte „aufdrängende Sonderzuweisung" in § 40 Abs. 1 Satz 1 VwGO überhaupt nicht normiert ist, überrascht Studierende ebenso wie die Erkenntnis, dass die „abdrängende Sonderzuweisung" sehr wohl im Gesetz enthalten ist – und zwar im Wortlaut des § 40 Abs. 1 Satz 1 VwGO („soweit die Streitigkeiten nicht durch Bundesgesetz einem anderen Gericht ausdrücklich zugewiesen sind"). Hier hat die jahrelange Auseinandersetzung mit der Frage der Eröffnung des Rechtswegs den Blick auf die eigentlich maßgebliche Regelung vergessen lassen. Konkret bedeutet das: Jede Norm, die Sie zitieren – und Sie sollten alle maßgeblichen Normen möglichst genau zitieren – ist noch einmal konkret in den Blick zu nehmen, weil man so daran erinnert wird, worauf es in der Bearbeitung ankommt. Wenn also etwa zu klären ist, ob jemand als „Beschäftigter" im Sinne des § 5 Abs. 1 Nr. 1 SGB V anzusehen ist, sind im Rahmen dieser Vorschrift die Tatbestandsvoraussetzungen des § 7 Abs. 1 SGB IV zu erörtern – und diese wiederum geben weitgehend vor, anhand welcher Kriterien die im Sachverhalt enthaltenen Angaben zu prüfen sind. Vor diesem Hintergrund ist es auch nicht akzeptabel, wenn in Hausarbeiten für die direkt im Gesetz enthaltenen Aussagen nicht die maßgeblichen Normen, sondern stattdessen Lehrbücher oder Kommentare zitiert werden.

Die Arbeit am Gesetz ist etwas, was man im Verlauf der juristischen Ausbildung von Beginn an konsequent durchführen muss und auch in späteren Semestern niemals aus dem Blick verlieren darf. Insofern ist es wenig zielführend, in einer Veranstaltung – egal ob Vorlesung oder Arbeitsgemeinschaft – ohne die maßgebliche Gesetzessammlung zu erscheinen. Vieles von dem, was Studierende mühsam auswendig lernen, findet sich bereits im Gesetzestext; bitte betrachten Sie das Gesetz insoweit auch als eine Hilfestellung. Spätestens in der mündlichen Prüfung müssen Sie zudem in der Lage sein, aus möglicherweise völlig fremden Normen zu zitieren; auch das gelingt nur, wenn man das gesamte Studium hindurch mit dem Gesetz gearbeitet hat und sich mit seiner besonderen Sprache vertraut gemacht hat.

3. Die juristische Argumentation

Der Wert einer Klausur oder Hausarbeit hängt ganz entscheidend von der Qualität der Argumentation ab. Jede Aufgabenstellung zielt auf bestimmte rechtliche Fragen ab, die sich unterschiedlich beantworten lassen. Eine „richtige" oder „falsche" Lösung gibt es insoweit nicht – wenn die im Sachverhalt enthaltenen Tatsachen nicht in ihr Gegenteil verkehrt werden und die eigene rechtliche Sichtweise noch mit dem Wortlaut der maßgeblichen Vorschriften vereinbar ist, wird eine gut begründete Lösung als jedenfalls vertretbar gewertet werden – und sei sie auch noch so ungewöhnlich.

Wann aber ist eine Argumentation überzeugend? Zunächst einmal sollten sich alle Ausführungen möglichst eng am Sachverhalt orientieren. Ihre Aufgabe ist es, innerhalb von fünf Stunden eine Klausur zu lösen oder innerhalb von vier Wochen eine Hausarbeit zu erstellen – und die Lektüre Ihrer Bearbeitung muss jedenfalls den Eindruck erwecken, als hätten Sie sich während dieser Zeit gleichsam mit „Leib und Seele“ mit den durch den konkreten Sachverhalt aufgeworfenen Fragestellungen befasst. Das bedeutet zunächst, dass Sie keine abstrakten Ausführungen machen, sondern die Darstellung stets vom Sachverhalt ausgeht. Bereits in der Prüfung der Zulässigkeit einer Klage lässt sich die Aufgabenstellung durchgehend in die Ausführungen aufnehmen. Wer ständig „vom Kläger“ und „vom Verwaltungsakt“ spricht, hinterlässt auch dann den Eindruck einer völlig stereotypen Prüfung, wenn tatsächlich alle wichtigen Aspekte angesprochen werden. Viel überzeugender ist es, von „A“, vom „Bescheid der DRV Nord vom 3.1.2021“ zu sprechen oder sich im Rahmen der statthaften Klageart zu fragen, was konkret A erreichen möchte und wie ihr Antrag gemäß § 123 SGG auszulegen ist.

Schwieriger als die enge Anbindung aller Ausführungen an den konkreten Sachverhalt ist die wirkliche inhaltliche Auseinandersetzung mit den rechtlichen Problemen der Aufgabenstellung. Diese erfordert eine Befassung mit den als problematisch erkannten Aspekten. Dabei sind zwei Konstellationen denkbar. Zum einen kann es sein, dass Sie die Rechtsfrage und ihre Behandlung im Rahmen der Examensvorbereitung bereits kennengelernt haben, weil es sich etwa um eine klassische Streitfrage handelt. In dieser Konstellation wäre es verfehlt, dieses Wissen sofort offenzulegen und mit der vermeintlich „herrschenden Meinung“ zu argumentieren. Diese „herrschende Meinung“ ist ohnehin kein Argument – insoweit sei auf die treffenden Ausführungen von Pilniok in der JuS 2009, S. 394 ff. verwiesen. Es geht um die möglichst vollständige Wiedergabe aller vorgebrachten Argumente; und es ist Ihre Aufgabe, auf dieser Basis eine eigene Stellungnahme abzugeben, die unter Umständen weitere Aspekte einbezieht. Dabei sei an dieser Stelle noch einmal darauf hingewiesen, dass eine auch optisch unterteilte Darstellung in „Meinung 1“, „Meinung 2“, „Meinung 3“ sowie „Eigene Stellungnahme“ zumeist nicht sachgerecht ist. Dieses Vorgehen spiegelt einen notwendigen Arbeitsschritt wider, sollte aber keinesfalls das Endergebnis darstellen. Es geht vielmehr um eine Erörterung am Problem selbst, in deren Rahmen das Pro und Contra der möglichen Auslegung einer Norm anhand der gängigen juristischen Auslegungsmethoden diskutiert wird.

Zum anderen dürfte es nicht selten der Fall sein, dass Sie rechtliche Probleme erkennen, deren Lösung aber zuvor „nicht gelernt“ haben. In diesem Fall gilt das zuvor Gesagte entsprechend – allerdings besteht die zusätzliche Herausforderung darin, sich die Argumente für und wider eine bestimmte Lösung zuerst selbst zu erarbeiten.

4. Gutachten- oder Urteilstil

Große Probleme haben Studierende immer wieder mit der Abgrenzung von Gutachten- und Urteilstil. In der universitären Lehre wird Ihnen von Beginn an immer wieder gesagt, dass Sie die Rechtsfrage, die es zu beantworten gilt, in einem Obersatz formulieren und unter Heranziehung der maßgeblichen Vorschriften im Wege der Subsumtion beantworten sollen. Beispiel: „A hat Anspruch auf ärztliche Heilbehandlung, wenn er Mitglied der gesetzlichen Krankenversicherung ist, der Versicherungsfall eingetreten ist und die Leistungsvoraussetzungen vorliegen.“ Dieser Obersatz enthält eine ganze Reihe von Voraussetzungen, die es anschließend zu erörtern gilt. Nun könnte man denken, dass die gesamte Klausur oder Hausarbeit durchgehend in diesem die juristische Ausbildung prägenden Gutachtenstil zu bearbeiten ist. Dem ist jedoch nicht so – das Ergebnis dürfte schlicht kaum mehr lesbar sein. Ein gelungenes juristisches Gutachten zeichnet sich vielmehr dadurch aus, dass nur die wirklich problematischen Aspekte ausführlich im Gutachtenstil erörtert werden, während Standardfragen, die auch im konkreten Fall keine besonderen Probleme aufwerfen, durchaus im Urteilstil verfasst sein dürfen oder sogar sollten. Dazwischen liegt eine Grauzone, in der Sie beide Stile auch einmal mischen dürfen. Das bereits oben (vgl. B. II. 1.) angesprochene Beispiel macht deutlich, was gemeint ist: Selbstverständlich ließe sich das Vorliegen eines Verwaltungsakts ausführlich im Gutachtenstil erörtern; diese Art der Darstellung, die viele Zeilen und viel Zeit in Anspruch nimmt und den Leser eher langweilen dürfte, ist in einem unproblematischen Fall aber gerade nicht angezeigt. Im Idealfall zeigt bereits die Wahl des Schreibstils, ob gerade eine Selbstverständlichkeit angesprochen oder aber interessante juristische Fragen aufgeworfen werden.

5. Das erforderliche Zeitmanagement

Gerade bei der Bearbeitung einer Fallklausur ist gutes Zeitmanagement unabdingbar. Studierende müssen lernen, wie sie die vorgegebene Zeitdauer von in der Regel fünf Stunden für eine Klausur sinnvoll nutzen. Da die Erfassung des Sachverhalts und des

Bearbeitungsvermerks von maßgeblicher Bedeutung ist, sollte man hierfür ausreichend Zeit einplanen. Sinnvoll ist in jedem Fall die vollständige Lösung des gesamten Falls in Form einer Gliederung mit entsprechenden Stichpunkten; mitunter geraten rechtliche Probleme nämlich erst dann in das Blickfeld des Bearbeiters, wenn man in Gedanken die Falllösung formuliert. Irgendwann hat die Zeit des Nachdenkens jedoch ein Ende – das gewonnene Ergebnis muss schließlich auch zu Papier gebracht werden. Diese Aufgabe ist von zentraler Bedeutung – sehen doch die Korrektoren später nur das schriftliche Ergebnis, während ihnen Ihre sonstigen Überlegungen naturgemäß verschlossen bleiben. Wichtig ist daher auch, dass Sie alle Aspekte, über die Sie länger nachgedacht haben, mit Ihren maßgeblichen Überlegungen tatsächlich zu Papier bringen – denn nichts ist ärgerlicher als die Randbemerkung des Korrektors „Es fehlt das nötige Problembewusstsein“, wenn man sehr wohl lange über die Frage gegrübelt hat, dies aber eben leider in keiner Weise deutlich geworden ist.

Etwas Zeit brauchen Sie zudem für eine Art Endredaktion der Klausur. Es ist hierbei unbedingt zu prüfen, ob keine offensichtlichen Widersprüche innerhalb der Arbeit bestehen. Und selbst die Kontrolle der Vollzähligkeit der abzugebenden Papierbögen braucht Zeit.

Welchen Anteil der fünf Zeitstunden Sie auf welchen Arbeitsschritt verwenden sollten, kann letztlich niemand generell sagen. Das hängt vom Umfang des konkreten Sachverhalts, aber auch von Ihren persönlichen Stärken und Schwächen ab. Es bleibt also nur: Üben, üben und nochmal üben – und die notwendige Routine erwerben.

Für juristische Hausarbeiten gilt im Übrigen nichts anderes. Auch hier bedarf es einer ausreichenden Zeitspanne, um die erforderliche Endkontrolle der Arbeit vornehmen zu können. Tippfehler und Fehler bei der Kommasetzung, die Unvollständigkeit des Literaturverzeichnisses und vieles andere mehr können zu einer schlechteren Bewertung führen, die vermeidbar ist (zu den Formalien vgl. auch unter III.).

Ein abschließender Hinweis sei schließlich noch erlaubt: Verschwenden Sie keine unnötige Zeit mit der Suche nach der vermeintlich „richtigen“ Lösung. Wenn Sie alle Argumente abgewogen haben und die denkbaren Lösungswege gleich überzeugend finden – entscheiden Sie sich einfach für einen dieser Wege. Für die Bewertung der Arbeit ist das gewonnene Ergebnis am wenigsten bedeutsam.

III. Die Beachtung der formalen Vorgaben

1. Allgemeines

Formale Vorgaben sind vor allem bei der Erstellung von Hausarbeiten, aber auch bei der Bearbeitung von Klausuren unbedingt zu beachten.

Bereits die äußere Form der Arbeit kann sich auf die Bewertung auswirken. Bei Klausuren kommt es hier darauf an, dass die Arbeit vollständig ist, die Blätter paginiert sind und die Arbeit möglichst leserlich ist. Dazu beitragen kann eine großzügige Untergliederung mit entsprechendem Platz zwischen den einzelnen Zeilen. Ständige Querverweise und nachträgliche Ergänzungen lassen sich umso eher vermeiden, je besser und vollständiger die Lösung der Aufgabenstellung vor der Niederschrift durchdacht wurde.

Auch wenn die Falllösungen in diesem Buch als Klausurlösungen konzipiert sind und sich dementsprechend keine Fußnoten finden, sollen an dieser Stelle auch die für die Erstellung von Hausarbeiten zentralen Punkte angesprochen werden. Dabei geht es vor allem um die einheitliche Handhabung von Zitierregeln innerhalb einer Arbeit. Über viele Details herrscht auch innerhalb der juristischen Wissenschaft keine Einigkeit; insofern sind die folgenden Ausführungen als sinnvolle Anregung zu verstehen.

Die auf dem Computer auf weißen DIN-A-4 Blättern angefertigte Arbeit sollte ausreichend Raum für Korrekturen lassen (1/3 Rand auf der linken Seite).

Der Bearbeitung wird ein Deckblatt vorangestellt; darauf werden die Bezeichnung der Veranstaltung, der Name des Dozenten, die Bezeichnung der eingereichten Arbeit, Name und Vorname des Bearbeiters, Kontaktdaten und Matrikelnummer sowie das Studienfachsemester vermerkt. Achten Sie schon bei der Gestaltung dieses Deckblatts auf eine ansprechende Gestaltung.

Nach dem Deckblatt folgt die Aufgabenstellung. Diese kann kopiert, aber auch abgetippt und formal an Ihre Lösung angepasst werden – dann allerdings sollten Tippfehler jedweder Form unbedingt vermieden werden.

Sodann werden Gliederung und Literaturverzeichnis eingefügt.

Ein eigenständiges Abkürzungsverzeichnis ist nicht erforderlich, wenn die üblichen Abkürzungen gebraucht werden. Diese lassen sich z.B. dem Abkürzungsverzeichnis von Kirchner (Abkürzungsverzeichnis der Rechtssprache, 9. Aufl. 2018) entnehmen.

Der Sachverhalt, die Gliederung und das Literaturverzeichnis sollten fortlaufend mit römischen Ziffern, der Text der Bearbeitung sollte gleichfalls fortlaufend, jedoch mit arabischen Ziffern, paginiert werden. Auf dem Deckblatt sollte keine Seitenzahl erscheinen, auch wenn es bei der Paginierung mitgezählt wird.

Für den Text beträgt die Schriftgröße in der Regel 12 pt. Als Schriftart sollte eine gängige Schrift gewählt werden. Der Zeilenabstand beträgt 1,5. Bei den Fußnoten sollte die Schriftgröße 10 pt nicht unterschreiten; hier kann der Zeilenabstand 1 betragen. Der Zeichenabstand wird nicht verändert. Sollte die Aufgabenstellung abweichende Vorgaben machen, sind diese zu beachten. Dies gilt auch für Seiten- oder sonstige Umfangsbegrenzungen, die unbedingt zu beachten sind, um Nachteile bei der Bewertung zu vermeiden. Gerade bei der häuslichen Arbeit im Schwerpunktbereich ist eine in der jeweiligen Prüfungsordnung gegebenenfalls enthaltene Begrenzung der zulässigen Zeichen (etwa 50.000 Zeichen für den reinen Text einschließlich Leerzeichen und Fußnoten gemäß § 41 Abs. 6 der Studien- und Prüfungsordnung der Fakultät für Rechtswissenschaft der Universität Hamburg) unbedingt einzuhalten; die Beachtung dieser Vorgaben wird bei der Korrektur mit überprüft.

Die Arbeit schließt mit der eigenständigen Unterschrift ab, durch die der Bearbeiter erklärt, die Arbeit selbständig und ohne unzulässige Hilfsmittel angefertigt zu haben. Die Arbeit wird gebunden oder geheftet.

Zu achten ist unbedingt auf korrekte Rechtschreibung, Grammatik und Zeichensetzung sowie eine ansprechende Gestaltung. Alles andere wird der Leser – zu Recht oder zu Unrecht – auch auf den Inhalt der Arbeit beziehen. Im Literaturverzeichnis und in den Fußnoten sollte besondere Sorgfalt auf die korrekte Schreibweise von Eigennamen verwendet werden.

Sprachliche Fehlleistungen wirken sich auf die Benotung der Arbeit aus.

2. Das Literaturverzeichnis

Im Literaturverzeichnis wird das gesamte zitierte Schrifttum, aber eben auch nur dieses angeführt. Die Angabe von Fundstellen soll es ermöglichen, ein in einer Fußnote enthaltenes Zitat schnell und einfach aufzufinden, um dem Gedanken in der Originalquelle nachgehen zu können. Das Literaturverzeichnis ist dagegen keine Bibliographie zu dem bearbeiteten Thema. Gerichtsentscheidungen, Gesetzes- oder Amtsblätter gehören nicht in das Literaturverzeichnis.

Die verwendeten Schriften werden nach dem Namen des Verfassers bzw. des Herausgebers in alphabetischer Reihenfolge durchlaufend geordnet. Achten Sie in jedem Fall auf Einheitlichkeit und vermeiden Sie Lücken und Ungereimtheiten. Eine Untergliederung nach Monographien, Kommentaren und Aufsätzen ist unüblich; das Gleiche gilt in optischer Hinsicht für eine Darstellung in sichtbarer Tabellenform. In das Literaturverzeichnis werden Monographien, Lehrbücher und Kommentare mit Namen und Vornamen des Verfasser ohne deren akademische Grade aufgenommen. Mehrere Namen bei einem Werk verbindet man mit einem Schrägstrich. Genannt wird zudem der vollständige Titel der Schrift, gegebenenfalls der Band und die Auflage sowie der Erscheinungsort (optional) und das Erscheinungsjahr. Die Angabe des Verlags, in dem das Werk erschienen ist, ist nicht üblich, jedenfalls aber nicht zwingend.

Wenn nicht explizit auf einen Meinungswechsel Bezug genommen werden soll, der sich seit einer vorangegangenen Auflage des Lehrbuchs oder Kommentars vollzogen hat, wird stets die aktuelle Auflage verwendet.

Werden mehrere Schriften desselben Autors im Literaturverzeichnis aufgeführt, entscheidet die chronologische Reihenfolge der Veröffentlichungen („von alt nach neu“). Bei Kommentaren sind die Namen der Bearbeiter im Literaturverzeichnis nicht zu nennen; diese werden erst und nur in der jeweiligen Fußnote angegeben. Kommentare mit Eigennamen (z. B. Kasseler Kommentar Sozialversicherungsrecht) dürfen unter diesem Namen auch im Literaturverzeichnis genannt werden; ebenso möglich ist aber auch die Aufnahme unter dem Namen der Herausgeber. Entscheidend ist immer, dass die in den Fußnoten enthaltenen Angaben sofort im Literaturverzeichnis zu finden sind. Für den Kasseler Kommentar Sozialversicherungsrecht etwa bedeutet das: Wer ihn mit Blick auf die Herausgeber unter „Körner, Anne u.a.“ im Literaturverzeichnis aufnimmt, sollte in der Fußnote nicht „*Seewald* in: Kasseler Kommentar Sozialversicherungsrecht, § 32 SGB I Rn. 1“) schreiben. Denn unter „Kasseler Kommentar Sozialversicherungsrecht“ sucht man dann vergeblich.

Immer wieder zu findende Hinweise auf die Zitierweise („zitiert als ...“) sind in der Regel entbehrlich und wirklich nur dann sinnvoll, wenn es ansonsten zu Missverständnissen kommen könnte.

Beispiele für Literaturangaben von Lehrbüchern, Monographien und Kommentaren im Literaturverzeichnis:

Fuchs, Maximilian/Preis, Ulrich/Brose, Wiebke, Sozialversicherungsrecht und SGB II, 3. Aufl. 2020.

Grube, Christian/Wahrendorf, Volker/Flint, Thomas, SGB XII, 7. Aufl. 2020.

Felix, Dagmar, Konfliktlösungsinstrumente bei dreiseitigen Verträgen und Beschlüssen der Selbstverwaltung im System der gesetzlichen Krankenversicherung, 2018.

Aufsätze sind mit Namen und Vornamen des Verfassers sowie dem vollständigen Titel des Beitrags im Literaturverzeichnis anzuführen. Danach folgt die genaue Bezeichnung der Fundstelle. Bei Zitaten aus gängigen Zeitschriften – und bei den allermeisten handelt es sich um solche – wird die Zeitschrift auch im Literaturverzeichnis abgekürzt zitiert. Nennen sollte man jeweils die erste und letzte Seite des Beitrags. Bei Archivzeitschriften (z.B. AöR) wird zusätzlich zum Jahrgang die Nummer des Bandes angegeben.

Beispiele für Literaturangaben bei Aufsätzen:

Kingreen, Thorsten, Der Gemeinsame Bundesausschuss vor dem BVerfG – Das Tor liegt in der Luft, MedR 2017, S. 8-14.

Festschriften werden unter dem Namen des Autors, nicht des Geehrten oder Herausgebers, im Literaturverzeichnis angeführt. Die Festschrift wird als Fundstelle angegeben.

Beispiel:

Stolleis, Michael, System und Geschichtlichkeit des Sozialrechts, in: Alterssicherung in Deutschland (Festschrift für Franz Ruland zum 65. Geburtstag; herausgegeben von Ulrich Becker u.a.), 2007, S. 123-135.

Auch bei Urteilsanmerkungen wird der Name des Verfassers genannt. Dann folgt „Anmerkung zu“, hierauf die Angabe des zugrunde liegenden Beschlusses oder Urteils, mit dem Datum der Entscheidung und dem Aktenzeichen oder der sonstigen Fundstelle, dann der Name der Zeitschrift, der Jahrgang und die Seitenangaben.

Beispiel:

Felix, Dagmar, Anmerkung zu BSG (Urteil vom 27. 6. 2012 – B 12 KR 17/10 R, SGb 2013, S. 284-287.

Quellen aus dem Internet sind mit downloadfähiger Adresse (URL) und dem Datum anzugeben, an dem diese Seite zuletzt aufgerufen wurde.

Beispiel:

Bundesministerium für Gesundheit, http://www.bmg.bund.de/ministerium/ressortforschung/krankheitsvermeidung-und-bekaempfung.html, zuletzt besucht am 5.8.2018.

3. Die Gliederung

Die Gliederung hat gerade bei Hausarbeiten eine besondere Bedeutung. Der Aufbau und der Gedankengang der Bearbeitung sollten anhand der Gliederung erkennbar sein. Sie sollte jedoch weder eine gekürzte Inhaltsangabe noch ein Vorgriff auf die Ergebnisse der Bearbeitung sein. Damit Korrektoren anhand der Gliederung bereits grob erkennen können, was geprüft wird, sollten möglichst aussagekräftige Überschriften gebildet werden. Die Gliederung sollte – insbesondere durch den Grad der Untergliederung – bereits erkennen lassen, welches Gewicht den einzelnen Punkten beigemessen wird.

Bei juristischen Arbeiten wird die Gliederung im Allgemeinen nach einem alphanumerischen System vorgenommen (A., I., 1., a. usw.). Das in den Naturwissenschaften übliche numerische System (1., 1.1, 1.1.1, 1.1.2 usw.) hat sich nicht durchgesetzt. Man muss allerdings nicht stets mit „A." beginnen; wenn absehbar ist, dass man mit wenigen Gliederungsebenen auskommt, kann man auch bei „I." oder „1." anfangen.

Die Überschriften mit den betreffenden Gliederungszeichen stehen auf der linken Seite, auf der rechten Seite finden sich die jeweiligen Seitenzahlen. Jede im Text verwendete Überschrift muss sich auch in der Gliederung textidentisch wiederfinden lassen. Durch eine ansprechende optische Gestaltung – z.B. das Einrücken der Überschriften – kann eine Gliederung noch mehr überzeugen.

Wichtig ist, dass zu jedem Gliederungspunkt auch ein Gegenstück existiert, das heißt einem Gliederungspunkt a. muss auch ein Gliederungspunkt b. folgen. Ist neben a. für b. keine sachliche Substanz vorhanden, gehört der Gedanke aus a. in den nächsthöheren Gliederungspunkt.

4. Zitate

a. Allgemeines

Jeder fremde Gedanke, jede fremde Ansicht und jedes fremde Argument, die im Text der Bearbeitung verwendet werden, sind durch einen genauen Hinweis auf die betreffende Fundstelle auszuweisen. Diese Belegzitate werden weder im fortlaufenden Text der Arbeit – etwa durch Klammerzusätze – noch als Endnoten ausgewiesen, sondern als Fußnoten am unteren Rand der betreffenden Seite angeführt. Ein wörtliches Zitat sollte nur dann verwendet werden, wenn es auf die besondere Betonung der genauen Formulierung ankommt; es ist unbedingt in Anführungszeichen zu setzen. Ansonsten ist das zu Zitierende sinngemäß und in der Regel im Konjunktiv Präsens zu formulieren. Was bereits ausdrücklich im Gesetz steht, wird nicht durch Zitate aus Literatur oder Rechtsprechung belegt. Zu warnen ist in diesem Zusammenhang aber vor einem „exzessiven" Gebrauch des Konjunktivs: Häufig finden sich Arbeiten, die fast durchgängig im Konjunktiv verfasst sind, was sehr stark zu Lasten der Lesbarkeit geht. Die Verwendung des Konjunktivs ist in der Regel nur sinnvoll, wenn eine konkrete Position eines bestimmten Autors oder Gerichts wiedergegeben wird, bevor Sie zu dieser Position selbst Stellung beziehen. Ein Argument, dass Sie für richtig halten und dem Sie folgen, muss und sollte nicht im Konjunktiv dargestellt werden, nur weil Sie es von einem anderen Autor oder einem Gericht übernommen haben. Es genügt hier, die entsprechende Fundstelle durch eine Fußnote zu kennzeichnen. Beispiel: „Das Bundessozialgericht hat seine Sichtweise zu § 13 Abs. 3a S. 6 SGB V jüngst geändert; diese Norm gewähre keinen Naturalleistungsanspruch (Fußnote: BSG v. 26.5.2020 – B 1 KR 9/18 R). Dies steht allerdings im Gegensatz zum Wortlaut der Norm, der …" (Fußnote: Felix, SGB 2020, 517). Ungünstig wäre es an dieser Stelle zu schreiben: „Dies stehe allerdings im Gegensatz zum Wortlaut der Norm", nur weil Sie diesen Gedanken einem Aufsatz entnommen haben. Die Argumentation, der Sie folgen, sollte also nicht im Konjunktiv formuliert werden, denn Sie legen unter Heranziehung von Literatur und Rechtsprechung nunmehr Ihre eigene Auffassung dar. Auch Definitionen, die Sie verwenden, sollten nicht im Konjunktiv verfasst werden, nur weil sie aus einem Kommentar übernommen worden sind. Es genügt dann die Angabe der jeweiligen Fundstelle. Im Übrigen hängt die Wahl des Konjunktivs stets von der konkreten Formulierung ab. Der Satz „Nach Ansicht des Bundessozialgerichts gewährt § 13 Abs. 3a Satz 6 SGB V keinen Naturalleistungsanspruch" kommt ohne jeden Konjunktiv aus. Dagegen könnte es wie folgt weitergehen: „Dies ergäbe sich aus...", wenn Sie nunmehr die Argumentation des Gerichts nachzeichnen wollen.

Zitierbar sind nur abstrakte Ausführungen, nicht Subsumtionsergebnisse. Ein Zitat sollte daher nicht so platziert werden, dass der Eindruck entsteht, die zitierte Autorin oder das zitierte Gericht hätten genau den zu bearbeitenden Fall so entschieden.

Bei der Darstellung von Streitigkeiten sollte darauf geachtet werden, dass nicht ein Lehrbuch für die verschiedenen Ansichten zitiert wird, in welchem der Streit zusammengefasst dargestellt ist, sondern dass die originären Vertreter der konträren Ansichten genannt werden.

b. Zitierweise in den Fußnoten

Enthält eine Fußnote mehrere Angaben, gilt Folgendes: Innerhalb der jeweiligen Fußnote empfiehlt es sich, zunächst die Gerichtsentscheidungen anzuführen, beginnend mit der höchsten Instanz. Sollte es aber darum gehen, die durchschrittenen Instanzen deutlich zu machen, kann auch das untere Gericht an erster Stelle stehen. Eine neuere Entscheidung sollte vor einer älteren zitiert werden. Bei mehreren Gerichten derselben Instanz werden diese chronologisch geordnet. Danach folgt – wenn nicht besonders wichtige Beiträge zuerst genannt werden sollen – in alphabetischer oder chronologischer Reihenfolge die Literatur.

Bei Entscheidungen zitiert man zusätzlich zu der zitierten Seite diejenige Seite, auf der ihr Abdruck beginnt (z.B. BVerfGE 20, S. 83, 85). Entscheidungen werden üblicherweise aus der amtlichen Sammlung zitiert, wenn sie dort abgedruckt sind; indirekte Zitate aus Zeitschriften sind zu vermeiden. Eine Entscheidung sollte in der Bearbeitung nicht mit wechselnden Fundstellen zitiert werden, da sonst der Eindruck entsteht, es handele sich um verschiedene Judikate. Mittlerweile ist im Übrigen auch das Zitieren von Entscheidungen aus juris heraus akzeptiert.

Beispiel:

BSG v. 19.12.2017 – B 1 KR 17/17 R, juris Rn. 17.

Im vorliegenden Buch stammen alle zitierten Entscheidungen aus juris; insoweit verzichten wir auf die gesonderte Benennung von „juris“. Auch Sie können in einer Hausarbeit einmalig darauf verweisen, dass Sie aus juris zitieren und dann nur noch Datum und Aktenzeichen angeben.

Die Bezeichnungen der Gerichte werden nicht kursiv gesetzt.

Monographien, Lehrbücher und Kommentare sollten in der Fußnote mit dem Nachnamen des Verfassers, dem vollständigen Titel und dem Erscheinungsjahr sowie der genauen Fundstelle zitiert werden. Eine solche Zitierweise erleichtert beim Lesen die Zuordnung der Fundstelle. Bei Aufsätzen genügt die Nennung folgender Angaben: Nachname des Verfassers, Zeitschrift, Jahr und Seitenzahl des Beginns des Aufsatzes sowie die zitierte Seite. Enthält die Anfangsseite zugleich die zu zitierende Passage, dann ist allein die betreffende Seite zu zitieren. Wenn mehrere Verfasser des gleichen Namens zitiert werden, muss in der Fußnote gegebenenfalls der Vorname hinzugefügt werden. Bei Arbeiten mit einer Zeichenbegrenzung wie der häuslichen Schwerpunktarbeit ist es auch ausreichend, in der Fußnote nur den Verfasser sowie die genaue Fundstelle zu benennen. Entscheidend ist allein, dass das Zitat eindeutig einer Quelle im Literaturverzeichnis zugeordnet werden kann und dass man innerhalb der Arbeit durchgehend einheitlich verfährt.

Beispiele:

Maurer/Waldhoff, Allgemeines Verwaltungsrecht, 20. Aufl. 2020, S. 60.

oder: *Maurer/Waldhoff*, S. 60.

oder: *Maurer/Waldhoff*, § 3 Rn. 5 ff.

Felix, GesR 2010, S. 300, 304.

Auf das Kürzel „aaO." sollte nach Möglichkeit verzichtet werden, da es für den Leser eher lästig ist, den „angegebenen Ort" in den Fußnoten zu suchen. Lediglich wenn die Fundstelle, auf welche verwiesen wird, in der vorangehenden Fußnote steht, ist eine solche Angabe sinnvoll. Auch auf Rückverweisungen unter Angabe der einschlägigen Fußnote – etwa „*Bethge* (siehe Fn. 7), S. 5" – sollte aus Gründen der guten Lesbarkeit verzichtet werden. Wer bei Vorgaben den Umfang betreffend Platz sparen will, kann auch das „S." weglassen (also etwa: *Felix*, GesR 2010, 300, 304); entscheidend ist letztlich auch hier die einheitliche Vorgehensweise.

Der Kursivdruck von Namen bei weiterführenden Hinweisen auf die Literatur (*Felix*, GesR 2010, 300, 304) erhöht die Lesbarkeit, ist aber nicht zwingend.

Als Beleg für die sogenannte „herrschende Meinung" genügt nicht nur ein einziger Nachweis, sondern es ist ein repräsentativer Querschnitt von Rechtsprechung und Literatur zu bilden. Soll hingegen nur eine vorherrschende Ansicht innerhalb des Schrifttums gekennzeichnet werden, so spricht man von der herrschenden Lehre. Ein Verweis auf die herrschende Meinung oder herrschende Lehre in der Fußnote ersetzt im Übrigen keinesfalls die eigene Argumentation im Text (vgl. hierzu *Pilniok*, JuS 2009, S. 394 - 397).

Bezieht sich ein Literaturhinweis auf ein bestimmtes Wort in einem Satz, gehört die Fußnote direkt an das Ende dieses Wortes. Bezieht sich ein Literaturhinweis auf die gesamte Satzaussage, wird die Fußnote an das Ende des Satzes nach dem Satzzeichen gesetzt. Es sollte darauf geachtet werden, dass das zu Zitierende und die Fußnote auf derselben Seite stehen. Der Fußnotentext beginnt stets mit einem Großbuchstaben und endet mit (nur) einem Punkt. Wichtig sind Einheitlichkeit und Genauigkeit bei den Angaben.

Weiterführende Literaturhinweise zu den Fragen der formalen Vorgaben finden sich in zahlreichen Werken, von denen hier nur einige genannt seien:

- *Bündenbender, Ulrich/Bachert, Patric/Humbert, Doreen*, Hinweise für das Verfassen von Seminararbeiten, JuS 2002, S. 24 - 27.
- *Dietrich, Bernhard*, Die Formalien der juristischen Hausarbeit, JURA 1998, S. 142 - 151.
- *Kerschner, Ferdinand*, Wissenschaftliche Arbeitstechnik und Methodenlehre für Juristen, 6. Aufl. 2014.
- *Möllers, Thomas M. J.*, Juristische Arbeitstechnik und wissenschaftliches Arbeiten, 10. Aufl. 2021.
- *Schimmel, Roland/Basak, Denis/Reiß, Marc*, Juristische Themenarbeiten, 3. Aufl. 2017.
- *Schimmel, Roland*, Juristische Klausuren und Hausarbeiten richtig formulieren, 14. Aufl. 2020.

C. Zur Prüfung der Zulässigkeit eines Rechtsbehelfs

I. Allgemeines

Häufig wird in der Klausur oder Hausarbeit nach den Erfolgsaussichten oder dem Erfolg eines Rechtsbehelfs gefragt, wobei es um eine Klage, einen Widerspruch oder auch einen Antrag im einstweiligen Rechtsschutz gehen kann.

Studierende des Sozialrechts können hier auf ihre Kenntnisse der Verwaltungsgerichtsordnung (VwGO) zurückgreifen, weil es letztlich nur um besondere öffentlichrechtliche Rechtsbehelfsverfahren geht. Allerdings sind stets zugleich die Besonderheiten des Sozialgerichtsgesetzes (SGG) zu beachten, die häufig Gegenstand der Aufgabenstellung sein werden.

Die Zulässigkeitsprüfung – soweit sie denn im Bearbeitungsvermerk überhaupt gefordert wird – darf keinesfalls zu viel Zeit in Anspruch nehmen. Selbst wenn hier rechtliche Probleme oder Fragen auftreten sollten, liegt der Schwerpunkt einer Fallbearbeitung faktisch immer im materiellen Recht. Die Erfahrung lehrt allerdings, dass Studierende sich mit der Prüfung der Zulässigkeit – sprachlich und inhaltlich – häufig schwertun und es deshalb mitunter gar nicht mehr zu einer vollständigen Bearbeitung der Aufgabenstellung kommt. Mitunter entsteht auch der Eindruck, dass Studierende sich in der Zulässigkeitsprüfung sicherer fühlen und schon deshalb hier sehr ausführlich werden. So gut eine Prüfung der Zulässigkeit eines Rechtsbehelfs aber auch gelingen mag – sie kann die überzeugende Bearbeitung der materiell-rechtlichen Probleme der Aufgabenstellung nicht ersetzen.

Um die einzelnen Fälle nicht mit zusätzlichen Anmerkungen zu überfrachten, sollen im Folgenden die wichtigen Fragen, die sich im Rahmen der Zulässigkeitsprüfung stellen können, vorab erörtert werden.

Ebenso wie im sonstigen Verwaltungsrecht geht es auch im Sozialrecht nicht um eine umfassende Erörterung aller denkbaren Aspekte – so ist etwa das Vorliegen der deutschen Gerichtsbarkeit (vgl. zu den einzelnen Sachentscheidungsvoraussetzungen im Detail *Ehlers* in: Schoch/Schneider, VwGO, Loseblatt, Werkstand 39. EL Juli 2020, Vorbemerkung § 40 I.) in der Regel nicht zu prüfen. Insoweit handelt es sich bei der folgenden Auswahl um diejenigen Aspekte, die in einer Zulässigkeitsprüfung stets anzusprechen sind.

Die sprachliche Umsetzung der folgenden Aspekte findet sich in den einzelnen Fällen wieder. Dabei sind Variationen durchaus beabsichtigt, denn es gibt nicht nur die eine richtige Formulierung einer juristischen Fragestellung.

II. Die maßgeblichen Zulässigkeitsvoraussetzungen einer sozialgerichtlichen Klage

1. Eröffnung des Sozialrechtswegs

Maßgeblich ist § 51 SGG, dessen Absatz 1 eine abdrängende Sonderzuweisung im Sinne des § 40 Abs. 1 Satz 1 VwGO darstellt. Eine gesonderte Prüfung des Sozialrechtswegs vor der Erörterung der Zulässigkeit der Klage ist dabei nicht wirklich sinnvoll. Sollte in einem sozialrechtlichen Fall tatsächlich einmal ein Zivilgericht zuständig sein – denkbar wäre dies etwa im Kontext des § 110 SGB VII – so wird von Amts wegen gemäß § 17a Abs. 2 GVG an das zuständige Gericht verwiesen. Vor dem Sozialgericht wäre die Klage aber unzulässig, weshalb dieses keine Sachentscheidung treffen kann. Ein eigener Prüfungspunkt außerhalb der Zulässigkeit erübrigt sich bei dieser Sichtweise.

Eine aufdrängende Sonderzuweisung, wie sie üblicherweise im Verwaltungsprozessrecht geprüft wird, kann es angesichts von § 51 Abs. 1 Nr. 10 SGG nicht geben. Abwegig ist auch die Prüfung einer abdrängenden Sonderzuweisung, wie sie in § 40 Abs. 1 Satz 1 VwGO normiert ist. § 51 SGG enthält schlicht keine vergleichbare Regelung.

Die Eröffnung des Sozialrechtswegs ist abhängig vom Vorliegen mehrerer Tatbestandsmerkmale. Deren Prüfung muss nicht in einer bestimmten Reihenfolge erfolgen; es bietet sich aber an, wie folgt zu verfahren: Zu klären ist zunächst, ob es um einen Rechtsstreit geht, der von der Sache her, also thematisch, den Sozialgerichten zugewiesen wird. Anders als § 40 Abs. 1 VwGO als umfassende Generalklausel benennt § 51 SGG die einzelnen Rechtsgebiete, die dem Sozialgericht zugewiesen sind. Zu prüfen ist im Rahmen von § 51 SGG daher zunächst, ob eine der in Absatz 1 und 2 genannten Fallgestaltungen einschlägig ist. Es ist also etwa zu klären, ob es im konkreten Fall um eine Angelegenheit der gesetzlichen Rentenversicherung im Sinne von § 51 Abs. 1 Nr. 1 SGG geht. Bereits hier zeigt sich die Bedeutung der Arbeit am Sachverhalt (vgl. hierzu schon oben unter B.): Das Ergebnis der Prüfung hängt davon ab, was den Streitgegenstand des konkreten Rechtsstreits ausmacht – und das Ergebnis Ihrer Überlegungen sollten Sie nicht nur im Kopf klären, sondern auch in der gebotenen Kürze zu Papier bringen. Beispiel: „A wehrt sich gegen die Aufhebung und Rückforderung der ihr nach Maßgabe von § 48 SGB VI bewilligten Waisenrente. Es handelt sich damit um eine Angelegenheit der gesetzlichen Rentenversicherung“. In einem zweiten Schritt ist zu klären, ob es sich um eine öffentlich-rechtliche Streitigkeit handelt. Diese in § 51 Abs. 1 SGG enthaltene Formulierung macht deutlich, dass die Zuständigkeit der Sozialgerichte zivilrechtliche Streitigkeiten grundsätzlich nicht umfasst; eine Ausnahme von diesem Grundsatz beinhaltet § 51 Abs. 2 SGG, der privatrechtliche Streitigkeiten in Angelegenheiten der gesetzlichen Krankenversicherung sowie der sozialen und privaten Pflegeversicherung der Sozialgerichtsbarkeit zuweist. Ob eine öffentlich-rechtliche Streitigkeit vorliegt, richtet sich grundsätzlich nach dem Streitgegenstand. Dieser wiederum wird durch das Klagebegehren und den Klagegrund nach dem Vorbringen des Klägers bestimmt. Maßgeblich ist die „Natur des Rechtsverhältnisses, aus dem der Klageanspruch hergeleitet wird“ (so schon der Gemeinsame Senat der obersten Gerichtshöfe des Bundes v. 4.6.1974 – GmS-OBG 2/73, Rn. 4). Nach Ansicht der Rechtsprechung kommt es „regelmäßig darauf an, ob die Beteiligten zueinander in einem hoheitlichen Verhältnis der Über- und Unterordnung stehen und sich der Träger der öffentlichen Gewalt der besonderen Rechtssätze des öffentlichen Rechts bedient“ (Gemeinsamer Senat der obersten Gerichtshöfe des Bundes v. 10.4.1986 – GmS-OBG 1/85, Rn. 11) – diese Sichtweise entspricht der sogenannten Subordinationstheorie. Insoweit erweist sich das Vorliegen eines Verwaltungsakts als Indiz für das Vorliegen einer öffentlich-rechtlichen Streitigkeit. Spätestens seit der Regelung des öffentlich-rechtlichen Vertrags im SGB X hat die Bedeutung des Über-/Unterordnungsverhältnisses jedoch abgenommen; eine öffentlich-rechtliche Streitigkeit liegt deshalb auch dann vor, wenn „ein Hoheitsträger oder eines seiner Organe aufgrund besonderer, speziell ihn berechtigender oder verpflichtender Rechtsvorschriften beteiligt ist“ (BSG v. 1.8.1978 – 7 Rar 42/77, Rn. 14). Diese Ausführungen entsprechen der sogenannten Sonderrechtstheorie. In der Klausur müssen die genannten „Theorien“ keinesfalls alle erwähnt werden, selbst wenn mit Blick auf den Rechtsweg Zweifel bestehen. Entscheidend ist, dass der konkrete Sachverhalt mit einer tragfähigen Argumentation unter § 51 SGG subsumiert wird (vgl. ausführlich zur öffentlich-rechtlichen Streitigkeit *Flint* in: jurisPK-SGG, Stand 8.4.2021, § 51 Rn. 34 ff.).

Obwohl in § 51 SGG – anders als in § 40 Abs. 1 VwGO – nicht ausdrücklich bestimmt ist, dass es sich um eine Streitigkeit nichtverfassungsrechtlicher Art handeln muss, ist diese Voraussetzung auch im sozialgerichtlichen Verfahren zu prüfen. Das ergibt sich aus § 39 Abs. 2 SGG, der in der Klausur kurz erwähnt werden sollte. Letztlich gelten hier dieselben Maßstäbe wie in der VwGO, sodass entscheidend ist, ob das streitige

Rechtsverhältnis unmittelbar vom Verfassungsrecht geprägt ist (Stichwort: „doppelte Verfassungsunmittelbarkeit“).

Nach der zumeist unproblematischen, aber zwangsläufig mehrere Sätze umfassenden Prüfung des § 51 SGG, bietet es sich an, das Ergebnis der Prüfung kurz festzuhalten: „Für die Klage des A ist der sozialgerichtliche Rechtsweg damit eröffnet.“

In bestimmten Fallkonstellationen wird § 51 SGG erst über Umwege angesprochen. Das ist etwa der Fall, wenn es um eine Erstattungsstreitigkeit im Sinne der §§ 102 ff. SGB X geht – hier beginnt die Prüfung mit der Sonderregelung des § 114 SGB X.

2. Statthafte Klageart

Probleme bereitet den Studierenden immer wieder das Klagesystem des SGG. Dabei entsprechen die Klagearten des Sozialgerichtsprozesses denen des Allgemeinen Verwaltungsrechts, d.h. es gibt die Anfechtungsklage als besondere Form der Gestaltungsklage (§ 54 Abs. 1 Satz 1 Alt. 1. und 2. SGG), die Verpflichtungsklage als besondere Form der Leistungsklage (§ 54 Abs. 1 Satz 1 Alt. 3 SGG), die allgemeine Leistungsklage (§ 54 Abs. 5 SGG) sowie die Feststellungsklage (§ 55 SGG). Daneben gibt es eine sozialrechtliche Besonderheit – die kombinierte Anfechtungs- und Leistungsklage gemäß § 54 Abs. 1 Satz 1 und Abs. 4 SGG, der in der Praxis große Bedeutung zukommt. Bis zur Schaffung des § 55a SGG gab es keine sozialgerichtliche Normenkontrolle wie § 47 VwGO sie normiert; ihr Geltungsbereich ist allerdings auf untergesetzliche Normen nach § 22a SGB II beschränkt. Rechtsschutz gegen andere untergesetzliche Rechtsnormen, die insbesondere im Recht der gesetzlichen Krankenversicherung von großer Bedeutung sind, kann nur inzident oder durch eine Feststellungsklage nach § 55 Abs. 1 Nr. 1 SGG erreicht werden.

Ungewöhnlich erscheint Studierenden, dass auch Feststellungs- und Verpflichtungsklagen im Sozialrecht regelmäßig mit einer Anfechtungsklage zu verbinden sind. Aus dem Allgemeinen Verwaltungsrecht ist das so nicht bekannt: Wer etwa eine Baugenehmigung beantragt und diese nicht bekommt, erhebt nach erfolgloser Durchführung des Widerspruchsverfahrens eine isolierte Verpflichtungsklage in Form einer Versagungsgegenklage. Allerdings ist auch dieser Verpflichtungsklage bei dogmatischer Betrachtung eine Anfechtungsklage letztlich immanent: Da der Verwaltungsakt, mit dem der Antrag abgelehnt wird, nicht in formelle Bestandskraft erwachsen darf, begehrt der Kläger zum einen dessen Aufhebung und zugleich – nur das entspricht seinem eigentlichen Rechtsschutzbegehren – die positive Erteilung der Baugenehmigung.

Das Sozialrecht nimmt diese dogmatischen Überlegungen explizit auf. „Anlass" für das Begehren nach Rechtsschutz ist im Sozialrecht in den allermeisten Fällen ein ablehnender Verwaltungsakt, dessen Bestandskraft es zu verhindern gilt. Man kann durchaus die Auffassung vertreten, dass eine solche Kombination nicht erforderlich sei, weil die Aufhebung des ablehnenden Verwaltungsakts eine automatische Nebenfolge der Verurteilung ist (vgl. etwa *Dapprich*, Das sozialgerichtliche Verfahren, 1. Aufl. 1959, S. 109); in dogmatischer Hinsicht ist die sozialgerichtliche Sichtweise allerdings überzeugender.

Insofern kennt das SGG neben der ausdrücklich geregelten Kombination von Anfechtungs- und Leistungsklage auch die kombinierte Anfechtungs- und Verpflichtungsklage oder die kombinierte Anfechtungs- und Feststellungsklage. In Abhängigkeit vom klägerischen Begehren sind im Übrigen im Einzelfall eine ganze Reihe statthafter Klagen denkbar. In bestimmten Fallkonstellationen genügt dem Rechtsschutzinteresse jedoch eine isolierte Anfechtungsklage; dies ist etwa der Fall, wenn die Betroffene sich gegen die Aufhebung oder Entziehung einer bereits bewilligten Leistung wehrt. Daneben gibt es auch im sozialgerichtlichen Verfahren die Untätigkeitsklage, die hier – anders als in der VwGO – als eigenständige Klageart ausgestaltet ist, sowie die Fortsetzungsfeststellungsklage.

Zu beachten ist, dass die besonderen Voraussetzungen der Anfechtungsklage – Durchführung eines erfolglosen Vorverfahrens oder Einhaltung der Klagefrist – auch dann erfüllt sein müssen, wenn die Anfechtungsklage „nur" in Kombination mit anderen Klagen erhoben wird.

a. Die (isolierte) Anfechtungsklage; § 54 Abs. 1 Satz 1 Alt. 1. und 2. SGG

Die Anfechtungsklage ist eine typische Gestaltungsklage. Hat sie Erfolg, wird durch das Urteil die Rechtslage unmittelbar gestaltet, denn der Sozialrichter hebt den belastenden Verwaltungsakt auf. Die isolierte Anfechtungsklage hat im Sozialrecht durchaus ihre Bedeutung, auch wenn der Kläger im Leistungsrecht normalerweise nicht nur die Aufhebung einer ablehnenden Entscheidung, sondern darüber hinaus auch eine bestimmte Leistung begehrt. Typische Anwendungsfälle sind die Aufhebung einer Leistungsbewilligung – zu denken ist hier vor allem an die §§ 45 und 48 SGB X nebst der Erstattungsforderung nach § 50 SGB X im Fall der rückwirkenden Aufhebung. Aber auch die Entziehung einer laufenden Leistung gemäß § 66 SGB I, die das Stammrecht unberührt lässt, kann mit der isolierten Anfechtungsklage angegriffen werden. Die Anfechtungsklage ist zudem statthaft, wenn der Kläger sich gegen die

Erhebung von Beiträgen wendet oder belastende Verwaltungsakte im Vertragsarztrecht, wie etwa eine Zulassungsentziehung, Gegenstand der Klage sind.

Bezüglich der isolierten Anfechtungsklage gelten letztlich keine sozialrechtlichen Besonderheiten. Sie ist statthaft, soweit es um einen belastenden, nicht erledigten Verwaltungsakt geht. Dabei ist es ausreichend, wenn sich die behördliche Maßnahme für den objektiven Betrachter jedenfalls als Verwaltungsakt darstellt (sogenannter formeller Verwaltungsakt; vgl. etwa BSG v. 5.9.2006 – B 4 R 71/06 R).

Mit der Anfechtungsklage können auch Nebenbestimmungen isoliert aufgehoben werden; für diese Sichtweise spricht schon § 54 Abs. 1 Satz 1 Alt. 2 SGG, der eine Abänderung und damit auch eine Teilaufhebung des Verwaltungsakts zulässt (vgl. etwa zur Befristung einer Vertragsarztzulassung BSG v. 27.2.1992 – 6 RKa 15/91).

b. (Kombinierte) Verpflichtungsklage; § 54 Abs. 1 Satz 1 Alt. 3 SGG

Mit der Verpflichtungsklage kann der Kläger einen ihn begünstigenden Verwaltungsakt vor Gericht erstreiten. Wurde das Begehren bereits abgelehnt, ist mit dem Verpflichtungsantrag bei dogmatischer Betrachtung automatisch ein Anfechtungsantrag verbunden, der sich gegen diese ablehnende Entscheidung richtet; in diesem Fall, der die Regel bilden dürfte, liegt eine kombinierte Anfechtungs- und Verpflichtungsklage vor. Im Rahmen der Zulässigkeitsprüfung wirkt sich das letztlich nicht aus, da die Voraussetzungen beider Klagearten identisch sind.

Dennoch spielt die kombinierte Anfechtungs- und Verpflichtungsklage in der Praxis eine eher untergeordnete Rolle. Das liegt daran, dass das SGG die kombinierte Anfechtungs- und Leistungsklage (§ 54 Abs. 1 Satz 1 und Abs. 4 SGG) kennt: Sie ist die statthafte Klageart, wenn der Kläger unmittelbar auf die Leistung klagen kann. Das wiederum ist möglich, wenn es sich um Leistungen handelt, auf die ein Anspruch besteht, d.h. wenn es sich um gebundenes Leistungsrecht handelt. Da Ermessensleistungen im Sozialrecht die absolute Ausnahme bilden, wird daher in der Regel eine kombinierte Anfechtungs- und Leistungsklage (hierzu unter c.) statthaft sein, wenn eine beantragte Sozialleistung nicht bewilligt wird.

Begehrt der Kläger dagegen eine Leistung, auf die kein Rechtsanspruch besteht, kommt eine Klage gemäß § 54 Abs. 4 SGG nicht in Betracht, weil das Gericht schon aus Gründen der Gewaltenteilung die Ermessensausübung der Behörde nicht ersetzen darf. Von Bedeutung ist dies vor allem im Bereich der aktiven Arbeitsförderungsleistungen nach dem SGB II und SGB III, des Rehabilitationsrechts oder auch in manchen

Bereichen des Pflegeversicherungsrechts. In der Regel zielt die Verpflichtungsklage hier auf eine Neubescheidung unter Beachtung der Rechtsauffassung des Gerichts ab; eine Klage auf Erlass eines bestimmten Verwaltungsakts wäre nur denkbar, wenn im konkreten Fall eine Ermessensreduktion auf null vorliegt.

Die Verpflichtungsklage ist aber auch dann statthaft, wenn es nicht um eine konkrete Sozialleistung, sondern um den Verwaltungsakt als solchen geht – etwa die Zulassung als Leistungserbringer im Recht der gesetzlichen Krankenversicherung (vgl. nur BSG v. 17.1.1996 – 3 RK 2/95, zu einer Zulassungserweiterung auf einen weiteren Heilmittelbereich).

c. Die kombinierte Anfechtungs- und Leistungsklage; § 54 Abs. 1 Satz 1 und Abs. 4 SGG

Diese Klageart, die in Abgrenzung von der „echten" Leistungsklage, die in § 54 Abs. 5 SGG geregelt ist, auch als „unechte" Leistungsklage bezeichnet wird, dürfte im Sozialrecht die größte praktische Relevanz haben. Der Kläger begehrt eine bestimmte Sozialleistung, die nicht im Ermessen der Verwaltung liegt, das Begehren wird vom Leistungsträger jedoch abschlägig beschieden. Für diese Fallgestaltung hält das SGG eine besondere Klageart bereit: Hierbei handelt es sich um die kombinierte Anfechtungs- und Leistungsklage gemäß § 54 Abs. 1 Satz 1 und Abs. 4 SGG. Geht es um eine Geldleistung, muss der Klageantrag dabei nicht konkret beziffert werden, da § 130 SGG eine Verurteilung „nur dem Grunde nach" ermöglicht.

Liegen die Voraussetzungen einer kombinierten Anfechtungs- und Leistungsklage vor, sind in der Regel auch diejenigen der kombinierten Anfechtungs- und Verpflichtungsklage gemäß § 54 Abs. 1 Satz 1 Alt. 3 SGG einschlägig: Begehrt wird die Verurteilung eines Sozialleistungsträgers zum Erlass eines begünstigenden Verwaltungsakts – verbunden mit der Aufhebung des Ablehnungsbescheids. Allerdings besteht für eine kombinierte Anfechtungs- und Verpflichtungsklage in den Fällen, in denen die kombinierte Anfechtungs- und Leistungsklage statthaft ist, kein Rechtsschutzbedürfnis. Das ergibt sich daraus, dass der Kläger die begehrte Leistung durch eine Leistungsklage unmittelbar vom Gericht zugesprochen bekommen kann, während er mit einer Verpflichtungsklage lediglich die Verurteilung der Behörde zur Bewilligung der Leistung erreichen kann. Folglich ist die kombinierte Anfechtungs- und Leistungsklage der für den Kläger, verglichen mit der kombinierten Anfechtungs- und Verpflichtungsklage, einfachere Weg zur Rechtsverfolgung.

Aus alledem folgt, dass die kombinierte Anfechtungs- und Verpflichtungsklage nur dann vom Kläger zu wählen ist, wenn die kombinierte Anfechtungs- und Leistungsklage nicht statthaft ist. Das betrifft die im Sozialrecht eher seltenen Fälle, in denen auf die Leistung kein Rechtsanspruch besteht, sondern die Gewährung im Ermessen der Behörde steht, sowie diejenigen Fälle, in denen keine über den Erlass des Verwaltungsaktes selbst hinausgehende Leistung begehrt wird, beispielsweise bei statusbegründenden Verwaltungsakten wie der Zulassung im Vertragsarztrecht.

Dass die Anfechtungsklage mit einer allgemeinen Leistungsklage kombiniert wird, dürfte aus Sicht der VwGO überraschen. Hier wird der Anwendungsbereich der allgemeinen Leistungsklage im Verhältnis zur Verpflichtungsklage negativ definiert – sie ist nur dann statthaft, wenn das Begehren des Klägers nicht auf den Erlass eines Verwaltungsakts zielt und deshalb eine Verpflichtungsklage, die gemäß § 42 Abs. 1 Alt. 2 VwGO auf die Verurteilung „zum Erlaß eines abgelehnten oder unterlassenen Verwaltungsakts“ gerichtet ist, nicht erhoben werden kann. Es fehlt in dieser Konstellation gleichsam an einer „Verwaltungsaktlage“. Ist das Klageziel also auf Erbringung einer schlicht hoheitlichen Leistung gerichtet, ist nach der Konzeption der VwGO die allgemeine Leistungsklage statthaft; begehrt der Kläger objektiv den Erlass eines Verwaltungsakts, ist die Verpflichtungsklage die statthafte Klageart. Die Bestimmung der statthaften Klageart im allgemeinen Verwaltungsprozessrecht legt damit allerdings ein Kriterium zugrunde, das nur scheinbar eindeutige Ergebnisse produziert, denn die Bestimmung des Klageziels bereitet ihrerseits Probleme. Sicherlich lässt sich die Ansicht vertreten, dass es einem Sozialleistungsberechtigten im Kern um den Erhalt der konkreten Sozialleistung geht und er auf einen Bewilligungsbescheid letztlich keinen Wert legt. Die Aufhebung des seinen Anspruch negierenden Verwaltungsakts wäre ebenso wie der spätere Bewilligungsbescheid gleichsam nur eine Art „technisches Ingrediens“. Insofern könnte man auch formulieren: Bei der begehrten Leistung im Sinne von § 54 Abs. 4 SGG handelt es sich um eine Sozialleistung gemäß § 11 SGB I; es geht dem Kläger um den Erhalt dieser Leistung und nicht um den Erlass eines Verwaltungsakts. Gerade ein Vergleich mit der Klage auf Gewährung von Leistungen nach dem BAföG – hier ist die Verwaltungsgerichtsbarkeit zuständig, die eine Verpflichtungsklage als statthaft erachtet – zeigt, dass es dem Kläger jedenfalls im Rahmen der Leistungsverwaltung eher selten um „den“ Verwaltungsakt an sich gehen dürfte – er begehrt ebenso die Gewährung von Geld wie der Kläger, der nach § 54 Abs. 4 SGG eine Erwerbsminderungsrente einklagt. Es kann also nicht allein darauf ankommen, was der Kläger begehrt – maßgeblich ist, ob es zur Durchsetzung seines Ansinnens eines Verwaltungsakts bedarf oder nicht. Unter Berücksichtigung der Erkenntnis, dass die meisten öffentlich-rechtlichen Zahlungen auch ohne ausdrückliche Regelung der vorherigen Bewilligung durch Verwaltungsakt bedürfen und dieser jedenfalls auch im Kontext von § 54 Abs. 4 SGG bei Erlass eines Grundurteils nach § 130 SGG unabdingbar ist, wird man schlicht feststellen müssen, dass das Sozialrecht einen eigenen Weg geht, indem es bei Sozialleistungen, auf die ein Anspruch besteht, auch dann die Leistungsklage für statthaft erklärt, wenn es später der Umsetzung des Urteils durch Verwaltungsakt bedarf.

Dieser Sonderweg ist offenbar der Ausgestaltung des Sozialrechts als durch gebundene Verwaltungstätigkeit geprägte Leistungsverwaltung geschuldet und soll die Rechtstellung des Einzelnen verbessern: Das auf eine kombinierte Anfechtungs- und Leistungsklage hin ergangene Urteil nach § 130 SGG ist ein Endurteil, das gemäß § 199 Abs. 1 Nr. 1 SGG i.V.m. § 201 SGG vollstreckbar ist.

Durch die Kombination mit der Anfechtungsklage verhindert § 54 Abs. 4 SGG zugleich jegliche Umgehung der auch für die Verpflichtungsklage maßgeblichen besonderen Sachentscheidungsvoraussetzungen wie die Einhaltung der Klagefrist oder die ordnungsgemäße Durchführung eines Vorverfahrens.

d. Echte Leistungsklage; § 54 Abs. 5 SGG

Die – isolierte oder auch echte – Leistungsklage gemäß § 54 Abs. 5 SGG ist auf die Verurteilung zu einer ganz bestimmten Leistung gerichtet. Obwohl es nach dem Gesetzeswortlaut auch hier um eine Leistung geht, „auf die ein Rechtsanspruch besteht", erachtet das Bundesozialgericht die Klage auch bei Ermessensentscheidung für einschlägig (so BSG v. 10.8.2016 – B 14 AS 23/15 R). Sie ist statthaft, wenn „ein Verwaltungsakt nicht zu ergehen hatte". Da über Leistungen im Verhältnis zwischen Bürger und Sozialleistungsträger jedenfalls grundsätzlich durch Verwaltungsakt entschieden wird, findet die isolierte Leistungsklage vor allem in den Bereichen Anwendung, in denen zwischen den Parteien kein Über- und Unterordnungsverhältnis vorliegt. Hauptanwendungsfall von § 54 Abs. 5 SGG sind Erstattungsstreitigkeiten zwischen Sozialleistungsträgern (§§ 102 ff. SGB X) oder auch bestimmte Streitigkeiten zwischen Sozialleistungsträgern und Leistungserbringern. Einer Kombination der Leistungsklage mit einer Anfechtungsklage bedarf es in Fällen dieser Art naturgemäß nicht: Es fehlt an einem Verwaltungsakt, der in formelle Bestandskraft erwachsen könnte.

Auch für Streitigkeiten zwischen Privatpersonen ist § 54 Abs. 5 SGG maßgeblich, soweit für sie der Sozialrechtsweg eröffnet ist – denkbar ist dies etwa bei Streitigkeiten im Kontext der privaten Pflegeversicherung (vgl. § 51 Abs. 2 Satz 2 SGG).

Auch bei der isolierten Leistungsklage kann ein Grundurteil ergehen (§ 130 SGG).

Schließlich können mit der isolierten Leistungsklage – wie im Allgemeinen Verwaltungsrecht – auch Unterlassungsansprüche durchgesetzt werden; in einem solchen in der sozialrechtlichen Praxis eher seltenen Fall handelt es sich um eine Leistungsklage in Form der Unterlassungsklage.

e. Feststellungsklage; § 55 SGG

Auch das SGG kennt eine Feststellungsklage. In § 55 SGG sind verschiedene Fallgestaltungen normiert. Mit der Klage kann einerseits – wie in der VwGO – die Feststellung des Bestehens oder Nichtbestehens eines Rechtsverhältnisses (§ 55 Abs. 1 Nr. 1 SGG) begehrt werden. Dabei reicht es aus, dass einzelne Rechte oder Pflichten aus einem Rechtsverhältnis – etwa das Bestehen einer Familienversicherung – gerichtlich festgestellt werden sollen. Dagegen dient die Klage nicht dazu, abstrakte Rechtsfragen zu klären; etwas anderes gilt nur dann, wenn diese Klärung zu einer umfassenden Klärung des zwischen den Parteien bestehenden Streits führen würde.

Die Feststellungsklage hat letztlich eine Art Auffangfunktion; steht eine andere Klage zur Verfügung, mit der sich effektiver Rechtsschutz im Sinne des Art. 19 Abs. 4 GG realisieren lässt, ist sie die statthafte Klageart. Allerdings ist eine Subsidiarität der Feststellungsklage anders als in der VwGO (§ 43 Abs. 2 VwGO) nicht ausdrücklich geregelt. Es ist jedoch allgemein anerkannt, dass diese Subsidiarität auch im sozialgerichtlichen Verfahren gilt (hierzu *Senger* in: jurisPK-SGG, Stand 16.3.2021, § 55 Rn. 23). Wie im verwaltungsgerichtlichen Verfahren darf die Feststellungsklage insbesondere nicht dazu führen, die strengeren Voraussetzungen der Anfechtungs- und Verpflichtungsklage zu umgehen.

Steht keine andere effektive Klageart zur Verfügung, ist die Feststellungsklage aber schon mit Blick auf die Subsidiarität der Verfassungsbeschwerde statthaft.

Die in § 55 Abs. 1 Nr. 2 bis 4 SGG genannten Konstellationen wären letztlich entbehrlich, weil sich die dort genannten Fälle auch unter die Nr. 1 subsumieren ließen. Nr. 2 eröffnet die Feststellungsklage für die Frage der Zuständigkeit des Sozialversicherungsträgers; bei Nr. 4 geht es um die Nichtigkeit eines Verwaltungsakts. Praktisch bedeutsam ist allerdings die Nr. 3 – insbesondere für die gesetzliche Unfallversicherung: Der Kläger kann – auch wenn vielleicht aktuell noch gar keine Leistungsansprüche bestehen – etwa gerichtlich feststellen lassen, dass eine Gesundheitsstörung oder der Tod die Folge eines Arbeitsunfalls oder einer Berufskrankheit ist. Dabei kann der gesamte Kausalzusammenhang geklärt werden. Streitig ist allerdings, ob ein Klageantrag zulässig wäre, der allein auf die Feststellung zielt, dass es sich etwa beim Unfall des Klägers um einen Arbeitsunfall gehandelt habe. Das BSG hat einen entsprechenden Antrag als zulässig angesehen (zur Anwendbarkeit von § 55 Abs. 1 Nr. 1 SGG in diesem Fall vgl. BSG v. 15.2.2005 – B 2 U 1/04 R).

In jeder Fallgestaltung setzt die Feststellungsklage voraus, dass ein berechtigtes Interesse an der begehrten Feststellung besteht. Insofern gilt nichts anderes als im Verwaltungsgerichtsprozess. Ein rechtliches Interesse wird dabei nicht vorausgesetzt; vielmehr kann ein bloß wirtschaftliches Interesse genügen (vgl. zur Frage des berechtigten Interesses etwa BSG v. 29.7.1970 – 7 RAr 44/68). Das Feststellungsinteresse fehlt insbesondere dann, wenn die Feststellungsklage neben einer Anfechtungs- oder Leistungsklage erhoben wird: Wer einen Beitragsbescheid anficht, hat für eine zusätzliche Feststellungsklage kein Feststellungsinteresse. Da das Feststellungsinteresse weiter ist als die Klagebefugnis, wird § 54 Abs. 1 Satz 2 SGG bei Feststellungsklagen nach überzeugender, wenngleich umstrittener Auffassung der Rechtsprechung, analog angewandt (etwa BSG v. 22.10.2014 – B 6 KA 34/13).

Da auch die Feststellungsklage in der Regel ein vorangegangenes Verwaltungsverfahren voraussetzt, kommt auch sie in der sozialrechtlichen Praxis häufig in Form der kombinierten Anfechtungs- und Feststellungsklage zur Anwendung. Beispiel: Studentin S fragt bei der Krankenkasse ihrer Eltern an, ob sie gemäß § 10 SGB V familienversichert sei. Teilt die Kasse ihr mit, dass das nicht der Fall sei, muss S diesen ablehnenden Bescheid anfechten und zugleich eine Feststellung gemäß § 55 Abs. 1 Nr. 1 SGG einfordern.

Denkbar sind schließlich auch kombinierte Anfechtungs-, Leistungs- und Feststellungsklagen.

f. Fortsetzungsfeststellungsklage

Ist ein Rechtsstreit bei Gericht anhängig, wird der Kläger bei Erledigung des angefochtenen Verwaltungsakts die Klage in der Regel zurücknehmen oder die Hauptsache für erledigt erklären. Besteht allerdings ein berechtigtes Interesse an der Feststellung der Rechtswidrigkeit des Verwaltungsakts, kann der Kläger die ursprüngliche Anfechtungsklage als Fortsetzungsfeststellungsklage gemäß § 131 Abs. 1 Satz 3 SGG fortführen. § 131 Abs. 1 Satz 3 SGG gilt nicht nur für Anfechtungsklagen, sondern auch für die Verpflichtungsklage oder die Untätigkeitsklage (*Schütz* in: jurisPK-SGG, Stand 5.4.2018, § 131 Rn. 33 ff.).

Die Fortsetzungsfeststellungsklage ist nur zulässig, wenn der Kläger ein berechtigtes Interesse an der Feststellung hat. Dies ist etwa der Fall bei drohender Wiederholungsgefahr; auch die Absicht, einen nicht offensichtlich aussichtslosen Amtshaftungsprozess führen zu wollen, genügt (BSG v. 10.7.1996 – 3 RK 27/95, Rn. 24).

Eine analoge Anwendung der Norm auf Verwaltungsakte, die sich vor Klageerhebung erledigt haben (hierzu BSG v. 28.8.2007 – B 8/7a AL 16/06 R, Rn. 12), dürfte entbehrlich sein (vgl. insoweit zu § 113 Abs. 1 Satz 4 VwGO *Felix*, DVBl 2020, 481 ff.).

g. Untätigkeitsklage

Schließlich kennt auch das SGG eine Untätigkeitsklage, die – anders als in der VwGO – als eigenständige Klageart ausgestaltet ist. Sie ist in § 88 SGG geregelt und auf die bloße Verbescheidung gerichtet, ohne dass ein Vorverfahren durchgeführt werden müsste. Absatz 1 normiert den Fall, dass ein Antrag auf Vornahme eines Verwaltungsakts ohne zureichenden Grund in angemessener Frist sachlich nicht beschieden worden ist; in diesem Fall ist eine Frist von sechs Monaten einzuhalten. Absatz 2 betrifft die Konstellation, in der die Behörde über einen Widerspruch nicht entscheidet – in diesem Fall muss der Kläger drei Monate warten, bis er Untätigkeitsklage erheben kann. Vor Ablauf der genannten Fristen ist die Untätigkeitsklage unzulässig, es sei denn, die Behörde hätte sich gegenüber dem Bürger ausdrücklich geweigert, eine Entscheidung zu treffen. Begründet ist die Untätigkeitsklage dann, wenn die Behörde innerhalb der gennannten Fristen nicht entschieden hat – es sei denn, sie hatte einen „zureichenden Grund" für die Verzögerung.

Über die Zweckmäßigkeit der Untätigkeitsklage lässt sich trefflich streiten – führt sie doch ihrerseits zu weiteren Verzögerungen in der eigentlichen Sachentscheidung. Zudem eröffnet das Gesetz unter Umständen andere Wege: Wer etwa eine Sozialleistung begehrt und nur deshalb kein Geld ausgezahlt bekommt, weil die Ermittlung der Höhe der Leistung im Einzelnen Zeit beansprucht, kann gemäß § 42 SGB I einen Vorschuss beantragen, auf den bei Antragstellung ein entsprechender Anspruch besteht.

h. Sonderfall: § 44 SGB X

Wie schwierig die Anwendung der Kenntnisse über die verschiedenen Klagearten im Einzelfall sein kann, zeigt sich im Kontext von § 44 SGB X. Gemäß § 44 Abs. 1 SGB X ist ein rechtswidrig belastender Verwaltungsakt grundsätzlich auch nach Eintritt seiner Unanfechtbarkeit, d.h. der formellen Bestandskraft mit Wirkung für die Vergangenheit zurückzunehmen. Die zu Unrecht vorenthaltenen Sozialleistungen werden nach § 44 Abs. 4 Satz 1 SGB X längstens für einen Zeitraum bis zu vier Jahren vor der Rücknahme erbracht.

Weigert sich die Behörde, den belastenden Verwaltungsakt aufzuheben, stellt sich die Frage, auf welchem Weg der betroffene Bürger seine Interessen gerichtlich durchsetzen kann. Diese Frage ist äußerst umstritten – das Bundessozialgericht selbst hat seine Rechtsprechung hierzu geändert.

Man könnte zunächst an eine kombinierte Anfechtungs-, Verpflichtungs- und Leistungsklage denken. Die Entscheidung der Behörde, den belastenden Verwaltungsakt nicht aufzuheben, ist ihrerseits ein Verwaltungsakt und muss mit der Anfechtungsklage angefochten werden. Mit der Verpflichtungsklage erreicht der Bürger, dass die Behörde verpflichtet wird, den ursprünglichen Verwaltungsakt aufzuheben; und soweit es um eine Leistung geht, auf die ein Anspruch besteht, könnte man zudem die Leistungsklage gemäß § 54 Abs. 4 SGG in den Blick nehmen. Diese Kombination entspricht der aktuellen Entscheidungspraxis des Bundessozialgerichts (vgl. nur BSG v. 28.2.2013 – B 8 SO 4/12 R, Rn. 9; BSG v. 6.9.2017 – B 13 R 33/16 R, Rn. 17; BSG v. 26.10.2017 – B 2 U 6/16 R, Rn. 10).

Allerdings bestehen schon insoweit Bedenken, als dass eine Verurteilung zur Leistung überhaupt erst möglich ist, wenn die Behörde den ursprünglichen belastenden Verwaltungsakt auch tatsächlich aufgehoben hat. In der Rechtsprechung wurde daher auch die Ansicht vertreten, dass eine kombinierte Anfechtungs- und Feststellungsklage statthaft sei (BSG v. 5.9.2006 – B 2 U 24/05 R). Einer zusätzlichen Verpflichtungsklage bedürfe es nicht: Dass ein Verwaltungsakt nach Eintritt der Bindungswirkung nicht mehr vor Gericht angefochten, sondern nur noch im sogenannten Zugunstenverfahren zurückgenommen werden könne und dass hierüber nach § 44 Abs. 3 SGB X die zuständige Verwaltungsbehörde entscheide, bedeute nicht, dass auch im Prozess über die Ablehnung des Zugunstenantrags die Rücknahmeentscheidung nicht vom Gericht ersetzt werden könnte. Mit der Anfechtungsklage, mit der der Bürger gegen die Ablehnung der Behörde vorgeht, den belastenden Verwaltungsakt aufzuheben, könne zugleich die Aufhebung des ursprünglichen Verwaltungsakts unmittelbar durch das Gericht verlangt werden. Auch diese Sichtweise überzeugt allerdings nicht – muss man sich doch bereits fragen, welche Aufgabe der Feststellungsklage dabei eigentlich zukommen soll. Zu einer Verurteilung zur Leistung kann es weder über die Anfechtungs- noch über die Feststellungsklage kommen; angesichts von § 44 Abs. 4 SGB X könnte allein die Aufhebung des ursprünglichen rechtswidrigen Bescheids durch das Gericht den Nachzahlungsanspruch begründen.

Dogmatisch noch am ehesten überzeugend dürfte die kombinierte Anfechtungs- und Verpflichtungsklage sein: Mit ersterer begehrt der Kläger die Aufhebung der Ablehnung seines Antrags nach § 44 SGB X durch das Gericht; mit der Verpflichtungsklage begehrt er die Verurteilung der Behörde zur Aufhebung des ursprünglichen belastenden Verwaltungsakts sowie den Erlass des Verwaltungsakts, der ihm nun die ihm gemäß § 44 Abs. 4 SGB X zustehenden Leistungen bewilligt.

Dieses Beispiel zeigt einmal mehr, dass es ein „richtig“ oder „falsch“ nicht wirklich gibt; entscheidend ist, dass sich die Bearbeiter in einer Klausur ausreichende Gedanken über die statthafte Klageart machen – und das setzt unter anderem voraus, dass man sich Klarheit über die Ziele des Klägers verschafft und die Dogmatik des Allgemeinen Verwaltungsrechts beherrscht.

Hinzuweisen ist schließlich noch auf Folgendes: Wenn die Behörde einen verfristeten Widerspruch als unzulässig abweist und sich – unter Missachtung von § 44 SGB X – keinerlei Gedanken über eine gebotene Korrektur des möglicherweise rechtswidrigen Verwaltungsakts macht, wird eine vom Betroffenen erhobene Anfechtungsklage keinen Erfolg haben. Es fehlt an einem ordnungsgemäß durchgeführten Vorverfahren. Da der Widerspruch verfristet ist, kann diese Zulässigkeitsvoraussetzung für die Anfechtungsklage nicht mehr erfüllt werden. Das nun anstehende Verfahren und die Korrekturmöglichkeit nach § 44 SGB X können das Widerspruchsverfahren nicht ersetzen.

3. Klagebefugnis

Gemäß § 54 Abs. 1 Satz 2 SGG ist – soweit gesetzlich nichts anderes bestimmt ist – die Klage nur dann zulässig, wenn der Kläger behauptet, durch den Verwaltungsakt oder die Ablehnung oder Unterlassung eines Verwaltungsakts beschwert zu sein. Diese Formulierung beinhaltet die sogenannte Klagebefugnis. Zwar weicht § 54 Abs. 1 Satz 2 SGG vom Wortlaut des § 42 Abs. 2 VwGO ab; dennoch werden beide Vorschriften von den Gerichten übereinstimmend ausgelegt. Es geht um die Möglichkeit der Verletzung in eigenen Rechten. Insoweit reicht die bloße Behauptung einer Rechtsverletzung durch den Kläger letztlich nicht; vielmehr ist vom Gericht zu prüfen, ob eine solche Rechtsverletzung nach dem Vortrag des Klägers jedenfalls nicht ausgeschlossen ist. Durch die Zulässigkeitsvoraussetzung der eigenen Beschwer sollen Popularklagen und solche Klagen, mit denen der Kläger außerrechtliche Interessen verfolgt, ausgeschlossen werden. Die Klagebefugnis fehlt, „wenn die geltend gemachten Rechte unter Zugrundelegung des Klagevorbringens offensichtlich und eindeutig nach keiner Betrachtungsweise bestehen oder dem Kläger zustehen können, eine Verletzung subjektiver Rechte des Klägers also nicht in Betracht kommt“ (BSG v. 29.11.1995 – 3 RK 36/94, Rn. 19). Auch hier ist der Hinweis auf die so genannte „Möglichkeitstheorie“ letztlich entbehrlich. Die „Adressatentheorie“, die die „Möglichkeitstheorie“ ergänzen kann, ist gerade im Sozialrecht nur zurückhaltend zu verwenden (hierzu *Söhngen* in: jurisPK-SGG, Stand 30.6.2020, § 54 Rn. 41 ff.). Sie könnte etwa im Hinblick auf einen Rückforderungsbescheid herangezogen werden, weil dieser ein Handeln gebietet, das in das Freiheitsrecht des Art. 2 Abs. 1 GG eingreifen könnte. Im Hinblick auf den damit verbundenen Aufhebungsbescheid – oder auch die Ablehnung von beantragten Leistungen – würde man allerdings unterstellen, dass Art. 2 Abs. 1 GG einen auch sozialrechtlichen Leistungsanspruch begründet. Das würde den Schutzbereich dieses Grundrechts möglicherweise überdehnen, denn es schützt bekanntermaßen vor allem die Freiheit, tun und lassen zu können, was man möchte. Jedenfalls aber wäre ein solches Vorgehen ausführlich zu begründen.

Aufgrund der Zielsetzung des § 54 Abs. 1 Satz 2 SGG gilt die Zulässigkeitsvoraussetzung der Klagebefugnis für alle sozialgerichtlichen Klagen und damit nicht nur für die in § 54 Abs. 1 Satz 1 SGG genannten Anfechtungs- und Verpflichtungsklagen. Insoweit gilt nichts anderes als im Allgemeinen Verwaltungsrecht.

4. Erfolglose Durchführung eines Vorverfahrens

Gemäß § 78 Abs. 1 i.V.m. Abs. 3 SGG sind vor Erhebung einer Anfechtungs- und Verpflichtungsklage Rechtmäßigkeit und Zweckmäßigkeit des Verwaltungsakts in einem Vorverfahren nachzuprüfen. Nur in bestimmten Fallkonstellationen (§ 78 Abs. 1 Satz 2 Nr. 1 bis 3 SGG) bedarf es dieser Nachprüfung nicht.

Die Zulässigkeitsvoraussetzung der – letztlich jedenfalls teilweise erfolglosen, denn sonst käme es ja nicht zur Klage vor dem Sozialgericht – Durchführung eines Vorverfahrens gilt auch in den Fallgestaltungen, in denen eine andere Klage mit der Anfechtungsklage kombiniert wird. Bei einer isolierten Leistungsklage dagegen gibt es schon deshalb kein Vorverfahren, weil kein Verwaltungsakt angegriffen wird.

Beim Vorverfahren, also dem Widerspruchsverfahren, das durch Einlegung des Widerspruchs eröffnet wird, ohne dass es auf die korrekte Bezeichnung des Rechtsbehelfs ankäme, handelt es sich um ein Verwaltungsverfahren im Sinne von § 8 SGB X. Dass die Details des Widerspruchsverfahrens dennoch nicht im SGB X, sondern im SGG geregelt sind, erklärt sich vor dem Hintergrund, dass es zugleich um eine Zulässigkeitsvoraussetzung für bestimmte Klagearten geht. Ohne die notwendige Durchführung des Widerspruchsverfahrens ist die Klage unzulässig. Allerdings kann es auch nach Klageerhebung noch durchgeführt werden; das Gericht muss dem Kläger durch Aussetzung des Verfahrens (§ 114 Abs. 2 SGG) die Möglichkeit geben, das Vorverfahren nachzuholen.

Gemäß § 84 Abs. 1 Satz 1 SGG muss der Widerspruch innerhalb einer Frist von einem Monat seit Bekanntgabe des Verwaltungsakts eingelegt werden; bei Bekanntgabe im Ausland verlängert sich diese Frist gemäß Satz 2 auf drei Monate.

Immer wieder stellt sich die Frage, nach welchen Rechtsnormen die Widerspruchsfrist zu berechnen ist. Geht man auch mit Blick auf § 62 SGB X davon aus, dass der Gesetzgeber alle Rechtsmittelfristen des Vorverfahrens und des Sozialgerichtsprozesses im SGG abschließend regeln wollte, müsste man die Widerspruchsfrist nach § 64 SGG berechnen. Angesichts der Tatsache, dass das Widerspruchsverfahren ein Verwaltungsverfahren im Sinne von § 8 SGB X ist, liegt es jedoch nahe, die für das sozialrechtliche Verwaltungsverfahren geltenden §§ 26 Abs. 1 SGB X, 187 ff. BGB anzuwenden. Im Ergebnis ergeben sich keine Unterschiede. In der Klausur ist ein knapper Hinweis bezüglich der gewählten Normen anzuraten.

Die Widerspruchsfrist beginnt als Ereignisfrist einen Tag nach Bekanntgabe des Verwaltungsakts zu laufen, vgl. §§ 26 Abs. 1 SGB X, 187 Abs. 1 BGB. Die Bekanntgabe ist grundsätzlich an dem Tag erfolgt, an dem der Adressat den Verwaltungsakt erhalten hat. Zu beachten ist jedoch die Dreitagesfiktion des § 37 Abs. 2 Satz 1 SGB X, nach der ein schriftlicher Verwaltungsakt bei der Übermittlung durch die Post im Inland am dritten Tage nach der Aufgabe zur Post als bekannt gegeben gilt. Die Widerspruchsfrist beginnt als Ereignisfrist nach Maßgabe von §§ 26 Abs. 1 SGB X, 187 Abs. 1 BGB einen Tag nach der Bekanntgabe zu laufen; für das Fristende ist §§ 26 Abs. 1 SGB X, 188 Abs. 2 Alt. 2 BGB maßgeblich.

Eine mögliche Wiedereinsetzung in den vorigen Stand gemäß § 84 Abs. 2 Satz 3 SGG i.V.m. § 67 SGB X ist zu beachten.

Im Vertragsarztrecht sind Besonderheiten zu beachten: Hier gilt das Verfahren vor dem Berufungsausschuss (§ 96 Abs. 4 SGB V) gemäß § 97 Abs. 3 Satz 2 SGB V als Vorverfahren im Sinne von § 78 SGG.

Ein verspäteter Widerspruch ist zwar von der Behörde in einen Antrag nach § 44 SGB X umzudeuten – das fehlende Vorverfahren kann § 44 SGB X aber gerade nicht ersetzen, sodass die erhobene Klage unzulässig bleibt.

5. Klagefrist

Gemäß § 87 Abs. 1 SGG ist „die Klage" binnen eines Monats (drei Monate bei Bekanntgabe im Ausland) nach Bekanntgabe des Verwaltungsakts bzw. des Widerspruchsbescheids (Absatz 2) zu erheben (zur Fristwahrung bei Unzuständigkeit vgl. auch § 91 SGG). Von welcher Klage in § 87 SGG die Rede ist, sagt das Gesetz – anders als in § 74 VwGO – nicht ausdrücklich. Allerdings stellt der Gesetzeswortlaut auf die Bekanntgabe eines Verwaltungsakts ab, sodass die Regelung offenbar nur für Anfechtungsklagen relevant ist. Die Klagefrist ist allerdings auch dann zu beachten, wenn die Anfechtungsklage mit anderen Klagen kombiniert wird. Für Feststellungsklagen gibt es keine Klagefrist; vgl. in diesem Kontext auch § 89 SGG.

6. Beteiligte; Partei- und Prozessfähigkeit

Beteiligt am konkreten Verfahren sind gemäß § 69 SGG Kläger, Beklagter und die gegebenenfalls Beigeladenen.

Die Parteifähigkeit ist in § 70 SGG geregelt, die Frage der Prozessfähigkeit in § 71 SGG. Hier geht es vor allem darum, die betreffenden Normen konkret zu zitieren.

Auch im sozialgerichtlichen Verfahren gilt grundsätzlich das Rechtsträgerprinzip, d.h. beteiligt ist die juristische Person und nicht die handelnde Behörde; eine § 78 VwGO entsprechende Norm gibt es im SGG allerdings nicht.

Im Kontext von § 71 Abs. 3 SGG ist eine klare Abgrenzung der Vertretung durch den Geschäftsführer einerseits und den Vorstand andererseits nicht ohne weiteres möglich. Maßgeblich ist, was man im Einzelnen noch als „laufendes Geschäft" ansieht.

7. Zuständigkeit des Gerichts

Die Klage ist beim zuständigen Gericht zu erheben. Die sachliche Zuständigkeit des Sozialgerichts ergibt sich aus § 8 SGG; für die örtliche Zuständigkeit ist § 57 SGG maßgeblich. Bei entsprechenden Angaben im Sachverhalt reicht es nicht aus, diese Norm einfach zu zitieren; erforderlich ist auch insoweit eine entsprechende Subsumtion.

8. Ordnungsgemäße Klageerhebung

Die Klageerhebung ist in § 90 SGG geregelt; den notwendigen Inhalt der Klageschrift legt § 92 SGG fest. Die Lektüre dieser Norm macht deutlich, dass die zu beachtenden Förmlichkeiten im sozialgerichtlichen Verfahren auf ein Minimum reduziert sind.

9. Allgemeines Rechtsschutzbedürfnis

Auch für die Erhebung einer sozialgerichtlichen Klage muss der Kläger ein Bedürfnis für die Inanspruchnahme gerichtlichen Rechtsschutzes darlegen können. Insoweit gelten letztlich keine Besonderheiten gegenüber dem Allgemeinen Verwaltungsrecht. Hier ist zu fragen, ob es für den Kläger einen einfacheren, aber ebenso effektiven Weg gibt, um sein Begehren durchzusetzen.

10. Sonstiges

Es ist ratsam, die Prüfung der Zulässigkeit mit diesem Punkt abzuschließen. Sie zeigen damit, dass Ihnen sehr wohl bekannt ist, dass es weitere Zulässigkeitsvoraussetzungen gibt, die aber im konkreten Fall – wie zumeist – keine Rolle spielen.

III. Die Prüfung der Zulässigkeit eines Widerspruchs

Nicht immer verlangt der Bearbeitervermerk, die „Erfolgsaussichten oder den Erfolg der Klage“ zu prüfen. Vielmehr ist es auch denkbar, dass nach den „Erfolgsaussichten oder dem Erfolg des Widerspruchs“ gefragt wird.

Letztlich erfolgt die Prüfung sehr ähnlich; allerdings sind einige Besonderheiten zu beachten. Dass eine Zulässigkeitsprüfung zu erfolgen hat, ergibt sich aus § 85 Abs. 1 SGG, wonach dem Widerspruch abzuhelfen ist, soweit er „für begründet erachtet“ wird. Zu einer Prüfung der Begründetheit, also zu einer Auseinandersetzung mit den in Frage stehenden materiell-rechtlichen Aspekten, kommt man bei jeglichem Rechtsbehelf naturgemäß nur dann, wenn dieser zulässig ist.

1. Eröffnung des Sozialrechtswegs; § 51 SGG (analog)

Im Verwaltungsrecht lernen Studierende, dass die Frage der Eröffnung des Rechtswegs auch im Rahmen der Zulässigkeit eines Widerspruchs – und zwar analog § 40 Abs. 1 VwGO – zu prüfen ist. Unmittelbar erschließt sich das nicht, auch wenn § 68 VwGO – und insoweit gilt für § 78 SGG nichts anderes – ausdrücklich an die „Erhebung der Anfechtungsklage" anknüpft, die ihrerseits nur zulässig ist, wenn der Verwaltungsrechtsweg eröffnet ist. Für das Widerspruchsverfahren selbst ist eine Prüfung der Rechtswegeröffnung allerdings gerade nicht vorgesehen, sodass diese Begründung nur bedingt überzeugt.

Für das Sozialrecht ist die Frage, ob der Sozialrechtsweg eröffnet ist oder nicht, im Kontext der Prüfung der Zulässigkeit des Widerspruchs aus ganz anderen Gründen bedeutsam. Gemäß § 62 SGB X gelten für förmliche Rechtsbehelfe gegen Verwaltungsakte, wenn der Sozialrechtsweg gegeben ist, das Sozialgerichtsgesetz, wenn der Verwaltungsrechtsweg gegeben ist, die Verwaltungsgerichtsordnung und die zu ihrer Ausführung ergangenen Rechtsvorschriften, soweit nicht durch Gesetz etwas anderes bestimmt ist; im Übrigen gelten die Vorschriften des SGB X. Dass der Widerspruch ein „förmlicher Rechtsbehelf" in diesem Sinne ist, dürfte unstreitig sein. Um seine Zulässigkeit prüfen zu können, muss der Bearbeiter sich über das insoweit maßgebliche Gesetz im Klaren sein. Bereits bei der Frage nach der Einhaltung der Widerspruchsfrist ist nämlich zu entscheiden, ob diese nach Maßgabe von § 68 VwGO oder aber von § 78 SGG zu erörtern ist. Bekanntermaßen werden nicht alle sozialrechtlichen Streitigkeiten vom Sozialgericht entschieden; soweit es beispielsweise um das Bundesausbildungsförderungsgesetz (§ 68 Nr. 1 SGB I) oder das Wohngeldgesetz (§ 68 Nr. 10 SGB I) geht, sind im Streitfall die Verwaltungsgerichte für diese sozialrechtlichen Streitigkeiten zuständig, weil § 51 SGG – auch unter Berücksichtigung seiner Nr. 10 – insoweit nicht den sozialgerichtlichen Rechtsweg eröffnet.

Vor diesem Hintergrund muss geklärt werden, ob die konkrete Streitigkeit später vor Gericht vom Verwaltungsgericht oder aber vom Sozialgericht entschieden würde. Diese Begründung ließe sich auch im Allgemeinen Verwaltungsrecht anführen, selbst wenn die § 62 SGB X entsprechende Vorschrift des § 79 VwVfG primär die Abgrenzung von VwGO und VwVfG im Blick hat. Die VwGO mit ihren Regelungen über die Statthaftigkeit des Widerspruchs oder die Widerspruchsfrist findet letztlich nur Anwendung, wenn der Verwaltungsrechtsweg eröffnet ist.

Damit ist auch im Rahmen der Zulässigkeit eines Widerspruchs die Eröffnung des Rechtswegs zu prüfen. Formulieren ließe sich das wie folgt: „Mit Blick auf § 62 SGB X ist zu prüfen, ob für das Begehren der A der Sozialrechtsweg eröffnet wäre.“ Mit dieser Formulierung macht man zugleich deutlich, dass die Prüfung gleichsam mit Blick auf eine mögliche spätere Klage erfolgt, die auch § 62 SGB X im Auge hat. Weiter könnte es heißen: „Maßgeblich ist insoweit § 51 SGG als abdrängende Sonderzuweisung im Sinne von § 40 Abs. 1 Satz 1 VwGO. Zu klären ist, ob es vorliegend um eine der in § 51 Abs. 1 SGG normierten Angelegenheiten geht und ob die Streitigkeit öffentlich-rechtlicher und nicht verfassungsrechtlicher Art (vgl. § 39 Abs. 2 SGG) ist.“

Angesichts der Tatsache, dass die Prüfung der Eröffnung des Rechtswegs im Rahmen der Zulässigkeit des Widerspruchs in der einschlägigen Literatur üblicherweise damit begründet wird, dass das Widerspruchsverfahren Zulässigkeitsvoraussetzung für die Anfechtungs- und Verpflichtungsklage ist, die ihrerseits nur zulässig sind, wenn der maßgebliche Rechtsweg eröffnet ist, kann man auch so kurz begründen, warum § 51 SGG überhaupt geprüft wird. Falsch ist diese Begründung sicher nicht – überzeugender dürfte aber der Weg über § 62 SGB X sein; er macht zudem eine analoge Anwendung des § 51 SGG entbehrlich.

2. Statthaftigkeit des Widerspruchs

Eine „statthafte Klageart“ gibt es im Widerspruchsverfahren naturgemäß nicht. Vielmehr stellt sich die Frage, ob der Widerspruch an sich statthaft, also derjenige Rechtsbehelf ist, mit dem der Widerspruchsführer sein Rechtsschutzbegehren erreichen kann.

Statthaft ist ein Widerspruch gemäß § 78 Abs. 1 und 3 SGG vor Erhebung einer Anfechtungs- bzw. Verpflichtungsklage. Es ist also zu klären, welche Klage der Widerspruchsführer vor Gericht erheben müsste, sollte sein Widerspruch erfolglos bleiben. Nur derjenige Widerspruch, der nach den Vorgaben des SGG erhoben werden muss, ist statthaft – einen „freiwilligen“ Widerspruch gibt es nicht. Dieser müsste als unzulässig zurückgewiesen werden.

3. Widerspruchsbefugnis

Am Maßstab von § 54 Abs. 1 Satz 2 SGG in analoger Anwendung wird die Frage der Widerspruchsbefugnis erörtert. Insoweit kann auf die Ausführungen zur Klagebefugnis verwiesen werden. Achten Sie aber bitte in der Klausur auf die jeweils zutreffende Wortwahl; im Widerspruchsverfahren gibt es weder einen Kläger noch eine Klagebefugnis.

4. Widerspruchsfrist; Form

Statt einer Klagefrist gibt es eine Widerspruchsfrist, die in § 84 SGG normiert ist. Danach ist der Widerspruch binnen eines Monats, nach dem der Verwaltungsakt dem Beschwerten bekanntgegeben wurde, einzureichen; bei einer Bekanntgabe im Ausland beträgt die Frist drei Monate. Die Vorschrift regelt auch die formellen Vorgaben an die Einlegung des Widerspruchs.

Die Einhaltung der Frist wird – dies dürfte dogmatisch überzeugender sein – nach Maßgabe des SGB X geprüft (hierzu unter II. 4.). Auch hier ist an die Möglichkeit der Wiedereinsetzung in den vorigen Stand zu denken; dabei wird allerdings nicht § 27 SGB X, sondern § 67 SGG angewandt. Dies ist in § 84 Abs. 2 Satz 3 SGB X ausdrücklich geregelt, der die entsprechende Geltung der Norm anordnet. Das bedeutet, dass statt des Gerichts die Behörde handelt. Allerdings kann auch das Gericht Wiedereinsetzung gewähren, selbst wenn der Antrag erst im gerichtlichen Verfahren gestellt wird (hierzu *Schmidt* in: Meyer-Ladewig/Keller/Leitherer/Schmidt, SGG, 13. Aufl. 2020, § 84 Rn. 8a). § 67 SGG kennt anders als § 27 Abs. 5 SGB X keine ausdrückliche Regelung über Ausschlussfristen.

Auch § 66 SGG ist im Übrigen nach § 84 Abs. 2 Satz 3 SGB X entsprechend anwendbar; wenn also die Rechtsbehelfsbelehrung unterblieben ist oder unrichtig erteilt wurde, kann innerhalb eines Jahres sei Bekanntgabe des Verwaltungsakts Widerspruch erhoben werden.

5. Beteiligungs- und Handlungsfähigkeit

Die amtliche Überschrift des § 11 SGB X lautet „Vornahme von Verfahrenshandlungen"; der Sache nach geht es aber um die auf das Sozialverwaltungsverfahren bezogene allgemeine Handlungsfähigkeit, weshalb der Begriff im Kontext des § 11 SGB X auch verwendet werden sollte. Die amtliche Bezeichnung dient dazu, Missverständnisse im Verhältnis zu § 36 Abs. 1 SGB I zu vermeiden, dessen amtlichem Titel der Begriff der Handlungsfähigkeit vorbehalten ist.

Mitunter wird die Beteiligungs- und Handlungsfähigkeit im Widerspruchsverfahren auch über § 62 SGB X i.V.m. §§ 69, 70, 71 SGG festgestellt. Zu beachten ist aber, dass § 62 SGB X zunächst nur regelt, welche Prozessordnung Anwendung findet. Das ist deshalb erforderlich, weil das förmliche Rechtsbehelfsverfahren, also das Widerspruchsverfahren, gegen Verwaltungsakte nicht in den Vorschriften über das Verwaltungsverfahren (SGB X bzw. allgemein VwVfG) selbst, sondern in der gerichtlichen

Verfahrensordnung (SGG bzw. VwGO) geregelt ist. Darüber hinaus gelten die Vorschriften des SGB X, wenn das Prozessrecht keine vorrangigen speziellen Regelungen enthält. Das ist hier aber nicht der Fall.

Da es sich beim Widerspruchsverfahren der Sache nach um ein Verwaltungsverfahren handelt, sind insoweit die allgemeinen Regelungen der §§ 10 und 11 SGB X maßgeblich.

Bereits auf der Ebene des Widerspruchsverfahrens kann sich die Frage nach der Beteiligung weiterer Personen stellen. Nach § 12 Abs. 1 Nr. 4 SGB X sind Beteiligte auch diejenigen, die nach Absatz 2 von der Behörde zu dem Verfahren hinzugezogen worden sind. Die notwendige Hinzuziehung im Verwaltungsverfahren – wie im Rahmen von § 75 SGG wird nur diese im Gutachten angesprochen – ist in § 12 Abs. 2 Satz 2 SGB X geregelt und setzt einen Antrag voraus. Insofern unterscheidet sich die Regelung deutlich von § 75 Abs. 2 SGB X (hierzu unter D. II.).

6. Rechtsschutzbedürfnis

Hinsichtlich des Rechtsschutzbedürfnisses gibt es keine Besonderheiten. Insofern kann auf die obigen Ausführungen verwiesen werden.

IV. Vorläufiger Rechtsschutz

1. Allgemeines

Art. 19 Abs. 4 GG garantiert effektiven Rechtsschutz. Dem Kläger nützt eine erfolgreiche Klage schlicht nicht, wenn das Urteil zu spät kommt. Ein in jüngerer Zeit viel diskutiertes Beispiel mag das verdeutlichen. In Fällen einer lebensbedrohlichen Erkrankung im Sinne der sogenannten Nikolausentscheidung des Bundesverfassungsgerichts, bei der auch solche neuen Untersuchungs- und Behandlungsmethoden zu erbringen sind, die vom Gemeinsamen Bundesausschuss nicht empfohlen wurden, ist in der Regel Eile geboten. Der Kläger hat – aus medizinischen Gründen – gar nicht die Zeit, ein sozialgerichtliches Verfahren durchzustehen, das sich unter Umständen über Jahre hinzieht. Er braucht eine schnelle Entscheidung, und deshalb kennt auch das sozialgerichtliche Verfahren einstweiligen Rechtsschutz. Dieser war bis 2011 eher lückenhaft geregelt; seither sind die §§ 86a und 86b SGG maßgeblich.

Im Detail ist der vorläufige Rechtsschutz unterschiedlich ausgestaltet: Geht es darum, den Vollzug eines belastenden Verwaltungsakts zu verhindern, sind die §§ 86a und

86b Abs. 1 SGG maßgeblich; hierbei geht es primär um die Erhaltung des Status quo des Antragstellers. Geht es dagegen darum, eine vorläufige Regelung zu erhalten, die den Rechtskreis des Bürgers unter Umständen auch erweitert, kommt der Erlass einer einstweiligen Anordnung gemäß § 86b Abs. 2 SGG in Betracht.

Letztlich bestehen auch hier deutliche Parallelen zum Allgemeinen Verwaltungsrecht.

2. Die aufschiebende Wirkung

Widerspruch und Anfechtungsklage haben gemäß § 86a Abs. 1 SGG aufschiebende Wirkung. Obwohl der Wortlaut der Norm keine entsprechende Einschränkung enthält, wird gefordert, dass der eingelegte Rechtsbehelf nicht evident unzulässig sein darf. Ansonsten aber tritt die aufschiebende Wirkung automatisch kraft Gesetzes ein. Allerdings hat der Gesetzgeber in § 86a Abs. 2 SGG praktisch bedeutsame Fallkonstellationen aufgelistet, in denen Widerspruch und Klage diese Wirkung nicht haben; das betrifft vor allem Streitigkeiten über öffentliche Abgaben (Nr. 1), aber auch Fallgestaltungen, in denen eine laufende Leistung entzogen wird (Nr. 3). In der zuletzt genannten Konstellation hat zwar der Widerspruch aufschiebende Wirkung, nicht aber die Anfechtungsklage. Zu beachten ist auch, dass spezielles Bundesrecht Vorrang hat (Nr. 4); so hat etwa eine Klage gegen die Entscheidung des Beschwerdeausschusses in der vertragsärztlichen Wirtschaftlichkeitsprüfung (§ 106c Abs. 3 Satz 5 SGB V) keine aufschiebende Wirkung. Schließlich kann die Behörde durch Anordnung der sofortigen Vollziehung den Suspensiveffekt ausschließen (Nr. 5).

In den Fällen des Absatzes 2 sind allerdings § 86a Abs. 3 SGG (Aussetzung der sofortigen Vollziehung durch die Behörde) sowie § 86b Abs. 1 Satz 1 Nr. 2 und 3 SGG (Anordnung der aufschiebenden Wirkung bzw. Wiederherstellung der sofortigen Vollziehung in den Fällen des § 86a Abs. 3 SGG) zu beachten. § 86b Abs. 1 Satz 1 Nr. 1 SGG erfasst ausschließlich Verwaltungsakte mit Drittwirkung.

3. Einstweilige Anordnung

Nicht immer geht es im vorläufigen Rechtsschutz um einen belastenden Verwaltungsakt. Mitunter strebt der Bürger ein Tätigwerden der Verwaltung an, das er gerichtlich nicht mit der Anfechtungsklage, sondern mit Verpflichtungs-, Leistungs- oder Feststellungsklagen durchsetzen muss. In Fällen dieser Art hilft in der Regel – auch wenn eine kombinierte Klage vorliegt – eine aufschiebende Wirkung nicht; vielmehr muss der Bürger eine einstweilige Anordnung erwirken. Das Gesetz umschreibt das in § 86b Abs. 2 Satz 1 SGG mit den Worten: „Soweit ein Fall des Absatzes 1 nicht vorliegt …“.

Die Voraussetzungen, unter denen das Gericht eine einstweilige Anordnung erlassen kann, sind in § 86b Abs. 2 SGG geregelt. Man unterscheidet die Sicherungsanordnung (vgl. § 86b Abs. 2 Satz 1 SGG) und die Regelungsanordnung (§ 86b Abs. 2 Satz 2 SGG). Letztere müsste der Antragsteller etwa wählen, wenn er im Fall einer lebensbedrohlichen Krankheit die Finanzierung einer neuen Untersuchungs- und Behandlungsmethode anstrebt. Sowohl Anordnungsanspruch als auch Anordnungsgrund sind zu prüfen.

Den Inhalt der einstweiligen Anordnung bestimmt das Gericht nach freiem Ermessen. Eine Vorwegnahme der Hauptsache ist mit Blick auf die eingeschränkte Prüfungsintensität im einstweiligen Rechtsschutz grundsätzlich zu vermeiden, was im sozialgerichtlichen Verfahren in der Regel nicht problematisch ist (vgl. aber auch *Burkiczak* in: jurisPK-SGG, Stand 7.5.2021, § 86b Rn. 426 ff.). Das Bundesverfassungsgericht hat beim Arbeitslosengeld II einen Abschlag als zulässig angesehen (v. 12.5.2005 – 1 BvR 569/05, Rn. 26; dort auch zu den Vorgaben des BVerfG für den Eilrechtsschutz in Fällen der Existenzsicherung insgesamt).

4. Zulässigkeitsvoraussetzungen

Soweit ein Handeln des Gerichts erforderlich ist, um einstweiligen Rechtsschutz zu bewirken, bedarf es eines nicht fristgebundenen Antrags, der auch schon vor Klageerhebung gestellt werden kann (§ 86b Abs. 3 SGG). Die Prüfung eines solchen Antrags ist der Prüfung der Zulässigkeit einer Klage bzw. des Widerspruchs sehr ähnlich. Nach der Prüfung der Eröffnung des Sozialrechtswegs ist zu klären, welcher Antrag statthaft ist. Die Antragsbefugnis ist analog § 54 Abs. 1 Satz 2 SGG zu erörtern. Partei- und Prozessfähigkeit sowie die Zuständigkeit des Sozialgerichts sind anzusprechen. Besonderes Augenmerk liegt auf dem Rechtsschutzbedürfnis; hier ist gegebenenfalls anzusprechen, ob vor einem Antrag nach § 86b Abs. 1 Satz 1 SGG erfolglos versucht worden sein muss, Rechtsschutz über § 86a Abs. 3 SGG zu erlangen. Gegebenenfalls entfällt das Rechtsschutzbedürfnis, weil der Bürger ein Handeln der Verwaltung gemäß §§ 42, 43 SGB I (Vorschuss, vorläufige Leistung) erzwingen kann.

D. Klagehäufung und Beiladung

Üblicherweise werden in einem gesonderten Prüfungspunkt, der zwischen der Erörterung der Zulässigkeit des Rechtsbehelfs und seiner Begründetheit angesiedelt ist, zwei Aspekte angesprochen, denen auch im Sozialgerichtsprozess Bedeutung zukommen kann. Es geht zum einen um die in § 56 SGG geregelte Klagehäufung und zum anderen um die Beiladung, durch die ein außerhalb des Verfahrens stehender Dritter zum Beteiligten im konkreten Rechtsstreit wird. Ob und inwieweit sich die genannten Aspekte tatsächlich auf den „Erfolg der Klage" auswirken, nach dem im Bearbeitungsvermerk häufig gefragt sein wird, mag zweifelhaft sein. Bei der Klagehäufung geht es nur um die gemeinsame oder getrennte Verhandlung mehrerer Klagebegehren durch das Gericht. Die Beiladung eines Dritten führt dazu, dass sich die Bindungswirkung des Urteils gemäß § 141 Abs. 1 SGG auch auf ihn erstreckt. Zudem können die in § 75 Abs. 5 SGG genannten Sozialleistungsträger nach einer Beiladung gemäß § 75 Abs. 5 SGG verurteilt werden, obwohl sie nicht Beklagte sind. So werden neue Prozesse vermieden und es besteht kein Risiko divergierender Entscheidungen. Ein Urteil ohne vorherige notwendige Beiladung erlangt insoweit nur formelle Rechtskraft. Materielle Rechtskraft tritt dagegen nicht ein, sodass der Streitgegenstand unter denselben Beteiligten nach materiellem und Prozessrecht zum Gegenstand eines neuen Prozesses gemacht werden kann.

I. Klagehäufung

Ob die Voraussetzung einer objektiven Klagehäufung (§ 56 SGG) vorliegen, ist keine Frage der Zulässigkeit, sondern betrifft allein die Zulässigkeit von Verhandlung und Entscheidung in einem einheitlichen Verfahren. Es geht also um die Vermeidung der Durchführung paralleler Verfahren (ausführlich hierzu auch *Adams* in: jurisPK-SGG, Stand 15.7.2017, § 56 Rn. 3 ff.). Die objektive Klagehäufung führt dazu, dass das Gericht über sämtliche geltend gemachten Klagebegehren gemeinsam verhandelt und entscheidet. Der für die objektive Klagehäufung erforderliche rechtliche Zusammenhang liegt vor, wenn die geltend gemachte Klage einem einheitlichen Lebensvorgang zuzurechnen ist. Muss diese Voraussetzung verneint werden, sind beide Klagen nur getrennt zulässig und werden entsprechend behandelt.

Erhebt der Kläger eine kombinierte Anfechtungs- und Leistungsklage nach § 54 Abs. 1 Satz 1 und Abs. 4 SGG, ist § 56 SGG nicht anzusprechen. Zwar geht es hier in dogmatischer Hinsicht auch um mehrere Klagebegehren, weil der Kläger zum einen die Aufhebung des belastenden Verwaltungsakts anstrebt und zum anderen die Verurteilung des Leistungsträgers zur Leistung begehrt – es handelt sich aber um eine spezielle Klageart, die im SGG gesondert geregelt ist und bei der die Voraussetzungen des § 56 SGG gleichsam automatisch vorliegen (a.A. wohl *Keller* in: Meyer-Ladewig/Keller/Leitherer/Schmidt, SGG, 13. Aufl. 2020, § 56 Rn. 3).

II. Beiladung

Die Beiladung, durch die ein außerhalb des Verfahrens stehender Dritter durch Beschluss des Gerichts zum Beteiligten gemacht wird, dient einerseits dem Interesse des Dritten, der infolge der Beiladung die Möglichkeit hat, auf den auch seine rechtlichen Interessen berührenden Rechtsstreit Einfluss zu nehmen; andererseits zielt die Beiladung auf die Vermeidung von Folgeprozessen und dient damit der Prozessökonomie.

Das Gesetz unterscheidet bekanntermaßen in § 75 SGG zwischen der einfachen Beiladung gemäß § 75 Abs. 1 Satz 1 SGG, die von Amts wegen oder auf Antrag erfolgen kann, und der notwendigen Beiladung gemäß § 75 Abs. 2 SGG, die unter den genannten Voraussetzungen zu erfolgen hat. Vor allem die echte notwendige Beiladung im Sinne von § 75 Abs. 2 Alt. 1 SGG kann im Einzelfall schwer zu begründen sein; die Rechtsprechung verlangt insoweit, dass der Inhalt der Entscheidung, die in Rechtskraft erwächst, zugleich unmittelbar in die Rechtssphäre des Dritten eingreift. Bei der sogenannten unechten notwendigen Beiladung im Sinne von § 75 Abs. 2 Alt. 1 SGG geht es um die Beteiligung von Leistungsträgern, die bei Ablehnung des Anspruchs möglicherweise als leistungspflichtig in Betracht kommen (zur echten und unechten notwendigen Beiladung vgl. *Gall* in: JurisPK-SGG, Stand 15.7.2017, § 75 Rn. 38 ff.).

Angesprochen wird in einer Klausur in der Regel ebenso wie im Rahmen der Hinzuziehung nur die notwendige Beiladung – und das auch nur, wenn die Fallkonstellation zu entsprechenden Überlegungen Anlass gibt.

E. Ausgewählte Probleme der Begründetheitsprüfung

I. Allgemeines

Nicht nur die Prüfung der Zulässigkeit eines Rechtsbehelfs bereitet Studierenden Probleme. Auch der bloße „Einstieg“ in die Begründetheitsprüfung wirft eine Reihe von Fragen auf, die in den einschlägigen Lehrbüchern häufig nicht zufriedenstellend beantwortet werden.

Im Folgenden sollen einige Aspekte, mit denen sich die Studierenden erfahrungsgemäß schwertun, erläutert werden. Dabei geht es ausschließlich darum, den Übergang zwischen den einzelnen Ebenen der Prüfung der Erfolgsaussichten eines Rechtsbehelfs zu erleichtern – letztlich liegt der Schwerpunkt jeder Fallbearbeitung, wie bereits dargelegt, auf den im Sachverhalt angelegten inhaltlichen Fragen des jeweils maßgeblichen materiellen Rechts.

II. Passivlegitimation

Von der Stellung als Beteiligter im Verfahren sowie der Partei- und Prozessfähigkeit ist die Frage der Passivlegitimation strikt zu trennen. Sie betrifft ausschließlich die Begründetheit der Klage und fragt – untechnisch gesprochen – danach, ob der Kläger den „richtigen Beklagten“ verklagt. Das ist der Fall, wenn derjenige, den der Kläger verklagt, nach materiellem Recht zu der begehrten Leistung überhaupt verurteilt werden kann.

Im Sozialrecht ist diese Frage nur selten problematisch. Klagt der Versicherte etwa gegen seine Krankenkasse, weil diese ihm eine Leistung zu Unrecht verweigert, ist sie für eine entsprechende Klage passivlegitimiert. Allerdings können sich gerade im Bereich des Existenzsicherungsrechts mitunter Fragen hinsichtlich der Passivlegitimation ergeben. Jedenfalls ist es keinesfalls schädlich, diese Frage zu Beginn der Begründetheitsprüfung einer Klage kurz anzusprechen – schließlich lassen sich viele Rechtsträger verklagen, ohne dass diese materiell-rechtlich überhaupt zu der begehrten Leistung verurteilt werden könnten.

Wird allerdings um die Zuständigkeit selbst gestritten, ist die Passivlegitimation auch dann zu bejahen, wenn der verklagte Sozialleistungsträger letztlich nicht zuständig ist – schließlich geht es dem Kläger gerade um die Klärung dieser Frage im Streit mit dem betreffenden Träger.

Nach Ansicht des Bundessozialgerichts kann ein Leistungsträger auch dann zur Leistung verpflichtet sein, wenn er eigentlich nicht passivlegitimiert ist. Dies ist eine Folge von §§ 14, 15 SGB IX, wonach in bestimmten Konstellationen nicht wirklich zuständige Träger im Außenverhältnis zum Bürger zur Leistung verpflichtet sind.

Ist nach den Erfolgsaussichten bzw. dem Erfolg eines Widerspruchs gefragt, stellt sich die Frage der Passivlegitimation dagegen nicht, weil die Behörde Herrin des Verfahrens und nicht etwa Beteiligte ist.

III. Einstiegsformulierungen

Die eigentliche Begründetheitsprüfung beginnt – ähnlich wie die Prüfung der Zulässigkeit – mit einem einleitenden Obersatz, der die weiteren Überlegungen vorzeichnet.

Auch hier bestehen Parallelen zum Allgemeinen Verwaltungsrecht, aber auch deutliche Unterschiede. Im Folgenden werden entsprechende Formulierungsvorschläge für alle Klagearten unterbreitet.

1. Formulierungen bei den einzelnen Klagearten

a. Isolierte Anfechtungsklage

Geht es um eine isolierte Anfechtungsklage (hierzu unter C. II. 2. a.), weil der Kläger etwa gegen die Entziehung seiner Rente klagt, ergibt sich der Obersatz – allerdings nicht vollständig – aus dem Gesetz. Gemäß § 54 Abs. 2 Satz 1 SGG ist der Kläger beschwert, wenn der Verwaltungsakt rechtswidrig ist. Anders als § 113 Abs. 1 Satz 1 VwGO verlangt das Gesetz nicht ausdrücklich eine Rechtsverletzung des Klägers; allerdings ist diese auch im Sozialrecht zu fordern. In der Regel ergibt sich die Rechtsverletzung gleichsam automatisch aus der objektiven Rechtswidrigkeit des Verwaltungsakts – auch § 113 Abs. 1 Satz 1 VwGO will letztlich nur deutlich machen, dass diese Rechtswidrigkeit grundsätzlich einen subjektiven Beseitigungsanspruch begründet (hierzu *Schenke*, NVwZ 1993, 721 ff.). Insoweit reicht ein Satz im Urteilsstil zur Feststellung der subjektiven Rechtsverletzung aus. Allerdings sind ebenso wie im Allgemeinen Verwaltungsrecht Ausnahmen denkbar – etwa bei nur formellen Fehlern, die wegen § 42 SGB X nicht zur Aufhebung des Verwaltungsakts führen. In diesem Fall ist der Verwaltungsakt zwar rechtswidrig, die Anfechtungsklage hat jedoch ausnahmsweise keinen Erfolg.

Die Prüfung der Rechtswidrigkeit des Verwaltungsakts erfolgt nach dem aus dem Allgemeinen Verwaltungsrecht bekannten Muster: Ermächtigungsgrundlage, formelle und materielle Rechtmäßigkeit. Dabei ist – sofern ein Widerspruchsverfahren stattgefunden hat – Klagegegenstand wie im Allgemeinen Verwaltungsrecht der Verwaltungsakt in der Gestalt des Widerspruchsbescheids (§ 95 SGG).

b. Verpflichtungsklage

Begehrt der Kläger einen ihn begünstigenden Verwaltungsakt, dessen Erlass im Ermessen des Sozialleistungsträgers liegt (hierzu unter C. II. 2. b.), ist ebenfalls § 54 Abs. 2 SGG maßgeblich: Der Kläger ist beschwert, wenn die Ablehnung oder Unterlassung eines Verwaltungsakts rechtswidrig ist. Diese Formulierung erinnert an § 113 Abs. 5 Satz 1 VwGO – auch hier fehlt im Gesetz wiederum der Hinweis auf die subjektive Rechtsverletzung, die jedoch kurz angesprochen werden sollte.

c. Kombinierte Anfechtungs- und Leistungsklage

In der sozialrechtlichen Praxis besonders bedeutsam ist die in § 54 Abs. 1 Satz 1 und Abs. 4 SGG normierte kombinierte Anfechtungs- und Leistungsklage (hierzu unter C. II. 2. c.).

Hier lässt sich über einen sachgerechten Aufbau durchaus streiten.

Einerseits müsste man nach dem Gesetzestext zunächst den ablehnenden Verwaltungsakt in der Form des Widerspruchsbescheids auf seine Rechtmäßigkeit hin prüfen. Dies würde nach dem bekannten Schema „Ermächtigungsgrundlage, formelle und materielle Rechtmäßigkeit“ erfolgen. Ist der ablehnende Verwaltungsakt rechtswidrig, würde er – das wäre das Ergebnis bezogen auf die Anfechtungsklage – aufgehoben. Dann würde man in einem nächsten Schritt das Vorliegen der Anspruchsvoraussetzungen der Ermächtigungsgrundlage – letztlich erneut – prüfen und zwar nunmehr im Anspruchsaufbau. Im Regelfall wird bei einer rechtswidrigen Ablehnung der Leistung tatsächlich ein entsprechender Anspruch des Klägers bestehen. Dieses Vorgehen, das sich am Gesetzeswortlaut orientiert, erweist sich aber im Regelfall nicht nur als leidlich umständlich und redundant, es verkennt auch die eigentliche Zielsetzung des Klägers, der die konkrete Leistung begehrt. Dieser möchte eine Verurteilung des Sozialleistungsträgers durch das Gericht erreichen, etwa in dem Sinne: „Die AOK Rheinland/Hamburg wird verurteilt, an den Kläger Krankengeld in Höhe von … zu zahlen“. Ihn interessieren der ablehnende Bescheid und seine Rechtmäßigkeit nur am Rande – für ihn steht vielmehr die Leistungsklage im Fokus. Es spricht daher nichts dagegen, sogleich den Anspruchsaufbau zu wählen und im eben genannten Beispiel also nach der Versicherteneigenschaft des Klägers, dem Vorliegen einer Krankheit und den Anspruchsvoraussetzungen der §§ 44 ff. SGB V zu fragen. Bei dieser Prüfung beantwortet sich die Frage nach der Rechtmäßigkeit des ablehnenden Verwaltungsakts gleichsam von selbst.

Andererseits können sich im Einzelfall Probleme ergeben, wenn sich nur durch den klassischen Aufbau in die Schritte „Ermächtigungsgrundlage, formelle und materielle Rechtmäßigkeit“ alle durch den Sachverhalt aufgeworfenen Fragestellungen sinnvoll bearbeiten lassen. Dies wäre denkbar, wenn der ablehnende Verwaltungsakt formelle Fehler aufweist – etwa deshalb, weil der handelnde Sachbearbeiter „ausgeschlossene Person“ im Sinne von § 16 SGB X war. Beim Anspruchsaufbau müsste diese Frage irgendwo gleichsam im „luftleeren Raum“ oder in einer Art Hilfsgutachten erörtert werden, weil die formelle Fehlerhaftigkeit des ablehnenden Verwaltungsakts für die Frage des Leistungsanspruchs letztlich ohne Bedeutung ist. In einem solchen Fall spricht also einiges dafür, den klassischen Aufbau der Anfechtungsklage voranzustellen. Nur am Rande sei angemerkt, dass ein nur formeller Fehler dem Kläger in der Regel nicht zum Erfolg verhilft – wegen § 42 SGB X ist die als einheitliche Klage anzusehende Anfechtungs- und Leistungsklage letztlich erfolglos.

Was ist das Fazit dieser Ausführungen? Beide Vorgehensweisen sind vertretbar – man sollte erst nach der kursorischen Lösung der Aufgabenstellung entscheiden, wie man die Prüfung aufbaut.

d. Leistungsklage

Bei der echten Leistungsklage (hierzu unter C. II. 2. d.) ist zu Beginn der Begründetheitsprüfung schlicht zu fragen, ob dem Kläger der geltend gemachte Anspruch zusteht. Dann erfolgt eine Prüfung im Anspruchsaufbau.

e. Feststellungsklage

Der Einstieg in die Begründetheitsprüfung bei der Feststellungsklage (hierzu unter C. II. 2. e.) bereitet Studierenden auch im Allgemeinen Verwaltungsrecht häufig Probleme. Entsprechende Hinweise finden sich – anders als bei der Anfechtungs- und Verpflichtungsklage – auch im Gesetz nicht. Da es bei der Feststellungsklage um eine konkrete Feststellung der in § 55 SGG genannten Art geht, bietet es sich allerdings an, auf die dort gewählten Formulierungen Bezug zu nehmen. So ist beispielsweise eine Feststellungsklage nach § 55 Abs. 1 Nr. 2 SGG begründet, wenn etwa die AOK Rheinland/Hamburg tatsächlich der zuständige Versicherungsträger ist; eine nach § 55 Abs. 1 Nr. 3 SGG erhobene Klage ist begründet, wenn eine Gesundheitsstörung tatsächlich die Folge eines Arbeitsunfalls ist.

Probleme bereitet eher die etwas vage gehaltene Formulierung in § 55 Abs. 1 Nr. 1 SGG. Begründet ist die Feststellungsklage, wenn das behauptete Rechtsverhältnis besteht – oder im Fall der negativen Feststellungsklage – eben nicht besteht. Mit dieser allgemeinen Formulierung kann man beginnen – es sollte allerdings umgehend eine konkrete Fragestellung folgen wie etwa: „Zu klären ist daher, ob A als Kind des M in den Schutz der Familienversicherung einbezogen ist; dies ist der Fall, wenn alle Voraussetzungen des § 10 SGB V erfüllt sind."

f. Fortsetzungsfeststellungsklage

Bezüglich der in § 131 Abs. 1 Satz 3 SGG geregelten Fortsetzungsfeststellungsklage (hierzu unter C. II. 2. f.) bestehen keine Unterschiede zum Allgemeinen Verwaltungsrecht.

Die Klage ist begründet, wenn der Verwaltungsakt, der sich nunmehr erledigt hat, tatsächlich rechtswidrig war und den Kläger in seinen Rechten verletzt hat. Entsprechendes gilt, wenn die Ablehnung des begehrten Verwaltungsakts sich mittlerweile erledigt hat, aber rechtswidrig war.

g. Untätigkeitsklage

Eine Untätigkeitsklage (hierzu unter C. II. 2. g.) ist begründet, wenn der Kläger die Verbescheidung verlangen kann. Dies ist der Fall, wenn ein Antrag auf Vornahme eines Verwaltungsakts ohne zureichenden Grund in angemessener Frist sachlich nicht beschieden worden ist. Die Begründetheitsprüfung besteht dann primär in einer Auseinandersetzung mit den unbestimmten Rechtsbegriffen „zureichender Grund" und „angemessene Frist".

Hingewiesen sei an dieser Stelle darauf, dass das Gericht das Verfahren gemäß § 88 Abs. 1 Satz 2 SGG aussetzt, wenn ein zureichender Grund für die Verzögerung vorliegt. Wird innerhalb der dabei zu bestimmenden Frist der Verwaltungsakt erlassen, ist die Hauptsache gemäß § 88 Abs. 1 Satz 3 SGG für erledigt zu erklären.

2. Die Begründetheit des Widerspruchs

Die einleitenden Sätze zur Begründetheit sind denen der sozialgerichtlichen Klagen weitgehend angeglichen. So würde man bei einem Widerspruch gegen einen die Rentenbewilligung aufhebenden Bescheid formulieren: „Der Widerspruch der Widerspruchsführerin A ist begründet, wenn der Aufhebungsbescheid der DRV Nord vom 2.1.2021 rechtswidrig ist und sie in ihren Rechten verletzt".

In Ergänzung dieses Satzes sollte man allerdings deutlich machen, dass die größere Reichweite der Kontrolldichte jedenfalls bekannt ist: Gemäß § 78 Abs. 1 SGG ist Gegenstand der Überprüfung im Rahmen eines Widerspruchsverfahrens nicht nur die Rechtmäßigkeit des Verwaltungsakts, sondern auch seine Zweckmäßigkeit. Da die Verwaltung ihr Handeln intern überprüft und es sich beim Widerspruchsverfahren rechtsdogmatisch um ein Verwaltungsverfahren im Sinne von § 8 SGB X handelt, bestehen nicht dieselben Restriktionen wie für das Gericht: Dieses darf wegen des Gewaltenteilungsprinzips nur die Rechtmäßigkeit des Verwaltungshandelns überprüfen und ist bezogen auf das Ermessen beschränkt auf die Prüfung der in § 54 Abs. 2 Satz 2 SGG genannten Ermessensfehler. Auch wenn Ermessensleistungen im Sozialrecht selten sind, sollte daher ergänzt werden: „Zu prüfen ist zudem gegebenenfalls die Zweckmäßigkeit des Verwaltungsakts." Gerade in den Fällen, in denen eine isolierte Anfechtungsklage folgen würde, wird dieser Aspekt relevant: So handelt es sich etwa bei der Rücknahme eines begünstigenden rechtswidrigen Verwaltungsakts gemäß § 45 SGB X um eine Ermessensentscheidung. Auch im Rahmen von § 48 SGB X kann die Ermessensausübung – wenn auch nur mit Blick auf die Soll-Vorschrift des § 48 Abs. 1 Satz 2 SGB X – eine Rolle spielen. Ebenso ermöglicht § 66 SGB I der Behörde die Entziehung einer Sozialleistung, verpflichtet sie aber nicht dazu. Bei diesen Fallgestaltungen sind Ausführungen zur Zweckmäßigkeit des Verwaltungshandelns also tatsächlich wichtig; ist dies nicht der Fall, sollte nach Abschluss der Rechtmäßigkeitsprüfung ein entsprechender knapper Hinweis folgen wie etwa: „Da es sich um eine gebundene Verwaltungsentscheidung handelt, ist kein Raum für die in § 78 Abs. 1 Satz 1 SGG vorgesehene Prüfung der Zweckmäßigkeit."

3. Vorläufiger Rechtsschutz

Begehrt der Kläger vorläufigen Rechtsschutz beim Sozialgericht, so hängt der Obersatz im Rahmen der Begründetheitsprüfung entscheidend davon ab, welche Form des vorläufigen Rechtsschutzes relevant ist.

So ist etwa ein Antrag auf Anordnung der aufschiebenden Wirkung des Widerspruchs gemäß § 86b Abs. 1 Nr. 1 SGG begründet, wenn bei einer Abwägung der widerstreitenden Interessen das Aussetzungsinteresse des Antragstellers das Interesse des Sozialleistungsträgers bzw. das öffentliche Interesse an der Vollziehung des Verwaltungsakts überwiegt. Für das Interesse der Beteiligten sind hierbei die Erfolgsaussichten einer Klage im Hauptsacheverfahren von Belang. Ein überwiegendes Interesse des Antragstellers an der Anordnung der aufschiebenden Wirkung ist anzunehmen, wenn sich der Verwaltungsakt bei summarischer Prüfung als offenbar rechtswidrig erweist. Denn an der Vollziehung eines ersichtlich rechtswidrigen Verwaltungsakts kann kein öffentliches Vollzugsinteresse bestehen.

Geht es um den Erlass einer einstweiligen Anordnung gemäß § 86b Abs. 2 SGG, ist maßgeblich, ob dem Antragsteller ein Anordnungsanspruch im Sinne eines materiellrechtlichen Anspruchs sowie ein Anordnungsgrund im Sinne einer besonderen Eilbedürftigkeit zustehen.

Daneben sollte der Erlass der einstweiligen Anordnung nicht die Hauptsache vorwegnehmen.

IV. Der Aufbau der Begründetheitsprüfung bei Aufhebungs- und Rückforderungsbescheiden

Nicht nur der Einstieg in die Begründetheitsprüfung kann Probleme bereiten. Oft sehen sich Studierende auch im Verlauf der weiteren Prüfung mit Aufbaufragen konfrontiert. Dies gilt insbesondere dann, wenn sich der Kläger gegen einen ihn belastenden Verwaltungsakt wehrt, mit dem eine Leistungsbewilligung nach §§ 45 oder 48 SGB X zurückgenommen wurde. Wenn es zu einer rückwirkenden Aufhebung der Bewilligung kommt – etwa weil der Betreffende schuldhaft falsche Angaben gemacht hat (§ 45 Abs. 2 Satz 3 SGG) oder seiner aus § 48 Abs. 1 Satz 2 Nr. 2 SGB X i.V.m. § 60 Abs. 1 Satz 1 Nr. 2 SGB I resultierenden Verpflichtung zur Mitteilung wesentlicher Änderungen nicht nachgekommen ist –, sollen Aufhebungs- und Rückforderungsverwaltungsakt gemäß § 50 Abs. 3 Satz 2 SGB X verbunden werden. Eine solche Regelung findet sich in § 49a VwVfG nicht. Dogmatisch betrachtet handelt es sich dabei allerdings um zwei Verwaltungsakte, die lediglich in einem Bescheid zusammengefasst werden. Zwischen beidem ist im Verwaltungsrecht stets zu trennen; so kann ein einzelner sozialrechtlicher Bescheid im Existenzsicherungsrecht eine Vielzahl von Verwaltungsakten enthalten.

Hier stellt sich die Frage des sachgerechten Aufbaus. Man wird differenzieren müssen: Geht es in einem Fall ausschließlich um die Erstattung bereits geleisteter Zahlungen, ist es naheliegend, mit der Prüfung des Rückforderungsbescheids zu beginnen und im Rahmen des § 50 Abs. 1 SGB X die Rechtmäßigkeit des Aufhebungsbescheids inzident zu prüfen. Stellt der Kläger aber die Aufhebung oder Entziehung der Leistung an sich in Frage und begehrt etwa weitere Zahlungen, liegt es näher, mit der Rechtmäßigkeit des Aufhebungsbescheids zu beginnen. Im Rahmen der Prüfung des Rückforderungsbescheids nach § 50 Abs. 1 SGB X kann dann teilweise auf bereits erfolgte Ausführungen verwiesen werden. Zwingende Gründe für einen bestimmten Aufbau bestehen in Fällen dieser Art allerdings – wie so häufig – nicht.

F. Im Besonderen: Erstattungsstreitigkeiten gemäß §§ 102 ff. SGB X

In der Praxis bedeutsam – und auch als Aufgabenstellung für eine Examensklausur oder -hausarbeit beliebt – sind Erstattungsstreitigkeiten zwischen den Leistungsträgern nach Maßgabe von §§ 102 ff. SGB X.

Die §§ 102 bis 114 SGB X haben Konstellationen im Blick, in denen Sozialleistungen nicht von dem zuständigen oder jedenfalls endgültig verpflichteten Leistungsträger erbracht wurden. In einer solchen Konstellation soll die erbrachte Sozialleistung nicht vom Empfänger der Sozialleistung erstattet werden; vielmehr sieht das Gesetz einen internen Vermögensausgleich zwischen den Leistungsträgern vor. Doppelleistungen an den Sozialleistungsberechtigten werden durch die Erfüllungsfiktion des § 107 SGB X vermieden.

Das Gesetz kennt vier Grundtatbestände. § 102 SGB X regelt den Erstattungsanspruch des vorläufig leistenden Leistungsträgers, § 103 SGB X den Erstattungsanspruch des Leistungsträgers, dessen Leistungsverpflichtung nachträglich entfallen ist, § 104 SGB X den Erstattungsanspruch des Leistungsträgers, der nachrangig verpflichtet ist und § 105 SGB X den Erstattungsanspruchs des von Beginn an unzuständigen Leistungsträgers.

Alle Konstellationen können in einer Klausur relevant werden; „Klassiker" in diesem Kontext sind wegen § 11 Abs. 5 SGB V etwa § 105 SGB X im Verhältnis von Kranken- und Unfallversicherung oder wegen § 50 Abs. 1 Nr. 1 SGB V § 103 SGB X im Verhältnis von Krankenversicherung und Rentenversicherung beim Zusammentreffen von Krankengeld und Erwerbsminderungsrente.

In diesem Kontext ergeben sich zahlreiche Besonderheiten, die in einer Aufgabenstellung zu berücksichtigen sind. Von entscheidender Bedeutung ist zunächst, dass Leistungsträger einander gleichberechtigt gegenüberstehen und der Erlass eines Verwaltungsakts zur Durchsetzung des Erstattungsanspruchs daher nicht in Betracht kommt. Ein entsprechender Verwaltungsakt wäre mangels Ermächtigungsgrundlage rechtswidrig und als sogenannter „formeller" Verwaltungsakt auch einer gerichtlichen Kontrolle durch Erhebung einer Anfechtungsklage nach § 54 Abs. 1 Satz 1 Alt. 1 SGG zugängig. Wird die Erstattung verweigert, ist eine echte Leistungsklage nach § 54 Abs. 5 SGG statthaft.

Ist auch nach der Zulässigkeit der Klage gefragt, so ist § 114 SGB X zu beachten, der – ohne dies ausdrücklich zu sagen – auf § 51 SGG Bezug nimmt. Hier kann man mitunter offenlassen, um welche Norm der §§ 102 ff. SGB X es letztlich geht, wenn jedenfalls klar ist, dass alle denkbaren Ansprüche des Berechtigten vom Sozialgericht zu entscheiden wären.

Probleme haben Studierende häufig auch bei der Prüfung der Begründetheit der Leistungsklage in diesem Kontext. So fragen sie sich bei entsprechenden Aufgabenstellungen häufig, ob sie die §§ 102 ff. SGB X der Reihe nach zu prüfen haben. Dagegen ist nichts einzuwenden, wenn man ausreichend Zeit zur Verfügung hat – schließlich nehmen §§ 104 und 105 SGB X auf die vorher genannten Normen Bezug, sodass man entsprechend nach oben verweisen kann. In einer unproblematischen Fallkonstellation darf man aber auch etwa gezielt § 105 SGB X ansprechen und dessen Tatbestandsmerkmale prüfen. Jedenfalls sollten die Ausführungen zu den im konkreten Fall nicht einschlägigen Normen entsprechend knapp und gegebenenfalls im Urteilsstil gehalten sein.

Entscheidend ist hier – wie immer bei der juristischen Arbeit – die saubere Subsumtion. Die jeweiligen Tatbestandsmerkmale vor allem der maßgeblichen Norm sind Schritt für Schritt zu prüfen, was bei den §§ 102 ff. SGB X durchaus anspruchsvoll sein kann. Die Anwendung der §§ 102 ff. SGB X ist nicht nur wegen der Einbindung mehrerer Leistungserbringer und Rechtsgebiete interessant; auch die Frage der Rechtmäßigkeit der Leistungserbringung gegenüber dem Leistungsempfänger wird mittelbar relevant. Auch wenn die §§ 102 ff. SGB X das nicht ausdrücklich normieren, kommt ein Erstattungsanspruch nur bei einer im Übrigen rechtmäßigen Leistungserbringung des nunmehr Erstattung begehrenden Leistungsträgers in Betracht. Andernfalls muss der Leistungsträger, der geleistet hat, versuchen, Erstattung gemäß §§ 50, 45, 48 SGB X vom Empfänger zu verlangen.

Schließlich sind anspruchsvolle Aufgabenstellungen unter Berücksichtigung der Regelungen der §§ 111 bis 113 SGB X denkbar.

G. Im Besonderen: Auswirkungen des SGB IX auf die Fallbearbeitung

Mit Schaffung des SGB IX hat der Gesetzgeber die bis dahin in zahlreichen Gesetzen zu findenden Regelungen über die Rehabilitation und Eingliederung behinderter Menschen in einem Gesetz zusammengefasst, das – vergleichbar mit dem SGB I – bereichsübergreifend für verschiedene Leistungsträger gilt. Das SGB IX ist auch für das Sozialrecht bedeutsam.

In einem eher trivialen Sinne gilt das für die Begriffsbestimmungen in § 2 SGB IX. Wer ein „Mensch mit Behinderungen" im Sinne von § 2 Abs. 1 SGB IX ist, ist nicht nur für das SGB IX selbst, sondern unter Beachtung von § 7 SGB IX auch für die einzelnen Leistungsgesetze maßgeblich.

Mit § 18 SGB IX besteht zudem eine Regelung über die Erstattung selbstbeschaffter Leistungen, die – soweit es um die Kosten für selbstbeschaffte Leistungen zur medizinischen Rehabilitation geht – § 13 Abs. 3 und 3a SGB V vorgeht (§ 13 Abs. 3 Satz 2 und Abs. 3a Satz 9 SGB V). Dass im Einzelfall streitig sein kann, gegen welchen Rehabilitationsträger sich der Erstattungsanspruch richtet, liegt auf der Hand: Die gesetzliche Krankenversicherung erbringt gemäß § 11 Abs. 2 SGB V nur solche Leistungen zur medizinischen Rehabilitation, die notwendig sind, um eine drohende Behinderung oder Pflegebedürftigkeit zu beseitigen, zu mildern, auszugleichen, ihre Verschlimmerung zu verhindern oder ihre Folgen zu mindern. Die Rentenversicherung erbringt demgegenüber solche Leistungen der medizinischen Rehabilitation, die der Sicherung der Erwerbsfähigkeit dienen, § 9 SGB VI. Dient eine Rehabilitation sowohl der Verbesserung des Gesundheitszustands des Rehabilitanden, also der Abwendung von Behinderung und Pflegebedürftigkeit im Sinne des § 11 Abs. 2 SGB V, als auch der Wiederherstellung der Erwerbsfähigkeit, ergeben sich daher naturgemäß Abgrenzungsprobleme zwischen Kranken- und Rentenversicherung.

Praktisch bedeutsam sind aber insbesondere die Regelungen der §§ 14 und 15 SGB IX; sie dürfen auch in einer sozialrechtlichen Aufgabenstellung im Examen nicht unbeachtet bleiben und können zu – auf den ersten Blick überraschenden – Ergebnissen führen. Die Regelungen dienen im gegliederten Sozialleistungssystem der schnellen Klärung des zuständigen Leistungsträgers, weil der Bürger zügig die ihm zustehenden Leistungen zur Teilhabe erhalten soll. § 14 SGB IX sieht nicht nur knappe Fristen zur Klärung der Zuständigkeit vor, sondern verlangt bei Feststellung der Unzuständigkeit auch die unverzügliche Weiterleitung an den aus Sicht des zuerst angegangenen Leistungsträgers zuständigen Rehabilitationsträger. Mit der Weiterleitung an ihn wird dessen Zuständigkeit nach außen begründet, weil er den Antrag grundsätzlich – vgl. aber § 14 Abs. 3 SGB IX – weder zurückgeben noch an einen dritten Leistungsträger weiterleiten kann. Abgelehnt werden kann der Antrag nur dann, wenn überhaupt kein Rehabilitationsträger die beantragte Teilhabeleistung zu erbringen hat. In Konsequenz dessen hat etwa ein Rentenversicherungsträger, an den die Krankenkasse einen Hilfsmittelantrag weitergeleitet hat, auch zu prüfen, ob der Anspruch nach Maßgabe des SGB V besteht – und diesen Anspruch gegebenenfalls entsprechend den Normen des SGB V zu erfüllen. Insoweit verpflichtet § 14 SGB IX im Ergebnis den zweitangegangenen Leistungsträger im Außenverhältnis endgültig; zu beachten ist in diesem Zusammenhang aber auch § 16 SGB IX, der mögliche Erstattungsansprüche der Leistungsträger untereinander regelt und dabei teilweise von den §§ 102 ff. SGB X abweicht.

Leitet der erstangegangene Träger den Antrag nicht weiter, hat er nach Maßgabe von § 14 Abs. 2 Satz 1 SGB IX den Rehabilitationsbedarf anhand der Instrumente zur Bedarfsermittlung nach § 13 SGB IX unverzüglich und umfassend festzustellen und die Leistung zu erbringen. Die nach § 14 Abs. 2 Satz 1 SGB IX begründete Zuständigkeit eines Rehabilitationsträgers erstreckt sich dabei im Außenverhältnis, also im Verhältnis zum Leistungsempfänger, auf alle Rechtsgrundlagen, die in dessen Bedarfssituation überhaupt rehabilitationsrechtlich vorgesehen sind vgl. *Jabben* in: BeckOK Sozialrecht, Stand 1.9.2020, § 14 Rn. 5). Auch in dieser Konstellation darf sich die Prüfung daher nicht auf die für den jeweiligen Leistungsträger „eigentlich anwendbaren" Normen beschränken, sondern hat andere Leistungsgesetze mit in den Blick zu nehmen. Konkret kann das bedeuten, dass eine Krankenkasse im Fall der Nichtweiterleitung eine Rehabilitationsleistung nach Maßgabe des SGB VI oder auch des Sozialhilferechts nach dem SGB XII zu erbringen hat.

§ 15 SGB IX, der zum 1.1.2018 neu geschaffen worden ist, ermöglicht eine Aufteilung des Antrags zwischen verschiedenen Rehabilitationsträgern und eine teilweise Antragsweiterleitung (vgl. ausführlich *Jabben* in: Neumann/Pahlen/Greiner/Winkler/Jabben, SGB IX, 14. Aufl. 2020, § 15 Rn. 2 ff.).

H. 18 Fälle aus dem Sozialrecht

Genug der theoretischen Ausführungen – auf den folgenden rund 350 Seiten finden Sie insgesamt 18 aktuelle Fälle aus dem Sozialrecht.

Bei der Auswahl haben wir uns in erster Linie von dem von uns als „examensrelevant" bewerteten Prüfungsstoff leiten lassen. Dabei geht es nicht um Detailfragen, die Studierende kennen sollten, sondern vielmehr um ganz grundlegende Fragestellungen prozessualer und materiell-rechtlicher Art, die so oder ähnlich immer wieder in Examenshausarbeiten oder Klausuren auftreten. Stichworte sind: Die Zulässigkeit verschiedenster Rechtsbehelfe vom Widerspruch über sozialgerichtliche Klagen bis hin zum einstweiligen Rechtsschutz; Fragen des Allgemeinen Sozialrechts (Mitwirkungspflichten, Verzicht, Sonderrechtsnachfolge und vieles andere) und des Sozialverwaltungsverfahrensrechts (Aufhebung von Verwaltungsakten, Erstattung zwischen Sozialleistungsträgern) sowie materiell-rechtliche Aspekte der einzelnen prüfungsrelevanten Sozialleistungsgesetze. Hinsichtlich der materiell-rechtlichen Fragen geht es zum einen um das Grundwissen, das in den entsprechenden Vorlesungen zum Sozialversicherungsrecht und zum Existenzsicherungsrecht erworben wird; zum anderen werden aber auch Fragestellungen aus der aktuellen Rechtsprechung erörtert, die sich für eine Aufgabenstellung im Examen eignen.

Die Fälle unterscheiden sich nicht nur thematisch, sondern auch – insoweit besteht letztlich kein Unterschied zur Situation im Examen – in Umfang und Schwierigkeitsgrad. Nur wenige der Fälle würden so als Aufgabenstellung im Rahmen einer Prüfung gestellt werden – dafür sind sie fast alle zu umfangreich. Versuchen Sie dennoch, die jeweilige Lösung in der vorgegebenen Prüfungszeit von fünf Zeitstunden zu erarbeiten, um ein Zeitgefühl für die echten Prüfungen zu bekommen.

Keinesfalls wird dabei erwartet, dass Studierende all das, was dieses Buch präsentiert, bereits kennen und wissen – es handelt sich insoweit auch um ein „Lernbuch", das neue Kenntnisse vermitteln, primär aber deutlich machen soll, wie Erlerntes in einer Prüfung umgesetzt werden kann.

Auf Folgendes sei noch ergänzend hingewiesen: Die Themengebiete der einzelnen Klausuren werden – aufgeteilt in materielle und verfahrensrechtliche bzw. prozessuale Aspekte – vor den jeweiligen Lösungshinweisen kurz umschrieben. Das erleichtert die gezielte Suche nach bestimmten Problemen, die Sie vielleicht vor dem Examen noch einmal vertiefen wollen.

Fall 1

Teil 1

Friederike Franz (F) ist 23 Jahre alt und studiert im Wintersemester 2018/2019 Rechtswissenschaft an der Universität Hamburg. Da ihre Eltern keinen Unterhalt zahlen, sie aber auch keine Leistungen nach dem BAföG bezieht, hat sie sich ihren Lebensunterhalt seit Studienbeginn am 1.10.2015 durch einen Job in einem großen Logistikbetrieb verdient. Hier ist sie an drei Tagen die Woche insgesamt 25 Stunden wöchentlich tätig und verrichtet beim Sortieren diverser Waren häufig schwere körperliche Arbeit. Dafür bezieht sie 1100 € im Monat. F wohnt als Untermieterin in einer Altbauwohnung in Barmbek; die Eigentümerin und Nutzerin der Wohnung, eine ältere Dame, hat Mitleid mit F und stellt ihr das Zimmer kostenlos zur Verfügung. F kommt mit den 1100 € zurecht und kann gleichzeitig ihr Studium ordnungsgemäß absolvieren.

Nachdem F im Sommer 2018 aufgrund einer entzündlichen Gelenkserkrankung, die der Arzt als chronisch diagnostiziert, über mehrere Wochen krankgeschrieben war, kündigt der Logistikbetrieb das Arbeitsverhältnis mit ihr während der Arbeitsunfähigkeit der F wirksam und fristgerecht mit einer Kündigungsfrist von drei Monaten zum 31.10.2018, weil sie für andere Arbeiten im Betrieb nicht hinreichend qualifiziert ist. Die Personaldecke sei zu dünn, um längere Ausfallzeiten kompensieren zu können.

Unverzüglich nach Erhalt der Kündigung meldet sich F persönlich arbeitsuchend und zugleich arbeitslos und beantragt schriftlich Arbeitslosengeld zum 1.11.2018. Sie bemüht sich seitdem zugleich mit allen Mitteln darum, eine andere Beschäftigung zu finden, was ihr allerdings nicht gelingt.

Ihr Antrag wird mit Schreiben vom 2.9.2018 abgewiesen, weil „F gar nicht versichert sei und ihm Übrigen auch nicht die Voraussetzungen für den Anspruch auf Arbeitslosengeld erfülle“. F erhebt gegen diese Mitteilung unverzüglich Widerspruch.

Bearbeitungsvermerk:

1. Wird der Widerspruch der F Erfolg haben?

2. Durfte der Arbeitgeber der F ihr während ihrer Erkrankung und Arbeitsunfähigkeit überhaupt kündigen? In dem Logistikbetrieb arbeiten über hundert Arbeitnehmer.

Teil 2

Die Mutter der F ist aufgrund einer schweren Arthrose pflegebedürftig und bezieht Pflegegeld nach § 37 SGB XI. Sie möchte mit ihrem Mann, der die Pflege übernommen hat, nach Mallorca ziehen, weil ihr das Klima dort besser bekommt. Sie fürchtet allerdings, dass die Pflegekasse die Zahlung des Pflegegeldes einstellt, wenn sie Deutschland verlässt.

Bearbeitungsvermerk:

Sind die Befürchtungen berechtigt?

Teil 3

Alfred Albers (A) ist im Januar 1955 geboren und bezieht seit 2014 mit seiner Ehefrau Arbeitslosengeld II. Nach Vollendung des 63. Lebensjahres erfüllt er zum 1.8.2018 die Voraussetzungen einer vorzeitigen Altersrente für langjährig Versicherte mit einem dauerhaften Abschlag von 9,6 %. Zum 1.12.2018 erfüllt er die Voraussetzungen einer abschlagsfreien Altersrente für besonders langjährig Versicherte.

Das Jobcenter fordert ihn im Mai 2018 auf, die vorzeitige Altersrente für langjährig Versicherte zu beantragen.

Bearbeitungsvermerk:

Handelt das Jobcenter rechtmäßig?

Die Unbilligkeitsverordnung ist abgedruckt in *Aichberger*, Sozialgesetzbuch, 149. Auflage, 2/40.

Hinweis: Alle Teile der Aufgabenstellung sind zu bearbeiten.

Teil 1:	*Anspruch auf Arbeitslosengeld; Verfügbarkeit bei Studierenden, § 139 Abs. 2 SGB III; krankheitsbedingte Kündigung*
Teil 2:	*§ 34 Abs. 1a SGB XI*
Teil 3:	*§ 12a S. 1 i.V.m. § 5 Abs. 3 SGB II; Unbilligkeitsverordnung*

Unverbindliche Lösungshinweise

Teil 1

Frage 1

Der Widerspruch der F hat Erfolg, wenn er zulässig und soweit er begründet ist.

A. Zulässigkeit des Widerspruchs

Der Widerspruch ist zulässig, wenn alle Sachentscheidungsvoraussetzungen vorliegen.

I. Eröffnung des Sozialrechtswegs

Mit Blick auf § 62 SGB X ist zu prüfen, ob für das Begehren der F der Sozialrechtsweg eröffnet wäre. Das wäre jedenfalls dann der Fall, wenn es sich um eine der in § 51 Abs. 1 Nr. 1 bis 10 SGG abschließend aufgezählten Angelegenheiten handelt, die Streitigkeit öffentlich-rechtlicher und zugleich nicht verfassungsrechtlicher Natur ist.

F wehrt sich gegen das Schreiben vom 2.9.2018, mit dem ihr Antrag auf Arbeitslosengeld abgewiesen wird. Die Streitigkeit zwischen F und der Bundesagentur für Arbeit betrifft damit Angelegenheiten der Arbeitsförderung i.S.v. § 51 Abs. 1 Nr. 4 SGG.

Hinweis:
F stand zwar in Kontakt mit der Agentur für Arbeit Hamburg und nicht mit der Bundesagentur; diese ist jedoch gemäß § 368 Abs. 1 SGB III die zuständige Verwaltungsträgerin (vgl. hierzu *Düe* in: Brand, SGB III, 8. Aufl. 2018, § 368 Rn. 2).

Ob eine Streitigkeit öffentlich-rechtlicher oder bürgerlich-rechtlicher Art ist, richtet sich grundsätzlich nach der Natur des Rechtsverhältnisses, aus dem der Klageanspruch hergeleitet wird. Dabei kommt es regelmäßig darauf an, ob sich ein Träger hoheitlicher Gewalt der besonderen Rechtsnormen des öffentlichen Rechts bedient, die ausschließlich ihn berechtigen oder verpflichten. Streitendscheidende Normen sind hier die §§ 136ff. SGB III. Diese berechtigen bzw. verpflichten die Bundesagentur für Arbeit, eine bundesunmittelbare Körperschaft des öffentlichen Rechts (§ 367 Abs. 1 SGB III), einseitig, sodass es sich um öffentliches Sonderrecht und damit um eine öffentlich-rechtliche Streitigkeit handelt.

Die Streitigkeit ist auch mangels doppelter Verfassungsunmittelbarkeit nicht verfassungsrechtlicher Art (vgl. § 39 Abs. 2 SGG), da nicht unmittelbar am Verfassungsleben Beteiligte um ihre sich aus der Verfassung selbst ergebenden Rechte und Pflichten streiten.

Der Sozialrechtsweg wäre damit eröffnet.

II. Statthaftigkeit des Widerspruchs

Gemäß § 78 Abs. 1 Satz 1 und Abs. 3 SGG sind vor Erhebung der Anfechtungsklage und der Verpflichtungsklage Rechtmäßigkeit und Zweckmäßigkeit des Verwaltungsakts in einem Vorverfahren nachzuprüfen. Der Widerspruch ist demnach statthaft, wenn das Begehren der F im sozialgerichtlichen Verfahren mit einer Anfechtungs- oder Verpflichtungsklage bzw. mit einer mit dieser verbundenen Klageart zu verfolgen wäre.

Vorliegend wehrt sich F gegen den Ablehnungsbescheid vom 2.9.2018 bezüglich ihres Antrags auf Arbeitslosengeld. Als statthafte Klageart in einem gerichtlichen Verfahren kommt die kombinierte Anfechtungs- und Leistungsklage nach § 54 Abs. 1 Satz 1 und Abs. 4 SGG in Betracht. Dies würde zunächst voraussetzen, dass es sich bei dem Ablehnungsbescheid um einen belastenden Verwaltungsakt im Sinne von § 31 Satz 1 SGB X handelt, der sich nicht erledigt hat. Weiterhin müsste auf die begehrte Leistung bei Vorliegen der Tatbestandsvoraussetzungen ein Rechtsanspruch bestehen. Die Bundesagentur für Arbeit ist eine Behörde gemäß § 1 Abs. 2 SGB X; sie hat hoheitlich auf dem Gebiet des SGB III als öffentliches Recht eine Einzelfallentscheidung zulasten der F getroffen, sodass die Tatbestandsvoraussetzungen des § 31 Satz 1 SGB X erfüllt sind. F begehrt nach wie vor Arbeitslosengeld, sodass auch keine Erledigung eingetreten ist. Schließlich besteht auf das Arbeitslosengeld nach dem SGB III gemäß § 136 Abs. 1 SGB III ein Rechtsanspruch, die Behörde hat also insoweit kein Ermessen.

Statthafte Klageart wäre damit im gerichtlichen Verfahren eine kombinierte Anfechtungs- und Leistungsklage gem. § 54 Abs. 1 Satz 1 und Abs. 4 SGG, sodass nach § 78 Abs. 1 Satz 1 SGG ein Vorverfahren durchzuführen ist. Dieses ist vorliegend auch nicht nach § 78 Abs. 1 Satz 2 entbehrlich. Folglich ist der Widerspruch der F statthaft.

III. Widerspruchsbefugnis

F müsste analog § 54 Abs. 1 Satz 2 SGG widerspruchsbefugt sein. Das ist sie dann, wenn sie schlüssig behauptet, durch den angefochtenen Verwaltungsakt beschwert zu sein, weil die Ablehnung ihres Antrags rechtswidrig sei und eine Rechtsverletzung möglich ist. Unter Zugrundelegung der Ausführungen der F kann nicht ausgeschlossen werden, dass sie einen Anspruch auf Arbeitslosengeld hat. Die Widerspruchsbefugnis ist gegeben.

IV. Ordnungsgemäße Widerspruchserhebung

Laut Sachverhalt hat F „unverzüglich“ nach der Bekanntgabe des Ablehnungsbescheids Widerspruch erhoben. Mangels anderweitiger Angaben im Sachverhalt ist davon auszugehen, dass sie dies auch schriftlich bei der zuständigen Stelle getan hat. F hat sowohl die Frist- als auch die Formanforderungen des § 84 Abs. 1 SGG eingehalten.

V. Beteiligten- und Handlungsfähigkeit

F ist als natürliche Person und Adressatin des Ablehnungsbescheids gemäß §§ 10 Nr. 1 Alt. 1, 12 Abs. 1 Nr. 2 Alt. 2 SGB X beteiligtenfähig und gemäß § 11 Abs. 1 Nr. 1 SGB X als geschäftsfähige Person handlungsfähig.

Die Bundesagentur für Arbeit ist nicht Beteiligte an dem Widerspruchsverfahren, sondern führt dieses als „Herrin des Vorverfahrens“ durch.

Hinweis:
Das Vorverfahren ist Verwaltungs-, nicht Gerichtsverfahren. Die Bundesagentur für Arbeit ist dabei nicht Beteiligte, sondern führt das Widerspruchsverfahren durch.

VI. Allgemeines Rechtsschutzbedürfnis

Das allgemeine Rechtsschutzbedürfnis ist gegeben, denn F hat keine einfachere oder effektivere Möglichkeit, um ihr Begehren durchzusetzen.

VII. Sonstiges

Die sonstigen Zulässigkeitsvoraussetzungen sind erfüllt.

VIII. Ergebnis zur Zulässigkeit

Der Widerspruch der F ist zulässig.

B. Begründetheit des Widerspruchs

Der Widerspruch ist begründet, wenn die Ablehnung des Antrags der F rechtswidrig war und sie in ihren Rechten verletzt. Zu klären ist daher, ob F einen Anspruch auf Arbeitslosengeld hat.

Auf Arbeitslosengeld besteht ein Rechtsanspruch, sodass es vorliegend nicht auf die Zweckmäßigkeit der Entscheidung ankommt.

I. Anspruch auf Arbeitslosengeld dem Grunde nach

Gemäß § 136 Abs. 1 Nr. 1 SGB III haben Arbeitnehmer Anspruch auf Arbeitslosengeld bei Arbeitslosigkeit. Der Anspruch setzt gemäß § 137 Abs. 1 Nr. 1 bis 3 SGB III voraus, dass F arbeitslos ist (1.), sich bei der Agentur für Arbeit arbeitslos gemeldet (2.) und die Anwartschaftszeit (3.) erfüllt hat.

Den nach § 323 Abs. 1 Satz 1 SGB III erforderlichen Antrag auf Arbeitslosengeld hat F laut Sachverhalt schriftlich gestellt.

1. Vorliegen von Arbeitslosigkeit

F müsste zunächst arbeitslos sein (§§ 137 Abs. 1 Nr. 1, 138 SGB III). Voraussetzung hierfür ist gemäß § 138 Abs. 1 Nr. 1 bis 3 SGB III, dass F nicht in einem Beschäftigungsverhältnis steht, sich bemüht, die eigene Beschäftigungslosigkeit zu beenden und den Vermittlungsbemühungen der Agentur für Arbeit Hamburg zur Verfügung steht.

Laut Sachverhalt wurde das Arbeitsverhältnis der F wirksam gekündigt. Sie steht also aktuell nicht in einem Beschäftigungsverhältnis.

F bemüht sich nach den Angaben im Sachverhalt, ihre Beschäftigungslosigkeit zu beenden. Es ist daher davon auszugehen, dass die nach § 138 Abs. 4 SGB III erforderlichen Eigenbemühungen unternommen werden.

Fraglich ist allerdings, ob F den Vermittlungsbemühungen der Agentur für Arbeit zur Verfügung steht. Maßgeblich ist insoweit zunächst § 138 Abs. 5 SGB III. Zu prüfen ist zunächst, ob die Voraussetzung des § 138 Abs. 5 Nr. 1 SGB III erfüllt ist. Hier wird gefordert, dass der Arbeitslose eine versicherungspflichtige, mindestens 15 Stunden wöchentlich umfassende Beschäftigung sucht. F sucht Ersatz für ihre Beschäftigung in der Logistikfirma. Hier hatte sie 25 Stunden wöchentlich gearbeitet, und das möchte sie mangels entgegenstehender Angaben im Sachverhalt wohl auch in Zukunft tun. Damit sucht sie eine Tätigkeit nach § 138 Abs. 5 Nr. 1 SGB III. Auch gibt es keine Anhaltspunkte dafür, dass die in § 138 Abs. 5 Nr. 2 bis 4 SGB III genannten Voraussetzungen nicht erfüllt wären.

Bedenken hinsichtlich der Verfügbarkeit der F ergeben sich allerdings aus § 139 Abs. 2 SGB III. Danach wird bei Studentinnen oder Studenten einer Schule, Hochschule oder sonstigen Ausbildungsstätte vermutet, dass sie nur versicherungsfreie Beschäftigungen ausüben können. F ist Studentin an der Universität Hamburg und wird damit von der Regelung erfasst. Allerdings ist die Vermutung nach Satz 2 widerlegt, wenn die Studentin oder der Student darlegt und nachweist, dass der Ausbildungsgang die Ausübung einer versicherungspflichtigen, mindestens 15 Stunden wöchentlich umfassenden Beschäftigung bei ordnungsgemäßer Erfüllung der in den Ausbildungs- und Prüfungsbestimmungen vorgeschriebenen Anforderungen zulässt. Nach den Angaben im Sachverhalt hat F ihr Studium ordnungsgemäß absolviert; sie kann also zur Überzeugung der Behörde darlegen, dass sie selbst bei einer Arbeitszeit von 25 Stunden wöchentlich den Anforderungen des Studiums genügen kann.

Folglich ist F gemäß §§ 137 Abs. 1 Nr. 1, 138 SGB III arbeitslos.

2. Arbeitslosmeldung bei der Agentur für Arbeit

Nach den Angaben im Sachverhalt hat F sich persönlich bei der Agentur für Arbeit Hamburg arbeitslos gemeldet (§§ 137 Abs. 1 Nr. 2, 141 SGB III). Diese Meldung war gemäß § 141 Abs. 1 S. 2 SGB III auch schon unmittelbar nach Zugang der Kündigung zulässig, weil der Eintritt der Arbeitslosigkeit innerhalb der nächsten drei Monate zu erwarten war.

3. Erfüllung der Anwartschaftszeit

F müsste schließlich die Anwartschaftszeit erfüllt haben (§§ 137 Abs. 1 Nr. 3, 142 SGB III). Dies wäre der Fall, wenn sie in der Rahmenfrist des § 143 Abs. 1 SGB III mindestens zwölf Monate in einem Versicherungspflichtverhältnis gestanden hat. Die

Rahmenfrist beträgt nach § 143 Abs. 1 SGB III 30 Monate und beginnt mit dem Tag vor der Erfüllung aller sonstigen Voraussetzungen für den Anspruch auf Arbeitslosengeld. Sie läuft damit im vorliegenden Fall vom 31.10.2018 bis 1.4.2016.

Hinweis:
Die Rahmenfrist des § 143 SGB III ist insoweit eine rückwärts laufende Frist. Siehe hierzu *Baldschun* in: Gagel, SGB II/SGB III, 80. EL 2021, § 143 Rn. 15.

In dieser Zeit war F durchgehend in der Logistikfirma tätig.

Fraglich ist allerdings, ob sie aufgrund dieser Tätigkeit tatsächlich in einem Versicherungspflichtverhältnis gestanden hat. Bedenken ergeben sich insoweit aus § 27 Abs. 4 Satz 1 Nr. 2 SGB III. Danach sind Personen versicherungsfrei, die während der Dauer ihres Studiums als ordentliche Studierende einer Hochschule eine Beschäftigung ausüben. F hat die Tätigkeit in der Logistikfirma als Beschäftigte im Sinne von § 7 Abs. 1 SGB IV ausgeübt und dies parallel zu ihrem Studium an der Universität Hamburg getan.

Hinweis:
§ 7 SGB IV gilt nach § 1 Abs. 1 Satz 2 SGB IV auch für das Recht der Arbeitsförderung, das nach der Konzeption des SGB I eigentlich kein Zweig der Sozialversicherung ist (vgl. § 4 Abs. 2 SGB I einerseits und § 3 SGB I andererseits).

Insoweit hätte nach dem Wortlaut des § 27 Abs. 4 Satz 1 Nr. 2 SGB III trotz Vorliegens einer Beschäftigung nach §§ 24, 25 SGB III keine Versicherungspflicht bestanden mit der Folge, dass die Anwartschaftszeit nicht erfüllt wäre. Das in § 27 Abs. 4 Satz 1 Nr. 2 SGB III geregelte so genannte Werkstudentenprivileg greift allerdings nur dann, wenn die Beschäftigung neben dem Studium ausgeübt wird und ihm nach Zweck und Dauer untergeordnet ist. Die Rechtsprechung stellt hier typisierend auf die wöchentliche Arbeitszeit ab: Wird durch eine Erwerbstätigkeit während des Semesters eine Arbeitszeit von 20 Wochenstunden überschritten, ist § 27 Abs. 4 Satz 1 Nr. 2 SGB III nicht einschlägig, sodass in der Beschäftigung eine Versicherungspflicht besteht. F hat regelmäßig 25 Stunden in der Woche in der Logistikfirma gearbeitet, sodass das Werkstudentenprivileg nicht greift. F hat damit die Anwartschaftszeit erfüllt.

Hinweis:
Siehe vertiefend zum Werkstudierendenprivileg *Wehrhahn* in: jurisPK-SGB III, Stand 29.4.2021, § 27 Rn. 35 ff.

4. Ergebnis zum Anspruch auf Arbeitslosengeld

F hat damit Anspruch auf Arbeitslosengeld.

II. Bezugsdauer

Fraglich ist, ab wann und für wie lange F das Arbeitslosengeld beanspruchen kann.

1. Bezugsdauer nach § 147 SGB III

Die Bezugsdauer des Arbeitslosengeldes bemisst sich nach §§ 147 f. SGB III. Danach richtet sich die Dauer des Anspruchs auf Arbeitslosengeld zunächst nach der Dauer des Versicherungspflichtverhältnisses innerhalb der um 30 Monate erweiterten Rahmenfrist, § 147 Abs. 1 Satz 1 Nr. 1 SGB III. Nach § 143 Abs. 1 SGB III beträgt die Rahmenfrist 30 Monate und beginnt am Tag vor der Erfüllung aller sonstigen Voraussetzungen für den Anspruch auf Arbeitslosigkeit. Die um 30 Monate erweiterte Rahmenfrist, die § 147 Abs. 1 Satz 1 Nr. 1 SGB III vorsieht, reichte demnach vom 31.10.2018 bis 1.11.2013. In dieser Zeit stand F als Beschäftigte seit dem 1.10.2015 in einem Versicherungspflichtverhältnis nach §§ 24, 25 Abs. 1 SGB III. Das Versicherungspflichtverhältnis in der maßgeblichen Zeit bestand demnach während der Dauer von 37 Monaten.

Die Dauer des Anspruchs richtet sich aber auch nach dem Lebensalter, das der Arbeitslose bei der Entstehung des Anspruchs vollendet hat (§ 147 Abs. 1 Satz 1 Nr. 2 SGB III). F dürfte jedenfalls noch nicht die in § 147 Abs. 2 SGB III geregelte Altersgrenze von mindestens 50 Jahren erreicht haben; insoweit kann sie nur zwölf Monate Arbeitslosengeld beanspruchen.

2. Minderung der Anspruchsdauer aufgrund von Sperrzeiten

Anhaltspunkte für das Vorliegen von Umständen, die zur Minderung der Anspruchsdauer führen könnten (§§ 148, 159 SGB III), liegen nicht vor. Insbesondere hat F sich unverzüglich arbeitssuchend im Sinne von § 38 Abs. 1 Satz 1 SGB III gemeldet.

3. Höhe des Arbeitslosengeldes

Die Höhe des Arbeitslosengeldes richtet sich nach § 149 Nr. 2 SGB III und beträgt 60 Prozent des pauschalierten Nettoentgeltes (Leistungsentgelt). Dieses wird berechnet, in dem von dem Bruttoentgelt im Bemessungszeitraum (§ 150 SGB III) die in § 153 Abs.

1 SGB III genannten Pauschalen abgezogen werden. Grundlage ist also nicht der tatsächliche Nettoverdienst, sondern ein pauschalierter Verdienst.

Hinweis:
Eine genaue Berechnung ist im Rahmen einer Klausur nicht zu erwarten.

C. Gesamtergebnis

Der Widerspruch der F wird Erfolg haben. Der Ablehnungsbescheid vom 2.9.2018 wird aufgehoben. Es ergeht ein Leistungsbescheid über die Bewilligung von Arbeitslosengeld in der noch konkret zu berechnenden Höhe für die Dauer vom 1.11.2018 bis 31.10.2019.

Frage 2

Zu klären ist, ob im vorliegenden Fall eine krankheitsbedingte Kündigung der F möglich wäre. Zwar ist Krankheit als solche kein eine Kündigung rechtfertigender Umstand, sie ist aber auch kein Kündigungshindernis. Bei der krankheitsbedingten Kündigung handelt es sich um den Hauptanwendungsfall der personenbedingten Kündigung im Sinne von § 1 KSchG. Das KSchG ist hier auch anwendbar, in dem Betrieb arbeiten über 100 Mitarbeiter und damit mehr als 10, vgl. § 23 Abs. 1 Satz 2 KSchG. Das Arbeitsverhältnis der F hat ununterbrochen länger als 6 Monate bestanden, § 1 Abs. 1 KSchG.

Fraglich ist, ob vorliegend die Voraussetzungen einer personenbedingten Kündigung vorliegen. Vor einer betriebsbedingten Kündigung muss der Arbeitgeber stets prüfen, ob die Kündigung durch andere, weniger einschneidende Maßnahmen verhindert werden kann. Das ist vorliegend nach den Angaben im Sachverhalt wohl nicht möglich.

Die Überprüfung einer krankheitsbedingten Kündigung erfolgt im Übrigen in drei Schritten: Es bedarf einer negativen Prognose hinsichtlich des weiteren Gesundheitszustands; zu prüfen ist weiter, ob die entstandenen oder prognostizierten Fehlzeiten zu einer erheblichen Beeinträchtigung der betrieblichen Interessen führen. Schließlich ist im Rahmen einer einzelfallbezogenen Interessenabwägung zu prüfen, ob diese betrieblichen Beeinträchtigungen zu einer billigerweise nicht mehr hinnehmbaren betrieblichen und wirtschaftlichen Belastung des Arbeitgebers führen.

Aufgrund der entzündlichen Gelenkserkrankung ist es F nicht länger möglich, Waren einzusortieren, da dies häufig mit schwerer körperlicher Arbeit verbunden ist. Diese Krankheit wurde von ihrem Arzt auch als chronisch eingestuft, sodass nicht mit einem Wiedereintritt der Arbeitsfähigkeit in absehbarer Zeit zu rechnen ist.

Die krankheitsbedingte Leistungsunfähigkeit der F führt auch zu einer Beeinträchtigung der betrieblichen Interessen. F kann die Arbeit, die im Logistikbetrieb anfällt, nicht mehr vornehmen. Da die Personaldecke dünn ist, fehlt ihre Arbeit im Betrieb. Mildere Mittel des Arbeitgebers zur Verringerung der betrieblichen Beeinträchtigungen sind vorliegend nicht ersichtlich; insbesondere die Versetzung auf einen anderen Arbeitsplatz kommt nach den Angaben im Sachverhalt nicht in Betracht. Auch eine Verringerung der Arbeitszeit würde das Problem nicht lösen. Zu berücksichtigen sind in diesem Kontext neben den Mehrkosten für den möglichen Einsatz einer Ersatzkraft auch die zu erwartenden Entgeltfortzahlungskosten.

Bei der abschließenden Interessenabwägung ist unter Berücksichtigung aller wesentlichen Umstände des Einzelfalls zu prüfen, ob die genannten Beeinträchtigungen vom Arbeitgeber billigerweise nicht mehr hingenommen werden müssen. Vorliegend ist die Erkrankung nicht auf eine betriebliche Ursache zurückzuführen; das Arbeitsverhältnis besteht nicht besonders lange. F nutzt ihre Tätigkeit lediglich zur Finanzierung ihres Studiums; nach dessen Abschluss wird sie mit hoher Wahrscheinlichkeit eine Tätigkeit finden, die sich mit ihrer Erkrankung vereinbaren lässt. Den Entgeltzahlungen des Arbeitgebers stünde aufgrund der Arbeitsunfähigkeit der F keine nennenswerte Arbeitsleistung gegenüber; bei einer Fortsetzung des Arbeitsverhältnisses bestünde demnach ein gravierendes Missverhältnis zwischen Leistung und Gegenleistung.

Damit spricht alles dafür, dass die Belange des Arbeitgebers überwiegen. Eine krankheitsbedingte Kündigung nach § 1 KSchG ist folglich möglich.

Da es sich um eine personenbedingte Kündigung handelt, kommt es schließlich nicht darauf an, ob für die Kündigung im betrieblichen Interesse ein objektiver Sachzwang besteht.

Hinweis:
Siehe ausführlich zu diesem Thema etwa *Vossen* in: Ascheid/Preis/Schmidt, Kündigungsrecht, 6. Aufl. 2021, § 1 KSchG Rn. 136 ff. oder *Linck* in: Schaub, Arbeitsrechts-Handbuch, 18. Aufl. 2019, § 131 Rn. 31.

Teil 2

Nach § 34 Abs. 1a SGB XI ruht der Anspruch auf Pflegegeld nach § 37 SGB XI nicht bei pflegebedürftigen Versicherten, die sich in einem Mitgliedstaat der Europäischen Union, einem Vertragsstaat des Abkommens über den Europäischen Wirtschaftsraum oder der Schweiz aufhalten.

Die Mutter der F ist aufgrund einer schweren Arthrose pflegebedürftig. Mallorca gehört zu Spanien, dass ein Mitgliedstaat der Europäischen Union ist. Der Anspruch auf Pflegegeld ruht demnach auch nach einem Umzug nach Mallorca nicht. Folglich sind die Befürchtungen nicht begründet.

Teil 3

Die Aufforderung des Jobcenters ist rechtmäßig, wenn sie auf einer Ermächtigungsgrundlage beruht und formell sowie materiell rechtmäßig ist.

A. Ermächtigungsgrundlage

Zunächst müsste eine Ermächtigungsgrundlage für die Aufforderung bestehen, denn bei dieser handelt es sich um einen Verwaltungsakt im Sinne des § 31 Satz 1 SGB X, mit dem die allgemein für Leistungsberechtigte geltende gesetzliche Verpflichtung nach § 12a Satz 1 SGB II, vorrangige Leistungen in Anspruch zu nehmen, in eine konkrete Regelung zu Lasten des A gefasst wurde. Insoweit ist der verfassungsrechtliche Grundsatz des Vorbehalts des Gesetzes, der in § 31 SGB I eine einfachgesetzliche Ausgestaltung gefunden hat, zu beachten.

Fraglich ist, ob das SGB II eine entsprechende Ermächtigungsgrundlage bereithält. Eine ausdrückliche Ermächtigungsgrundlage des Jobcenters, einen Leistungsberechtigten zum Erfüllen seiner Verpflichtung, vorrangige Leistungen in Anspruch zu nehmen, aufzufordern, findet sich im Gesetz nicht. § 12a Satz 1 SGB II statuiert lediglich die Pflicht der Leistungsberechtigten, vorrangige Leistungen in Anspruch zu nehmen; diese Norm berechtigt das Jobcenter aber nicht zum Erlass eines Verwaltungsakts, der hierzu auffordert.

Hinweis:
Insoweit handelt es sich um eine sogenannte lex imperfecta, die zwar eine Pflicht des Berechtigten statuiert, aber keine ausdrückliche Ermächtigung für ein Handeln der Behörde enthält.

Zu berücksichtigen ist aber auch § 5 Abs. 3 Satz 1 SGB II. Diese Regelung normiert die Aufforderung zur Antragstellung durch den Leistungsberechtigten als Tatbestandsvoraussetzung für ein weiteres Vorgehen des Jobcenters selbst. Insofern geht der Gesetzgeber offenbar davon aus, dass eine entsprechende Aufforderung ergehen kann. Allerdings ermächtigt auch der Wortlaut dieser Regelung jedenfalls nicht ausdrücklich zu einer entsprechenden Aufforderung.

Ob § 12a SGB II i.V.m. § 5 Abs. 3 Satz 1 SGB II eine ausreichende Ermächtigungsgrundlage darstellen, ist deshalb durch Auslegung zu ermitteln. Berücksichtigt man den größeren Regelungszusammenhang, in dem die beiden Normen stehen, spricht vieles dafür, das zu bejahen. Erwerbsfähige Leistungsberechtigte nach § 7 Abs. 1 Satz 1 Nr. 3 SGB II müssen hilfebedürftig nach § 9 Abs. 1 SGB II sein. Danach ist hilfebedürftig, wer seinen Lebensunterhalt nicht oder nicht ausreichend aus dem zu berücksichtigenden Einkommen oder Vermögen sichern kann und die erforderliche Hilfe nicht von anderen, insbesondere von Angehörigen oder von Trägern anderer Sozialleistungen erhält. Genau hieran knüpft § 12a SGB II an, der Leistungsberechtigte verpflichtet, Sozialleistungen anderer Träger in Anspruch zu nehmen und die dafür erforderlichen Anträge zu stellen, sofern dies zur Vermeidung, Beseitigung, Verkürzung oder Verminderung der Hilfebedürftigkeit erforderlich ist. Stellen sie trotz Aufforderung durch den Leistungsträger den entsprechenden Antrag nicht, kann der Leistungsträger ihn selbst nach § 5 Abs. 3 Satz 1 SGB II stellen. Schließlich ist § 39 Nr. 2 SGB II zu beachten: Die Norm regelt die sofortige Vollziehbarkeit von Verwaltungsakten, mit denen zur Beantragung einer vorrangigen Leistung aufgefordert wird, Widerspruch und Anfechtungsklage haben demnach keine aufschiebende Wirkung; der Gesetzgeber geht damit davon aus, dass es sich bei der Aufforderung zur Beantragung einer vorrangigen Leistung – und gemeint sein kann hier mangels anderer entsprechender Regelungen im SGB II nur die Aufforderung nach § 5 Abs. 3 Satz 1 SGB II – um einen Verwaltungsakt handelt. Eine systematische Auslegung der einschlägigen Regelungen des SGB II zeigt, dass der Gesetzgeber das Jobcenter ermächtigen wollte, den Leistungsberechtigten durch Erlass eines Verwaltungsakts zur vorzeitigen Antragstellung aufzufordern. Nur dieses Verständnis der Normen entspricht auch ihrem Sinn und Zweck.

Das Jobcenter ist somit nach § 5 Abs. 3 Satz 1 i.V.m. § 12a Satz 1 SGB II ermächtigt, Leistungsberechtigte zur vorzeitigen Rentenantragstellung aufzufordern.

Hinweis:
Siehe ausführlich zu diesem Thema BSG v. 19.8.2015 – B 14 AS 1/15 R, juris Rn. 15 ff.

B. Formelle Rechtmäßigkeit

Mangels anderweitiger Angaben im Sachverhalt ist davon auszugehen, dass die zuständige Behörde gehandelt und den Aufforderungsbescheid in einem rechtmäßigen Verfahren und in rechtmäßiger Form erlassen hat.

C. Materielle Rechtmäßigkeit

Die Aufforderung des Jobcenters ist nach § 5 Abs. 3 Satz 1 i.V.m. § 12a Satz 1 SGB II materiell rechtmäßig, wenn A verpflichtet war, einen Antrag auf vorzeitige Altersrente für langjährig Versicherte zu stellen und das Jobcenter ihn insoweit hierzu rechtmäßig aufgefordert hat.

I. Verpflichtung zur Antragstellung

Nach § 12a Satz 1 Alt. 2 SGB II sind Leistungsberechtigte des SGB II verpflichtet, die für die Inanspruchnahme von Sozialleistungen anderer Sozialleistungsträger erforderlichen Anträge zu stellen, wenn sie hiermit ihre Hilfebedürftigkeit vermeiden, beseitigen, verkürzen oder vermindern können. Allerdings dürfte die Verpflichtung nicht nach § 12a Satz 2 SGB II oder anderen Vorschriften ausgeschlossen sein.

1. Erforderlicher Antrag

Die Inanspruchnahme einer Altersrente für langjährig Versicherte (§ 236 SGB VI) als Sozialleistung i.S.v. § 11 Satz 1 SGB I setzt einen entsprechenden Antrag voraus, §§ 19 Satz 1 SGB IV, 99 Abs. 1 SGB VI und 16 SGB I. Es handelt sich somit um einen „erforderlichen Antrag“ i.S.v. § 12a Satz 1 SGB II.

2. Beeinflussung der Hilfebedürftigkeit

Die Inanspruchnahme der Altersrente für langjährig Versicherte müsste die Hilfebedürftigkeit des A beeinflussen, § 12a Satz 1 SGB II.

a. Anspruch auf Altersrente

Laut Sachverhalt erfüllt A nach Vollendung des 63. Lebensjahres zum 1.8.2018 die Voraussetzungen einer vorzeitigen Altersrente für langjährig Versicherte nach § 236 SGB VI.

b. Beeinflussung der Hilfebedürftigkeit durch Rentenbezug

§ 12a Satz 1 SGB II setzt voraus, dass die Inanspruchnahme von Sozialleistungen anderer Träger zur Vermeidung, Beseitigung, Verkürzung oder Verminderung der Hilfebedürftigkeit führt.

Vorliegend würde der Bezug der vorzeitigen Altersrente zum Ausschluss der Leistungen nach dem SGB II führen. Nach § 7 Abs. 4 Satz 1 Var. 2 SGB II erhält Leistungen nach diesem Buch nicht, wer Rente wegen Alters bezieht. Der Rentenbezug beseitigt insoweit kraft Gesetzes die Hilfebedürftigkeit nach dem SGB II; dies stimmt überein mit der Legaldefinition der Hilfebedürftigkeit in § 9 Abs. 1 SGB II, nach der hilfebedürftig ist, wer die erforderliche Hilfe nicht von anderen, insbesondere von Trägern anderer Sozialleistungen, erhält. Durch den Bezug der vorzeitigen Altersrente für langjährig Versicherte würde in diesem Sinne die Hilfebedürftigkeit des A nicht nur vermindert, sondern vollständig beseitigt.

Sollte die vorzeitige Rente wegen Alters für A nicht bedarfsdeckend sein, eröffnet dies gegebenenfalls den Zugang zu ergänzender Hilfe zum Lebensunterhalt nach §§ 27 ff. SGB XII. An der Beseitigung der Hilfebedürftigkeit nach dem SGB II ändert das jedoch nichts.

Gegen diese auf § 7 Abs. 4 Satz 1 Var. 2 SGB II gestützte Sichtweise könnte eingewendet werden, dass § 12a Satz 1 SGB II entsprechend den Zielen der Grundsicherung auszulegen ist. Nach § 1 Abs. 2 Satz 2 SGB II sind erwerbsfähige Leistungsberechtigte bei der Aufnahme einer Erwerbstätigkeit zu unterstützen. Die Beantragung einer vorzeitigen Altersrente für langjährig Versicherte hätte zur Folge, dass A nur unter der Voraussetzung der Einhaltung der Hinzuverdienstgrenze eine Beschäftigung aufnehmen kann oder eine Kürzung der Rente in Kauf nehmen muss, vgl. § 34 Abs. 2 und 3 SGB VI; insoweit würde gerade kein „Anreiz zur Aufnahme und Ausübung einer Erwerbstätigkeit geschaffen" (§ 1 Abs. 2 Satz 4 Nr. 6 SGB II). Hier ist allerdings § 12a Satz 2 Nr. 1 SGB II zu beachten, der in typisierender Betrachtung davon ausgeht, dass die erwerbsbiographische Lebensphase von Grundsicherungsempfängern, die Anspruch auf eine vorzeitige Altersrente haben, nach dem 63. Lebensjahr abgeschlossen ist. Die im SGB II normierten Aufgaben- und Zielbestimmungen lassen eine über den Wortlaut des § 12a Satz 2 Nr. 1 SGB II hinausgehende Auslegung deshalb nicht zu.

Man könnte § 12a Satz 1 SGB II aber auch entsprechend den Handlungsanweisungen des § 2 Abs. 1 Satz 1 SGB II auslegen. Hiernach sind Leistungsbezieher des SGB II angehalten, „alle Möglichkeiten zur (...) Verringerung ihrer Hilfebedürftigkeit auszuschöpfen". Die vorzeitige Inanspruchnahme einer gerade durch die Vorzeitigkeit dauerhaft reduzierten Altersrente widerspricht dieser Verhaltensanweisung und damit dem Grundsatz des Forderns, denn A wird als Leistungsberechtigter der Systeme der Existenzsicherung dauerhaft mehr Leistungen in Anspruch nehmen müssen, als wenn er die Rente erst im Renteneintrittsalter in Anspruch nähme. Im SGB II gilt jedoch das Gegenwärtigkeitsprinzip, sodass lediglich berücksichtigt werden kann, ob A durch die Renteninanspruchnahme seine Hilfebedürftigkeit im Sinne des SGB II beseitigt (vgl. hierzu § 9 Abs. 1 SGB II). Dies wird durch eine systematische Auslegung bestätigt: Das SGB II kennt – anders als etwa § 15 Abs. 1 SGB XII – keine Regelung, die eine vorbeugende Leistungsgewährung zur Abwendung zukünftiger Hilfebedürftigkeit vorsieht.

Dass A dauerhaft eine aufgrund der vorzeitigen Inanspruchnahme reduzierte Rente erhält und deshalb als Leistungsberechtigter des SGB XII ebenso dauerhaft mehr Leistungen in Anspruch nehmen muss, als dies der Fall wäre, wenn er die Rente erst im Renteneintrittsalter in Anspruch nehmen würde, ist folglich nur eine sozialpolitische Erwägung, die am eindeutigen Gesetzeswortlaut nichts ändern kann.

Somit ändert der Umstand, dass A absehbar dauerhaft hilfebedürftig i.S.d. Existenzsicherungsrechts bleibt, nichts an der Beseitigung der Hilfebedürftigkeit nach § 12a Satz 1 SGB II, die dem ausdrücklichen Wortlaut der Norm nach zur Pflichtentstehung genügt.

Hinweis:
Verfassungsrechtliche Bedenken gegen diese Konzeption bestehen nicht (hierzu ausführlich BSG v. 19.8.2015 – B 14 AS 1/15 R, Rn. 43 ff.). Eine andere Ansicht ist mit entsprechender Argumentation vertretbar.

c. Ausschlussregeln

Die Verpflichtung nach § 12a Satz 1 SGB II, vorrangige Leistungen in Anspruch zu nehmen, könnte nach § 12a Satz 2 Nr. 1 SGB II oder der Unbilligkeitsverordnung ausgeschlossen sein.

aa. § 12a Satz 2 Nr. 1 SGB II

Nach § 12a Satz 2 Nr. 1 SGB II sind Leistungsberechtigte nicht verpflichtet, bis zur Vollendung des 63. Lebensjahres eine Rente wegen Alters vorzeitig in Anspruch zu nehmen.

A vollendet im Januar 2018 sein 63. Lebensjahr und wird im Mai 2018 zur Antragstellung verpflichtet. § 12a Satz 2 Nr. 1 SGB II führt somit nicht zum Ausschluss der Verpflichtung.

bb. Ausschluss aufgrund der Unbilligkeitsverordnung

Die Verpflichtung zur Antragstellung nach § 12a Satz 1 SGB II könnte aber entfallen, wenn die Inanspruchnahme der vorzeitigen Rente wegen Alters unbillig i.S.d. Unbilligkeitsverordnung wäre.

Hinweis:
Bei der Unbilligkeitsverordnung handelt es sich um eine Rechtsverordnung des Bundesministeriums für Arbeit und Soziales. Das Bundesministerium wird als Teil der Exekutive entsprechend Art. 80 Abs. 1 Satz 1 GG durch ein formelles Gesetz (§ 13 Abs. 2 SGB II) ermächtigt, Voraussetzungen zu bestimmen, die die Unbilligkeit einer Verpflichtung i.S.v. § 12a Satz 1 SGB II ausnahmsweise auch nach Vollendung des 63. Lebensjahres zur Folge haben.

Eine Unbilligkeit im Sinne der §§ 2, 4 und 5 Unbilligkeitsverordnung scheidet vorliegend aus. A ist derzeit nicht Anspruchsberechtigter nach dem SGB III, übt keine Erwerbstätigkeit aus und es steht auch keine Aufnahme einer Erwerbstätigkeit bevor.

In Betracht kommt aber ein Ausschluss der Verpflichtung nach § 3 Unbilligkeitsverordnung, wonach die Inanspruchnahme unbillig ist, wenn in nächster Zukunft die Altersrente abschlagsfrei in Anspruch genommen werden kann. Maßgeblich ist insoweit die Zeitspanne, die zwischen der abschlagsbehafteten und der abschlagsfreien Inanspruchnahme einer Altersrente liegt. Weder das Gesetz noch die Verordnung machen hier allerdings konkrete Angaben, sodass die Bedeutung des Tatbestandsmerkmals „in nächster Zukunft" durch Auslegung zu ermitteln ist. Dabei ist der mit § 3 Unbilligkeitsverordnung verfolgte Zweck zu berücksichtigen – es geht um das Missverhältnis zwischen der Höhe dauerhafter Abschläge und einer vergleichsweise kurzen restlichen Bezugszeit von Leistungen der Grundsicherung für Arbeitsuchende. Hilfebedürftigen, die kurz vor Erreichen ihrer individuellen Regelaltersgrenze stehen, ist es also nicht zuzumuten, dauerhaft Abschläge hinnehmen zu müssen, um für vergleichsweise kurze Zeit eine Beseitigung ihrer Hilfebedürftigkeit nach dem SGB II herbeizuführen. Schließlich verändern Abschläge aufgrund der vorzeitigen Inanspruchnahme einer Altersrente die Rentenhöhe für die gesamte Dauer des Bezugs und nicht nur bis zur Erreichung der Regelaltersgrenze.

A hat ab dem 1.12.2018 einen Anspruch auf abschlagsfreie Altersrente für langjährig Versicherte. Er wird im Mai 2018 aufgefordert, einen Antrag auf vorzeitige Altersrente zum 1.8.2018 zu stellen. Fraglich ist demnach, ob diese vier Monate unter den Begriff „in nächster Zukunft" i.S.d. § 3 Unbilligkeitsverordnung fallen. Daran gemessen, dass die durchschnittliche Rentenbezugsdauer gegenwärtig nahezu 20 Jahre beträgt, ist eine zusätzliche Inanspruchnahme von Leistungen zur Sicherung des Lebensunterhalts nach dem SGB II von vier Monaten so kurz, dass ein Verweis auf eine dauerhaft geminderte Altersrente dem Leistungsberechtigten nicht zuzumuten ist. Somit fallen die vier Monate unter den Begriff „in nächster Zukunft", sodass der Tatbestand von § 3 Unbilligkeitsverordnung erfüllt und folglich die Verpflichtung, vorrangige Leistungen in Anspruch zu nehmen, ausgeschlossen ist.

II. Ergebnis zur materiellen Rechtmäßigkeit

A ist wegen § 3 Unbilligkeitsverordnung nicht nach § 12a Satz 1 SGB II verpflichtet, vorrangige Leistungen in Anspruch zu nehmen. Folglich ist die Aufforderung des Jobcenters materiell rechtswidrig.

D. Gesamtergebnis

Die Aufforderung des Jobcenters, die vorzeitige Altersrente für langjährig Versicherte zu beantragen, ist materiell rechtswidrig und damit auch ermessensfehlerhaft.

Hinweis:
Zum Ermessen vgl. *Kühl* in: jurisPK-SGB II, 5. Aufl. 2020, Stand 1.3.2020, § 12a Rn. 15 m.w.N.

Gliederung zu Fall 1

Teil 1

Frage 1

A. Zulässigkeit des Widerspruchs
   I. Eröffnung des Sozialrechtswegs
   II. Statthaftigkeit des Widerspruchs
   III. Widerspruchsbefugnis
   IV. Ordnungsgemäße Widerspruchserhebung
   V. Beteiligten- und Handlungsfähigkeit
   VI. Allgemeines Rechtsschutzbedürfnis
   VII. Sonstiges
   VIII. Ergebnis zur Zulässigkeit
B. Begründetheit des Widerspruchs
   I. Anspruch auf Arbeitslosengeld dem Grunde nach
      1. Vorliegen von Arbeitslosigkeit
      2. Arbeitslosmeldung bei der Agentur für Arbeit
      3. Erfüllung der Anwartschaftszeit
      4. Ergebnis zum Anspruch auf Arbeitslosengeld
   II. Bezugsdauer und Höhe des Arbeitslosengeldes
      1. Bezugsdauer nach § 147 SGB III
      2. Minderung der Anspruchsdauer aufgrund von Sperrzeiten
      3. Höhe des Arbeitslosengeldes
C. Gesamtergebnis

Frage 2

Teil 2

Teil 3

A. Ermächtigungsgrundlage
B. Formelle Rechtmäßigkeit
C. Materielle Rechtmäßigkeit
   I. Verpflichtung zur Antragstellung
      1. Erforderlicher Antrag
      2. Beeinflussung der Hilfebedürftigkeit

a. Anspruch auf Altersrente
b. Beeinflussung der Hilfebedürftigkeit durch Rentenbezug
c. Ausschlussregeln
aa. § 12a Satz 2 Nr. 1 SGB II
bb. Ausschluss aufgrund der Unbilligkeitsverordnung
II. Ergebnis zur materiellen Rechtmäßigkeit
D. Gesamtergebnis

Fall 2

Teil 1

Die 20 Jahre alte Petra Paul (P) hat seit einem heftigen Streit mit ihrem Vater vor rund zwei Jahren keinen Kontakt mehr zu ihren Eltern. Sie studiert im vierten Semester Rechtswissenschaft an der Universität Hamburg, geht aber selten in die Vorlesungen und hat nach der Zwischenprüfung die Ausbildung etwas „schleifen" lassen. Da ihre Eltern ihr seit dem Zerwürfnis keinen Unterhalt zahlen, muss P seither selbst für ihren Unterhalt sorgen. In einer Kanzlei arbeitet sie rund zehn Stunden die Woche, wofür sie 420 € monatlich erhält. Zusätzlich jobbt sie acht Stunden in der Woche als Babysitterin; hier betreut sie dreimal in der Woche das Kleinkind einer alleinerziehenden Ärztin aus dem Universitätsklinikum Eppendorf, die an diesen Abenden eine Fortbildung macht. Für diese Tätigkeit, zu der die Ärztin ihr sehr genaue Vorgaben zu Zeiten und Durchführung macht, erhält sie 330 € im Monat.

Mit den 750 € kommt P allerdings in Hamburg finanziell nicht zurecht. Daher bietet sie zusätzlich privat in ihrer Zwei-Zimmer-Wohnung an fünf Tagen in der Woche jeweils dreistündige Yoga-Kurse an. Mit dieser von ihr selbst organisierten, gewerberechtlich nicht angemeldeten Tätigkeit verdient P im Monat 1400 €.

Um ihre Krankenversicherung hatte P sich nie wirklich gekümmert, weil sie auch so gut wie nie krank ist. Sie geht davon aus, dass sie – wie es zu Beginn ihres Studiums der Fall war – über ihre bei einer gesetzlichen Krankenkasse pflichtversicherte Mutter familienversichert ist.

Im Januar 2021 überfällt P, die seit Jahren für den Tierschutz aktiv ist, nachts gemeinsam mit Freunden eine Hühnerfarm, um die grausame Tierhaltung zu filmen und das Material anschließend im Internet zu veröffentlichen. Sie bricht ein Fenster auf und versucht dann, von einer hohen Leiter aus „gute Aufnahmen" zu machen. Als einer ihrer Mitstreiter plötzlich ruft: „Achtung Wachdienst", verliert sie das Gleichgewicht und stürzt von der Leiter, was eine Notoperation und einen kurzen Krankenhausaufenthalt erforderlich macht.

Die Krankenkasse möchte für die Kosten der Behandlung nicht aufkommen. P sei gar nicht bei ihr versichert – jedenfalls aber habe sie selbst keinerlei Beiträge gezahlt. Und selbst wenn sie versichert sei und Leistungen beanspruchen könne, müsse sie an den Kosten beteiligt werden.

Bearbeitungsvermerk:

Im Justiziariat der Krankenkasse macht gerade der Student Sebastian Seiler (S) ein Praktikum. Er soll klären, wie der Versichertenstatus der P ist, ob sie Leistungen beanspruchen kann und ob man sie gegebenenfalls an den Behandlungskosten beteiligen könnte.

Etwaige Verstöße gegen das Mindestlohngesetz sind bei der Bearbeitung außer Acht zu lassen.

Teil 2

Nachdem er wiederholt straffällig geworden war, muss der 45 Jahre alte Fritz Feil (F), der seit Jahren Arbeitslosengeld II bezieht, am 1.3.2021 eine zweijährige Freiheitsstrafe in der Justizvollzugsanstalt in Hamburg antreten. Zuvor erhält er einen Bescheid von seinem Jobcenter; man teilt ihm mit, dass die Zahlung des Arbeitslosengeldes II zum 1.3.2021 eingestellt würde. F ist völlig überrascht und ebenso empört; er reicht umgehend und schriftlich Widerspruch ein.

Bearbeitungsvermerk:

Hat der Widerspruch des F Aussicht auf Erfolg?

Teil 3

Bettina Bauer (B) ist Gesellschafter-Geschäftsführerin der Wasser-Bett-Hamburg-GmbH, die im Jahr 2021 gegründet wurde. Weitere Gesellschafter sind ihr Mann Ingo (I) und ihr Vater (V). Jeder von ihnen hält 33,33 % der Anteile. Der Gesellschaftervertrag enthält keine weiteren besonderen Regelungen. Aktiv tätig ist faktisch nur B; ihr Mann und ihr Vater lassen ihr völlig freie Hand und kümmern sich nicht um die Geschäfte. B bezieht ein monatliches Arbeitsentgelt in Höhe von 1500 €.

Da B an einer günstigen Krankenversicherung gelegen ist, gibt sie im Namen der GmbH eine Meldung nach § 28a SGB IV ab und meldet sich unter genauer Erläuterung der eben geschilderten Umstände selbst als Beschäftigte der GmbH an.

Bearbeitungsvermerk:

Was hat die Krankenkasse zu tun? Ist B tatsächlich Beschäftigte der GmbH?

Teil 1:	*Beschäftigungsverhältnis, Studierende in der Gesetzlichen Krankenversicherung, Beteiligung an Behandlungskosten*
Teil 2:	*Widerspruch, Aufhebung eines Dauerverwaltungsakts, Leistungen nach dem SGB II*
Teil 3:	*Beschäftigteneigenschaft eines Gesellschafter-Geschäftsführers*

Unverbindliche Lösungshinweise

Teil 1

A. Versichertenstatus der P

Fraglich ist zunächst der Versichertenstatus der P. Sie könnte Mitglied einer gesetzlichen Krankenkasse nach §§ 5 ff. SGB V oder familienversichert nach § 10 SGB V sein.

I. Familienversicherung

P war nach den Angaben im Sachverhalt vor dem Zerwürfnis mit ihren Eltern über ihre pflichtversicherte Mutter nach § 10 Abs. 1 SGB V familienversichert, weshalb sie als Kind eines Mitglieds einer gesetzlichen Krankenkasse auch weiterhin beitragsfrei (§ 3 Abs. 3 SGB V) familienversichert gewesen sein könnte.

Ihr Alter steht dieser Form der Versicherung nicht entgegen. Die Altersgrenzen familienversicherter Personen ergeben sich für Kinder aus § 10 Abs. 2 SGB V. Maßgeblich für P ist hier die Altersgrenze von 25 Jahren nach § 10 Abs. 2 Nr. 3 SGB V, da sie sich als immatrikulierte Studentin der Universität Hamburg in Berufsausbildung an einer Hochschule befindet. P ist 20 Jahre alt; sie hat die Altersgrenze nicht überschritten.

Allerdings dürfte ihr regelmäßiges Gesamteinkommen nicht die Grenze des § 10 Abs. 1 Satz 1 Nr. 5 SGB V überschreiten. Diese beträgt ein Siebtel der Bezugsgröße des § 18 SGB IV. Ab dem 1.1.2021 ist ein Betrag von 39.480 € jährlich bzw. 3.290 € monatlich maßgeblich; ein Siebtel des Monatsbetrags beläuft sich auf 470 €.

Hinweis:
Das Gesamteinkommen ist in § 16 SGB IV legal definiert und umfasst sowohl das in § 14 SGB IV genannte Arbeitsentgelt aus einer Beschäftigung als auch das in § 15 SGB IV normierte Arbeitseinkommen aus einer selbständigen Tätigkeit.

Diese Grenze überschreitet P mit ihrem Einkommen aus ihren Tätigkeiten (Arbeit in der Kanzlei, Babysitten und Yoga-Kurse) in Höhe von insgesamt 2.150 € monatlich regelmäßig. P ist somit nicht familienversichert.

Hinweis:
Die in § 18 SGB IV normierte Bezugsgröße findet sich als Tabelle im Aichberger unter Ordnungsnummer 4/11 *Sozialversicherungswerte* unter I.

Ausführlich zur Festlegung der Bezugsgröße *Fischer* in: jurisPK-SGB IV, 3. Aufl. 2016, Stand 15.4.2020, § 18 Rn. 24 ff.

Eine ausführliche Prüfung der in § 10 Abs. 1 SGB V genannten weiteren Voraussetzungen erübrigt sich, weil die Familienversicherung jedenfalls am Einkommen der P scheitert. Die übrigen Aspekte wie eine Pflichtversicherung von P werden später ohnehin noch angesprochen.

II. Versicherungspflicht als Studentin

P könnte als Studentin gemäß § 5 Abs. 1 Nr. 9 SGB V pflichtversichert sein. Dazu müsste sie an einer staatlichen oder staatlich anerkannten Hochschule eingeschrieben sein und dürfte die Altersgrenze von 30 Jahren nicht überschritten haben. Als ordentliche Studentin an der Universität Hamburg, einer staatlichen Hochschule, erfüllt sie diese Kriterien, da sie mit 20 Jahren die Altersgrenze nicht überschritten hat.

Es ist jedoch zu prüfen, ob sie auch als Beschäftigte pflichtversichert ist, denn diese Versicherungspflicht würde die Versicherung als Studentin gemäß § 5 Abs. 7 Satz 1 SGB V verdrängen.

1. Versicherungspflicht als Beschäftigte

P arbeitet einerseits in einer Kanzlei und andererseits als Babysitterin. In diesen Tätigkeiten könnte sie als Beschäftigte gemäß § 5 Abs. 1 Nr. 1 SGB V versicherungspflichtig sein. Es ist zu prüfen, ob P bei ihrer Arbeit in der Kanzlei und bei der Kinderbetreuung Beschäftigte im Sinne des § 7 Abs. 1 SGB IV ist.

a. Beschäftigung nach § 7 Abs. 1 SGB IV

Nach § 7 Abs. 1 Satz 1 SGB IV ist eine Beschäftigung die unselbständige Arbeit, insbesondere in einem Arbeitsverhältnis. Zur Abgrenzung von der selbständigen Tätigkeit liefert § 7 Abs. 1 Satz 2 SGB IV Anhaltspunkte: Eine Tätigkeit nach Weisung und eine Eingliederung in die Arbeitsorganisation des Weisungsgebers sprechen für das Vorliegen einer Beschäftigung. In die vorzunehmende Einzelfallbetrachtung sind weitere Indizien wie die wirtschaftliche Abhängigkeit oder auch das zu tragende unternehmerische Risiko mit einzubeziehen.

Die Tätigkeit in der Kanzlei entspricht einem klassischen Arbeitsverhältnis und auch den in § 7 Abs. 1 SGB IV genannten Kriterien. Hier ist P in den Betrieb der Kanzlei eingegliedert und arbeitet nach entsprechenden Weisungen. Nichts Anderes gilt im Übrigen für die Tätigkeit als Babysitterin. Auch hier ist P den genauen Vorgaben der Ärztin in Bezug auf die Betreuungszeit, den Ort und die Details der Betreuung unterworfen, weshalb es sich jedenfalls um eine Tätigkeit nach Weisung handelt. P trägt in keiner der beiden Tätigkeiten ein irgendwie geartetes eigenes unternehmerisches Risiko. Sie ist somit in beiden Erwerbstätigkeiten Beschäftigte im Sinne des § 7 Abs. 1 SGB IV.

b. Versicherungsfreiheit nach § 7 Abs. 1 SGB V i.V.m. §§ 8, 8a SGB IV

Allerdings könnte P in ihren Beschäftigungen nach § 7 Abs. 1 Satz 1 SGB V versicherungsfrei sein. In Konsequenz dessen könnte die studentische Versicherung nicht gemäß § 5 Abs. 7 Satz 1 SGB V durch die Versicherungspflicht nach § 5 Abs. 1 Nr. 1 SGB V verdrängt werden.

Versicherungsfrei wäre die Tätigkeit der P dann, wenn eine geringfüge Beschäftigung im Sinne der §§ 8, 8a SGB IV vorliegt.

In Frage kommt hier eine entgeltliche Geringfügigkeit gemäß § 8 Abs. 1 Nr. 1 SGB IV. Diese liegt vor, wenn das Arbeitsentgelt regelmäßig 450 € im Monat nicht übersteigt. Weder für ihre Tätigkeit in der Kanzlei (420 €) noch für die Tätigkeit als Babysitterin (330 €) erhält P mehr als 450 €. Es handelt sich damit jeweils um eine geringfügige Beschäftigung, wobei eine davon gemäß § 8a SGB IV in einem Privathaushalt ausgeübt wird. § 8 Abs. 1 Nr. 1 SGB IV gilt für beide Tätigkeiten.

Allerdings sind die beiden geringfügigen Beschäftigungen gemäß § 8 Abs. 2 Satz 1 SGB IV zusammenzurechnen. Sind bei einer Zusammenrechnung die Voraussetzungen des § 8 Abs. 1 SGB IV nicht mehr erfüllt, liegt gemäß § 8 Abs. 2 Satz 2 SGB IV keine geringfügige Beschäftigung mehr vor. Das Arbeitsentgelt aus beiden Beschäftigungen beträgt zusammen 750 €, sodass die Entgeltgrenze von 450 € überschritten wird.

P übt damit keine geringfügige Beschäftigung aus.

c. Versicherungsfreiheit nach § 6 Abs. 1 Nr. 3 SGB V

Eine Versicherungsfreiheit der P in ihren Beschäftigungen könnte sich aber auch aus § 6 Abs. 1 Nr. 3 SGB V ergeben. Das sogenannte Werkstudentenprivileg ist erfüllt, wenn P als ordentlich Studierende während des Studiums gegen Arbeitsentgelt beschäftigt ist. P ist ordentliche Studentin an der Universität Hamburg und gegen Arbeitsentgelt in der Kanzlei und als Babysitterin beschäftigt. § 6 Abs. 1 Nr. 3 SGB V setzt allerdings voraus, dass es das Studium ist, das P überwiegend in Anspruch nimmt. Erforderlich ist also eine Abgrenzung von studierenden Beschäftigten und Studierenden, die nebenher beschäftigt sind. Vorliegend ist es fraglich, ob es sich um eine Beschäftigung neben dem primär durchgeführten Studium und nicht um ein Studium neben einer vorrangig ausgeübten Beschäftigung handelt. Bedenken ergeben sich dabei allein aus dem zeitlichen Umfang der Tätigkeit der P; eine inhaltliche Nähe von Studium zu einer schon vor dem Studium ausgeübten Beschäftigung ist vorliegend nicht ersichtlich.

Hinweis:
Das Bundessozialgericht hatte mit einer Entscheidung aus dem Jahr 1998 für Diskussionen gesorgt, als es maßgeblich darauf abstellte, ob die während des Studiums ausgeübte Beschäftigung in einer Verbindung mit einer vor dem Studium ausgeübten Beschäftigung stand (BSG v. 10.12.1998 – B 12 KR 22/97 R). § 6 Abs. 1 Nr. 3 SGB V sollte insbesondere dann nicht einschlägig sein, wenn jemand nach Abschluss einer Berufsausbildung ein Studium aufnimmt und weiter bei seinem bisherigen Arbeitgeber tätig ist; das hätte zur Folge, dass etwa eine Bankkauffrau, die ein Studium der Betriebswirtschaftslehre anschließt, nicht von der Regelung erfasst wäre. So sinnvoll die Schaffung zusätzlicher Kriterien zur Eindämmung von möglichem Rechtsmissbrauch sein mögen – dass „Vorleben" Studierender kann schon mit Blick auf Art. 3 Abs. 1 GG nicht ausschlaggebend sein (kritisch *Felix/Baer*, SGb 2002, S. 193, 196). Insofern überrascht es nicht, dass das Gericht diese Rechtsprechung später wieder aufgegeben hat (ausführlich *Felix* in: jurisPK-SGB V, 4. Aufl. 2020, Stand 16.9.2020, § 6 Rn. 48 m.w.N.).

Als primäres Indiz für die vorzunehmende Abgrenzung betrachtet das Bundessozialgericht den zeitlichen Umfang der Beschäftigung. Ab einer Beschäftigungszeit von mehr als 20 Stunden pro Woche wird dabei angenommen, dass nicht mehr von einer Beschäftigung auszugehen ist, die „neben dem Studium" erfolgt. Solange der Umfang der Beschäftigung unter dieser Grenze bleibt, wird regelmäßig davon ausgegangen, dass das Studium den überwiegenden Teil der Zeit und Arbeitskraft in Anspruch nimmt, sodass § 6 Abs. 1 Nr. 3 SGB V einschlägig ist und die Betroffenen in ihrer Beschäftigung versicherungsfrei sind. Wird die Grenze überschritten, soll die Beschäftigung prägendes Element sein und eine Versicherungsfreiheit scheidet aus. Die Grenze von 20 Stunden ist dabei nicht absolut zu verstehen. Vielmehr kommt es auf eine Betrachtung des jeweiligen Einzelfalls an. So können auch längere Zeiten in Betracht kommen, sofern sie mit den Anforderungen eines Studiums nicht in Konflikt geraten, wie zum Beispiel Mehrarbeit am Wochenende, in den Semesterferien oder Nachtarbeit.

Hinweis:
Ausführlich zu Sinn und Zweck der Voraussetzungen des § 6 Abs. 1 Nr. 3 SGB V siehe *Felix* in: jurisPK-SGB V, 4. Aufl. 2020, Stand 16.9.2020, § 6 Rn. 44 ff.; im Besonderen zur 20-Stunden Grenze unter Rn. 50 jeweils mit Hinweisen auf die Rechtsprechung.

Im Fall der P liegt der zeitliche Umfang der Beschäftigung bei zusammen 22 Stunden in der Woche; eine zeitliche Besonderheit wie Wochenend- oder Nachtarbeit ist nicht ersichtlich. Da von § 6 Abs. 1 Nr. 3 SGB V lediglich Beschäftigungsverhältnisse erfasst werden, kommt es hier auf ihre Tätigkeit als Yoga-Lehrerin nicht an. Die Voraussetzungen einer Beschäftigung im Sinne des § 7 Abs. 1 SGB IV liegen für diese Tätigkeit nicht vor, P handelt hier nicht nach Weisungen und hat ihren eigenen Betrieb.

P ist damit als Beschäftigte nach § 5 Abs. 1 Nr. 1 SGB V versicherungspflichtig. Diese Versicherungspflicht verdrängt die studentische Krankenversicherung nach § 5 Abs. 1 Nr. 9 SGB V.

d. Ausschluss der Versicherungspflicht nach § 5 Abs. 5 SGB V

Die Versicherungspflicht nach § 5 Abs. 1 Nr. 1 SGB V als Beschäftigte könnte jedoch nach § 5 Abs. 5 Satz 1 SGB V ausgeschlossen sein. Dies wäre der Fall, wenn P hauptberuflich selbständig erwerbstätig ist. Es ist zu prüfen, ob es sich bei den von ihr angebotenen Yoga-Kursen um eine solche hauptberufliche selbständige Erwerbstätigkeit handelt.

aa. Selbständigkeit

Die Durchführung der Kurse stellt, wie bereits dargelegt, eine selbständige Erwerbstätigkeit i.S.d. § 5 Abs. 5 Satz 1 SGB V dar.

bb. Hauptberuflich

Gemäß § 5 Abs. 5 Satz 1 SGB V ist aber nur derjenige nicht versicherungspflichtig gemäß § 5 Abs. 1 Nr. 1 SGB V, der hauptberuflich selbständig erwerbstätig ist.

Hinweis:
Zu den Einzelheiten der hauptberuflichen Selbständigkeit im Kontext der gesetzlichen Krankenversicherung siehe *Felix* in: jurisPK-SGB V, 4. Aufl. 2020, Stand 16.9.2020, § 5 Rn. 146 f.

Da die Vermutungsregelung aus § 5 Abs. 5 Satz 2 SGB V nicht greift, weil P ihrerseits keine Beschäftigten hat, kommt es allein darauf an, ob das Kursangebot den Schwerpunkt ihrer Erwerbstätigkeit bildet. Dazu ist eine Betrachtung der wirtschaftlichen Situation und auch des zeitlichen Aufwands im Einzelfall notwendig.

Hinweis:
Zur Bestimmung, wann eine selbständige Erwerbstätigkeit hauptberuflich ausgeübt wird, wendet das Bundessozialgericht in seiner Rechtsprechung keine starren Grenzen in Bezug auf Zeit und Einkommen an. Es geht aber nur bei einem „deutlichen Übersteigen" der wirtschaftlichen Bedeutung und des zeitlichen Aufwandes der selbständigen Erwerbstätigkeit gegenüber der Beschäftigung von einer hauptberuflichen Selbständigkeit aus (vgl. hierzu etwa BSG v. 29.04.1997, 10/4 RK 3/96).

Während P aus ihren Beschäftigungsverhältnissen 750 € Arbeitsentgelt im Monat erzielt, liegt ihr Arbeitseinkommen aus den Yoga-Kursen bei 1.400 € im Monat. Auf zeitlicher Ebene stehen sich 22 Stunden (Beschäftigung) und 15 Stunden (Selbständigkeit) gegenüber. P erzielt aus ihrer selbständigen Erwerbstätigkeit aber fast doppelt so viel Einkommen, wie aus den beiden geringfügigen Beschäftigungen zusammen und deckt damit knapp zwei Drittel ihres Lebensunterhalts. Dabei überschreitet der Zeitaufwand der Kurse den der einzelnen Beschäftigungen, bleibt jedoch hinter deren Summe zurück. Aufgrund der signifikanten wirtschaftlichen Bedeutung ist hier davon auszugehen, dass P hauptberuflich selbständig erwerbstätig ist und eine Versicherungspflicht als Beschäftigte i.S.d. § 5 Abs. 1 Nr. 1 SGB V aufgrund von § 5 Abs. 5 Satz 1 SGB V ausscheidet.

e. Ergebnis zur Versicherungspflicht als Beschäftigte

P ist nicht als Beschäftigte nach § 5 Abs. 1 Nr. 1 SGB V versichert.

2. Ergebnis zur Versicherungspflicht als Studentin

Da keine Versicherungspflicht als Beschäftigte besteht, könnte P versicherungspflichtig als Studentin nach § 5 Abs. 1 Nr. 9 SGB V sein. Allerdings gilt § 5 Abs. 5 Satz 1 SGB V auch für die studentische Versicherungspflicht nach § 5 Abs. 1 Nr. 9 SGB V. Da P, wie eben festgestellt, hauptberuflich selbständig erwerbstätig ist, scheidet auch eine Versicherungspflicht als Studentin aus.

III. Freiwillige Versicherung

1. § 9 Abs. 1 Satz 1 Nr. 2 SGB V

Denkbar wäre eine freiwillige Versicherung der P nach dem Ausscheiden aus der Familienversicherung gemäß § 9 Abs. 1 Satz 1 Nr. 2 SGB V. Der Beitritt ist gemäß § 9 Abs. 2 Nr. 1 SGB V der Krankenkasse innerhalb von drei Monaten ab Beendigung der Versicherung anzuzeigen. Eine derartige Anzeige ist hier unterblieben, da P sich laut Sachverhalt nie um ihre Krankenversicherung gekümmert hat und davon ausgegangen war, dass sie noch immer familienversichert ist. Somit liegt keine freiwillige Versicherung nach § 9 Abs. 1 Satz 1 Nr. 2 SGB V vor.

2. Obligatorische Anschlussversicherung nach § 188 Abs. 4 SGB V

Zu beachten ist aber § 188 Abs. 4 SGB V. Die Vorschrift normiert für den Fall, dass eine Versicherungspflicht oder die Familienversicherung endet, eine obligatorische und gleichsam automatische Fortsetzung der Versicherung nunmehr als sogenannte freiwillige Versicherung.

a. Beendigung der Familienversicherung

Wie oben dargelegt, ist die Familienversicherung der P nach dem Zerwürfnis mit ihren Eltern beendet worden, weil sie anschließend selbst für ihren Unterhalt sorgen musste und ihr Gesamteinkommen seitdem die maßgebliche Grenze überschritten hatte.

b. Austrittserklärung

Die Fortsetzung der Versicherung nach § 188 Abs. 4 Satz 1 SGB V erfolgt kraft Gesetzes. Etwas Anderes gälte nur, wenn P innerhalb von zwei Wochen nach Hinweis der Krankenkasse über die Austrittsmöglichkeit ihren Austritt erklärt hätte. Das ist vorliegend nicht geschehen.

Hinweis:
Ein Austritt wäre nach § 188 Abs. 4 Satz 2 SGB V im Übrigen nur dann wirksam, wenn eine anderweitige Absicherung im Krankheitsfall nachgewiesen wird. So sollte eine flächendeckende Krankenversicherung sichergestellt und eine bis dahin in solchen Fällen auftretende Häufung von Beitragsschulden vermieden werden (BT-Drs. 17/13947, S. 37).

Fraglich ist, welche Konsequenzen sich daraus ergeben, dass in der vorliegenden Konstellation nie ein entsprechender Hinweis der Krankenkasse über die Austrittsmöglichkeit der P ergangen ist. Die Kasse wird diesen Hinweis nunmehr nachholen müssen, um P einen Wechsel in die private Krankenversicherung zu ermöglichen; am Eintritt der obligatorischen freiwilligen Versicherungspflicht nach § 188 Abs. 4 Satz 1 SGB V ändert das Unterlassen jedoch nichts.

Hinweis:
Insoweit stiftet eine Entscheidung des Landessozialgerichts Celle-Bremen v. 16.9.2020 – L 4 KR 346/18, das sich gegen jede Rückwirkung des § 188 Abs. 4 Satz 1 SGB V wendet, in der Tat eher „Verwirrung“ (so *Ulmer*, jurisPR-SozR 24/2020 Anm. 2 unter C.).

c. Sonderregelungen des § 188 Abs. 4 Satz 4 ff. SGB V

Es bestehen keinerlei Anhaltspunkte dafür, dass die Sonderregelungen des § 188 Abs. 4 Satz 4 ff. SGB V einschlägig sein könnten. Insbesondere ist der Wohnsitz der P der Kasse offenbar bekannt, weil sie sie andernfalls gar nicht hätte kontaktieren können.

d. Ergebnis zur obligatorischen Anschlussversicherung

Die Familienversicherung der P hat sich seit dem Zerwürfnis mit ihren Eltern und der daraus resultierenden Überschreitung der Grenze für das eigene Gesamteinkommen des Kindes gemäß § 188 Abs. 4 Satz 1 SGB V als obligatorische, „freiwillige“ Anschlussversicherung fortgesetzt.

IV. Ergebnis zum Versichertenstatus

P ist nach § 188 Abs. 4 Satz 1 SGB V als freiwilliges Mitglied krankenversichert.

B. Zum Leistungsanspruch

Als Versicherte nach § 188 Abs. 4 Satz 1 SGB V kann P Leistungen nach dem SGB V verlangen, wenn die gesetzlichen Leistungsvoraussetzungen erfüllt sind.

I. Eintritt des Versicherungsfalles

Der Versicherungsfall müsste eingetreten sein. Dazu müsste nach § 27 Abs. 1 Satz 1 SGB V eine Krankheit vorliegen. Der Krankheitsbegriff ist im SGB V nicht legal definiert. Nach der Rechtsprechung des Bundessozialgerichts handelt es sich bei einer Krankheit im Sinne des § 27 Abs. 1 Satz 1 SGB V um einen regelwidrigen Körper- oder Geisteszustand, der der Behandlung bedarf und/oder Arbeitsunfähigkeit zur Folge hat. Zwar macht der Sachverhalt keine genauen Angaben zur Natur der Verletzungen; da jedoch eine Notoperation als Behandlung erforderlich ist, ist davon auszugehen, dass P krank im Sinne des § 27 Abs. 1 Satz 1 SGB V war.

II. Ruhen des Leistungsanspruchs

Fraglich ist jedoch, ob der Leistungsanspruch der P ruht, da sie keinerlei Beiträge entrichtet hat.

Hinweis:
Während bei der Pflichtversicherung nach § 5 Abs. 1 Nr. 1 SGB V der Arbeitgeber gemäß § 28e Abs. 1 Satz 1 SGB IV Schuldner des Gesamtsozialversicherungsbeitrages ist und nur in begrenztem Umfang Rückgriff auf Beschäftigte nehmen kann (vgl. § 28g Satz 3 SGB IV), ist bei der freiwilligen Versicherung das Mitglied nach § 250 Abs. 2 Var. 1 i.V.m. § 252 Abs. 1 Satz 1 SGB V selbst Beitragsschuldner.

Maßgeblich ist hier § 16 Abs. 3a Satz 2 i.V.m. Satz 1 SGB V, der ein Ruhen des Anspruchs für Mitglieder anordnet, die mit einem Betrag in Höhe von Beitragsanteilen für zwei Monate im Rückstand sind und trotz Mahnung nicht zahlen. Vom Ruhen ausgenommen sind nach Satz 2 unter anderem allerdings Leistungen, die zur Behandlung akuter Erkrankungen und Schmerzzuständen erforderlich sind.

P war schon lange mit ihren Beiträgen im Rückstand; sie wusste von ihrer Versicherung nach § 188 Abs. 4 Satz 1 SGB V schlicht nichts. Allerdings braucht hier nicht entschieden zu werden, ob die erbrachte Krankenbehandlung jedenfalls teilweise zur Behandlung akuter Erkrankung und Schmerzzustände erforderlich war, denn es fehlt jedenfalls an einer Mahnung der Krankenkasse. Auch diese wusste vom Versicherungsstatus der P schließlich nichts.

Der Leistungsanspruch ruht somit nicht wegen Beitragsverzugs der P.

III. Ergebnis zum Leistungsanspruch

Da der Versicherungsfall eingetreten ist und der Leistungsanspruch nicht ruht, kann P kann somit die Leistungserbringung von ihrer Krankenkasse beanspruchen.

C. Beteiligung an den Behandlungskosten

Fraglich ist, ob die Krankenkasse P nach Maßgabe von § 52 Abs. 1 SGB V an den Behandlungskosten beteiligen kann.

I. Tatbestand

Dafür müsste sich P die Krankheit vorsätzlich oder bei einem Verbrechen oder vorsätzlich begangenen Vergehen zugezogen haben.

1. Vorsätzliches Zufügen einer Krankheit

P könnte sich die Verletzungen vorsätzlich zugefügt haben, wobei hier jede Art des Vorsatzes genügt. Der Vorsatz muss sich darüber hinaus nur auf das Zufügen eines Körperschadens erstrecken, die daraus resultierende Krankheit muss vom Vorsatz nicht erfasst sein. Vorliegend hat P auf einer Leiter stehend das Gleichgewicht verloren und ist gestürzt. Dieses Geschehen lässt keinen Vorsatz in Bezug auf den Körperschaden erkennen; sie hat diesen auch nicht etwa billigend in Kauf genommen.

2. Verbrechen oder vorsätzliches Vergehen

Da P sich die Verletzung beim Eindringen in die Hühnerfarm zugezogen hat, könnte dies ein Zufügen bei Begehung eines Verbrechens oder vorsätzlichen Vergehens darstellen. In Frage kommt hier ein Hausfriedensbruch gemäß § 123 Abs. 1 StGB. P ist zumindest in das befriedete Besitztum eines anderen widerrechtlich eingedrungen, als sie auf der Leiter stehend das Fenster aufbrach. Dies geschah auch vorsätzlich und schuldhaft. Der Hausfriedensbruch ist nach § 12 Abs. 2 StGB ein Vergehen. Zwischen dem vorsätzlichen Vergehen und der Krankheit muss aufgrund der Formulierung „bei“

ein ursächlicher Zusammenhang bestehen, eine Erkrankung „bei Gelegenheit" eines Verbrechens bzw. vorsätzlich begangenen Vergehens ist dagegen nicht ausreichend. Dies ist nach der Theorie der wesentlichen Bedingung zu beurteilen. Danach werden, aufbauend auf der naturwissenschaftlichen Bedingungstheorie, nur solche Ursachen als rechtserheblich angesehen, die wegen ihrer besonderen Beziehung zum Erfolg an dessen Eintritt wesentlich mitgewirkt haben. Ist eine naturwissenschaftliche Ursache hingegen nicht als wesentlich und damit nicht als Ursache im Sinne der Theorie der wesentlichen Bedingung anzusehen, handelt es sich um eine Gelegenheitsursache.

Hier hat P die Leiter zum Zweck der Begehung des Hausfriedensbruchs bestiegen und ist bei diesem Vorgang gestürzt. Alternativursachen, die zu der Verletzung geführt haben, sind nicht ersichtlich.

Hinweis:
Zu diskutieren wären in diesem Kontext beispielsweise Vorerkrankungen, die „bei Gelegenheit" der Begehung ersichtlich werden bzw. ausbrechen.

P hat sich somit die Verletzung bei einem vorsätzlich begangenen Vergehen zugezogen.

II. Rechtsfolge

Die Krankenkasse kann Versicherte gemäß § 52 Abs. 1 SGB V in angemessener Höhe an den Kosten der Leistungen beteiligen. Eine Beteiligung der P liegt somit im Ermessen der Krankenkasse.

Hinweis:
Ein Gericht könnte diese Entscheidung nur auf Ermessensfehler hin überprüfen; die Höhe der Beteiligung – hier geht es um die Auslegung eines unbestimmten Rechtsbegriffs – wäre gerichtlich voll überprüfbar.

Das Bundessozialgericht versteht den gleichlautenden Begriff in § 52 Abs. 2 SGB V allerdings als Einräumung von Auswahlermessen (hierzu BSG v. 27.8.2019 – B 1 KR 37/18 R). Dogmatisch überzeugend ist das nicht.

D. Gesamtergebnis

P ist als freiwilliges Mitglied nach § 188 Abs. 4 Satz 1 SGB V versichert und kann daher Leistungen nach §§ 27 ff. SGB V beanspruchen. Sie kann allerdings in Bezug auf die bei dem Sturz von der Leiter erlittenen Verletzungen von der Krankenkasse in angemessener Höhe an den Behandlungskosten beteiligt werden.

Teil 2

Der Widerspruch des F hat Aussicht auf Erfolg, wenn er zulässig und soweit er begründet ist.

A. Zulässigkeit des Widerspruchs

Der Widerspruch ist zulässig, wenn alle Sachentscheidungsvoraussetzungen vorliegen.

I. Eröffnung des Sozialrechtsweges

In Hinblick auf § 62 SGB X ist zu klären, ob der Sozialrechtsweg vorliegend eröffnet wäre. Gemäß § 51 Abs. 1 SGG, der eine abdrängende Sonderzuweisung im Sinne des § 40 Abs. 1 Satz 1 VwGO darstellt, entscheiden die Gerichte der Sozialgerichtsbarkeit über öffentlich-rechtliche Streitigkeiten in den in Nr. 1 bis 10 abschließend normierten Angelegenheiten, wenn diese nicht verfassungsrechtlicher Art sind (vgl. § 39 Abs. 2 Satz 1 SGG).

F wehrt sich hier gegen die „Einstellung“ der Zahlung seines Arbeitslosengeldes II. Es handelt sich um eine Angelegenheit der Grundsicherung für Arbeitsuchende nach § 51 Abs. 1 Nr. 4a SGG.

Ob eine Streitigkeit öffentlich-rechtlicher Natur ist, richtet sich nach der Natur des Rechtsverhältnisses, aus dem der Anspruch hergeleitet wird. Dabei kommt es regelmäßig darauf an, ob sich ein Träger hoheitlicher Gewalt der besonderen Rechtsnormen des öffentlichen Rechts bedient, die ausschließlich ihn berechtigen oder verpflichten. Die hier in Frage stehenden Vorschriften des SGB II berechtigen und verpflichten die Jobcenter als gemeinsame Einrichtung nach §§ 6d, 44b SGB II als Hoheitsträger einseitig, sodass es sich um öffentliches Sonderrecht und damit um eine öffentlich-rechtliche Streitigkeit handelt.

Da nicht zwei unmittelbar am Verfassungsleben Beteiligte um ihre sich aus der Verfassung ergebenden Rechte und Pflichten streiten, ist die Streitigkeit mangels doppelter Verfassungsunmittelbarkeit auch nicht verfassungsrechtlicher Art.

Der Sozialrechtsweg wäre vorliegend eröffnet.

II. Statthaftigkeit des Widerspruchs

Gemäß § 78 Abs. 1 Satz 1 und Abs. 3 SGG sind vor Erhebung der Anfechtungs- und Verpflichtungsklage Recht- und Zweckmäßigkeit in einem Vorverfahren zu prüfen. Der Widerspruch ist daher statthaft, wenn F sein Begehren im gerichtlichen Verfahren mit einer Anfechtungs- oder Verpflichtungsklage bzw. mit einer mit dieser verbundenen Klageart verfolgen würde.

F wendet sich hier gegen die „Einstellung" seiner laufenden Leistung nach dem SGB II. Das Jobcenter hat durch den Bescheid als Behörde im Sinne des § 1 Abs. 2 SGB X hoheitlich die Rechtslage auf dem Gebiet des öffentlichen Rechts bezogen auf einen Einzelfall des F geregelt und somit einen Verwaltungsakt im Sinne des § 31 Satz 1 SGB X erlassen. Mit diesem Verwaltungsakt wird die Bewilligungsentscheidung aufgehoben, eine erfolgreiche Anfechtung dieses Verwaltungsakts würde die Bewilligung wieder aufleben lassen.

Statthafte Klageart im gerichtlichen Verfahren wäre daher die Anfechtungsklage nach § 54 Abs. 1 Satz 1 Alt. 1 SGG, weshalb nach § 78 Abs. 1 SGG ein Vorverfahren durchzuführen ist. Eine Entbehrlichkeit des Vorverfahrens gemäß § 78 Abs. 1 Satz 2 SGG ist vorliegend nicht ersichtlich, sodass der Widerspruch des F hier statthaft ist.

III. Widerspruchsbefugnis

F müsste analog § 54 Abs. 1 Satz 2 SGG widerspruchsbefugt sein. Das ist er dann, wenn er schlüssig darlegt, durch den angefochtenen Verwaltungsakt beschwert zu sein, da die Aufhebung der Bewilligung rechtswidrig ist. Eine Rechtsverletzung muss jedenfalls möglich sei. Vorliegend ist es zumindest nicht ausgeschlossen, dass F im Rahmen des Strafvollzuges Anspruch auf Leistungen nach dem SGB II hat.

IV. Ordnungsgemäße Widerspruchserhebung

F hat nach den Angaben im Sachverhalt „umgehend" und schriftlich Widerspruch erhoben. Form und Frist nach § 84 Abs. 1 SGG wurden gewahrt.

V. Beteiligten- und Handlungsfähigkeit

F ist als natürliche Person und Adressat des im Widerspruchsverfahren zu erlassenden Bescheids gemäß §§ 10 Nr. 1 Alt. 1, 12 Abs. 1 Nr. 2 Alt. 2 SGB X beteiligungsfähig und nach § 11 Abs. 1 Nr. 1 SGB X als geschäftsfähige Person handlungsfähig.

Das Jobcenter ist nicht am Verfahren beteiligt.

Hinweis:
Die Behörde, die das Widerspruchsverfahren durchführt, ist als Herrin des Verwaltungsverfahrens nicht Beteiligte i.S.d. § 10 SGB X.

VI. Allgemeines Rechtschutzbedürfnis

Da F hier keine einfacheren oder effektiveren Möglichkeiten zur Durchsetzung seines Begehrens zur Verfügung stehen, ist das allgemeine Rechtschutzbedürfnis gegeben.

VII. Ergebnis zur Zulässigkeit

Der von F erhobene Widerspruch ist zulässig.

B. Begründetheit des Widerspruchs

Der Widerspruch des F ist begründet, wenn der Aufhebungsbescheid rechtswidrig ist und F dadurch in seinen Rechten verletzt ist. Darüber hinaus ist gemäß § 78 Abs. 1 Satz 1 SGG auch die Zweckmäßigkeit des angegriffenen Verwaltungsakts zu prüfen, sofern der Behörde Ermessen zukommt.

I. Rechtmäßigkeit der Aufhebungsentscheidung

Die Aufhebung ist rechtmäßig, wenn sie auf einer tauglichen Ermächtigungsgrundlage beruht und in formeller und materieller Hinsicht den gesetzlichen Vorgaben entspricht.

1. Ermächtigungsgrundlage

Das Jobcenter hebt hier die Bewilligung zugunsten des F auf, da dieser eine Freiheitsstrafe antreten muss. In Frage kommt daher eine Aufhebung gemäß § 48 Abs. 1 Satz 1 SGB X, da der Antritt der Freiheitsstrafe eine Änderung der Verhältnisse im Sinne der Norm darstellen könnte.

2. Formelle Rechtmäßigkeit

Ein Verwaltungsakt ist rechtmäßig, wenn die zuständige Behörde gehandelt hat und alle Verfahrens- und Formvorschriften eingehalten wurden.

a. Zuständigkeit

Das handelnde Jobcenter ist hier zuständig.

b. Verfahren

Es müssten alle Verfahrensvorschriften eingehalten worden sein. Problematisch könnte sein, dass F sich vor Erhalt des Bescheids nicht gegenüber dem Jobcenter äußern konnte. Fraglich ist daher, ob F angehört hätte werden müssen.

Gemäß § 24 Abs. 1 SGB X sind vor Erlass eines Verwaltungsakts, der in Rechte von Beteiligten eingreift, diese zu den entscheidungserheblichen Tatsachen anzuhören. Dies ist hier unterblieben, obgleich der Verwaltungsakt durchaus geeignet ist, in die Rechte des F einzugreifen. Fraglich ist jedoch, ob eine Anhörung gemäß § 24 Abs. 2 SGB X entbehrlich war. Dies könnte nach Nr. 5 der Fall sein, wenn einkommensabhängige Leistungen den geänderten Verhältnissen angepasst werden. Bei den Leistungen nach dem SGB II handelt es sich um einkommensabhängige Leistungen und der Bescheid des Jobcenters ist eine Reaktion auf die anstehende Freiheitsstrafe, was eine Änderung in den tatsächlichen Verhältnissen darstellt. Allerdings erfasst die Norm nur Veränderungen des Einkommens und nicht anderweitige tatsächliche Veränderungen. Somit war die Anhörung vorliegend nicht nach § 24 Abs. 2 Nr. 5 SGB X entbehrlich.

Hinweis:
Ob die vollständige Aufhebung einer Bewilligung noch als „Anpassung" im Sinne von § 24 Abs. 2 Nr. 5 SGB X verstanden werden kann, ist streitig (vgl. hierzu *Franz* in: jurisPK-SGB X, 2. Aufl. 2017, Stand 1.12.2017, § 24 Rn. 50 ff. m.w.N.).

In praktischer Hinsicht dürfte es jedoch aufgrund von § 41 Abs. 1 Nr. 3, Abs. 2 SGB X regelmäßig nicht auf diese Frage ankommen.

Die Anhörung kann jedoch gemäß § 41 Abs. 1 Nr. 3, Abs. 2 SGB X bis zur letzten Tatsacheninstanz nachgeholt werden.

c. Form

Formmängel sind nicht ersichtlich.

3. Materielle Rechtmäßigkeit

Der Bescheid müsste materiell rechtmäßig sein. Dazu müssen sämtliche Tatbestandsmerkmale der Ermächtigungsgrundlage erfüllt sein, und die Behörde müsste eine gesetzlich vorgesehene Rechtsfolge gesetzt haben, die – sofern dem Jobcenter Ermessen eingeräumt wird – im Rahmen der pflichtgemäßen Ausübung des Ermessens liegt.

a. Tatbestand

Die Tatbestandsvoraussetzungen des § 48 Abs. 1 Satz 1 SGB X müssten erfüllt sein. Dazu müsste es sich bei der ursprünglichen Bewilligung des Jobcenters um einen Verwaltungsakt mit Dauerwirkung handeln; zudem müsste in den Verhältnissen bei Erlass des Verwaltungsakts eine wesentliche Veränderung rechtlicher oder tatsächlicher Natur eingetreten sein.

aa. Verwaltungsakt mit Dauerwirkung

Es müsste zunächst ein Verwaltungsakt mit Dauerwirkung vorliegen. Der Gesetzgeber hat keine Definition des Begriffs vorgenommen. Das Bundessozialgericht definiert einen Verwaltungsakt mit Dauerwirkung in Anlehnung an die Gesetzesmaterialien als Verwaltungsakt, der sich nicht in einer einmaligen Gestaltung der Rechtslage erschöpft, sondern ein auf Dauer berechnetes oder in seinem Bestand vom Verwaltungsakt abhängiges Rechtsverhältnis begründet bzw. inhaltlich verändert und somit über den Zeitpunkt seiner Bekanntgabe Bindungswirkung erzeugt. Letztlich handelt es sich um einen Verwaltungsakt, der infolge geänderter Umstände rechtswidrig werden kann.

Die Bewilligung laufender Geldleistungen – in diesem Fall eine monatliche Geldleistung nach § 42 Abs. 1 SGB II – ist der typische Anwendungsfall des § 48 SGB X. Der Bewilligungsbescheid des Jobcenters zugunsten des F begründet ein auf Dauer berechnetes Rechtsverhältnis. Die bewilligte Leistung wird innerhalb des Bewilligungszeitraums – im Regelfall nach § 41 Abs. 3 SGB II ein Jahr – gemäß § 42 Abs. 1 SGB II regelmäßig monatlich im Voraus erbracht. Ein Verwaltungsakt mit Dauerwirkung liegt somit vor.

bb. Wesentliche Änderung in den Verhältnissen

Es müsste eine wesentliche Veränderung in den Verhältnissen eingetreten sein. Dies ist der Fall, wenn die Behörde den Verwaltungsakt unter den nunmehr eingetretenen Verhältnissen nicht erlassen hätte bzw. könnte. Vorliegend geht es um den Haftantritt des F. Da gemäß § 7 Abs. 4 Satz 1, 2 SGB II Personen, die sich in richterlich angeordneter Freiheitsentziehung befinden, von Leistungen des SGB II ausgeschlossen sind, besteht ab Vollzug der Freiheitsstrafe am 1. März 2021 kein Rechtsanspruch des F mehr auf die Leistung. Der Vollzug der Freiheitsstrafe ist somit eine wesentliche Veränderung in den tatsächlichen Verhältnissen im Sinne des § 48 Abs. 1 SGB X.

cc. Ergebnis zum Tatbestand

Die Tatbestandsvoraussetzungen des § 48 Abs. 1 Satz 1 SGB X sind erfüllt.

b. Rechtsfolge

Nach § 48 Abs. 1 Satz 1 SGB X ist der Verwaltungsakt mit Wirkung für die Zukunft aufzuheben. Dies ist durch den vor dem 1.3.2021 bekannt gegebenen Bescheid des Jobcenters, mit dem die Aufhebung der Leistungsbewilligung zum 1.3.2021 mitgeteilt wird, geschehen. Es ist somit die vorgesehene Rechtsfolge gesetzt worden, ohne dass dem Jobcenter bei dieser gebundenen Entscheidung Ermessen zukommen würde. Zweckmäßigkeitsüberlegungen sind aus diesem Grund nicht anzustellen.

II. Ergebnis zur Begründetheit

Der Widerspruch ist unbegründet.

C. Gesamtergebnis

Der Widerspruch des F ist zulässig, aber unbegründet und hat daher keine Aussicht auf Erfolg.

Teil 3

Frage 1

Die Krankenkasse hat als Einzugsstelle bei einer Meldung nach § 28a SGB IV gemäß § 7a Abs. 1 Satz 2 SGB IV einen Antrag nach § 7a Abs. 1 Satz 1 SGB IV zu stellen, da sich aus der Meldung ergibt, dass B geschäftsführende Gesellschafterin der GmbH ist.

Frage 2

Ob Gesellschafter-Geschäftsführer Beschäftigte im Sinne des § 7 Abs. 1 SGB IV sind, lässt sich nicht allgemein beantworten. Um zwischen versicherungspflichtiger Beschäftigung und versicherungsfreier selbständiger Tätigkeit zu unterscheiden, kommt es auf eine Betrachtung des jeweiligen Einzelfalls an, bei der insbesondere die in § 7 Abs. 1 Satz 2 SGB IV als Kriterium angeführte „Tätigkeit nach Weisung" ausschlaggebend ist. Je größer die Unabhängigkeit des Gesellschafter-Geschäftsführers von der Gesellschaft ist, umso weniger ist von einer weisungsgebundenen Beschäftigung auszugehen. Es handelt sich demnach nicht mehr um eine Beschäftigung, wenn die betreffende Person mindestens die Hälfte der Kapitalbeteiligung oder eine vertragliche Sperrminorität gegenüber den Mitgesellschaftern hat. Dies ist vorliegend nicht der Fall. B hält ein Drittel der Anteile und der Gesellschaftervertrag enthält keine weiteren Regeln. Allerdings ist B als einzige der Gesellschafter faktisch tätig und kann mit „vollkommen freier Hand" die Geschäfte führen. Nach der älteren Rechtsprechung des Bundessozialgerichts würde B als „Kopf und Seele des Unternehmens" aufgrund ihrer tatsächlichen Dominanz nicht als Beschäftigte gelten können, da sie ohne Weisung oder Rücksprache mit anderen „schalten und walten" kann und damit charakteristische Kriterien einer selbständig tätigen Person erfüllt. Diese Rechtsprechung hat das Bundessozialgericht jedoch inzwischen aufgegeben. Die jüngere Rechtsprechung stellt maßgeblich auf die vertragliche Ausgestaltung ab.

Gerade die Fallkonstellation, in der ein Gesellschafter faktisch allein ein Unternehmen führt und die Mitgesellschafter keine unternehmerische Funktion erfüllen, wurde unter der aufgegebenen Rechtsprechung des Bundessozialgerichts anders bewertet. Betrachtet man die tatsächliche Situation der B in diesem Fall, ohne die Gesellschaft zu berücksichtigen, wäre sie zweifelsohne als Selbständige einzuordnen. So schwingt – insbesondere, da hier Familienmitglieder als Gesellschafter auftreten – die Intention mit, sich eine kostengünstige Krankenversicherung zu verschaffen. Allerdings ist durch den

Gesellschaftervertrag das unternehmerische Risiko zu gleichen Teilen aufgeteilt und die Mitgesellschafter könnten aufgrund ihrer Stimmenmehrheit B zumindest theoretisch überstimmen. Vor diesem Hintergrund ist die neue vertragsorientierte Rechtsprechung nachvollziehbar, obgleich sie punktuell zu unbefriedigenden Ergebnissen führen kann. Da die Rechtstellung der B durch den Gesellschaftervertrag nicht über ihre Beteiligung von einem Drittel hinaus gestärkt wird, ist sie Beschäftigte der GmbH.

Hinweis:
Vgl. zur Problematik *Segebrecht* in: jurisPK-SGB IV, 3. Aufl. 2016, Stand 22.10.2020, § 7 Rn. 100 ff. mit Überblick über die alte und neue Rechtsprechung.

Gliederung zu Fall 2

Teil 1

A. Versichertenstatus der P
  I. Familienversicherung
  II. Versicherungspflicht als Studentin
    1. Versicherungspflicht als Beschäftigte
      a. Beschäftigung nach § 7 Abs. 1 SGB IV
      b. Versicherungsfreiheit nach § 7 Abs. 1 SGB IV i.V.m. §§ 8, 8a SGB IV
      c. Versicherungsfreiheit nach § 6 Abs. 1 Nr. 3 SGB V
      d. Ausschluss der Versicherungspflicht nach § 5 Abs. 5 SGB V
        aa. Selbständigkeit
        bb. Hauptberuflich
      e. Ergebnis zur Versicherungspflicht als Beschäftigte
    2. Ergebnis zur Versicherungspflicht als Studentin
  III. Freiwillige Versicherung
    1. § 9 Abs. 1 Satz 1 Nr. 2 SGB V
    2. Obligatorische Anschlussversicherung nach § 188 Abs. 4 SGB V
      a. Beendigung der Familienversicherung
      b. Austrittserklärung
      c. Sonderregelungen des § 188 Abs. 4 Satz 4 ff. SGB V
      d. Ergebnis zur obligatorischen Anschlussversicherung
  IV. Ergebnis zum Versichertenstatus
B. Zum Leistungsanspruch
  I. Eintritt des Versicherungsfalles
  II. Ruhen des Leistungsanspruchs
  III. Ergebnis zum Leistungsanspruch
C. Beteiligung an den Behandlungskosten
  I. Tatbestand
    1. Vorsätzliches Zufügen einer Krankheit
    2. Verbrechen oder vorsätzliches Vergehen
  II. Rechtsfolge
D. Gesamtergebnis

Teil 2

A. Zulässigkeit des Widerspruchs

I. Eröffnung des Sozialrechtsweges
II. Statthaftigkeit des Widerspruchs
III. Widerspruchsbefugnis
IV. Ordnungsgemäße Widerspruchserhebung
V. Beteiligten- und Handlungsfähigkeit
VI. Allgemeines Rechtschutzbedürfnis
VII. Ergebnis zur Zulässigkeit

B. Begründetheit des Widerspruchs
I. Rechtmäßigkeit der Aufhebungsentscheidung
1. Ermächtigungsgrundlage
2. Formelle Rechtmäßigkeit
a. Zuständigkeit
b. Verfahren
c. Form
3. Materielle Rechtmäßigkeit
a. Tatbestand
aa. Verwaltungsakt mit Dauerwirkung
bb. Wesentliche Änderung in den Verhältnissen
cc. Ergebnis zum Tatbestand
b. Rechtsfolge
II. Ergebnis zur Begründetheit

C. Gesamtergebnis

Teil 3

Frage 1

Frage 2

Fall 3

Teil 1

Der 38 Jahre alte Paul Petersen (P) ist seit zehn Jahren als angestellter Vertriebsmanager vorwiegend im Außendienst einer großen Sanitärfirma tätig. Er verdient 6200 € brutto monatlich.

Am Montag, den 6.5.2019 befand er sich um 14:00 Uhr mit seinem Dienstwagen, den die Firma ihm stellt, auf dem Rückweg von einem Kundenbesuch zu seinem Wohnhaus, wo er mit seiner Frau Silke (S) und dem drei Jahre alten Sohn Tobias (T) lebt. Dort unterhält er in Absprache mit seinem Arbeitgeber ein häusliches Arbeitszimmer, wo er nach der Ankunft eine Kalkulation für den zuvor besuchten Kunden erstellen wollte.

Auf dem Weg wich P von der direkten Route ab, um seinen Sohn von einer privaten Spielgruppe abzuholen, in der eine musikalische Früherziehung erfolgte. T besuchte diese Spielgruppe immer dienstags und freitags von 9:00-14:00 Uhr; außerhalb dieser Zeiten wurde er vor allem von seiner Mutter betreut, die nicht berufstätig ist. Auf der Treppe des Gebäudes, in dem die Spielgruppe stattfindet, rutschte P so unglücklich aus, dass er mit dem Hinterkopf auf eine Granitstufe prallte. P verstarb trotz aller ärztlichen Bemühungen noch am selben Tag im Krankenhaus.

Die zuständige Berufsgenossenschaft lehnt Ansprüche der S und des T ab, weil kein Arbeitsunfall vorläge. Es habe sich um einen Betriebsweg gehandelt, den P aus privaten Gründen unterbrochen habe; in solchen Fällen sähe das Gesetz leider keinerlei Leistungen vor. Nachdem ein Widerspruchsverfahren erfolglos bleibt, erhebt S unverzüglich Klage gegen die Berufsgenossenschaft; sie begehrt zunächst einmal für sich eine Witwenrente nach dem SGB VII.

Bearbeitungsvermerk:

1. In einem umfassenden Gutachten, das alle rechtlichen Aspekte des Sachverhalts anspricht – ggf. in einem Hilfsgutachten – sind die Erfolgsaussichten der Klage der S zu prüfen.

2. Wenn tatsächlich keine Ansprüche nach dem SGB VII bestehen sollten – von welchem Leistungsträger könnte S noch eine Witwenrente beziehen und was sollte sie in zeitlicher Hinsicht beachten, um einen Rechtsverlust zu vermeiden?

3. Kann P zu Lebzeiten gesetzlich krankenversichert gewesen sein – und wenn ja, wie?

Teil 2

Die Mutter der S, die in einem kleinen Häuschen in der Nähe wohnt, ist seit einigen Jahren pflegebedürftig (Pflegegrad 2). Sie wird von einem ambulanten Pflegedienst betreut; rund 15 Stunden in der Woche kümmert sich aber auch S um ihre Mutter. Sie putzt mehrmals wöchentlich das Haus, wäscht die Wäsche, erledigt die Einkäufe und hilft ihrer Mutter auch beim Waschen und Anziehen.

Am 22.7.2019 war S gerade dabei, ihrer Mutter beim Duschen zu helfen, als es an der Haustür klingelte. Erst wollte S das Klingeln ignorieren, dann aber bat sie ihre Mutter, sich gut festzuhalten, und eilte zur Haustür. Dabei stürzte S und zog sich einen komplizierten Ellenbogenbruch zu. Geklingelt hatte ein Mitarbeiter des Sanitätshauses, mit dem der Kauf und die regelmäßige Lieferung von Pflegehilfsmitteln besprochen werden sollte und der seinen Besuch für diese Zeit angekündigt hatte

Der Unfallversicherungsträger lehnt die Anerkennung eines Arbeitsunfalls ab.

Bearbeitungsvermerk:

Zu Recht?

Teil 3

Der Bruder der S (B) bezieht im Anschluss an den Bezug von Arbeitslosengeld I Leistungen nach dem SGB II. Im Mai 2019 fordert ihn das Jobcenter zur Vorlage seiner Kontoauszüge der letzten drei Monate – genannt werden dabei konkrete Zeiträume – auf. B weigert sich, dieser Aufforderung nachzukommen; seine Kontoauszüge gingen die Behörde überhaupt nichts an. Diese Aufforderung sei ja wohl verfassungswidrig. Er habe wahrheitsgemäß alle notwendigen Angaben gemacht und lasse sich nicht „als Betrüger hinstellen." Das Jobcenter wiederholt seine Aufforderung, bestimmt eine letzte Frist für die Abgabe und weist zugleich darauf hin, dass die Zahlungen eingestellt werden könnten.

B ist empört – er genieße Vertrauensschutz; das Jobcenter könne doch die Bewilligung nicht einfach so aufheben.

Bearbeitungsvermerk:

1. Könnte das Jobcenter die dem B zustehenden Leistungen entziehen, wenn dieser auch jetzt nicht bereit ist, die Kontoauszüge vorzulegen?
2. Müsste B dem Jobcenter auf Wunsch auch Kopien der Kontoauszüge überlassen?

Hinweis: Alle drei Aufgabenstellungen sind zu bearbeiten.

Teil 1:	*Gesetzliche Unfallversicherung; Arbeitsunfall; Betriebswegeunfall; Witwenrente nach § 65 SGB VII; § 99 Abs. 2 S.3 SGB VI; § 6 Abs. 1 Nr. 1 SGB V*
Teil 2:	*Schnittstelle von Unfall- und Pflegeversicherungsrecht*
Teil 3:	*Entziehung von Leistungen nach § 66 SGB I*

Unverbindliche Lösungshinweise

Teil 1

Frage 1

Die Klage der S hat Erfolg, wenn sie zulässig und soweit sie begründet ist.

A. Zulässigkeit der Klage

Die Klage der S ist zulässig, wenn die allgemeinen und besonderen Sachentscheidungsvoraussetzungen erfüllt sind.

I. Eröffnung des Sozialrechtswegs

Der Rechtsweg zu den Sozialgerichten ist gemäß § 51 Abs. 1 SGG als abdrängende Sonderzuweisung im Sinne von § 40 Abs. 1 Satz 1 VwGO eröffnet, wenn es sich um eine der in Nr. 1 bis 10 abschließend aufgezählten Angelegenheiten handelt und die Streitigkeit öffentlich-rechtlicher und zugleich nicht verfassungsrechtlicher Natur ist.

S wehrt sich gegen den Ablehnungsbescheid der Berufsgenossenschaft hinsichtlich einer Witwenrente nach dem SGB VII. Die Streitigkeit zwischen S und der Berufsgenossenschaft betrifft damit Angelegenheiten der gesetzlichen Unfallversicherung i.S.v. § 51 Abs. 1 Nr. 3 SGG.

Ob eine Streitigkeit öffentlich-rechtlicher oder bürgerlich-rechtlicher Art ist, richtet sich grundsätzlich nach der Natur des Rechtsverhältnisses, aus dem der Klageanspruch hergeleitet wird. Dabei kommt es regelmäßig darauf an, ob sich ein Träger hoheitlicher Gewalt der besonderen Rechtsnormen des öffentlichen Rechts bedient, die ausschließlich ihn berechtigen oder verpflichten. Streitentscheidende Normen sind vorliegend

§§ 8, 63, 65 SGB VII. Diese berechtigen bzw. verpflichten die Berufsgenossenschaft, eine bundesunmittelbare Körperschaft des öffentlichen Rechts gem. § 29 Abs. 1 SGB IV i.V.m. § 114 SGB VII, einseitig, sodass es sich folglich um öffentliches Sonderrecht und damit um eine öffentlich-rechtliche Streitigkeit handelt.

Die Streitigkeit ist auch mangels doppelter Verfassungsunmittelbarkeit nicht verfassungsrechtlicher Art (vgl. § 39 Abs. 2 SGG), da nicht unmittelbar am Verfassungsleben Beteiligte um ihre sich aus der Verfassung selbst ergebenden Rechte und Pflichten streiten.

Der Sozialrechtsweg ist damit nach § 51 Abs. 1 Nr. 3 SGG eröffnet.

II. Statthafte Klageart

Die statthafte Klageart richtet sich nach dem klägerischen Begehren (vgl. § 123 SGG). S begehrt eine Witwenrente nach dem SGB VII. Da die Berufsgenossenschaft Ansprüche der S ablehnt und dieser Ablehnungsbescheid, der alle Tatbestandsmerkmale des § 31 Satz 1 SGB X erfüllt, einen Verwaltungsakt darstellt, muss sie gegen diesen mit einer Anfechtungsklage vorgehen. Selbst bei einer erfolgreichen Klage würde S allein mit Hilfe der Anfechtungsklage aber noch keine Witwenrente erhalten. Da es sich bei der Witwenrente gemäß § 65 i.V.m. § 63 Abs. 1 Satz 2 SGB VII um eine Leistung handelt, auf die ein Rechtsanspruch besteht, ist statthafte Klageart vorliegend deshalb eine kombinierte Anfechtungs- und Leistungsklage gemäß § 54 Abs. 4 SGG.

III. Klagebefugnis

S müsste gemäß § 54 Abs. 1 Satz 2 SGG klagebefugt sein. Dies ist der Fall, wenn sie substantiiert darlegt, durch den Verwaltungsakt beschwert zu sein, weil dieser rechtswidrig sei. Es erscheint zumindest möglich, dass S einen Anspruch auf Witwenrente hat und durch das Handeln der Berufsgenossenschaft in ihren Rechten verletzt ist. Demnach ist die Klagebefugnis gegeben.

IV. Erfolglose Durchführung eines ordnungsgemäßen Vorverfahrens

Gemäß § 78 Abs. 1 Satz 1 SGG sind vor Erhebung der Anfechtungsklage Recht- und Zweckmäßigkeit des Verwaltungsakts in einem Vorverfahren nachzuprüfen. Diese Nachprüfung hat den Angaben im Sachverhalt zufolge stattgefunden und ist erfolglos geblieben.

V. Klagefrist

Gemäß § 87 Abs. 1 Satz 1 SGG ist die Klage binnen eines Monats nach Bekanntgabe des Verwaltungsakts zu erheben. Maßgeblich ist bei Durchführung eines Vorverfahrens die Bekanntgabe des Widerspruchsbescheids (§ 87 Abs. 2 SGG). S hat „unverzüglich" nach dem erfolglosen Widerspruchsverfahren Klage beim Sozialgericht erhoben, sodass die Klagefrist gewahrt wurde.

VI. Beteiligte; Partei- und Prozessfähigkeit

S ist Beteiligte nach § 69 Nr. 1 SGG und gemäß § 70 Nr. 1 Alt. 1 SGG als natürliche Person partei- und nach § 71 Abs. 1 SGG prozessfähig.

Die Berufsgenossenschaft ist Beteiligte nach § 69 Nr. 2 SGG. Als Körperschaft des öffentlichen Rechts ist sie gem. § 70 Nr. 1 Alt. 2 SGG partei- und nach § 71 Abs. 3 SGG prozessfähig. Sie wird sich gem. § 35 Abs. 1 Satz 1 SGB IV durch ihren Vorstand oder bei „laufenden Verwaltungsgeschäften" nach § 36 Abs. 1 SGB IV durch den Geschäftsführer vertreten lassen.

VII. Zuständigkeit des Gerichts

Sachlich zuständig ist gemäß § 8 SGG das Sozialgericht. Die örtliche Zuständigkeit ergibt sich aus § 57 Abs. 1 Satz 1 SGG. Maßgeblich ist der Wohnsitz von S zum Zeitpunkt der Klageerhebung; dieser befindet sich in Hamburg. Zuständig ist damit das Sozialgericht Hamburg.

VIII. Ordnungsgemäße Klageerhebung

Von einer ordnungsgemäßen Klageerhebung im Sinne der §§ 90, 92 SGG ist auszugehen.

IX. Allgemeines Rechtsschutzbedürfnis

Das für alle Klagearten geltende Erfordernis des allgemeinen Rechtsschutzbedürfnisses ist erfüllt. Es bedarf zur Klärung der Rechtslage einer gerichtlichen Entscheidung; S stehen keine einfacheren oder effektiveren Möglichkeiten zur Realisierung des Rechtsschutzes zur Verfügung.

X. Sonstiges

Vom Vorliegen der sonstigen Sachentscheidungsvoraussetzungen ist auszugehen.

XI. Ergebnis zur Zulässigkeit der Klage

Die Klage der S ist damit zulässig.

B. Begründetheit der Klage

Die zulässige Klage der S ist begründet, soweit der angefochtene Bescheid der Berufsgenossenschaft rechtswidrig ist und sie in ihren Rechten verletzt, § 54 Abs. 2 und 4 SGG. Dies ist der Fall, wenn S einen Anspruch auf die Witwenrente hat.

Passivlegitimiert ist die Berufsgenossenschaft.

I. Anspruch der S auf Witwenrente

Ein Anspruch der S könnte sich aus § 65 i.V.m. § 63 Abs. 1 Satz 2 SGB VII ergeben. Witwen oder Witwer von Versicherten erhalten eine Witwen- oder Witwerrente, solange sie nicht wieder geheiratet haben. S hat nach dem Tod des P nicht wieder geheiratet, sodass diese Voraussetzung erfüllt ist.

Ein Anspruch auf eine Hinterbliebenenrente besteht allerdings nach § 63 Abs. 1 Satz 2 i.V.m. Satz 1 Nr. 3 SGB VII nur, wenn der Tod infolge eines Versicherungsfalls eingetreten ist. Es ist daher zu prüfen, ob der verstorbene Ehemann P der S einen Versicherungsfall im Sinne des SGB VII erlitten hat und an dessen Folgen verstorben ist.

1. Versicherungsfall des P

Eine Witwenrente zugunsten der S kommt nur in Betracht, wenn es sich beim Unfall des P um einen Arbeitsunfall gemäß § 8 Abs. 1 Satz 1 SGB VII gehandelt hat. Arbeitsunfälle sind Unfälle von Versicherten infolge einer den Versicherungsschutz nach den §§ 2, 3 oder 6 SGB VII begründenden Tätigkeit.

a. Versicherteneigenschaft des P

Die Versicherteneigenschaft des P ergibt sich aus § 2 Abs. 1 Nr. 1 SGB VII. P war als angestellter Vertriebsmanager vorwiegend im Außendienst einer großen Sanitärfirma tätig, sodass vom Vorliegen der in § 7 Abs. 1 SGB IV genannten Voraussetzungen auszugehen ist. Die Höhe seines Arbeitsentgelts ist für die Unfallversicherung ohne Belang.

b. Vorliegen eines Unfalls

Unfälle im Sinne des SGB VII sind nach § 8 Abs. 1 Satz 2 SGB VII zeitlich begrenzte, von außen auf den Körper einwirkende Ereignisse, die zu einem Gesundheitsschaden oder zum Tod führen. Auf dem Rückweg von einem Kundenbesuch zu seinem Wohnhaus hielt P an und stieg aus seinem Pkw, um seinen Sohn T von einer Spielgruppe abzuholen. Auf der Treppe des Gebäudes, in dem die Spielgruppe stattfindet, rutschte P so unglücklich aus, dass er mit dem Hinterkopf auf eine Granitstufe prallte. Ein Unfall liegt somit vor.

c. Vorliegen eines Arbeitsunfalls

aa. Innerer Zusammenhang

Die konkrete Verrichtung zur Zeit des Unfallereignisses müsste der versicherten Tätigkeit zuzurechnen sein, d.h. in einem inneren Zusammenhang mit ihr stehen. Dabei ist wertend zu ermitteln, ob die konkrete Tätigkeit innerhalb der Grenze liegt, bis zu der der Unfallversicherungsschutz reichen soll. Vorliegend ist P nicht in Ausübung seiner eigentlichen Beschäftigung verunfallt, sondern er befand sich auf der Heimfahrt von einem Kundenbesuch und holte dabei seinen Sohn T von dessen Spielgruppe ab.

(1) § 8 Abs. 2 Nr. 1 SGB VII

Ein Wegeunfall des P nach § 8 Abs. 2 Nr. 1 SGB VII kommt schon deshalb nicht in Betracht, weil P sich nicht auf einem unmittelbaren Weg von oder nach dem Ort seiner Tätigkeit als Vertriebsmanager befand.

(2) § 8 Abs. 1 SGB VII

Der Unfall könnte sich allerdings auf einem Betriebsweg ereignet haben. Ein solcher Betriebsweg unterscheidet sich von Wegen zu und von dem Ort der Tätigkeit dadurch, dass er im unmittelbaren Betriebsinteresse zurückgelegt wird und nicht lediglich der versicherten Tätigkeit vorausgeht oder sich ihr anschließt; er ist Teil der versicherten Tätigkeit. P befand sich mit dem Dienstwagen, den die Firma ihm stellt, auf dem Rückweg von einem Kundenbesuch zu seinem Wohnhaus, wo er in Absprache mit seinem Arbeitgeber ein häusliches Arbeitszimmer unterhält. Dort wollte er nach der Ankunft eine Kalkulation für den zuvor besuchten Kunden erstellen. P musste den

Weg zurücklegen, um die Kalkulation anfertigen zu können, sodass seine Handlungstendenz darauf gerichtet war, dem Unternehmen zu dienen. Folglich legt P den Weg in Erfüllung einer Pflicht aus dem Beschäftigungsverhältnis zurück. Ein Betriebsweg liegt vor.

Dieser Betriebsweg könnte aber durch das Abholen des T unterbrochen worden sein. P ist während des Zurücklegens des Betriebswegs von der eigentlichen Route abgewichen, hat sein Kfz angehalten und ist ausgestiegen, um T von der Spielgruppe abzuholen. Nach seiner Handlungstendenz hat er sein Kfz deshalb verlassen, um eine private Verrichtung vorzunehmen. Er hat damit den versicherten Weg unterbrochen. Die für den Wegeunfall nach § 8 Abs. 2 Nr. 1 SGB VII entwickelten Grundsätze über Zäsur des Versicherungsschutzes bei Vornahme eigenwirtschaftlicher Verrichtungen gelten auch für Betriebswege. Die eingeschobene private Verrichtung war auch noch nicht wieder beendet, als der Unfall geschah, denn P hatte den Betriebsweg im Unfallzeitpunkt noch nicht wieder aufgenommen. Da P vom direkten Weg abgewichen, den Verkehrsraum verlassen und ein privates Grundstück betreten hat, handelt es sich bei der eingeschobenen privaten Verrichtung auch nicht um eine geringfügige Unterbrechung, die „im Vorbeigehen" zu erledigen ist. Ein Betriebswegeunfall liegt nicht vor.

(3) § 8 Abs. 2 Nr. 2 a) SGB VII

Des Weiteren kommt ein Wegeunfall nach § 8 Abs. 2 Nr. 2 a) SGB VII in Betracht. Das würde voraussetzen, dass sich P auf einem von einem unmittelbaren Weg nach und von dem Ort der Tätigkeit abweichenden Weg befand, um als Versicherter sein Kind i.S.d. § 56 SGB I, das mit ihm in einem gemeinsamen Haushalt lebt, wegen seiner oder der beruflichen Tätigkeit seiner Ehefrau fremder Obhut anzuvertrauen. P ist gemäß § 2 Abs. 1 Nr. 1 SGB VII versichert und T ist sein Sohn und damit Angehöriger im Sinne von § 56 Abs. 1 Nr. 2 SGB I, der mit ihm sowie S zusammenlebt.

Fraglich ist aber, ob T wegen der beruflichen Tätigkeit des P oder der S fremder Obhut anvertraut wurde. Diese Voraussetzung kann nicht allein deshalb bejaht werden, weil ein Elternteil eine versicherte Tätigkeit ausübt und das Kind fremder Obhut anvertraut. Der Wortlaut der Vorschrift („wegen") sowie Sinn und Zweck der Norm verlangen vielmehr, dass das Kind fremder Obhut mit der Handlungstendenz anvertraut wird, die versicherte Tätigkeit ausüben zu können. Nicht erfasst werden daher die Fälle, in denen das Kind unabhängig von der Berufsausübung der Eltern in fremde Obhut verbracht wird, etwa weil dem Kind der Kontakt zu anderen Kindern oder die Ausübung eines Hobbys ermöglicht werden sollen. In solchen Fällen stünde das Zurücklegen des Weges nicht im inneren Zusammenhang mit der Beschäftigung der Eltern.

Es ist daher zu klären, ob T tatsächlich wegen der beruflichen Tätigkeit seiner Eltern fremder Obhut anvertraut wurde. Da S gar nicht berufstätig ist, dient die Unterbringung des T in der Spielgruppe jedenfalls nicht ihrer beruflichen Tätigkeit. Anders war dies aber möglicherweise bezogen auf P. T nimmt dienstags bis freitags von 9:00-14:00 Uhr an einer privaten Spielgruppe teil, in der eine musikalische Früherziehung erfolgt. Die Teilnahme an der privaten Spielgruppe dient vor allem der musikalischen Schulung des T. Es geht um die Ausübung eines Hobbys bzw. die Förderung der musikalischen Fähigkeiten des T und nicht in erster Linie darum, P seine Beschäftigung zu ermöglichen.

(4) § 8 Abs. 2 Nr. 2 a) SGB VII analog

Vor dem Hintergrund der bisher gewonnenen Erkenntnisse stellt sich allerdings die Frage, ob § 8 Abs. 2 Nr. 2 a) SGB VII auf Betriebswege analog angewandt werden könnte. In Konsequenz dessen könnte die eigentlich eigenwirtschaftliche Tätigkeit des P bei der Abholung seines Sohnes unbeachtlich sein.

Eine analoge Anwendung setzt eine vergleichbare Interessenlage sowie eine planwidrige Regelungslücke voraus. Eine vergleichbare Interessenlage lässt sich begründen, denn auch mit einem Betriebsweg könnte die Verbringung oder Abholung eines beaufsichtigungsbedürftigen Kindes, das sich typischerweise allein nicht sicher im Straßenverkehr bewegen kann und so zur selbständigen Zurücklegung dieser Wege nicht in der Lage ist, verbunden werden. Fraglich ist aber, ob auch eine planwidrige Regelungslücke besteht. Eine solche liegt vor, wenn der zu beurteilende Sachverhalt vom Gesetzgeber übersehen wurde oder er sich erst nach Erlass des Gesetzes durch eine Veränderung der Lebensverhältnisse ergeben hat. Mit Einführung der Regelung des § 550 Satz 2 Reichsversicherungsordnung, die inhaltlich unverändert in § 8 Abs 2 Nr. 2 a) SGB VII übernommen wurde, sollte der Versicherungsschutz für Berufstätige, die ein Kind während der Arbeitszeit fremder Obhut anvertrauen und den hierzu notwendigen Weg mit dem Weg zu ihrer Arbeitsstätte verbinden, erweitert werden. Damit ging es zwar um eine Erweiterung der damals in § 548 RVO und heute in § 8 Abs. 1 SGB VII umschriebenen eigentlich versicherten Tätigkeiten. Die Erweiterung des Versicherungsschutzes beschränkte sich allerdings auf § 550 RVO, d.h. es wurden entsprechende Abweichungen bei Betriebswegen ausgespart. Nicht erfasst war damit etwa auch eine Konstellation, in der ein Versicherter sein Kind zunächst mit zur Arbeitsstätte nimmt, dann aber während der Arbeitszeit von dort aus aufbricht, um das Kind in fremde Obhut zu bringen, etwa weil am Ort der Arbeitsstätte keine durchgängige Betreuungsmöglichkeit besteht. Ebenso wie der Weg nach und von der Arbeitsstätte oder einer anderen versicherten Tätigkeit wird der in § 8 Abs. 2 Nr. 2 a) SGB VII beschriebene Weg zwar nicht aus privaten Interessen, sondern wegen der versicherten Tätigkeit unternommen. Der Gesetzgeber hat mit § 8 Abs. 2 Nr. 2 a) SGB VII aber gerade keinen allgemeinen Rechtsgrundsatz dergestalt aufgestellt, dass auf allen von versicherten Wegen abweichenden Wegen Versicherungsschutz besteht, wenn diese mit der Handlungstendenz vorgenommen werden, sein Kind fremder Obhut anzuvertrauen. Somit scheitert eine analoge Anwendung mangels einer planwidrigen Regelungslücke.

Hinweis:
Siehe dazu ausführlich das Urteil des BSG v. 12.1.2010 – B 2 U 35/08 R, juris. Selbst wenn man eine analoge Anwendung befürworten wollte, würde eine Anerkennung als Arbeitsunfall im Ergebnis daran scheitern, dass die Verbringung bzw. Abholung des T letztlich nicht aus betrieblichen Gründen erfolgte.

bb. Ergebnis zum inneren Zusammenhang

Das Abholen des T stellte eine Unterbrechung des Betriebswegs von P dar, sodass kein innerer Zusammenhang zwischen beruflicher Tätigkeit und Unfall gegeben ist.

Mangels inneren Zusammenhangs i.S. des § 8 Abs. 1 SGB VII handelte es sich nicht um einen Arbeitsunfall. Die Klage ist bereits aus diesem Grund unbegründet.

Hilfsgutachten

Darüber hinaus könnten auch noch weitere Voraussetzungen des Arbeitsunfalls fehlen.

cc. Unfallkausalität

Die Verrichtung zur Zeit des Unfallereignisses müsste ursächlich für das Unfallereignis gewesen sein. Ob der Ursachenzusammenhang zu prüfen ist, hängt letztlich davon ab, ob es mehrere Ursachen i.S.d. Äquivalenztheorie gibt, die das Geschehen ausgelöst haben könnten. Das ist hier nicht der Fall. Hätte P seinen Sohn nicht von der Spielgruppe abgeholt, wäre er nicht auf der Treppe ausgerutscht und mit dem Hinterkopf auf die Granitstufe geprallt. Eine andere Ursache für das Unfallereignis ist nicht ersichtlich; eine Bewertung verschiedener Ursachen nach der Theorie der wesentlichen Bedingung ist daher vorliegend nicht erforderlich.

Die Unfallkausalität liegt vor.

dd. Haftungsbegründende Kausalität

Die Kopfverletzungen des P waren Folge des Unfalls. Insoweit besteht auch die erforderliche Kausalität zwischen dem Unfall und dem Gesundheitsschaden.

ee. Ergebnis zum Arbeitsunfall

Die Unfallkausalität sowie haftungsbegründende Kausalität sind gegeben. Mangels inneren Zusammenhangs zwischen beruflicher Tätigkeit und dem Unfall liegt ein Arbeitsunfall dennoch nicht vor.

2. Tod infolge des Versicherungsfalls

Nach § 63 Abs. 1 Satz 2 SGB VII müsste der Tod des P infolge des Versicherungsfalls eingetreten sein (haftungsausfüllende Kausalität). P verstarb trotz aller ärztlicher Bemühungen noch am selben Tag im Krankenhaus an seinen Kopfverletzungen, die er durch den Unfall erlitten hatte. Folglich ist der Tod durch die Unfallfolgen eingetreten. Allerdings handelte es sich dabei nicht um einen Arbeitsunfall, sodass P nicht infolge des Versicherungsfalls gestorben ist.

II. Ergebnis zur Begründetheit der Klage

Mangels Versicherungsfalls hat S keinen Anspruch auf eine Witwenrente gem. § 65 i.V.m. § 63 Abs. 1 S. 2 SGB VII. Die Klage der S ist folglich nicht begründet.

C. Gesamtergebnis

Die Klage der S ist zulässig, aber unbegründet und hat somit keinen Erfolg.

Frage 2

S hat gemäß § 46 Abs. 2 Satz 1 Nr. 1 SGB VI einen Anspruch auf große Witwenrente gegen den Rentenversicherungsträger, da sie nach dem Tod des P nicht wieder geheiratet hat, dieser die allgemeine Wartezeit erfüllt hat und sie ein Kind erzieht, das das 18. Lebensjahr noch nicht vollendet hat.

Witwen-, Witwer- und Waisenrenten werden nach § 99 Abs. 2 Satz 1 SGB VI grundsätzlich von dem Kalendermonat an geleistet, zu dessen Beginn die Anspruchsvoraussetzungen erfüllt sind. Allerdings ist dabei § 99 Abs. 2 Satz 3 SGB VI zu beachten, wonach die Rente für nicht mehr als zwölf Kalendermonate vor dem Monat, in dem sie beantragt wurde, geleistet werden darf. S sollte somit nicht zu lange mit der Antragstellung warten.

Frage 3

Zu prüfen ist, ob und wie P zu Lebzeiten gesetzlich krankenversichert gewesen sein kann. P könnte zunächst als Beschäftigter gemäß § 5 Abs. 1 Nr. 1 SGB V versicherungspflichtig gewesen sein. Es ist aber zu beachten, dass P damals 6200 € brutto monatlich verdient und sein Gehalt somit die Jahresarbeitsentgeltgrenze gemäß § 6 Abs. 6 SGB V überschritten hat. Diese betrug für das Jahr 2019 60.750 € und damit 5062,50 € monatlich. Folglich war P nach § 6 Abs. 1 Nr. 1 SGB V versicherungsfrei. Wann diese Versicherungsfreiheit eingetreten ist, lässt sich dem Sachverhalt nicht entnehmen. Entweder hat sich das zuvor – bei geringerer Entlohnung – bestehende Versicherungspflichtverhältnis nach § 5 Abs. 1 Nr. 1 SGB V gemäß § 188 Abs. 4 SGB V in eine obligatorische Anschlussversicherung umgewandelt; oder P hatte sich – vor Inkrafttreten der Norm – nach § 9 SGB V auf Antrag freiwillig versichert. Alternativ wäre der Abschluss eines privaten Krankenversicherungsvertrags in Betracht gekommen.

Sonstige Versicherungspflichttatbestände sind nicht ersichtlich. Eine Familienversicherung über seine Ehefrau nach § 10 Abs. 1 SGB V scheidet jedenfalls aus, da zum einen nichts über einen Mitgliedstatus der Ehefrau bekannt ist und zum anderen bereits die Voraussetzungen des § 10 Abs. 1 Nr. 5 SGB V wegen der Höhe des Arbeitsentgelts des P nicht vorliegen würden.

Teil 2

Zu prüfen ist, ob S einen Arbeitsunfall gemäß §§ 7 Abs. 1 Alt. 1, 8 SGB VII erlitten hat. Nach § 8 Abs. 1 Satz 1 SGB VII sind Arbeitsunfälle Unfälle von Versicherten infolge einer den Versicherungsschutz nach §§ 2, 3 oder 6 SGB VII begründenden Tätigkeit.

Fraglich ist bereits, ob S zum versicherten Personenkreis der Gesetzlichen Unfallversicherung gehört.

S unterstützt ihre Mutter, die in der Nähe wohnt, mehrmals wöchentlich, indem sie das Haus putzt, die Wäsche wäscht, Einkäufe erledigt und ihrer Mutter beim Waschen und Anziehen hilft. Diese Pflegetätigkeiten erbringt S aber nicht im Rahmen einer Erwerbstätigkeit, sondern vor dem Hintergrund, ihre Mutter unterstützen zu wollen. Es ist nicht anzunehmen, dass sie in persönlicher Abhängigkeit tätig ist, sodass sie nicht als Beschäftigte ihrer Mutter gemäß § 2 Abs. 1 Nr. 1 SGB VII versichert ist. Da es sich um eine Gefälligkeitsleistung gegenüber ihrer Mutter handelt, liegt auch keine sogenannte Wie-Beschäftigung nach § 2 Abs. 2 SGB VII vor.

In Betracht kommt aber eine Versicherung gemäß § 2 Abs. 1 Nr. 17 SGB VII. Dazu müsste S eine Pflegeperson i.S.d. § 19 Satz 1 und 2 SGB XI sein und bei der Pflege eines Pflegebedürftigen mit mindestens Pflegegrad 2 i.S.d. §§ 14 und 15 Abs. 3 SGB XI einen Unfall erlitten haben.

Die Mutter der S hat Pflegegrad 2 i.S.d. §§ 14 und 15 Abs. 3 Satz 4 Nr. 2 SGB XI und wird von S nicht erwerbsmäßig in ihrem Haus, d.h. ihrer häuslichen Umgebung, gepflegt. S kümmert sich rund 15 Stunden mehrmals wöchentlich um ihre Mutter, sodass S gemäß § 19 Satz 2 SGB XI wenigstens zehn Stunden wöchentlich, verteilt auf regelmäßig mindestens zwei Tage die Woche, pflegt. Folglich ist S eine Pflegeperson i.S.d. § 19 SGB XI.

Fraglich ist aber, ob S „bei der Pflege“ gestürzt ist. S war gerade dabei, ihrer Mutter beim Duschen zu helfen, als es an der Tür klingelte. Zunächst wollte sie das Klingeln ignorieren, eilte dann aber doch zur Haustür, nachdem sie ihre Mutter gebeten hatte, sich gut festzuhalten. Auf dem Weg zur Haustür stürzte sie und zog sich einen komplizierten Ellenbogenbruch zu. Jedenfalls während S ihrer Mutter beim Duschen half, führte sie eine Pflegetätigkeit aus. Diese hatte S aber unterbrochen, als sie zur Haustür eilte. Allerdings kann nicht unberücksichtigt bleiben, dass ein Mitarbeiter des Sanitätshauses, mit dem der Kauf und die regelmäßige Lieferung von Pflegehilfsmitteln besprochen werden sollte, geklingelt hatte. Dies könnte ein „Einkaufen“ i.S.d. § 18 Abs. 5a Satz 3 Nr. 2 SGB XI darstellen, welches von der versicherten Tätigkeit gemäß § 2 Abs. 1 Nr. 17 SGB VII umfasst wäre. Beim Einkaufen wird eine Ware ausgesucht oder bestellt, entgegengenommen und bezahlt. Diese Voraussetzungen lassen sich vorliegend noch bejahen.

Im Moment des Sturzes müsste die Handlungstendenz der S aber auch auf dieses „Einkaufen" gerichtet gewesen sein. Zwar wollte S das Klingeln zunächst ignorieren, allerdings war der Besuch des Mitarbeiters vom Sanitätshaus abgesprochen gewesen, sodass es nahe liegt, dass S mit diesem Besuch auch gerechnet hatte. Selbst wenn sie zu diesem Zeitpunkt von jemand anderen ausgegangen wäre, würde sie noch eine gespaltene Handlungstendenz aufweisen, denn diese erfüllt dann den Tatbestand der versicherten Tätigkeit, wenn das konkrete Geschehen hypothetisch auch ohne die private Motivation des Handelns vorgenommen worden wäre, wenn also die Verrichtung nach den objektiven Umständen in ihrer konkreten, tatsächlichen Ausgestaltung ihren Grund in der versicherten Handlungstendenz findet. Insoweit ist nicht auf Vermutungen über hypothetische Geschehensabläufe außerhalb der konkreten Verrichtung und der objektivierten Handlungstendenz, sondern nur auf die konkrete Verrichtung selbst abzustellen. Es ist zu fragen, ob die Verrichtung, so wie sie durchgeführt wurde, objektiv die versicherungsbezogene Handlungstendenz erkennen lässt. Hier wäre der Gang zur Tür erst recht vorgenommen worden, wenn eine private Motivation, z.B. Entgegennehmen eines Pakets vom Postboten, entfallen wäre. Folglich stürzte S auch „bei der Pflege". Somit ist S gemäß § 2 Abs. 1 Nr. 17 SGB VII kraft Gesetzes versichert.

Hinweis:
Siehe dazu das Urteil des LSG Sachsen-Anhalt v. 21.6.2018 – L 6 U 106/16, juris. Eine a.A. ist gut vertretbar.

Es müssten zudem auch die anderen Voraussetzungen eines Arbeitsunfalls gegeben sein. Der Sturz der S ist ein nach § 8 Abs. 1 Satz 2 SGB VII zeitlich begrenztes, von außen auf den Körper einwirkendes Ereignis, das zu einem Ellenbogenbruch, d.h. zu einem Gesundheitsschaden, geführt hat. Ein Unfall liegt vor. S verrichtete zudem eine Pflegetätigkeit, indem sie zur Tür eilte, um mit dem Mitarbeiter des Sanitätshauses über den Kauf und die regelmäßige Lieferung von Pflegehilfsmitteln zu sprechen, sodass diese im inneren Zusammenhang zu ihrer versicherten Tätigkeit als Pflegeperson stand. Wäre S nicht zur Tür geeilt, wäre sie auch nicht auf dem Weg dorthin gestürzt. Somit ist ihre Verrichtung kausal für das Unfallereignis gewesen. Schließlich wäre auch der Ellenbogenbruch, der einen Gesundheitsschaden darstellt, nicht eingetreten, wenn S nicht gestürzt wäre. Die haftungsbegründende Kausalität ist mithin ebenfalls gegeben. Folglich liegen die Voraussetzungen für einen Versicherungsfall in Form eines Arbeitsunfalls gemäß §§ 7 Abs. 1 1. Alt, 8 SGB VII vor.

Der Unfallversicherungsträger hat die Anerkennung eines Arbeitsunfalls zu Unrecht abgelehnt.

Teil 3

Frage 1

Fraglich ist, ob das Jobcenter im vorliegenden Fall dazu berechtigt wäre, J die Leistungen nach dem SGB II zu entziehen, wenn er sich weiterhin weigert, die Kontoauszüge vorzulegen.

A. Ermächtigungsgrundlage

Entgegen des irreführenden Hinweises auf den Vertrauensschutz und die Aufhebung einer Leistungsbewilligung geht es vorliegend nicht um die Rücknahme eines rechtswidrigen Verwaltungsaktes nach §§ 45 oder 48 SGB X, sondern um die Entziehung von Leistungen wegen fehlender Mitwirkung nach §§ 60 ff. SGB I. Richtige Ermächtigungsgrundlage ist daher § 66 SGB I.

B. Formelle Voraussetzungen

In formeller Hinsicht ist bei einer Leistungsentziehung nach § 66 SGB I vor allem dessen Absatz 3 zu beachten: Demnach dürfen Sozialleistungen wegen fehlender Mitwirkung nur versagt werden, wenn der Leistungsberechtigte auf diese Folge schriftlich hingewiesen wurde und seiner Mitwirkungspflicht nicht innerhalb einer angemessenen Frist nachgekommen ist. Das Jobcenter hat dem B vorliegend eine letzte Frist für die Vorlage der Kontoauszüge gesetzt und ihn zugleich auf die mögliche Einstellung der Zahlungen hingewiesen. Die formellen Voraussetzungen von § 66 Abs. 3 SGB I wurden daher erfüllt.

Ob bei einer Entziehung nach § 66 Abs. 3 SGB I zusätzlich noch eine Anhörung erfolgen muss, ist umstritten.

Hinweis:
Nach überwiegender Ansicht handelt es sich bei der Hinweispflicht aus § 66 Abs. 3 SGB I um eine spezielle Ausprägung des Rechts auf Gewährung rechtlichen Gehörs, sodass eine zusätzliche Anhörung nicht erforderlich ist, vgl. BSG v. 22.2.1995 – 4 RA 44/94, Rn. 24; *Voelzke* in: jurisPK-SGB I, 3. Aufl. 2018 Stand 30.10.2020 § 66 Rn. 48.

Vom Vorliegen der sonstigen formellen Voraussetzungen ist mangels anderer Angaben im Sachverhalt auszugehen. Insbesondere war das Jobcenter zuständig für eine Entziehung.

C. Materielle Voraussetzungen

In materieller Hinsicht erfordert § 66 Abs. 1 Satz 1 SGB I, dass B einer ihm nach §§ 60 bis 62 und 65 SGB I obliegenden Mitwirkungspflicht nicht nachgekommen ist und dadurch die Aufklärung des Sachverhaltes erheblich erschwert wurde.

Bei den Kontoauszügen handelt es sich um Beweisurkunden bzw. Beweismittel im Sinne des § 60 Abs. 1 Nr. 3 SGB I; sie sind auch ohne konkreten Verdacht auf einen Leistungsmissbrauch auf Aufforderung vorzulegen.

Hinweis:
Vgl. LSG Baden-Württemberg v. 22.3.2018 – L 7 AS 2969/17, juris Rn. 28 mit Hinweisen auf die umfangreiche Rechtsprechung des BSG.

Durch die Nichtvorlage der Kontoauszüge der letzten drei Monate ist es dem Jobcenter nicht möglich, zu überprüfen, ob die Angaben des J zu seinen Einkommensverhältnissen stimmen und er als Hilfebedürftiger nach §§ 9, 11 ff SGB II weiterhin Anspruch auf Leistungen der Grundsicherung hat.

§ 65 SGB I steht der Mitwirkungspflicht nicht entgegen. Die Vorlage von (einfachen) Kontoauszügen ist grundsätzlich nicht unverhältnismäßig oder unzumutbar.

§ 66 Abs. 1 SGB I räumt dem Sozialleistungsträger Ermessen ein; etwaige Ermessensfehler sind vorliegend aber nicht ersichtlich.

D. Verstoß gegen Verfassungsrecht

Schließlich bestehen keine verfassungsrechtlichen Bedenken mit Blick auf das Grundrecht auf informationelle Selbstbestimmung aus Art. 2 Abs. 1 i.V.m. 1 Abs. 1 GG. Zwar stellt die Verpflichtung zur Angabe persönlicher Daten einen Eingriff in die informationelle Selbstbestimmung dar. Allerdings besteht ein überwiegendes Interesse der Allgemeinheit an der Überprüfung der tatsächlichen Hilfebedürftigkeit bei aus Steuermitteln finanzierten Sozialleistungen

Hinweis:
Vgl. auch hier LSG Baden-Württemberg v. 22.3.2018 – L 7 AS 2969/17, juris Rn. 44 ff. Insoweit ist eine a.A. mit entsprechender Argumentation vertretbar.

E. Gesamtergebnis

Das Jobcenter ist gem. § 66 SGB I dazu berechtigt, die Leistungen des J zu entziehen.

Frage 2

Gemäß § 67c Abs. 1 Satz 1 SGB X ist das Speichern von Sozialdaten zulässig, wenn es zur Erfüllung der in der Zuständigkeit liegenden gesetzlichen Aufgaben nach dem Sozialgesetzbuch erforderlich ist und es für die Zwecke erfolgt, für die die Daten erhoben worden sind. Das Jobcenter benötigt zur Feststellung der Hilfebedürftigkeit des J die Kontoauszüge der letzten drei Monate. Diese bilden die Grundlage für den Erlass des den Leistungsantrag bescheidenden Verwaltungsaktes. Deshalb ist auch die Aufbewahrung der Kontoauszüge in Form von Kopien mindestens bis zum Ablauf des jeweiligen Bewilligungszeitraums bzw. der Bestandskraft des Bescheides, falls dieser Zeitpunkt erst nach Ablauf des Bewilligungszeitraumes eintritt, erforderlich. Folglich ist J verpflichtet, dem Jobcenter auf Wunsch Kopien seiner Kontoauszüge zu überlassen.

Gliederung zu Fall 3

Teil 1

Frage 1

A. Zulässigkeit der Klage
  I. Eröffnung des Sozialrechtswegs
  II. Statthafte Klageart
  III. Klagebefugnis
  IV. Erfolglose Durchführung eines ordnungsgemäßen Vorverfahrens
  V. Klagefrist
  VI. Beteiligte; Partei- und Prozessfähigkeit
  VII. Zuständigkeit des Gerichts
  VIII. Ordnungsgemäße Klageerhebung
  IX. Allgemeines Rechtsschutzbedürfnis
  X. Sonstiges
  XI. Ergebnis zur Zulässigkeit der Klage
B. Begründetheit der Klage
  I. Anspruch der S auf Witwenrente
    1. Versicherungsfall des P
      a. Versicherteneigenschaft des P
      b. Vorliegen eines Unfalls
      c. Vorliegen eines Arbeitsunfalls
        aa. Innerer Zusammenhang
          (1) § 8 Abs. 2 Nr. 1 SGB VII
          (2) § 8 Abs. 1 SGB VII
          (3) § 8 Abs. 2 Nr. 2 a) SGB VII
          (4) § 8 Abs. 2 Nr. 2 a) SGB VII analog
        bb. Ergebnis zum inneren Zusammenhang
Hilfsgutachten
        cc. Unfallkausalität
        dd. Haftungsbegründende Kausalität
        ee. Ergebnis zum Arbeitsunfall
    2. Tod infolge des Versicherungsfalls
  II. Ergebnis zur Begründetheit der Klage
C. Gesamtergebnis

Frage 2

Frage 3

Teil 2

Teil 3

Frage 1

A. Ermächtigungsgrundlage
B. Formelle Voraussetzungen
C. Materielle Voraussetzungen
D. Verstoß gegen Verfassungsrecht
E. Gesamtergebnis

Frage 2

Fall 4

Teil 1

Peter Paul (P) ist examinierter Krankenpfleger. Im Winter 2012 bewarb er sich als Pflegekraft in einem von der „Sonne-im-Alter-GmbH“ (S-GmbH) betriebenen Altenheim als freier Mitarbeiter. Er legte dabei gefälschte Versorgungsverträge zwischen einem unter seinem Namen betriebenen ambulanten Pflegedienst und verschiedenen Krankenkassen vor und drängte auf eine selbständige Mitarbeit im Altenheim. Nach mündlicher Absprache wurde P ab März 2013 als freier Mitarbeiter immer wieder für Nachtwachen als Altenpfleger eingesetzt. Dabei stand es ihm frei, die ihm jeweils Mitte eines Monats für den folgenden Monat vorgeschlagenen Termine anzunehmen oder abzulehnen. Bis zum 25. eines jeden Monats hatte er verbindlich mitzuteilen, welche Nachtwachen er übernehmen wollte. Es wurde vereinbart, dass P seine Dienste persönlich erbringen muss.

Wenn P einen Dienst übernommen hatte, hatte er von 19:00 Uhr am Abend bis zum nächsten Tag um 7:00 Uhr die Bewohner des Altenheimes zu betreuen. Ein so genannter Nachtwachenplan gab dabei detailliert für alle Bewohner vor, ob und wann sie zu Bett zu bringen waren, welche Nachtmedikation zu verabreichen war, ob eine Inkontinenzversorgung durchzuführen war, wann welche Kontrollgänge stattzufinden hatten oder bei wem besonderer Überwachungsbedarf bestand. P hatte auch die erforderliche Pflegedokumentation durchzuführen; dass er die Ergebnisse der Dienstbesprechungen der im Heim angestellten Mitarbeiter zur Kenntnis genommen hatte, musste er jeweils durch Eintrag in ein entsprechendes Stationsbuch dokumentieren.

P rechnete für seine Dienste einen Stundenlohn von 40 € ab und verdiente auf diesem Weg rund 3000 € im Monat. Das zuständige Finanzamt behandelte seine Einkünfte als solche aus selbständiger Arbeit. Sonstige Einkünfte hatte P nicht.

Nachdem es im Jahr 2018 immer wieder zu Streitereien zwischen P und der S-GmbH gekommen ist und P eine größere Erbschaft erhalten hatte, beendete er seine Tätigkeit dort zum Jahresende. Anfang 2019 stellte er einen Antrag auf Statusfeststellung – er möchte, dass festgestellt wird, dass er seit 2013 in dem Altenheim der S-GmbH durchgehend als Beschäftigter tätig war. Die S-GmbH hätte für ihn Sozialversicherungsbeiträge abführen müssen. P legt der Deutschen Rentenversicherung Bund (DRV Bund) umfassende Unterlagen – z.B. einzelne Nachtwachenpläne aus den letzten Jahren – vor, aus denen sich seine Eigenschaft als Beschäftigter ergeben soll.

Der DRV Bund reichten die vorgelegten Unterlagen und die Ausführungen des P vollkommen; sie stellte mit Bescheid vom 4.3.2019 fest, dass P in der Zeit vom 1.3.2013 bis 31.12.2018 als Altenpfleger bei der S-GmbH beschäftigt war.

Der Bescheid wurde sowohl P als auch der S-GmbH bekanntgegeben. Letztere erhob wenige Tage später schriftlich bei der DRV Bund Widerspruch. Das Vorgehen sei ein Skandal, man könne sie doch nicht einfach vor vollendete Tatsachen stellen. Im Übrigen sei es der ausdrückliche Wunsch des P gewesen, als freier Mitarbeiter tätig zu sein – und diesem Wunsch sei man in der mündlichen Vereinbarung über seine Tätigkeit im Altenheim eben nachgekommen. P habe sich im Übrigen auch nicht wie ein Beschäftigter geriert; gegenüber einer angestellten Pflegefachkraft habe er sich etwa mehrfach geweigert, nach dem Ende seiner Nachtschicht den Müll rauszubringen. Zudem zeigten doch Regelungen aus anderen Bereichen des Sozialversicherungsrechts, dass der Gesetzgeber selbst davon ausginge, dass man als Pflegeperson jedenfalls rentenversicherungsrechtlich stets selbständig tätig sei. Schließlich zeige auch die Entscheidung des zuständigen Finanzamts, von Einkünften aus selbständiger Tätigkeit auszugehen, dass P nicht als Beschäftigter tätig gewesen sein könne.

Bearbeitungsvermerk:

1. In einem umfassenden Gutachten – ggf. in einem Hilfsgutachten – sind die Erfolgsaussichten des Widerspruchs der S-GmbH zu prüfen. Gehen Sie davon aus, dass die DRV Bund den P über das Widerspruchsverfahren informiert hat.
2. Trotz des eingegangenen Widerspruchs fordert die Einzugsstelle von der S-GmbH nachträglich die für P zu zahlenden und noch nicht verjährten Beiträge zur Sozialversicherung ein. Zu Recht?

Teil 2

Im Sommer 2020 verstarb Elfriede (E), die Ehefrau des P, völlig überraschend im Alter von nur 45 Jahren an einem geplatzten Aneurysma, einer krankhaften Erweiterung der Hauptschlagader. E hatte vorher keinerlei Krankheitsanzeichen und hatte sich stets gesund ernährt und mehrfach in der Woche Sport getrieben. E und P hatten sich auf einer Silvesterfeier 2019/2020 kennen gelernt und hatten noch am selben Abend Hochzeitspläne geschmiedet, weil sie sich sofort unsterblich ineinander verliebt hatten und den Rest ihres Lebens gemeinsam verbringen wollten. Ihre Pläne hatten sie dann im Mai 2020 umgesetzt. P, der seit längerem keiner Arbeit nachgeht, sondern von den Zinserträgen aus einer Erbschaft seines Onkels lebt, ist am Boden zerstört.

Der zuständige Rentenversicherungsträger teilt ihm mit, dass er keinen Anspruch auf eine Hinterbliebenenrente habe, weil „dafür die Ehedauer viel zu kurz war." Das möchte P nicht hinnehmen.

Bearbeitungsvermerk:

Was würden Sie P in dieser Situation raten?

Teil 3

Die Schwester des P, Margarete Milbert (M), ist an der Universität Hamburg als Verwaltungsleiterin angestellt.

Im Juli 2020 erkrankte sie nach einer Urlaubsreise in Brasilien an einer seltenen Virusinfektion und konnte über längere Zeit nicht arbeiten. Zuletzt wurde sie von ihrem Hausarzt für die Woche von Montag, dem 12.10.2020 bis Freitag, dem 16.10.2020 krankgeschrieben. Da sie sich am darauffolgenden Montag noch immer schwach fühlte, wollte sie bei ihrem Hausarzt eine weitere Krankschreibung einholen.

Als sie am Montag in der Praxis eintraf, war diese völlig überfüllt. Der Arzt überredete M, am Mittwochnachmittag wiederzukommen – dann sei die Praxis leer. Er könnte dann die Arbeitsunfähigkeitsbescheinigung auch rückwirkend ausstellen. Am Mittwoch erhielt M die unter dem aktuellen Datum ausgestellte Arbeitsunfähigkeitsbescheinigung, die mit dem Hinweis des Arztes „rückwirkend" versehen war.

Bearbeitungsvermerk:

Die Krankenkasse der M verweigert ihr die nahtlose Gewährung von Krankengeld. Zu Recht?

Hinweis: Alle Teile der Aufgabenstellung sind zu bearbeiten.

Teil 1:	*Beschäftigung nach § 7 Abs. 1 SGB IV; Statusfeststellungsverfahren des Arbeitgebers nach § 7a SGB V; Erfolgsaussichten eines Widerspruchs*
Teil 2:	*Versorgungsehe; Recht der gesetzlichen Rentenversicherung*
Teil 3:	*Anspruch auf Krankengeld; Fehlverhalten des Vertragsarztes*

Unverbindliche Lösungshinweise

Teil 1

Frage 1

Zu prüfen sind die Erfolgsaussichten des Widerspruchs der S-GmbH. Der Widerspruch der S-GmbH hat Erfolg, wenn er zulässig und soweit er begründet ist.

A. Zulässigkeit des Widerspruchs

Der Widerspruch ist zulässig, wenn alle Sachentscheidungsvoraussetzungen vorliegen.

I. Eröffnung des Sozialrechtswegs

Mit Blick auf § 62 SGB X ist zu prüfen, ob für das Begehren der S-GmbH der Sozialrechtsweg eröffnet wäre.

Das wäre jedenfalls dann der Fall, wenn es sich um eine der in § 51 Abs. 1 Nr. 1 bis 10 SGG abschließend aufgezählten Angelegenheiten handelt, die Streitigkeit öffentlich-rechtlicher und zugleich nicht verfassungsrechtlicher Natur ist.

Die S-GmbH wehrt sich gegen die im Rahmen eines Statusfeststellungsverfahrens nach § 7a SGB IV getroffene Feststellung der Beschäftigteneigenschaft im Sinne des § 7 Abs. 1 SGB IV und damit der Sozialversicherungspflicht des P durch die DRV Bund. Die Streitigkeit zwischen der S-GmbH und der DRV Bund betrifft damit sonstige Angelegenheiten i.S.d. § 51 Abs. 1 Nr. 5 SGG.

Hinweis:
Vgl. hierzu *Flint* in: jurisPK-SGG, Stand 8.4.2021, § 51 Rn. 226.

Ob eine Streitigkeit öffentlich-rechtlicher oder bürgerlich-rechtlicher Art ist, richtet sich grundsätzlich nach der Natur des Rechtsverhältnisses, aus dem der Klageanspruch hergeleitet wird. Dabei kommt es regelmäßig darauf an, ob sich ein Träger hoheitlicher Gewalt der besonderen Rechtsnormen des öffentlichen Rechts bedient, die ausschließlich ihn berechtigen oder verpflichten. § 7a Abs. 2 i.V.m. § 7 Abs. 1 SGB IV berechtigen bzw. verpflichten die DRV Bund – eine Körperschaft des öffentlichen Rechts (§ 29 Abs. 1 SGB IV, § 125 Abs. 2 SGB VI) – einseitig zur Feststellung der Beschäftigteneigenschaft nach einer entsprechenden Antragstellung eines Beteiligten (§ 7a Abs. 1 Satz 1 SGB IV), sodass es sich folglich um öffentliches Sonderrecht und damit um eine öffentlich-rechtliche Streitigkeit handelt.

Die Streitigkeit ist auch mangels doppelter Verfassungsunmittelbarkeit nicht verfassungsrechtlicher Art (vgl. § 39 Abs. 2 SGG), da nicht unmittelbar am Verfassungsleben Beteiligte um ihre sich aus der Verfassung selbst ergebenden Rechte und Pflichten streiten.

Der Sozialrechtsweg wäre folglich eröffnet.

II. Statthaftigkeit des Widerspruchs

Gemäß § 78 Abs. 1 Satz 1 und Abs. 3 SGG sind vor Erhebung der Anfechtungs- und Verpflichtungsklage Rechtmäßigkeit und Zweckmäßigkeit des Verwaltungsakts in einem Vorverfahren nachzuprüfen. Der Widerspruch ist demnach statthaft, wenn das Begehren der S-GmbH im sozialgerichtlichen Verfahren mit einer Anfechtungs- oder Verpflichtungsklage bzw. mit einer mit dieser verbundenen Klageart zu verfolgen wäre.

Die S-GmbH wendet sich gegen die Entscheidung über die Feststellung der Beschäftigteneigenschaft des P. Diese Entscheidung erfüllt die Voraussetzungen eines Verwaltungsakts i.S.d. § 31 Satz 1 SGB X, da sich aus der Feststellung der Beschäftigteneigenschaft die Versicherungspflicht des P und damit entsprechende Beitragszahlungs- und -tragungspflichten der S-GmbH ergeben (vgl. §§ 28e ff. SGB IV, §§ 341 ff. SGB III, §§ 226 ff. SGB V, §§ 157 ff. SGB VI, §§ 150 ff. SGB VII, §§ 54 ff. SGB XI), mithin eine Rechtsfolge statuiert wird. Wollte die S-GmbH gegen diesen noch nicht erledigten Verwaltungsakt gerichtlich vorgehen, könnte sie ihr Begehren mit einer Anfechtungsklage gemäß § 54 Abs. 1 Satz 1 Alt. 1 SGG verfolgen.

Damit ist der Widerspruch der S-GmbH nach § 78 Abs. 1 Satz 1 SGG statthaft.

III. Widerspruchsbefugnis

Die S-GmbH müsste analog § 54 Abs. 1 Satz 2 SGG widerspruchsbefugt sein. Dies ist sie dann, wenn sie schlüssig behauptet, durch die Feststellung der Beschäftigteneigenschaft des P beschwert zu sein, weil die Feststellung rechtswidrig sei. Eine Rechtsverletzung muss jedenfalls möglich sein. Da unter Zugrundelegung der Ausführungen der S-GmbH nicht ausgeschlossen werden kann, dass P selbständiger Mitarbeiter und damit kein Beschäftigter der S-GmbH war, ist die S-GmbH auch als Adressatin eines belastenden Verwaltungsaktes widerspruchsbefugt.

IV. Ordnungsgemäße Widerspruchserhebung

Die S-GmbH hat nach den Angaben im Sachverhalt die einmonatige Widerspruchsfrist und auch die Schriftform gemäß § 84 Abs. 1 Satz 1 SGG eingehalten.

V. Beteiligungs- und Handlungsfähigkeit

Die S-GmbH ist nach § 12 Abs. 1 Nr. 2 SGB X Beteiligte und nach § 10 Nr. 1 Alt. 2 SGB X als juristische Person gemäß § 13 Abs. 1 GmbHG beteiligungs- sowie nach § 11 Abs. 1 Nr. 3 SGB X i.V.m. § 35 Abs. 1 Satz 1 GmbHG vertreten durch ihren Geschäftsführer handlungsfähig.

Die DRV Bund ist nicht Beteiligte an dem von ihr durchgeführten Widerspruchsverfahren, sondern „Herrin des Verfahrens".

Hinweis:
Das Widerspruchsverfahren ist Verwaltungs- und nicht Gerichtsverfahren. Daher ist die DRV Bund als Behörde dabei nicht Beteiligte, sondern führt das Widerspruchsverfahren durch.

VI. Allgemeines Rechtsschutzbedürfnis

Das allgemeine Rechtsschutzbedürfnis ist gegeben; die S-GmbH hat keine einfachere oder effektivere Möglichkeit, um ihr Begehren durchzusetzen.

VII. Sonstige Sachentscheidungsvoraussetzungen

Die sonstigen Sachentscheidungsvoraussetzungen sind erfüllt.

VIII. Ergebnis zur Zulässigkeit des Widerspruchs

Damit ist der Widerspruch der S-GmbH zulässig.

B. Hinzuziehung

Fraglich ist, ob P nach § 12 Abs. 2 SGB X zum Widerspruchsverfahren hinzuziehen ist. Der Ausgang des Verfahrens berührt jedenfalls seine rechtlichen Interessen im Sinne von Satz 1, da die Feststellung seiner Beschäftigteneigenschaft Auswirkungen auf seinen Versichertenstatus hat und damit auch für ihn Rechte und Pflichten aus dem Sozialversicherungsverhältnis entstehen. Vor diesem Hintergrund ließe sich auch von einer rechtsgestaltenden Wirkung im Sinne von Satz 2 sprechen.

Hinweis:
Hierzu *Pitz* in: jurisPK-SGB X, Stand 3.8.2020, § 12 Rn. 19 m.w.N.

Die Hinzuziehung gemäß § 12 Abs. 2 SGB X liegt jedoch – im Gegensatz zur notwendigen Beiladung im Klageverfahren gemäß § 75 Abs. 2 SGG – grundsätzlich im Ermessen der Behörde; lediglich im Fall des Satzes 2 müsste sie den Betroffenen auf dessen Antrag hinzuziehen. P hat jedoch keinen Antrag auf Hinzuziehung gestellt. Damit muss er nicht nach § 12 Abs. 2 SGB X hinzugezogen werden. Da die DRV Bund Kenntnis von P hat – es geht ja um einen Verwaltungsakt, der auch P gegenüber bekanntgegeben worden ist – ist P allerdings nach § 12 Abs. 2 Satz 2 SGB X von der Einleitung des Verfahrens in Kenntnis zu setzen.

C. Begründetheit des Widerspruchs

Der Widerspruch der S-GmbH ist begründet, wenn die Feststellung der Beschäftigteneigenschaft des P durch die DRV Bund rechtswidrig ist und die S-GmbH dadurch in ihren Rechten verletzt ist. Auf die Zweckmäßigkeit der Entscheidung kommt es nicht an, weil es sich bei der Statusfeststellung um eine gebundene Entscheidung handelt.

Hinweis:
Gemäß § 78 Abs. 1 Satz 1 SGG ist bei Ermessensentscheidungen zudem die Zweckmäßigkeit des Verwaltungsakts zu prüfen. Nach § 7a Abs. 2 und Abs. 1 SGB IV steht der DRV Bund jedoch nach einer Antragstellung durch einen Beteiligten kein Ermessen bezüglich der Entscheidung zu, sodass lediglich die Rechtmäßigkeit der Entscheidung zu überprüfen ist.

I. Rechtmäßigkeit der Feststellung des Beschäftigtenstatus durch die DRV Bund

Die Entscheidung über den Beschäftigtenstatus des P bei der S-GmbH ist nur dann rechtmäßig, wenn sie auf einer tauglichen Ermächtigungsgrundlage beruht und in formeller und materieller Hinsicht den gesetzlichen Vorgaben entspricht.

1. Ermächtigungsgrundlage der Feststellung

Als Ermächtigungsgrundlage kommt vorliegend nur § 7a Abs. 1 und 2 SGB IV in Betracht, der eine Statusfeststellung der Beschäftigteneigenschaft auch nach Beendigung der Tätigkeit ermöglicht.

2. Formelle Rechtmäßigkeit der Feststellung

Formell rechtmäßig ist ein Verwaltungsakt, wenn die zuständige Behörde gehandelt hat und die bestehenden Verfahrens- und Formvorschriften eingehalten wurden.

Die DRV Bund war gemäß § 7a Abs. 1 Satz 3 SGB IV die zuständige Behörde. Besondere Formvorschriften enthält § 7a SGB IV nicht.

In verfahrensrechtlicher Hinsicht ergeben sich jedoch einige Bedenken mit Blick auf die nach § 7a Abs. 3 SGB IV geforderte Kontaktaufnahme der DRV Bund gegenüber der S-GmbH sowie die fehlende Anhörung der S-GmbH nach Absatz 4.

a. Kontaktaufnahme gemäß § 7a Abs. 3 SGB IV

Die DRV Bund müsste zunächst Kontakt mit der S-GmbH gemäß § 7a Abs. 3 SGB IV aufgenommen haben. Nach Satz 1 dieses Absatzes teilt die DRV Bund den Beteiligten schriftlich mit, welche Angaben oder Unterlagen sie für ihre Entscheidung benötigt und setzt nach Satz 2 eine angemessene Frist für deren Vorlage. Es ist allerdings fraglich, ob eine Einholung von Unterlagen überhaupt zwingend ist und ein entsprechendes Unterlassen folglich einen formellen Verstoß begründen kann. Dagegen spricht, dass die Regelung dazu dient, der DRV Bund bei entsprechendem Klärungsbedarf eine rechtliche Handhabe zu eröffnen. Die Regel soll dagegen nicht – das zeigt auch der Vergleich mit § 7a Abs. 4 SGB IV – eine Rechtsposition der Beteiligten schaffen. Sie erweitert die Handlungsmöglichkeiten der DRV Bund, verpflichtet diese aber nicht.

Hinweis:
Wer einen Verstoß gegen § 7a Abs. 3 SGB IV annimmt, müsste die Unbeachtlichkeit formeller Fehler nach § 42 SGB X ansprechen: Der Fehler wäre zwar nicht heilbar, der insofern weiterhin formell rechtswidrige Verwaltungsakt müsste aber dennoch nicht aufgehoben werden. Entsprechendes gälte, wenn man in der Missachtung der Norm eine Verletzung des Untersuchungsgrundsatzes nach § 20 SGB X sähe.

b. Anhörung gemäß § 7a Abs. 4 SGB IV

Allerdings wurde gegen das in § 7a Abs. 4 SGB IV normierte besondere Anhörungsgebot verstoßen, da die DRV Bund der S-GmbH nicht die Gelegenheit gegeben hat, sich zu der beabsichtigten Entscheidung zu äußern.

Der Verstoß könnte jedoch nach § 41 Abs. 1 Nr. 3 SGB X geheilt worden sein. § 41 Abs. 1 Nr. 3 SGB X spricht allgemein von der „Anhörung" und bezieht sich damit nicht ausschließlich auf die im SGB X geregelte Anhörung gemäß § 24 SGB X. Dementsprechend ist auch die in § 7a Abs. 4 SGB IV speziell geregelte Anhörung von der Heilungsmöglichkeit des § 41 SGB X umfasst. Folglich kann der Anhörungsverstoß dadurch geheilt werden, dass die Anhörung der S-GmbH durch die DRV Bund nach § 41 Abs. 2 SGB X bis zur letzten Tatsacheninstanz des sozialgerichtlichen Verfahrens nachgeholt wird.

Hinweis:
Eine Anhörung kann also auch bereits im Widerspruchsverfahren nachgeholt werden, wenn der Betroffene im Rahmen dessen die Gelegenheit erhält, sich zu der Sache zu äußern.

Durch den (bloßen) Erlass des Widerspruchsbescheides kann der Fehler einer fehlenden Anhörung nur geheilt werden, wenn zuvor für den Betroffenen aus der Begründung des Verwaltungsaktes ersichtlich ist, welche Tatsachen für die Behörde entscheidungserheblich sind, er durch eine Rechtsbehelfsbelehrung auf die Widerspruchsmöglichkeit hingewiesen wurde und sein Vorbringen im Widerspruch auch im Widerspruchsbescheid gewürdigt wird. Vgl. zu diesem Thema ausführlich *Schneider-Danwitz* in: jurisPK-SGB X, Stand 1.12.2017, § 41 Rn. 28 ff.

c. Ergebnis zur formellen Rechtmäßigkeit

Die Feststellung der DRV Bund ist damit bis zu einer entsprechenden Heilung formell rechtswidrig.

3. Materielle Rechtmäßigkeit der Feststellung

Die Feststellung der DRV Bund nach § 7a Abs. 1 und 2 SGB IV ist materiell rechtmäßig, wenn P tatsächlich Beschäftigter bei der S-GmbH war. Festzustellen ist zunächst, dass den formellen Absprachen zwischen P und der S-GmbH sowie der Bezeichnung des P als „freier Mitarbeiter" keine ausschlaggebende Bedeutung zukommt. Beurteilungsmaßstab für das Vorliegen einer abhängigen Beschäftigung ist vielmehr allein § 7 Abs. 1 SGB IV. Dabei kann zwar im Ausgangspunkt auf die vertraglichen Vereinbarungen zwischen den Parteien abgestellt werden, entscheidend ist aber, ob die tatsächliche Durchführung einer Tätigkeit als abhängige Beschäftigung nach § 7 Abs. 1 SGB IV einzustufen ist.

Hinweis:
Zum Verhältnis von Vereinbarung und tatsächlicher Durchführung der Tätigkeit *Zieglmeier* in: Kasseler Kommentar Sozialversicherungsrecht, Stand 112. EL 9/2020, § 7 SGB IV Rn. 77 ff.

Nach § 7 Abs. 1 Satz 1 SGB IV ist Beschäftigung die nichtselbständige Arbeit, insbesondere in einem Arbeitsverhältnis. Anhaltspunkte für eine Beschäftigung sind gemäß Satz 2 eine Tätigkeit nach Weisungen und eine Eingliederung in die Arbeitsorganisation des Weisungsgebers. Dabei kann zwar im Ausgangspunkt auf die vertraglichen Vereinbarungen zwischen den Parteien abgestellt werden, entscheidend ist aber, ob die tatsächliche Durchführung einer abhängigen Beschäftigung nach § 7 Abs. 1 SGB IV entspricht.

Fraglich ist, ob angesichts der konkreten Arbeitsumstände des P von einer Beschäftigung bei der S-GmbH ausgegangen werden kann oder ob P als selbständig tätige Person einzustufen ist.

Die Abgrenzung von versicherungspflichtiger Beschäftigung und selbständiger Erwerbstätigkeit erfolgt grundsätzlich auf der Basis einer Gesamtabwägung, die alle Aspekte des Einzelfalles berücksichtigt und bewertet. Maßgeblich ist dabei, ob nach den tatsächlichen Verhältnissen das geforderte Abhängigkeitsverhältnis der betreffenden Person gegenüber dem Unternehmen besteht. Eine solche persönliche Abhängigkeit ist wiederum wesentlich durch die Fremdbestimmtheit der Arbeit und eine Unterordnung unter das Weisungsrecht des Arbeitgebers hinsichtlich Dauer, Ort, Zeit und Art der Ausführung der Tätigkeit geprägt.

Demgegenüber ist eine selbständige Tätigkeit geprägt durch das eigene Unternehmerrisiko, das Vorhandensein einer eigenen Betriebsstätte, die Verfügungsmöglichkeit über die eigene Arbeitskraft und die im Wesentlichen frei gestaltete Tätigkeit und Arbeitszeit.

Dass der Gesetzgeber in § 2 Abs. 1 Satz 1 Nr. 2 SGB VI – auf den sich die S-GmbH vorliegend bezieht – davon ausgeht, dass Pflegepersonen selbständig tätig sein können, führt nicht automatisch dazu, dass die Gesamtabwägung zur Abgrenzung von selbständiger und abhängiger Beschäftigung im konkreten Einzelfall nicht mehr vorgenommen werden müsste. Mit der Regelung wird lediglich klargestellt, dass dieser Personenkreis geschützt werden soll, wenn er nicht abhängig beschäftigt ist. Im Übrigen sind Altenpfleger wie P gar nicht von der Vorschrift erfasst.

Die Frage nach der Beschäftigteneigenschaft des P erfordert damit eine Gesamtwürdigung aller Umstände des Einzelfalls. Vieles spricht vorliegend für eine nicht selbständige Tätigkeit. Zwar stand es P frei, die für den nächsten Monat vorgeschlagenen Termine für die Nachtwachen anzunehmen; hatte er allerdings Termine für den nächsten Monat angenommen, so waren sie für ihn auch verbindlich, und er konnte seine Arbeitszeit insofern nicht mehr frei bestimmen. Auch konnte er nicht einfach ersatzweise eine andere Person zur Erledigung seiner Arbeit schicken, denn P war zur persönlichen Erbringung der Dienste verpflichtet. Dass der unter seinem Namen betriebene ambulante Pflegedienst möglicherweise gar nicht über weitere Angestellte verfügte, die dies hätten übernehmen können, ist rechtlich ohne Bedeutung. Zudem war P genau vorgegeben, zu welcher Uhrzeit er an den einzelnen Terminen am vorgegebenen Arbeitsort – dem Altenheim der S-GmbH – arbeiten musste. Auch die Vergütung seiner Arbeitsleistung mit einem festen Stundensatz spricht für eine Beschäftigung des P. Des Weiteren war in umfassenden Nachtwacheplänen detailliert festgelegt, ob und wann er die Bewohner zu Bett bringen sollte, welche Medikamente zu verabreichen waren und bei wem besonderer Überwachungsbedarf bestand. Zudem war P vorgeschrieben, Pflegedokumentationen durchzuführen und Ergebnisse von Dienstbesprechungen zur Kenntnis nehmen und auch dies zu dokumentieren. Er hatte also ausführlichen inhaltlichen Vorgaben der S-GmbH für seine Tätigkeit zu folgen.

Für eine selbständige Tätigkeit spricht zunächst die eigenständige Rechnungsstellung. P konnte außerdem auch selbständig darüber entscheiden, ob er ihm angebotene Nachtwacheschichten annehmen oder ablehnen wollte.

Insgesamt entsprechen die Umstände der Tätigkeit des P denjenigen einer abhängigen Beschäftigung. Dass sich P weigerte, (Neben-)Tätigkeiten – wie den Müll nach seiner Nachtschicht wegzubringen – durchzuführen, ändert auch nichts an dieser Einordnung. Denn grundsätzlich wäre er zu dieser Tätigkeit verpflichtet gewesen. Bloß weil er diese Pflicht nicht erfüllt hatte und dies offenbar von der S-GmbH geduldet worden war, macht das P nicht zu einem selbständig Tätigen.

Im Rahmen der Gesamtbewertung kann die rechtliche Zuordnung durch das Finanzamt allenfalls als Indiz gewertet werden; es besteht aber keine gegenseitige Bindungswirkung, weil beide Teilrechtordnungen eigenen Vorgaben folgen. Die Einordnung der Einkünfte des P durch das Finanzamt als Einkünfte aus selbständiger Arbeit ist angesichts der Gesamtumstände der Tätigkeit damit für die Beurteilung nicht entscheidend.

Damit war P bei der S-GmbH abhängig beschäftigt im Sinne des § 7 Abs. 1 SGB IV, sodass die entsprechende Feststellung der DRV Bund gemäß § 7a SGB IV zutreffend und mithin materiell rechtmäßig ist.

II. Rechtsverletzung

Die S-GmbH ist nicht in ihren subjektiven Rechten verletzt.

III. Ergebnis

Der Widerspruch der S-GmbH ist mithin unbegründet.

D. Gesamtergebnis

Der Widerspruch der S-GmbH wird keinen Erfolg haben, weil er zwar zulässig, aber unbegründet ist.

Frage 2

Fraglich ist, ob die Einzugsstelle trotz des eingegangenen Widerspruchs der S-GmbH die nachträglich für P zu zahlenden Beiträge zur Sozialversicherung zu Recht verlangt.

Durch den Verwaltungsakt nach § 7a SGB IV wird festgestellt, dass P von Beginn seiner Tätigkeit an im Altenheim der S-GmbH Beschäftigter war. Insofern waren für alle

Sozialversicherungszweige Beiträge zu entrichten (vgl. §§ 341 ff. SGB III, §§ 226 ff. SGB V, §§ 157 ff. SGB VI, §§ 54 ff. SGB XI).

Hinweis:
Statusentscheidungen der DRV Bund nach § 7a SGB IV entfalten keine Bindungswirkung gegenüber den Trägern der Unfallversicherung, werden dort aber als Indiz berücksichtigt (hierzu *Schlegel* in: jurisPK-SGB IV, Stand 15.12.2020, § 7a Rn. 26 m.w.N.).

Als Arbeitgeberin des P ist die S-GmbH zahlungspflichtig nach § 28e Abs. 1 Satz 1 SGB IV). Außerdem hätte sie die vollen Beiträge zur Sozialversicherung zu tragen, denn der unterbliebene Beitragsabzug gegenüber P nach § 28g SGB IV ist gemäß § 28g Satz 3 SGB IV nur bei den drei nächsten Lohn- oder Gehaltszahlungen nachholbar. Da P bei der S-GmbH nicht mehr beschäftigt ist, kann die S-GmbH die von P zu tragenden Beiträge nicht mehr einziehen.

Allerdings sind unabhängig von der Frage, ob der Verwaltungsakt rechtmäßig ist oder nicht, die in § 7a SGB IV enthaltenen Regelungen zu beachten.

Das gilt zum einen für § 7a Abs. 7 SGB IV. Danach haben Widerspruch und Klage gegen die Entscheidung, dass eine Beschäftigung vorliegt, aufschiebende Wirkung. Das bedeutet, dass die Behörde, die den – nach § 39 SGB X wirksamen – Verwaltungsakt erlassen hat, diesen nicht vollziehen darf, wenn der Adressat, hier die S-GmbH, Widerspruch erhoben hat.

Hinzu kommt, dass der Gesamtsozialversicherungsbeitrag im Sinne von § 28d SGB IV nach § 7a Abs. 6 Satz 2 SGB IV erst zu dem Zeitpunkt fällig wird, zu dem die Entscheidung, dass eine Beschäftigung vorliegt, unanfechtbar geworden ist.

Da die S-GmbH Widerspruch erhoben hat, ist die sofortige Geltendmachung von Beitragsrückständen durch die Einzugsstelle ausgeschlossen.

Solange über den Widerspruch der S-GmbH nicht entschieden ist und keine unanfechtbare Entscheidung vorliegt, darf die Einzugsstelle demnach keine Beiträge fordern.

Teil 2

Der dem P zu erteilende Rat hängt davon ab, ob er materiell-rechtlich einen Anspruch auf eine Hinterbliebenenrente hat. In Betracht kommt hier eine Witwerrente gemäß § 46 Abs. 1 oder 2 SGB VI. Dies setzt voraus, dass P nach dem Tod seiner versicherten Ehegattin E, die die allgemeine Wartezeit erfüllt haben müsste, nicht wieder geheiratet hat.

Unabhängig vom Vorliegen der Voraussetzungen nach § 46 Abs. 1 oder 2 SGB VI haben Witwen bzw. Witwer keinen Anspruch auf eine Witwen- bzw. Witwerrente, wenn die Ehe nicht mindestens ein Jahr gedauert hat, es sei denn, dass nach den besonderen Umständen des Falles die Annahme nicht gerechtfertigt ist, dass es der alleinige oder überwiegende Zweck der Heirat war, einen Anspruch auf Hinterbliebenenversorgung zu begründen. Als besondere Umstände sind alle äußeren und inneren Umstände des Einzelfalls anzusehen, die auf einen von der Versorgungsabsicht verschiedenen Beweggrund für die Heirat schließen lassen. Maßgeblich ist dafür die Motivation beider Ehegatten.

Die Ehe von E und P hat nicht mindestens ein Jahr gedauert. Entscheidend ist damit, ob die durch die Regelung begründete gesetzliche Vermutung widerlegt werden kann, wobei nach § 202 SGG i.V.m. § 292 ZPO der volle Beweis des Gegenteils erbracht werden muss. Zwar unterliegt der Rentenversicherungsträger dem Untersuchungsgrundsatz nach § 20 SGB X; allerdings trägt der Rentenanspruchsteller die objektive Beweislast.

Gegen eine sogenannte Versorgungsehe spricht hier vor allem, dass E innerhalb des ersten Ehejahres plötzlich und unvorhersehbar verstorben ist. Im Zeitpunkt der Heirat konnten E und P folglich noch nicht damit rechnen, dass in naher Zukunft einer der beiden versterben und somit für den anderen ein Anspruch auf Hinterbliebenenrente entstehen würde. Der Versorgungsaspekt war gerade auch angesichts der Erbschaft des P offenbar von zumindest nachrangiger Bedeutung.

Es ist P zu raten, unverzüglich Widerspruch nach §§ 78 ff. SGG gegen die Ablehnung der Witwerrente zu erheben und die besonderen Umstände seiner Eheschließung sowie die Unvorhersehbarkeit des Todes der E darzulegen.

Teil 3

Zu prüfen ist, ob die Krankenkasse der M die nahtlose Gewährung des Krankengeldes zu Recht verweigert.

Die Gewährung von Krankengeld richtet sich nach den §§ 44 ff. SGB V. Unter den in § 44 SGB V geregelten Voraussetzungen haben versicherungspflichtig Beschäftigte Anspruch auf Krankengeld als Entgeltersatzleistung unter anderem dann, wenn eine Krankheit sie arbeitsunfähig macht.

M war als gegen Arbeitsentgelt Angestellte i.S.d. § 5 Abs. 1 Nr. 1 SGB V und damit versicherungspflichtig Beschäftigte seit Sommer 2020 erkrankt. Aufgrund der Virusinfektion, die einen regelwidrigen Körperzustand hervorgerufen hat, konnte M über eine längere Zeit nicht arbeiten, sodass die Krankheit sie arbeitsunfähig gemacht hat. Die Entgeltfortzahlung nach § 3 EntgFG war bereits beendet, sodass Anspruch auf Krankengeld nicht länger nach § 49 Abs. 1 Nr. 1 SGB V ruhte.

Der Anspruch entsteht gemäß § 46 Satz 1 SGB V bei nicht stationärem Aufenthalt von dem Tag der ärztlichen Feststellung der Arbeitsunfähigkeit an. Er bleibt nach Satz 2 jeweils bis zu dem Tag bestehen, an dem die weitere Arbeitsunfähigkeit wegen derselben Krankheit ärztlich festgestellt wird. Das gilt allerdings nur, wenn diese ärztliche Feststellung spätestens am nächsten Werktag nach dem zuletzt bescheinigten Ende der Arbeitsunfähigkeit erfolgt. Samstage gelten insoweit nicht als Werktage, § 46 Satz 2 Hs. 2 SGB V.

M war zuletzt krankgeschrieben von Montag, dem 12.10.2020 bis Freitag, dem 16.10.2020. Ein nahtloser Anspruch auf Krankengeld hätte demnach vorausgesetzt, dass M am nächsten Werktag, also am folgenden Montag, erneut krankgeschrieben worden wäre.

M hatte eine Praxis aufgesucht und ihren Arzt kurz gesprochen. Sie wurde jedoch nach Hause geschickt und sollte am darauffolgenden Mittwoch wiederkommen, weil der Arzt irrtümlich davon ausging, dass auch eine rückwirkende Krankschreibung möglich sei.

Nach dem Wortlaut der Norm – der eine rückwirkende Arbeitsunfähigkeitsbescheinigung für eine nahtlose Krankengeldgewährung nicht zulässt – hätte M keinen Anspruch auf Krankengeld ab dem 19.10.2020 gehabt. Allerdings ist zu berücksichtigen, dass der Umstand, dass sie die Krankschreibung erst später erhalten hat, allein darauf beruht, dass ihr Arzt sie dazu überredet hat, diese erst später im Laufe der Woche einzuholen, obwohl sie bereits rechtzeitig in der Praxis gewesen war. Es gab für M keine Anhaltspunkte, dem Arzt nicht zu vertrauen und die Auskunft zu hinterfragen. Man kann von ihr nicht mehr Wissen als von ihrem Arzt erwarten; eine Versicherte muss keine besseren Rechtskenntnisse haben als der vertragsärztliche Leistungserbringer. Es erscheint nicht sachgerecht, die Versicherte in einer solchen Konstellation die negativen Konsequenzen, hier den Verlust des Krankengeldanspruchs, tragen zu lassen.

Dementsprechend kann M nicht zur Last gelegt werden, dass sie auf die Fehleinschätzung des Arztes vertraut hat und die Arbeitsunfähigkeitsbescheinigung erst später einholte.

Daraus ergibt sich eine notwendig vorzunehmende teleologische Reduktion des § 46 Satz 2 SGB V: Aus dem Anwendungsbereich der Norm sind solche Fälle auszuschließen, in denen eine nahtlose Bescheinigung nur aufgrund einer Fehleinschätzung des Arztes nicht stattfindet und die damit nicht in die Risikosphäre des Versicherten fallen. Das gilt umso mehr, wenn der Versicherte alles in seiner Macht Stehende und ihm Zumutbare getan und rechtzeitig innerhalb der anspruchsbegründenden bzw. -erhaltenden zeitlichen Grenzen versucht hat, eine ärztliche Feststellung der Arbeitsunfähigkeit zu erhalten.

Damit hat die Krankenkasse der M die nahtlose Gewährung des Krankengeldes zu Unrecht verwehrt.

Hinweis:
Hier ist im Übrigen auch vieles andere vertretbar, solange die Ansicht argumentativ begründet wird. Vgl. ausführlich zu Fallgestaltungen, in denen der Fehler bei der Krankenkasse selbst oder dem Vertragsarzt liegt, Sonnhoff in: jurisPK-SGB V, Stand 14.12.2020, § 46 Rn. 47 ff. Zu beachten ist ferner, dass dann, wenn die Mitgliedschaft der Versicherten nach § 192 Abs. 1 Nr. 2 SGB V vom Bestand des Anspruchs auf Krankengeld abhängt, der Anspruch auch dann bestehen bleibt, wenn die weitere Arbeitsunfähigkeit wegen derselben Krankheit innerhalb eines Monats nach dem zuletzt bescheinigten Ende ärztlich festgestellt wird. Dies bestimmt § 46 S. 3 SGB V seit dem 11.5.2019 um zu verhindern, dass Personen allein wegen einer verspäteten Feststellung der Arbeitsunfähigkeit ihren Versicherungsschutz verlieren. Dazu *Schifferdecker* in: Kasseler-Kommentar Sozialversicherungsrecht, § 46 SGB V Rn. 23a ff. Im vorliegenden Fall war die Beschäftigung nicht beendet, sodass die Mitgliedschaft nicht nach § 192 Abs. 1 Nr. 2 SGB V vom Bestand des Anspruchs auf Krankengeld abhing.

Gliederung zu Fall 4

Teil 1

Frage 1

A. Zulässigkeit des Widerspruchs
  I. Eröffnung des Sozialrechtswegs
  II. Statthaftigkeit des Widerspruchs
  III. Widerspruchsbefugnis
  IV. Ordnungsgemäße Widerspruchserhebung
  V. Beteiligungs- und Handlungsfähigkeit
  VI. Allgemeines Rechtsschutzbedürfnis
  VII. Sonstige Zulässigkeitsvoraussetzungen
  VIII. Ergebnis zur Zulässigkeit des Widerspruchs
B. Hinzuziehung
C. Begründetheit des Widerspruchs
  I. Rechtmäßigkeit der Feststellung des Beschäftigtenstatus durch die DRV Bund
    1. Ermächtigungsgrundlage der Feststellung
    2. Formelle Rechtmäßigkeit der Feststellung
      a. Kontaktaufnahme gemäß § 7a Abs. 3 SGB IV
      b. Anhörung gemäß § 7a Abs. 4 SGB IV
      c. Ergebnis zur formellen Rechtmäßigkeit
    3. Materielle Rechtmäßigkeit der Feststellung
  II. Rechtsverletzung
  III. Ergebnis
D. Gesamtergebnis

Frage 2

Teil 2

Teil 3

Fall 5

Teil 1

Peter Panzer (P) ist 56 Jahre alt und lebt in einem ihm gehörenden alten Reihenhaus in Hamburg-Horn. Er leidet an Muskeldystrophie und benötigt Unterstützung bei der Körperpflege, beim Ankleiden und auch bei der Versorgung seines Haushalts. P lebt von einer Erwerbsminderungsrente, die er von der DRV Nord bezieht. Von der zuständigen Pflegekasse erhält er Pflegegeld in Höhe von 316 € (Pflegegrad 2), das er seiner Nachbarin zukommen lässt, die ihn von montags bis freitags im Alltag unterstützt und ihm die nötige Hilfe leistet. Am Wochenende ist seine Tochter bei ihm.

Da ihm die Bewältigung der in das erste Obergeschoss führenden Treppe, wo sich Schlafzimmer und Bad befinden, zunehmend Probleme bereitet, beantragt P Ende 2017 den Einbau eines gebrauchten Treppenlifts bei der Pflegekasse. Die Kosten belaufen sich auf rund 2800 €, die die Pflegekasse übernimmt. Der Lift wird Anfang des Jahres 2018 eingebaut. Bereits im März 2019 fallen erste Reparaturen an; diese hat der Sozialhilfeträger rechtmäßig nach den damals noch maßgeblichen Vorschriften zur Eingliederungshilfe (§§ 53 ff. SGB XII) gezahlt. Auch im November 2019 muss der Lift repariert werden; wiederum zahlt der Sozialhilfeträger, weil P die Rechnung aus seiner Erwerbsminderungsrente nicht hätte begleichen können.

Mit Schreiben vom 2.12.2019 fordert der Sozialhilfeträger von der zuständigen Pflegekasse Erstattung der Gesamtkosten für die Reparatur in Höhe von 1100 €. Die Pflegekasse lehnt dieses Ansinnen ab. Sie habe mit der Zahlung der 2800 € alles getan, was sie könne; für Reparaturen des Treppenlifts sei sie aber nicht zuständig.

Bearbeitungsvermerk:

1. Hat der Sozialhilfeträger einen Erstattungsanspruch nach den §§ 102 ff. SGB X gegen die Pflegekasse? Spezialgesetzliche Normen sind nicht zu prüfen.

2. Mit welcher Klage und vor welchem Gericht müsste der Sozialhilfeträger sein Begehren durchsetzen?

Teil 2

Die 36 Jahre alte Karolin Kerner (K) ist bei der TK Hamburg als Beschäftigte gesetzlich krankenversichert. Im Herbst 2019 hatte sie sich auf eigene Kosten einer medizinisch nicht indizierten Brustvergrößerung unterzogen. Wegen Wundheilungsstörungen, die sich auch nach dem Austausch der Implantate durch einen Privatarzt nicht gebessert hatten, wurden die Implantate in einem nach § 108 SGB V zugelassenen Krankenhaus entfernt, dass der TK Hamburg dafür zutreffend einen Betrag von 4000 € in Rechnung stellte. Die TK Hamburg beglich diese Rechnung, verpflichtete aber zugleich die K mit Schreiben vom Januar 2020, sich in Höhe von 2000 € an den Kosten zu beteiligen. Sie solle den Betrag bis Ende Januar überweisen.

K ist empört. Nun ginge es ihr gesundheitlich endlich besser und jetzt wolle ihre Krankenkasse Geld von ihr. Sie erhebt umgehend Widerspruch. Das Vorgehen der Kasse sei rechtswidrig und verletze sie zudem in ihren Grundrechten.

Bearbeitungsvermerk:

Hat der Widerspruch Aussicht auf Erfolg?

Teil 3

Die Tochter der K, Thea Kerner (T), ist Schülerin und von Geburt an über ihre Mutter bei der TK Hamburg familienversichert, ohne dass hierzu jemals ein Verwaltungsakt der Krankenkasse ergangen wäre. Nachdem sie im Januar 2019 18 Jahre geworden ist, befragt sie der zuständige Sachbearbeiter mit Schreiben von Februar 2019, ob sie nach wie vor die Schule besuche und ob sie eigenes Einkommen habe. Ersteres hatte T zutreffend bejaht, letzteres verneint. T verschweigt dabei, dass sie seit Januar 2019 zweimal im Monat einen gut bezahlten Modeljob wahrnimmt, der ihr 1200 € im Monat beschert. Sie ist völlig frei in ihrer Tätigkeit; sie muss Aufträge nicht annehmen und kann zudem ihre Vergütung aushandeln und die Zeit der Aufnahmen selbst vorgeben. Selbst ihre Mutter weiß von dieser Tätigkeit und dem Geld nichts. Im Sommer 2019 erhält T ein Schreiben der Krankenkasse, in dem diese feststellt, dass T nach Vollendung des 18. Lebensjahres auch weiterhin beitragsfrei familienversichert war und ist.

Durch einen Zufall erfährt der Sachbearbeiter im September 2019 von den Einnahmen der T, die nach wie vor das Gymnasium besucht. Mit Schreiben vom Oktober 2019, das sowohl T als auch K zugeht, hebt er die Feststellung der Familienversicherung rückwirkend zum Januar 2019 auf und begründet seine Entscheidung ausführlich. Zugleich fordert er von T – der Höhe nach zutreffend errechnete – Beiträge zur Krankenversicherung; T sei seit Januar 2019 aufgrund ihrer Einkünfte nicht mehr familienversichert, sondern freiwilliges Mitglied nach § 188 Abs. 4 Satz 1 SGB V und müsse die entsprechenden Beiträge nachzahlen.

Bearbeitungsvermerk:

Wie beurteilen Sie das rechtliche Vorgehen des Sachbearbeiters der TK Hamburg?

Teil 4

Beschreiben Sie in wenigen Sätzen die rechtliche Bedeutung der Antragstellung bei einer Rente nach dem SGB VI.

Hinweis 1: Alle Teile der Aufgabenstellung sind zu bearbeiten.

Hinweis 2: Die §§ 53 ff. SGB XII wurden durch Gesetz v. 23.12.2016 (BGBl. I, S. 3234) mit Wirkung vom 1.1.2020 aufgehoben. Sie finden sich daher auch nicht mehr im Aichberger; sie werden allerdings für die Fallbearbeitung auch nicht benötigt.

Hinweis 3: *§ 13 Abs. 3 SGB XI lautete in der bis Ende 2019 geltenden Fassung wie folgt:*

Die Leistungen der Pflegeversicherung gehen den Fürsorgeleistungen zur Pflege

1. nach dem Zwölften Buch,
2. nach dem Lastenausgleichsgesetz, dem Reparationsschädengesetz und dem Flüchtlingshilfegesetz,
3. nach dem Bundesversorgungsgesetz (Kriegsopferfürsorge) und nach den Gesetzen, die eine entsprechende Anwendung des Bundesversorgungsgesetzes vorsehen,

vor, soweit dieses Buch nichts anderes bestimmt. Leistungen zur Pflege nach diesen Gesetzen sind zu gewähren, wenn und soweit Leistungen der Pflegeversicherung nicht erbracht werden oder diese Gesetze dem Grunde oder der Höhe nach weitergehende Leistungen als die Pflegeversicherung vorsehen. Die Leistungen der Eingliederungshilfe für Menschen mit Behinderungen nach dem Zwölften Buch, dem Bundesversorgungsgesetz und dem Achten Buch bleiben unberührt, sie sind im Verhältnis zur Pflegeversicherung nicht nachrangig; die notwendige Hilfe in den Einrichtungen nach § 71 Abs. 3 ist einschließlich der Pflegeleistungen zu gewähren.

Teil 1:	*Wohnumfeldverbessernde Maßnahmen nach § 40 Abs. 4 SGB XI; Erstattungsansprüche gemäß §§ 102 ff. SGB X*
Teil 2:	*Krankenversicherung: Leistungsbeschränkungen bei medizinisch nicht indizierten ästhetischen Operationen nach § 52 Abs. 2 SGB V*
Teil 3:	*Krankenversicherung: Aufhebung eines rechtswidrigen begünstigenden Verwaltungsakts nach § 45 SGB X; Familienversicherung nach § 10 SGB V*
Teil 4:	*Rentenversicherung: Bedeutung der Antragstellung*

Unverbindliche Lösungshinweise

Teil 1

Frage 1

Es ist zu klären, ob der Sozialhilfeträger einen Erstattungsanspruch gegen die Pflegekasse hat. Das setzt voraus, dass zu seinen Gunsten eine entsprechende Anspruchsgrundlage besteht.

Nach den Angaben im Sachverhalt sind nur die allgemeinen Erstattungsansprüche nach Maßgabe von §§ 102 ff. SGB X zu prüfen.

Hinweis:
Damit erübrigt sich etwa eine Befassung mit § 13 Abs. 4 SGB XI i.V.m. einer möglicherweise bestehenden Vereinbarung zwischen Pflegekasse und Träger der Eingliederungshilfe. § 14 SGB IX ist schon deshalb ohne Bedeutung, weil die Pflegekasse kein Rehabilitationsträger im Sinne von § 6 SGB IX ist.

A. Anspruch aus § 102 SGB X

Zu prüfen ist zunächst, ob sich das Begehren des Sozialhilfeträgers sich aus § 102 Abs. 1 SGB X herleiten lässt. Die Norm statuiert einen Erstattungsanspruch eines Leistungsträgers, der auf Grund gesetzlicher Vorschriften vorläufig Leistungen erbracht hat. Eine solche vorläufige Leistungsgewährung liegt vor, wenn entweder in

Kenntnis von der Zuständigkeit eines anderen Leistungsträgers geleistet wird oder der Leistungsträger sich noch im Ungewissen darüber befindet, welcher andere Leistungsträger zuständig ist. In jedem Fall muss der Wille des nunmehr Erstattung begehrenden Leistungsträgers, nur vorläufig leisten zu wollen, nach außen hin erkennbar zum Ausdruck gebracht worden sein. Vorliegend ging der Sozialhilfeträger aber von seiner eigenen Zuständigkeit aus. Es handelte sich insoweit nicht um eine vorläufige Leistung im Sinne von § 102 SGB X.

Hinweis:
Zu den Voraussetzungen des Erstattungsanspruchs nach § 102 SGB X vgl. *Roos* in: Schütze, SGB X, 9. Aufl. 2020, § 102 Rn. 5 ff.

B. Anspruch aus § 103 SGB X

Nach § 103 SGB X ist der für die entsprechende Leistung zuständige Leistungsträger erstattungspflichtig, wenn ein Leistungsträger Sozialleistungen erbracht hat und der Anspruch auf diese nachträglich ganz oder teilweise entfallen ist. § 103 SGB X setzt dabei voraus, dass ein Leistungsträger zunächst tatsächlich in gesetzeskonformer Zuständigkeit rechtmäßig Leistungen erbracht hat, seine Verpflichtung zur Leistung jedoch nachträglich und damit rückwirkend entfallen ist. Dabei verlangt der Erstattungsanspruch nach § 103 SGB X einen rückwirkenden Wegfall der Sozialleistung kraft Gesetzes.

Hinweis:
Hierzu und zu weiteren Voraussetzungen Prange in: jurisPK-SGB X, Stand 6.5.2021, § 103 Rn. 31 ff. Eine typische Konstellation regelt insoweit etwa § 50 Abs. 1 Satz 1 Nr. 1 SGB V (z. B. Ausschluss des Krankengeldes vom Beginn der Leistung einer Erwerbsminderungsrente an).

Eine Leistung der Pflegekasse würde jedoch nicht zum nachträglichen Entfallen der Leistungspflicht des Sozialhilfeträgers führen. Dem Sozialhilfeträger steht daher auch kein Erstattungsanspruch aus § 103 SGB X zu.

C. Anspruch aus § 105 SGB X

Gemäß § 105 Abs. 1 Satz 1 SGB X hat der unzuständige Leistungsträger, der nicht nur vorläufig geleistet hat, einen Erstattungsanspruch gegen den zuständigen Leistungsträger. Der Sozialhilfeträger war für die Leistungen nach §§ 53 ff. SGB XII zuständig. Daher ist auch § 105 Abs. 1 SGB X als Anspruchsgrundlage nicht einschlägig.

D. Anspruch aus § 104 SGB X

Letztlich kommt lediglich ein Erstattungsanspruch des Sozialhilfehilfeträgers aus § 104 Abs. 1 SGB X in Betracht. § 104 SGB X regelt in Abgrenzung zu § 102 SGB X und § 103 SGB X den Erstattungsanspruch nachrangig verpflichteter Leistungsträger.

I. Zu den Anspruchsvoraussetzungen von § 104 Abs. 1 SGB X

Die Tatbestandsvoraussetzungen von § 104 Abs. 1 SGB X müssten erfüllt sein. Hat – ohne dass die Voraussetzungen von § 103 Abs. 1 SGB X vorliegen – ein nachrangig verpflichteter Leistungsträger Sozialleistungen erbracht, ist der Leistungsträger erstattungspflichtig, gegen den der Berechtigte vorrangig einen Anspruch hat oder hatte. Der tatsächlich leistende Leistungsträger muss dabei eine rechtmäßige Leistung erbracht haben; zudem müssen die in Frage stehenden Leistungen kongruent sein. Ein Erstattungsanspruch besteht nur, wenn der der Leistungsträger nicht bereits selbst geleistet hat, bevor er von der Leistung des anderen Leistungsträgers Kenntnis erlangt hat.

Hinweis:
Im Fall des § 104 SGB X besitzt der Leistungsberechtigte einen gleichzeitigen Anspruch gegenüber mindestens zwei Leistungsträgern, die nebeneinander bestehen. Es sind aber nicht zwei institutionell gleichrangige Leistungsträger betroffen, sondern es geht um Leistungsträger, deren Leistungen sich in einem Rangverhältnis befinden (hierzu *Weber* in: BeckOK Sozialrecht, Stand 1.3.2021, § 104 SGB X Rn. 12).

II. Kein Anspruch nach § 103 SGB X

Ein Erstattungsanspruch aus § 104 SGB X setzt zunächst voraus, dass die Voraussetzungen des § 103 Abs. 1 SGB X nicht vorliegen. Das wurde bereits oben verneint.

III. Nachrangigkeit des Sozialhilfeträgers

Fraglich ist aber, ob vorliegend ein nachrangig verpflichteter Leistungsträger Sozialleistungen erbracht hat. Der Träger der Eingliederungshilfe müsste ein gegenüber der Pflegekasse nachrangiger Leistungsträger sein. Nachrangig verpflichtet ist ein Leistungsträger nach § 104 Abs. 1 Satz 2 SGB X, soweit dieser bei rechtzeitiger Erfüllung der Leistungsverpflichtung eines anderen Leistungsträgers selbst nicht zur Leistung verpflichtet gewesen wäre. § 104 SGB X umfasst sowohl die Fälle des institutionellen

Nachrangs – auch Systemsubsidiarität genannt – als auch die der Einzelfallsubsidiarität.

1. Institutioneller Nachrang des Sozialhilfeträgers

Die grundsätzliche Nachrangigkeit der Eingliederungshilfe ergibt sich aus § 91 Abs. 1 SGB IX, wonach Eingliederungshilfe nur erhält, wer die erforderliche Leistung nicht von Trägern anderer Sozialleistungen erhält. Bezüglich der Pflegeversicherung besteht allerdings eine Sonderregelung nach § 91 Abs. 3 SGB IX i.V.m. § 13 Abs. 3 Satz 3 SGB XI: Die Leistungen der Eingliederungshilfe sind danach im Verhältnis zur Pflegeversicherung nicht nachrangig. Institutionell ist die Pflegeversicherung im Verhältnis zur Eingliederungshilfe daher nicht der vorrangig zuständige Leistungsträger.

2. Einzelfallsubsidiarität

Die gesetzliche Aufhebung der Nachrangigkeit der Eingliederungshilfe gilt allerdings im Hinblick auf die höhenmäßig begrenzten Zuschüsse zu wohnumfeldverbessernden Maßnahmen nach § 40 Abs. 4 SGB XI nur eingeschränkt. Der Versicherte kann demnach den begrenzten finanziellen Zuschuss als Versicherungsleistung vorrangig von der Pflegekasse beanspruchen, bevor zweckgleiche Leistungen der Eingliederungshilfe (§ 77 SGB IX) unter Anrechnung von Einkommen und Vermögen den nicht gedeckten Bedarf kompensieren.

Hinweis:
Dem liegt folgende Überlegung zugrunde: § 13 Abs. 3 Satz 3 SGB XI stellt eine Folgeänderung zu der in § 74 SGB XI geregelten Abgrenzung zwischen den Einrichtungen der Eingliederungshilfe (Abs. 4) und Pflegeeinrichtungen (Abs. 2) dar. Nach § 43a SGB XI ist die Pflegekasse verpflichtet, für die in stationären Einrichtungen der Eingliederungshilfe erbrachten Pflegeleistungen einen pauschalen Betrag an den Eingliederungshilfeträger zu zahlen. § 13 Abs. 3 Satz 3 SGB XI bezweckt also vorwiegend den Nachranggrundsatz der Eingliederungshilfe im Bereich der stationären Eingliederungseinrichtungen i.S.v. § 74 Abs. 4 SGB XI zu durchbrechen und enthält keine pauschale Aussage über Leistungen außerhalb solcher Einrichtungen (hierzu BSG v. 25.1.2017 – B 3 P 2/15 R, juris Rn. 19 ff.).

IV. Leistungspflicht der Pflegekasse aus § 40 Abs. 4 SGB XI

Fraglich ist daher, ob im vorliegenden Fall eine Leistungspflicht der Pflegekasse nach § 40 Abs. 4 SGB XI besteht.

1. Rechtmäßige Erbringung des Treppenlifts

Nach § 40 Abs. 4 Satz 1 SGB XI können die Pflegekassen subsidiär finanzielle Zuschüsse für Maßnahmen zur Verbesserung des individuellen Wohnfeldes der Pflegebedürftigen gewähren. Die Zuschüsse dürfen dabei nach § 40 Abs. 4 Satz 2 SGB XI einen Betrag in Höhe von 4000 € je Maßnahme nicht überschreiten.

a. Leistungsberechtigter Personenkreis

Da P bereits Pflegegeld in Höhe von 316 € erhält, kann seine Versicherteneigenschaft nach §§ 20 ff. SGB XI unterstellt werden. Auf seinen Pflegegrad kommt es nicht an, da § 40 SGB XI insoweit keine Mindestanforderungen stellt.

b. Wohnumfeldverbessernde Maßnahme

Bei dem Einbau des Treppenlifts müsste es sich um eine wohnumfeldverbessernde Maßnahme handeln. Maßgebliches Abgrenzungskriterium zu den Hilfsmitteln der Gesetzlichen Krankenversicherung (§ 33 SGB V) sowie den Pflegehilfsmitteln (§ 40 Abs. 1 SGB XI) ist die Mobilität der konkreten Hilfe, also ob ein Ein- und Ausbau ohne wesentliche Eingriffe in die Bausubstanz möglich ist. Ist letzteres der Fall, liegt ein Hilfsmittel vor. Handelt es sich dagegen nach der Verkehrsanschauung um einen festen Bestandteil der Wohnung, steht eine wohnumfeldverbessernde Maßnahme zur Diskussion.

Mit einem Treppenlift werden die konkreten Verhältnisse der jeweiligen Wohnsituation an die Anforderungen des behinderten Menschen angepasst; er kann bei einem Wohnungswechsel nicht ohne weiteres mitgeführt und in gleicher Weise eingesetzt werden. Es handelt sich daher um eine wohnumfeldverbessernde Maßnahme i.S.v. § 40 Abs. 4 SGB XI.

Hinweis:
Vgl. zur Abgrenzung *Behrend* in: Schlegel/Voelzke, jurisPK-SGB XI, Stand 3.5.2021, § 40 Rn. 33 f.

c. Subsidiarität

Vorrangige Leistungen für entsprechende wohnumfeldverbessernde Maßnahmen sind nicht ersichtlich. Insbesondere sind, wie oben dargestellt, gleichlaufende Leistungen der Eingliederungshilfe subsidiär.

d. Kein Überschreiten des Höchstbetrags

Die Kosten des Einbaus belaufen sich im vorliegenden Fall auf rund 2800 €, sodass der Höchstbetrag von 4000 € (§ 40 Abs. 4 Satz 2 SGB XI) nicht überschritten wurde.

e. Ermessen

Schließlich sind auch keine Ermessensfehler bei Bewilligung der Kostenübernahme für den Treppenlift ersichtlich. Die ursprüngliche Bewilligung war somit rechtmäßig.

2. Übernahme der Reparaturkosten

Fraglich ist jedoch, ob § 40 Abs. 4 SGB XI auch die Übernahme von Reparaturkosten umfasst. Anders als im Kontext der technischen Pflegehilfsmittel – vgl. § 40 Abs. 3 Satz 3 SGB XI – hat der Gesetzgeber insoweit keine konkreten Aussagen getroffen.

Der Wortlaut der Norm ist allerdings offen gefasst. Es erschließt sich auch vom Sinn und Zweck der Norm nicht, dass bei wohnumfeldverbessernden Maßnahmen Reparaturkosten ausgenommen sein sollten. Vielmehr kann eine wohnumfeldverbessernde Maßnahme nicht nur die Anschaffung und erstmalige Installierung der Hilfe, sondern auch alle notwendigen Folgekosten, die im Zusammenhang mit der Sicherung und Wiederherstellung der Funktionsfähigkeit entstehen können, umfassen. Dies gilt jedoch nur, soweit der Höchstbetrag von 4000 € nach § 40 Abs. 4 Satz 2 SGB XI noch nicht ausgeschöpft wurde. Ein weitergehender Anspruch widerspräche dem Gesetzeskonzept der begrenzten Bezuschussung einer wohnumfeldverbessernden Maßnahme.

Im vorliegenden Fall haben sich die Kosten des Einbaus auf rund 2800 € belaufen, daher liegen die beanspruchten Reparaturkosten in Höhe von 1100 € noch im gesetzlich vorgesehenen Rahmen.

3. Ermessen

Grundsätzlich steht der Pflegekasse auch hinsichtlich der Übernahme von Reparaturkosten nach § 40 Abs. 4 Satz 1 SGB XI Ermessen zu. Angesichts der ursprünglichen Übernahme der Kosten des Treppenlifts durch die Pflegekasse und dem Umstand, dass P den Treppenlift benötigt, um sein Schlafzimmer und das Bad zu erreichen, dürfte dieses Ermessen aber vorliegend auf Null reduziert sein.

Es besteht somit eine vorrangige Leistungspflicht der Pflegekasse zur Übernahme der Reparaturkosten.

V. Kongruenz der Leistungen

Die tatsächlich erbrachten Leistungen des Trägers der Eingliederungshilfe sind zu den Leistungen der vorrangig verpflichteten Pflegekasse kongruent, d.h sie sind gleichartig und für dieselbe Person sowie für denselben Zeitraum zu zahlen.

VI. Kein Ausschluss durch eigene Leistung vor Kenntniserlangung

Schließlich hat die Pflegekasse als vorrangig verpflichteter Leistungsträger auch nicht bereits selbst geleistet.

VII. Ergebnis

Im Ergebnis hat der Träger der Eingliederungshilfe daher einen Erstattungsanspruch gegen die Pflegekasse aus § 104 Abs. 1 SGB X. Für den Umfang des Erstattungsanspruchs ist nach § 104 Abs. 3 SGB X das Recht des vorrangig verpflichteten Leistungsträgers maßgeblich; die Pflegekasse muss 1100 € an den Träger der Eingliederungshilfe zahlen.

Frage 2

Der Erstattungsanspruch ist im Wege der Leistungsklage (§ 54 Abs. 5 SGG) vor dem Sozialgericht (§ 114 SGB X i.V.m. § 51 Abs. 1 Nr. 2 Var. 2 SGG) geltend zu machen.

Teil 2

Der Widerspruch der K hat Aussicht auf Erfolg, wenn er zulässig und soweit er begründet ist.

A. Zulässigkeit des Widerspruchs

Der Widerspruch ist zulässig, wenn alle Zulässigkeitsvoraussetzungen vorliegen.

I. Eröffnung des Sozialrechtswegs

Mit Blick auf § 62 SGB X ist zu klären, ob vorliegend der Sozialrechtsweg eröffnet wäre. Nach § 51 Abs. 1 SGG als abdrängender Sonderregelung im Sinne von § 40

Abs. 1 Satz 1 VwGO entscheiden die Gerichte der Sozialgerichtsbarkeit über die in den Nr. 1 bis 10 abschließend aufgezählten Angelegenheiten, wenn es sich um eine Streitigkeit öffentlich-rechtlicher und zugleich nicht verfassungsrechtlicher Natur handelt.

Vorliegend wehrt sich K gegen die Aufforderung der Krankenkasse, sich in Höhe von 2000 € an den Kosten einer Brustimplantatentfernung zu beteiligen. Es handelt sich daher um eine Angelegenheit der gesetzlichen Krankenversicherung nach § 51 Abs. 1 Nr. 2 Alt. 1 SGG.

Ob eine Streitigkeit öffentlich-rechtlicher oder bürgerlich-rechtlicher Art ist, richtet sich nach der Natur des Rechtsverhältnisses. Nach der modifizierten Subjektstheorie ist eine Streitigkeit öffentlich-rechtlicher Art, wenn die streitentscheidende Norm einen Träger hoheitlicher Gewalt einseitig verpflichtet oder berechtigt. Streitig ist vorliegend, dass die Krankenkasse als Körperschaft des öffentlichen Rechts (§ 29 Abs. 1 SGB IV) nach § 52 Abs. 2 SGB V verpflichtet ist, die K an den Kosten der Krankenbehandlung zu beteiligen. Die Streitigkeit ist somit öffentlich-rechtlicher Art.

Die Streitigkeit ist auch mangels doppelter Verfassungsunmittelbarkeit nicht verfassungsrechtlicher Art (vgl. § 39 Abs. 2 SGG), da nicht unmittelbar am Verfassungsleben Beteiligte um ihre sich aus der Verfassung selbst ergebenden Rechte und Pflichten streiten.

Der Sozialrechtsweg wäre gemäß § 51 Abs. 1 Nr. 2 Var. 1 SGG eröffnet.

II. Statthaftigkeit des Widerspruchs

Gemäß § 78 Abs. 1 Satz 1 und Abs. 3 SGG sind vor Erhebung der Anfechtungsklage und der Verpflichtungsklage Rechtmäßigkeit und Zweckmäßigkeit des Verwaltungsakts in einem Vorverfahren nachzuprüfen. Der Widerspruch ist also statthaft, wenn das Begehren der K im gerichtlichen Verfahren mit einer Anfechtungsklage oder Verpflichtungsklage bzw. mit einer mit dieser verbundenen Klageart zu verfolgen wäre.

Eine Anfechtungsklage gemäß § 54 Abs. 1 Satz 1 SGG wäre statthaft, wenn K die Aufhebung eines Verwaltungsakts begehren würde, wobei nach § 123 SGG ihr tatsächliches Begehren maßgeblich ist. K wehrt sich gegen das Schreiben der Krankenkasse vom Januar 2020, wonach sie verpflichtet wird, sich in Höhe von 2000 € an den Kosten der Krankenbehandlung zu beteiligen. Bei diesem Schreiben handelt es sich um einen Kostenbescheid. Dieser stellt eine hoheitliche Maßnahme der Krankenkasse als Behörde i.S.v. § 1 Abs. 2 SGB X dar und ist auf die hoheitliche Regelung der Rechtsbeziehung zu K gerichtet. Es handelt sich somit um einen Verwaltungsakt i.S.v. § 31 Satz 1 SGB X. Daher wäre im Gerichtsverfahren eine isolierte Anfechtungsklage gemäß § 54 Abs. 1 Satz 1 Alt. 1 SGG statthaft. Das Vorverfahren ist auch nicht gemäß § 87 Abs. 1 Satz 2 SGG entbehrlich.

Somit ist der Widerspruch nach § 78 Abs. 1 Satz 1 SGG statthaft.

III. Widerspruchsbefugnis

K müsste analog § 54 Abs. 1 Satz 2 SGG widerspruchsbefugt sein. Das ist sie dann, wenn sie schlüssig behauptet, durch den angefochtenen Verwaltungsakt beschwert zu sein, weil die Kostenaufforderung rechtswidrig sei, und eine Rechtsverletzung tatsächlich möglich ist. Zunächst kommt eine Rechtsgutsverletzung mit Blick auf den Leistungsanspruch der K in Betracht: Wenn sie nach § 27 Abs. 1 Satz 1, Satz 2 Nr. 5 i.V.m. § 39 SGB V einen Anspruch auf vollständige Übernahme der Krankenhausbehandlung hätte, wäre sie durch den Verwaltungsakt möglicherweise in ihren Rechten verletzt. Bei einer Kostenaufforderung handelt es sich zudem um einen belastenden Verwaltungsakt, der zumindest die Möglichkeit einer Verletzung der allgemeinen Handlungsfreiheit aus Art. 2 Abs. 1 GG birgt.

Somit ist K analog § 54 Abs. 1 Satz 2 SGG widerspruchsbefugt.

IV. Beteiligte; Beteiligungs- und Verfahrensfähigkeit

K ist gemäß § 12 Abs. 1 Nr. 2 Alt. 2 SGB X als Adressatin des Verwaltungsakts Beteiligte. Sie ist gemäß § 10 Nr. 1 Alt. 1 SGB X beteiligungsfähig und gemäß § 11 Abs. 1 Nr. 1 SGB X zur Vornahme von Verfahrenshandlungen fähig.

Die Krankenkasse ist nicht Beteiligte an dem von ihr durchgeführten Widerspruchsverfahren.

Hinweis:
Das Vorverfahren ist Verwaltungs-, nicht Gerichtsverfahren. Die Krankenkasse als Behörde ist dabei nicht Beteiligte, sondern führt das Widerspruchsverfahren durch (Sie ist „Herrin des Verfahrens“).

V. Ordnungsgemäße Widerspruchserhebung

K hat nach den Angaben im Sachverhalt „umgehend" nach der Bekanntgabe des Verwaltungsakts schriftlich bei der zuständigen Stelle Widerspruch erhoben und damit sowohl die Form- als auch die Fristanforderungen des § 84 Abs. 1 SGG eingehalten.

VI. Allgemeines Rechtsschutzbedürfnis

Das allgemeine Rechtschutzbedürfnis ist gegeben; K hat keine einfachere oder effektivere Möglichkeit, um sich gegen die Aufforderung, sich an den Kosten für die Behandlung zu beteiligen, zu wehren.

VII. Sonstiges

Die sonstigen Zulässigkeitsvoraussetzungen sind erfüllt.

VIII. Ergebnis zur Zulässigkeit

Der Widerspruch der K ist somit zulässig.

B. Begründetheit des Widerspruchs

Der Widerspruch der K wäre begründet, wenn das Schreiben der Krankenkasse vom Januar 2020, mit dem K verpflichtet wird, sich an den Kosten der Behandlung in Höhe von 2000 € zu beteiligen, rechtswidrig ist und K in ihren Rechten verletzt. Soweit eine Ermessensentscheidung zu treffen war, könnte auch die bloße Zweckwidrigkeit des Verwaltungsakts zur Begründetheit des Widerspruchs führen.

I. Ermächtigungsgrundlage für einen Kostenbescheid

Im Hinblick auf Art. 20 Abs. 3 GG bedarf ein belastender Verwaltungsakt einer Ermächtigungsgrundlage. Vorliegend kommt insofern nur § 52 Abs. 2 SGB V in Betracht.

II. Voraussetzungen von § 52 Abs. 2 SGB V

Gemäß § 52 Abs. 2 Var. 1 SGB V hat die Krankenkasse Versicherte in angemessener Höhe an den Kosten zu beteiligen, wenn sich diese eine Krankheit durch eine medizinisch nicht indizierte ästhetische Operation zugezogen haben.

K litt nach einer Brustvergrößerung unter Wundheilungsstörungen. Dabei handelt es sich mithin um einen regelwidrigen, vom Leitbild des gesunden Menschen abweichenden Körperzustand, der ärztlicher Behandlung bedarf, also um eine Krankheit. Diese wurde durch die Brustvergrößerung verursacht. Bei der Brustvergrößerung handelte es sich um eine medizinisch nicht indizierte ästhetische Operation, weil sie allein aus Gründen der Änderung der äußeren Wahrnehmung der Operierten erfolgt ist.

Hinweis:
Nach Ansicht des Bundessozialgerichts ist hier maßgeblich, dass der Eingriff in die körperliche Unversehrtheit des Betroffenen erfolgt, um dessen äußeres Erscheinungsbild nach dessen Plan zu verändern. Das Operationsziel definiert sich nach dem beabsichtigten äußeren Eindruck, der sich allein aus der Sicht des Behandelten bestimmt; er und nicht ein objektiv formuliertes Ideal gibt vor, wie er nach dem körperlichen Eingriff äußerlich wahrgenommen werden will. Ästhetische Operationen sind medizinisch nicht indiziert, wenn sie nicht Gegenstand des Anspruchs auf Krankenbehandlung sind; sie beruhen dementsprechend weder auf einer Entstellung noch einem sonstigen kurativen Behandlungsgrund (BSG v. 27.8.2019 – B 1 KR 37/18 R, Rn. 9).

Die Voraussetzungen von § 52 Abs. 2 SGB V liegen somit vor.

III. Rechtsfolgen

Nach dem Wortlaut der Norm hat die Krankenkasse die K in angemessener Höhe an den Kosten der Entfernung der Implantate zu beteiligen. Sie hätte demnach kein Ermessen; vielmehr muss sie eine Kostenbeteiligung einfordern. Der Begriff „in angemessener Höhe" ist ein unbestimmter Rechtsbegriff, der gerichtlich vollumfänglich nachprüfbar wäre. Allerdings wird auch die Ansicht vertreten, dass der Begriff der Angemessenheit der Kasse ein Auswahlermessen einräumt.

Hinweis:
So BSG v. 27.8.2019 – B 1 KR 37/18 R, Rn. 13 f. Dogmatisch überzeugt das nicht. Auswirkungen hat der Streit auf die gerichtliche Kontrolldichte mit Blick auf die Angemessenheit der Kostenbeteiligung. Handelt es sich um eine Form des Auswahlermessens, erfolgt nach § 54 Abs. 2 Satz 2 SGG nur eine Prüfung auf etwaige Ermessensfehler. Nimmt man aber einen unbestimmten Rechtsbegriff an, ist die Frage der Angemessenheit vollumfänglich gerichtlich überprüfbar.

Mangels anderer Angaben im Sachverhalt ist davon auszugehen, dass eine hälftige Beteiligung der K an den Kosten angemessen ist.

IV. Verfassungsrechtliche Bedenken

Fraglich ist allerdings, ob die in § 52 Abs. 2 SGB V enthaltene Regelung mit dem Grundgesetz vereinbar ist. Dieser Aspekt wird von K ausdrücklich angesprochen. Hier ist die Vereinbarkeit der Norm mit aus Art. 2 Abs. 2 Satz 1 GG sowie dem Grundrecht aus Art. 2 Abs. 1 GG i.V.m. dem Sozialstaatsprinzip zu prüfen. Denkbar wäre aber auch eine Verletzung von Art. 3 Abs. 1 oder 3 GG.

1. Verstoß gegen Art. 2 Abs. 2 Satz 1 GG bzw. Art. 2 Abs. 1 GG i.V.m. dem Sozialstaatsprinzip nach Art. 20 Abs. 1 GG

Es kommt zunächst ein Verstoß gegen das Recht auf körperliche Unversehrtheit aus Art. 2 Abs. 2 Satz 1 GG sowie die allgemeine Handlungsfreiheit aus Art. 2 Abs. 1 GG i.V.m. dem Sozialstaatsprinzip nach Art. 20 Abs. 1 GG in Betracht. Das Grundgesetz vermittelt im Regelfall keine verfassungsunmittelbaren Ansprüche auf eine konkrete Krankenbehandlung; bei lebensbedrohlichen oder wertungsmäßig vergleichbaren Erkrankungen kann eine andere Beurteilung geboten sein.

Hinweis:
Vgl. hierzu § 2 Abs. 2a SGB V, mit dem der Gesetzgeber den so genannten Nikolausbeschluss des Bundesverfassungsgerichts umgesetzt hat (BVerfG v. 6.12.2005 – 1 BvR 347/98).

Die konkrete Ausgestaltung des Krankenversicherungssystems liegt grundsätzlich in der Gestaltungsfreiheit des Gesetzgebers. Indem er Folgekosten einer medizinisch nicht indizierten ästhetischen Behandlung durch die Leistungsbeschränkung nach § 52 Abs. 2 SGB V in angemessenem Umfang von der Leistungspflicht der gesetzlichen Krankenversicherung ausgenommen und der Eigenverantwortung der Versicherten zugeordnet hat, hat der Gesetzgeber von diesem Gestaltungsrecht Gebrauch gemacht. Die gesetzlichen Krankenkassen sind von Verfassungs wegen nicht gehalten, alles zu leisten, was an Mitteln zur Erhaltung oder Wiederherstellung der Gesundheit verfügbar ist.

Über das Merkmal der Beteiligung in „angemessener" Höhe können die besonderen Umstände des konkreten Einzelfalls ausreichend berücksichtigt werden. Die Regelung ist daher auch verhältnismäßig.

2. Verstoß gegen Art. 3 Abs. 1 GG

Die Regelung von § 52 Abs. 2 SGB V könnte aber gegen den allgemeinen Gleichbehandlungsgrundsatz aus Art. 3 Abs. 1 GG verstoßen. Dieser gebietet dem Gesetzgeber, wesentlich Gleiches gleich und wesentlich Ungleiches ungleich zu behandeln. Das gilt sowohl für ungleiche Belastungen als auch ungleiche Begünstigungen. Aus dem allgemeinen Gleichheitssatz ergeben sich je nach Regelungsgegenstand und Differenzierungsmerkmalen unterschiedliche Grenzen für den Gesetzgeber, die von gelockerten, auf das Willkürverbot beschränkten Bindungen bis hin zu strengen Verhältnismäßigkeitserfordernissen reichen können.

Hinweis:
Ausführlich zum Maßstab des Bundesverfassungsgerichts vgl. BSG v. 27.8.2019 – B 1 KR 37/187 R, Rn. 22 m.w.N. Das Grundrecht wäre jedenfalls verletzt, wenn der Gesetzgeber eine Gruppe von Normadressaten anders als eine andere behandelt, obwohl zwischen beiden Gruppen keine Unterschiede von solcher Art und von solchem Gewicht bestehen, dass sie die ungleiche Behandlung rechtfertigen.

a. Vorliegen einer Ungleichbehandlung

Grundsätzlich werden Versicherte, die eine medizinisch nicht indizierte ästhetische Behandlung nach § 52 Abs. 2 SGB V haben vornehmen lassen, im Gegensatz zu (1.) Versicherten, die sich einer medizinisch indizierten Behandlung unterzogen haben und (2.) Versicherten mit einer sonst abstrakt risikobehafteten Lebensführung an den Kosten einer Folgebehandlung beteiligt. Schließlich könnte eine Ungleichbehandlung mit Blick auf die von § 52 Abs. 1 SGB V erfassten Personen relevant sein; hier hat die Krankenkasse anders als im Rahmen von § 52 Abs. 2 SGB V ein Entschließungsermessen.

b. Sachliche Rechtfertigung

Die genannte Ungleichbehandlung könnte aber sachlich gerechtfertigt sein. Fraglich ist bereits, welcher Maßstab für die Prüfung der verfassungsrechtlichen Rechtfertigung der Differenzierung zugrunde zu legen ist. Der Gesetzgeber hat vorliegend nicht an Persönlichkeitsmerkmale angeknüpft, sondern differenziert nach verhaltensbezogenen Sachkriterien. Insofern beschränkt sich die Prüfung auf eine Willkürkontrolle; schließlich sind die Betroffenen in der Lage, durch ihr Verhalten die Verwirklichung der tatbestandlichen Voraussetzungen zu beeinflussen.

Hinweis:
Die Abgrenzung ist keineswegs immer zweifelsfrei; bei entsprechender Argumentation ist auch die gegenteilige Ansicht vertretbar.

Vor diesem Hintergrund gibt es hinreichende sachliche Gründe für eine Differenzierung. In der ersten Fallgruppe unterziehen sich die Versicherten einer Operation aufgrund einer Krankheit im Sinne von § 27 Abs. 1 SGB V und nicht aufgrund des individuellen Wunsches nach Veränderung des äußeren Erscheinungsbilds. Bei der zweiten Fallgruppe handelt es sich um langfristig potentiell schädigende Verhaltensweisen, die effektiv nur mit umfassender Überwachung der persönlichen Lebensführung zu erfassen wären und jedenfalls nicht unmittelbar die körperliche Integrität antasten. Medizinisch nicht indizierte ästhetische Operationen, Tätowierungen oder Piercings verletzen dagegen den Körper unmittelbar, beruhen auf punktuellen Vorgängen, die relativ leicht zu erfassen sind und regelmäßig in einem nahen zeitlichen Zusammenhang zur Folgeerkrankung stehen.

Dass § 52 Abs. 1 SGB V ein Entschließungsermessen einräumt, ist der Tatsache geschuldet, dass die Norm einen wesentlich größeren Kreis von Personen erfasst, sodass es insofern eines Korrektivs bedarf.

Hinweis:
Ausführlich hierzu BSG v. 27.8.2019 – B 1 KR 37/18 R, Rn. 24 f. Auch hier ist vieles vertretbar.

Die Ungleichbehandlung beruht somit auf sachlichen Erwägungen.

Angesichts großer Herausforderungen – insbesondere des demographischen Wandels, der Entdeckung neuer Krankheiten und damit neuer Behandlungsnotwendigkeiten sowie des medizinischen und medizinisch-technischen Fortschritts – erscheint die Beschränkung von Leistungen bei Krankheiten durch medizinisch nicht indizierte ästhetische Operationen als ein geeignetes und erforderliches Mittel zur Schaffung von Spielräumen für neue Leistungen. Schließlich schließt § 52 Abs. 2 SGB V den Leistungsanspruch der Betroffenen nicht vollständig aus, die Beteiligung des Versicherten in einer angemessenen Höhe ermöglicht einen ermessensgerechten Ausgleich zwischen dem Schutz des Einzelnen und den Belangen der Solidargemeinschaft im Einzelfall. Die Regelung ist daher auch angemessen und somit verhältnismäßig.

3. Verstoß gegen Art. 3 Abs. 3 Satz 1 GG

Nach Art. 3 Abs. 3 Satz 1 GG darf niemand wegen seines Geschlechtes benachteiligt werden. § 52 Abs. 2 SGB V trifft grundsätzlich keine geschlechtsspezifischen Anordnungen. Eine grundsätzlich unzulässige Anknüpfung an das Geschlecht kann aber auch dann vorliegen, wenn eine geschlechtsneutral formulierte Regelung aufgrund natürlicher Unterschiede oder der gesellschaftlichen Bedingungen überwiegend Frauen benachteiligt. Für die Annahme einer solchen Benachteiligung ist es jedoch der bloße Umstand, dass Frauen gegeben falls statistisch häufiger Schönheitsoperationen vornehmen lassen, nicht ausreichend. Die Leistungsbeschränkung von § 52 Abs. 2 SGB V benachteiligt Frauen nicht in verfassungswidriger Weise aufgrund ihres Geschlechtes.

> **Hinweis:**
> Auch hierzu BSG v. 27.6.2019 – B 1 KR 37/18 R, Rn. 18.

4. Zwischenergebnis

Das Schreiben vom Januar 2020, mit dem die Krankenkasse die K gemäß § 52 Abs. 2 SGB V verpflichtet, sich in Höhe von 2000 € an den Behandlungskosten zu beteiligen, ist nicht rechtswidrig.

C. Ergebnis

Der Widerspruch der K ist zulässig, aber unbegründet.

Teil 3

Es ist zu klären, ob die TK Hamburg die Nachzahlung der entsprechenden Beiträge seit Januar 2019 von der T zu Recht einfordert.

A. Zur Feststellung der Familienversicherung

Grundsätzlich entsteht die Familienversicherung kraft Gesetzes beim Vorliegen der Voraussetzungen von § 10 SGB V, ohne dass es eines feststellenden Verwaltungsaktes der Krankenkasse bedarf. In dem vorliegenden Fall war gegenüber T aber im Sommer 2019 ein Schreiben ergangen, in dem die TK Hamburg die beitragsfreie Versicherung der T auch über ihren 18. Geburtstag hinaus festgestellt hat. Dabei handelt es sich – alle Tatbestandsmerkmale des § 31 Satz 1 SGB X sind erfüllt – um einen feststellenden Verwaltungsakt. Dieser Verwaltungsakt stellt fest, dass T beitragsfrei über § 10 SGB V versichert ist. Wenn die Krankenkasse nunmehr Beiträge von T einfordert, würde dies voraussetzen, dass sie den Verwaltungsakt rückwirkend aufheben kann.

B. Ermächtigungsgrundlage für die Aufhebung

Die Aufhebung von Verwaltungsakten richtet sich nach den §§ 44 ff. SGB X. Vorliegend kommt eine Aufhebung nach § 45 SGB X in Betracht.

I. Voraussetzungen für die Aufhebung

Nach § 45 Abs. 1 SGB X kann ein rechtswidriger begünstigender Verwaltungsakt, auch nachdem er unanfechtbar geworden ist, nur unter den Voraussetzungen von § 45 Abs. 2 bis 4 SGB X mit Wirkung für die Zukunft oder Vergangenheit zurückgenommen werden.

1. Begünstigender Verwaltungsakt

Der feststellende Bescheid über das Bestehen der Familienversicherung begründet für T den rechtlich erheblichen Vorteil einer beitragsfreien Versicherung in der gesetzlichen Krankenversicherung. Es handelt sich daher um einen begünstigenden Verwaltungsakt i.S.v. § 45 Abs. 1 HS. 1 SGB X.

2. Anfängliche Rechtswidrigkeit des Verwaltungsakts

Dieser wäre von Anfang an rechtswidrig, wenn T schon bei seinem Erlass nicht die Voraussetzungen der Familienversicherung nach § 10 SGB V erfüllt hätte.

a. Kind eines Mitglieds der gesetzlichen Krankenversicherung

T ist als Tochter der K das Kind eines Mitglieds in der gesetzlichen Krankenversicherung gemäß § 10 Abs. 1 Satz 1 SGB V.

b. Altersgrenze

Grundsätzlich sind Kinder gemäß § 10 Abs. 2 Nr. 1 SGB V nur bis zu ihrem 18. Lebensjahr familienversichert. T hat das 18. Lebensjahr bereits vollendet Allerdings besucht sie weiterhin die Schule, sodass für sie die Altersgrenze von 25 Jahren nach § 10 Abs. 2 Nr. 3 SGB V gilt.

c. Wohnsitz

Mangels anderer Angaben ist davon auszugehen, dass die T eine Schule in Hamburg besucht und damit auch ihren Wohnsitz gemäß § 10 Abs. 1 Satz 1 Nr. 1 SGB V i.V.m. § 30 Abs. 3 Satz 1 SGB I im Inland hat.

d. Eigene Versicherung bzw. Versicherungsfreiheit

Fraglich ist, ob die Familienversicherung an § 10 Abs. 1 Satz 1 Nr. 2 SGB scheitern könnte, weil T als Model nach § 5 Abs. 1 Nr. 1 SGB V als Beschäftigte selbst versichert ist. Nach den Angaben im Sachverhalt erfüllt die Art der Tätigkeit allerdings nicht die Vorgaben des § 7 Abs. 1 SGB IV, weil T völlig frei in ihrer Tätigkeit ist; sie muss Aufträge nicht annehmen, und kann ihre Vergütung aushandeln und die Zeit der Aufnahmen selbst vorgeben. Eine nichtselbständige Tätigkeit liegt damit nicht vor.

T ist auch im Übrigen nicht selbst im Sinne von § 10 Abs. 1 Satz 1 Nr. 2 SGB V versichert oder versicherungsfrei bzw. von der Versicherung befreit nach Nr. 3.

e. Selbständige Tätigkeit

Allerdings könnte die T aufgrund ihrer Modeltätigkeit gemäß § 10 Abs. 1 Satz 1 Nr. 4 SGB V hauptberuflich selbständig tätig sein. Eine selbständige Tätigkeit liegt vor. Bei der Frage der „Hauptberuflichkeit" ist nicht allein die wirtschaftliche Bedeutung der Tätigkeit, sondern vor allem ihr zeitlicher Umfang maßgeblich. T übt den Modeljob nur zweimal im Monat aus; das spricht gegen das Kriterium der Hauptberuflichkeit.

Hinweis:
Die Frage nach der Hauptberuflichkeit einer selbständigen Tätigkeit ist vor allem für Situationen relevant, in denen neben dem Studium eine selbständige Tätigkeit ausgeübt wird. Dann stellt sich die Frage, ab wann diese Tätigkeit hauptberuflich ist, sodass nach § 5 Abs. 5 Satz 1 SGB V eine studentische Versicherung nach § 5 Abs. 1 Nr. 9 SGB V ausscheidet. Die ist insbesondere deshalb relevant, weil es für selbständige Studierende – anders als für Beschäftigte – grundsätzlich kein Werkstudierendenprivileg entsprechend § 6 Abs. 1 Nr. 3 SGB V gibt. Siehe dazu ausführlich *Felix*, SGb 2002, S. 193, 196 ff.

f. Gesamteinkommen

T überschreitet mit einem Einkommen von 1200 € allerdings die Höchstgrenze von § 10 Abs. 1 Satz 1 Nr. 5 SGB V. Danach darf das Familienmitglied kein Gesamteinkommen haben, das regelmäßig ein Siebtel der monatlichen Bezugsgröße nach § 18 SGB IV übersteigt. Vorliegend beläuft sich die Höchstgrenze auf 445 €; T verdient aber 1200 € monatlich.

Hinweis:
Die Bezugsgröße ist gemäß § 18 Abs. 1 SGB IV grundsätzlich das Durchschnittsentgelt der Rentenversicherung des vergangenen Jahres nach der Anlage 1 zum SGB VI.

Die Rechnung lautet also:

1. Das Durchschnittsentgelt des vergangenen Jahres nach Anlage 1 SGB VI geteilt durch 12 (= monatliche Bezugsgröße)

2. Monatliche Bezugsgröße geteilt durch 7

Für das vorliegend maßgebliche Jahr 2019 ergibt dies eine Höchstgrenze von 445 € im Monat (37.380 € : 12 = 3115 € : 7 = 445 €).

3. Vertrauensschutz nach Absatz 2

Ein rechtswidriger begünstigender Verwaltungsakt darf gemäß § 45 Abs. 2 Satz 1 SGB X nicht zurückgenommen werden, soweit der Begünstigte auf den Bestand des Verwaltungsakts vertraut hat und sein Vertrauen unter Abwägung mit dem öffentlichen Interesse an einer Rücknahme schutzwürdig ist. Allerdings kann sich der Begünstigte unter den in § 45 Abs. 2 Satz 3 SGB X genannten Voraussetzungen nicht auf Vertrauensschutz berufen. T hat auf die Anfrage ihrer Krankenkasse wahrheitswidrig mitgeteilt, dass sie kein eigenes Einkommen habe. Ob sie insoweit im Sinne von § 45 Abs. 2 Satz 3 Nr. 1 SGB X arglistig getäuscht hat, kann dahinstehen – jedenfalls sind die Voraussetzungen der Nr. 2 erfüllt.

§ 45 Abs. 2 SGB X steht einer Aufhebung des Verwaltungsaktes damit nicht entgegen.

4. Verwaltungsakt mit Dauerwirkung nach Absatz 3

Da der Feststellungsbescheid Grundlage eines dauerhaften Versicherungsstatus ist und nachträglich durch eine Änderung der Rechts- und Sachlage im Sinne von § 48 SGB X rechtswidrig werden kann, handelt es sich um einen Verwaltungsakt mit Dauerwirkung. Dieser kann gemäß § 45 Abs. 3 Satz 1 SGB X grundsätzlich bis zum Ablauf von zwei Jahren nach seiner Bekanntgabe zurückgenommen werden; unter den in § 45 Abs. 3 Satz 3 Nr. 1 SGB X genannten Voraussetzungen, die hier auch erfüllt sind, ist eine Frist von zehn Jahren maßgeblich. Bekanntgegeben wurde der Bescheid nach § 37 Abs. 1 Satz 1 SGB X mit Schreiben vom Sommer 2019; die Rücknahme im September 2019 war mithin nicht verspätet.

Hinweis:
Vgl. zu den zeitlichen Grenzen bei der Aufhebung von Verwaltungsakten *Felix*, SGb 2018, S. 729, 733.

II. Rechtsfolge

In der Rechtsfolge kann der Verwaltungsakt aufgehoben werden; die Krankenkasse muss daher ihr Ermessen nach § 45 Abs. 1 SGB X ausüben. Nach den Angaben im Sachverhalt begründet der zuständige Sachbearbeiter seine Entscheidung ausführlich; mangels entgegenstehender Angaben ist davon auszugehen, dass er insoweit auch Ausführungen zum Ermessen macht. Es liegt damit kein Ermessensausfall vor; es liegen auch keine besonderen Umstände vor, die es rechtfertigen würden, zu Lasten der Solidargemeinschaft von einer Aufhebung des Verwaltungsakts abzusehen.

Hinweis:
Wenn der Sachverhalt nicht eindeutig ist, ist ein solches Vorgehen legitim; entscheidend ist, dass die Notwendigkeit einer Ermessensausübung im Rahmen des § 45 SGB X jedenfalls angesprochen wird.

Eine Rücknahme ist damit grundsätzlich möglich. Das müsste allerdings auch rückwirkend möglich gewesen sein, da die Krankenkasse Versicherungsbeiträge seit Januar 2019 einfordert. Bei Vorliegen der Voraussetzungen von § 45 Abs. 2 Satz 3 Nr. 2 SGB X ist der Verwaltungsakt nach § 45 Abs. 4 Satz 1 SGB X mit Wirkung für die Vergangenheit zurückzunehmen. Die Jahresfrist von § 45 Abs. 4 Satz 2 SGB X ist mit der Rücknahme im September 2019 unproblematisch eingehalten worden.

III. Zwischenergebnis

Der Feststellungsbescheid von Sommer 2019 ist rechtmäßig mit Wirkung zum Januar 2019 zurückgenommen worden.

C. Rechtsgrundlage für die Beitragserhebung

Durch Rücknahme des Feststellungsbescheids ist die T gemäß § 188 Abs. 4 Satz 1 HS. 1 und 2 SGB V seit Januar 2019 obligatorisches freiwilliges Mitglied ihrer Krankenkasse. Die Beitragszahlungspflicht richtet sich dann nach §§ 223 Abs. 1, 240 Abs. 1, 250 Abs. 2, 252 Abs. 1 Satz 1 SGB V.

Allerdings könnte T gemäß § 188 Abs. 4 Satz 1 HS. 3 SGB V innerhalb von zwei Wochen nach einem diesbezüglichen Hinweis gegenüber der TK Hamburg ihren Austritt erklären. Daher sollte der Sachbearbeiter, wenn er das nicht bereits getan hat, über die durch § 188 Abs. 4 SGB V eingeräumte Austrittsmöglichkeit informieren.

Teil 4

Leistungen nach dem SGB VI erfordern nach § 19 Satz 1 SGB IV sowie § 115 Abs. 1 Satz 1 SGB VI eine Antragstellung i.S.v. § 16 SGB I. Ohne einen entsprechenden Antrag darf der Rentenversicherungsträger nicht tätig werden (§ 18 Satz 2 Nr. 2 SGB X).

Bezogen auf Renten ist zudem § 99 SGB VI zu beachten, der zum Wegfall von Leistungsansprüchen für einzelne Monate führt, wenn die Rente nicht rechtzeitig beantragt wird. Dabei handelt es sich um eine Ausschlussfrist, weshalb auch eine Wiedereinsetzung nach § 27 Abs. 5 SGB X nicht möglich ist. Daher soll der Rentenversicherungsträger die Berechtigten gemäß § 115 Abs. 6 Satz 1 SGB VI in geeigneten Fällen auf eine mögliche Antragsstellung hinzuweisen.

Gliederung zu Fall 5

Teil 1

Frage 1

A. Anspruch aus § 102 SGB X
B. Anspruch aus § 103 SGB X
C. Anspruch aus § 105 SGB X
D. Anspruch aus § 104 SGB X
  I. Zu den Anspruchsvoraussetzungen von § 104 Abs. 1 SGB X
  II. Kein Anspruch aus §§ 103 SGB X
  III. Nachrangigkeit des Sozialhilfeträgers
    1. Institutioneller Nachrang des Sozialhilfeträgers
    2. Einzelfallsubsidiarität
  IV. Leistungspflicht der Pflegekasse aus § 40 Abs. 4 SGB X
    1. Rechtmäßige Erbringung des Treppenlifts
      a. Leistungsberechtigter Personenkreis
      b. Wohnumfeldverbessernde Maßnahme
      c. Subsidiarität
      d. Kein Überschreiten des Höchstbetrags
      e. Ermessen
    2. Übernahme der Reparaturkosten
    3. Ermessen
  V. Kongruenz der Leistungen
  VI. Kein Ausschluss durch eigene Leistung vor Kenntniserlangung
  VII. Ergebnis

Frage 2

Teil 2

A. Zulässigkeit des Widerspruchs
  I. Eröffnung des Sozialrechtswegs
  II. Statthaftigkeit des Widerspruchs
  III. Widerspruchsbefugnis
  IV. Beteiligte; Beteiligungs- und Verfahrensfähigkeit
  V. Ordnungsgemäße Widerspruchserhebung
  VI. Allgemeines Rechtsschutzbedürfnis

VII. Sonstiges
VIII. Ergebnis zur Zulässigkeit
B. Begründetheit des Widerspruchs
I. Ermächtigungsgrundlage für einen Kostenbescheid
II. Voraussetzungen von § 52 Abs. 2 SGB V
III. Rechtsfolgen
IV. Verfassungsrechtliche Bedenken
1. Verstoß gegen Art. 2 Abs. 2 Satz 1 GG bzw. Art. 2 Abs. 1 GG i.V.m. dem Sozialstaatsprinzip nach Art. 20 Abs. 1 GG
2. Verstoß gegen Art. 3 Abs. 1 GG
a. Vorliegen einer Ungleichbehandlung
b. Sachliche Rechtfertigung
3. Verstoß gegen Art. 3 Abs. 3 Satz 1 GG
4. Zwischenergebnis
C. Ergebnis

Teil 3

A. Zur Feststellung der Familienversicherung
B. Ermächtigungsgrundlage für die Aufhebung
I. Voraussetzungen für die Aufhebung
1. Begünstigender Verwaltungsakt
2. Anfängliche Rechtswidrigkeit des Verwaltungsakts
a. Kind eines Mitglieds der gesetzlichen Krankenversicherung
b. Altersgrenze
c. Wohnsitz
d. Eigene Versicherung bzw. Versicherungsfreiheit
e. Selbständige Tätigkeit
f. Gesamteinkommen
3. Vertrauensschutz nach Absatz 2
4. Verwaltungsakt mit Dauerwirkung nach Absatz 3
II. Rechtsfolge
III. Zwischenergebnis
C. Rechtsgrundlage für die Beitragserhebung

Teil 4

Fall 6

Teil 1

Der 26 Jahre alte Matthias Kaul (K) ist halbtags als angestellter Programmierer bei einem großen Softwareunternehmen in Hamburg tätig. Er verdient 3500 € brutto monatlich. K lebt mit seiner Freundin Friederike (F) und dem gemeinsamen Sohn Paul (P), der drei Jahre alt ist, in Stellingen. Anfang Januar 2020 hatte F ihre Tätigkeit als Unfallchirurgin im Universitätsklinikum in Eppendorf (UKE) wieder aufgenommen; sie nimmt P morgens mit in die Kindertagesstätte in Stellingen und holt ihn am frühen Nachmittag wieder ab. K ist von 8 Uhr morgens bis 17 Uhr im Bürokomplex der Softwarefirma in der Innenstadt tätig.

Nachdem sich die Zahl der Infektionen mit dem Covid-19-Virus und auch die Zahl der Todesfälle im März 2020 drastisch erhöht hatten, beschloss die Arbeitgeberin der K, dass alle Programmierer ab sofort bis auf Weiteres nur noch im Homeoffice tätig sein sollten. Da F im UKE dringend gebraucht wird, beschließen K und F, dass ab sofort K den kleinen P morgens in die Kindertagesstätte bringen und ihn auch wieder abholen soll. Gerade nach der Schließung der Kindergärten zur Eindämmung der Covid-19-Pandemie ist damit zu rechnen, dass Bring- und Abholsituationen im Kindergarten zunächst länger dauern werden. Zudem kann F ihre Arbeitszeit so flexibler handhaben.

Nach der Wiedereröffnung der Kindertagesstätte, am Montag, den 30.3.2020, hat K bereits seit 6 Uhr an seinem Dienstrechner zu Hause gearbeitet. Nachdem F das Haus gegen 7 Uhr verlassen hatte, machte K seinem Sohn Frühstück und brachte ihn dann mit dem Fahrrad, an dem ein Kindersitz befestigt ist, gegen 8 Uhr zur Kindertagesstätte. Auf dem Rückweg nahm ihm ein Autofahrer um 8:45 Uhr die Vorfahrt und rammte das Fahrrad seitlich. K stürzte und zog sich erhebliche Verletzungen zu, die eine dreitägige stationäre und eine anschließende ambulante Behandlung erforderlich machten.

Die Behandlungskosten trug zunächst die AOK Rheinland/Hamburg (AOK), bei der K gesetzlich krankenversichert ist. Als der dortige Sachbearbeiter von den Umständen des Unfalls hört, wendet er sich an die für K zuständige Berufsgenossenschaft und bittet um Erstattung des für die Behandlung des K angefallenen Betrags von 6350 €. Die Berufsgenossenschaft lehnt das Ansinnen der Krankenkasse ab; schließlich habe K keinen Anspruch auf Leistungen aus der gesetzlichen Unfallversicherung.

Daraufhin erhebt die Krankenkasse gegen die Berufsgenossenschaft Klage auf Zahlung von 6350 € beim Sozialgericht Hamburg.

Bearbeitungsvermerk:

1. In einem umfassenden Gutachten – ggf. in einem Hilfsgutachten – sind die Erfolgsaussichten der Klage der Krankenkasse zu prüfen.
2. Unterstellt, die Klage bliebe erfolglos – welche weiteren Möglichkeiten hätte die Krankenkasse, um die Behandlungskosten ersetzt zu bekommen?

Teil 2

Yvonne Bertram (B) ist 32 Jahre alt und alleinstehend. Sie bezieht seit einem Jahr Arbeitslosengeld II. Im Januar 2020 erfährt B, dass sie an einer aggressiven Form von Blutkrebs erkrankt ist und mehrere Chemotherapien über sich ergehen lassen muss. Die Ärzte eröffnen B auch, dass diese Behandlung ihre Eizellen schädigen wird und empfehlen ihr eine so genannte Kryokonservierung, bei der die Eizellen in flüssigem Stickstoff eingefroren und gelagert werden; im Falle eines späteren Kinderwunsches könne man sie dann für eine künstliche Befruchtung verwenden. Es gäbe Firmen, die sich auf diese Kryokonservierung spezialisiert haben und dies anbieten.

Im Internet findet B den in dieser Fassung seit Mai 2019 geltenden § 27a SGB V, der in seinem Absatz 4 einen entsprechenden Anspruch einräumt.

Umgehend wendet sich B an ihre Krankenkasse und beantragt die Kryokonservierung. Die zuständige Sachbearbeiterin teilt ihr mit, dass leider noch kein durchsetzbarer Anspruch bestehe, weil – was zutrifft – der Gemeinsame Bundesausschuss (G-BA) die nach § 27a Abs. 5 SGB V erforderlichen Richtlinien noch nicht erlassen habe.

Daraufhin lässt B die Maßnahme im Frühjahr 2020 erst einmal auf eigene Kosten durchführen. Das Geld für die Entnahme der Eizellen in Höhe von 3000 € hat ihr eine Freundin geschenkt; den jährlich anfallenden Betrag in Höhe von 300 € für die Einlagerung der Zellen hat B mithilfe eines Darlehens ihrer Mutter finanziert. Diese Rechnung über 300 € – sie stammt von der „Kryo-X“, einem Unternehmen in Norddeutschland, das sich auf Kryokonservierung spezialisiert hat – legt B dem Jobcenter vor. Sie fordert die Übernahme der Kosten.

Bearbeitungsvermerk:

1. Wie bewerten Sie die Auskunft der Sachbearbeiterin der Krankenkasse in rechtlicher Hinsicht?

2. Besteht nach Ihrer Einschätzung ein Anspruch auf Übernahme der jährlich anfallenden Kosten der Kryokonservierung nach Maßgabe des SGB II gegen das Jobcenter?

Teil 3

Erläutern Sie in wenigen Sätzen die Zielsetzung des Kurzarbeitergeldes, das gerade während der Covid-19-Pandemie so bedeutsam ist.

Teil 1:	*Erstattungsstreitigkeit zwischen Leistungsträgern; Gesetzliche Unfallversicherung, Wegeunfall, Home-Office*
Teil 2:	*Entstehen des Leistungsanspruchs im SGB V; Härtefallmehrbedarf im SGB II*
Teil 3:	*Kurzarbeitergeld*

Unverbindliche Lösungshinweise

Teil 1

Frage 1

Die Klage der AOK gegen die Berufsgenossenschaft auf Zahlung von 6350 € hat Aussicht auf Erfolg, wenn sie zulässig und soweit sie begründet ist.

A. Zulässigkeit der Klage

Die Klage der AOK ist zulässig, wenn alle Sachentscheidungsvoraussetzungen erfüllt sind.

I. Eröffnung des Sozialrechtsweges

Der Sozialrechtsweg müsste eröffnet sein. Da die Krankenkasse eine Erstattung der von ihr getragenen Behandlungskosten von der Berufsgenossenschaft fordert, handelt es sich um eine Erstattungsstreitigkeit zwischen zwei Sozialversicherungsträgern im Sinne der §§ 102 ff. SGB X. In Bezug auf den Rechtsweg ist daher § 114 Satz 1 SGB X zu beachten. Hiernach ist für die Erstattung der gleiche Rechtsweg gegeben wie für die Sozialleistung, wobei im Fall des § 102 SGB X der Anspruch gegen den vorleistenden Leistungsträger und im Fall der §§ 103 bis 105 SGB X der Anspruch gegen den erstattungspflichtigen Leistungsträger maßgebend ist. Der Sozialrechtsweg ist nach § 51 SGG als abdrängende Sonderzuweisung im Sinne von § 40 Abs. 1 VwGO eröffnet, wenn es sich um eine Streitigkeit in einer der in § 51 Abs. 1 Nr. 1 bis 10 SGG abschließend aufgezählten Angelegenheiten handelt und die Streitigkeit öffentlich-rechtlicher und nicht verfassungsrechtlicher Natur ist.

Vorleistender Träger ist hier die Krankenkasse, erstattungspflichtig soll der Unfallversicherungsträger sein. Für den Anspruch des K auf Sozialleistungen wäre der Katalog des § 51 Abs. 1 SGG mit Blick auf beide Rechtsgebiete einschlägig – und zwar nach § 51 Abs. 1 Nr. 2 Var. 1 SGG oder nach § 51 Abs. 1 Nr. 3 SGG. Der Rechtsweg zu den Sozialgerichten ist also in jedem Fall nach § 114 SGB X i.V.m. § 51 Abs. 1 SGG eröffnet, ohne dass bereits hier entschieden werden müsste, welche Erstattungsvorschrift einschlägig ist.

Es müsste sich zudem um eine öffentlich-rechtliche Streitigkeit handeln. Dies richtet sich grundsätzlich nach der Natur des Rechtsverhältnisses, aus dem der Klageanspruch hergeleitet wird. Dabei kommt es regelmäßig darauf an, ob sich ein Träger hoheitlicher Gewalt der besonderen Rechtsnormen des öffentlichen Rechts bedient, die ausschließlich ihn berechtigen oder verpflichten. Hier verlangt die Krankenkasse als Leistungsträger der gesetzlichen Krankenversicherung Erstattung von Behandlungskosten von der Berufsgenossenschaft als Träger der Unfallversicherung. Beide Sozialversicherungsträger sind dabei Körperschaften des öffentlichen Rechts (vgl. § 29 Abs. 1 SGB IV); die §§ 102 ff. SGB X begründen Erstattungsansprüche zwischen Sozialleistungsträgern, die dem öffentlichen Sonderrecht zuzuordnen sind. Es handelt sich daher um eine öffentlich-rechtliche Streitigkeit.

Es dürfte sich nicht um eine Streitigkeit verfassungsrechtlicher Art handeln (vgl. § 39 Abs. 2 SGG). Da hier nicht Verfassungsorgane um die sich aus der Verfassung ergebende Rechte und Pflichten streiten, fehlt es an der doppelten Verfassungsunmittelbarkeit.

Der Sozialrechtsweg ist somit eröffnet.

II. Statthafte Klageart

Die statthafte Klageart richtet sich nach dem klägerischen Begehren, vgl. § 123 SGG. Hier fordert die Krankenkasse Erstattung von Behandlungskosten von der Berufsgenossenschaft. In Frage kommt hier die so genannte echte Leistungsklage nach § 54 Abs. 5 SGG. Danach kann mit der Klage die Verurteilung zu einer Leistung, auf die ein Rechtsanspruch besteht auch begehrt werden, wenn ein Verwaltungsakt nicht zu ergehen hatte. Statthaft ist die echte Leistungsklage demnach, wenn die Behörde nicht durch Verwaltungsakt handeln kann, da es am erforderlichen Über-/Unterordnungsverhältnis, das typisch für die Beziehung zwischen Bürger und Staat ist, fehlt.

Hinweis:
Ausführlich hierzu *Söhngen* in: jurisPK-SGG, Stand 30.6.2020, § 54 Rn. 70 ff.

Bei einer Erstattungsstreitigkeit stehen sich die Sozialversicherungsträger in einem Gleichordnungsverhältnis gegenüber, ein Handeln durch Verwaltungsakt ist daher ausgeschlossen.

Die echte Leistungsklage nach § 54 Abs. 5 SGG ist somit statthaft.

Hinweis:
Da kein Verwaltungsakt ergehen konnte, wäre auch ein Vorverfahren nicht statthaft. Die Leistungsklage ist zudem an keine Klagefrist gebunden. Beide Punkte könnte man knapp ansprechen, muss es aber nicht tun.

III. Klagebefugnis

Fraglich ist, ob die Krankenkasse klagebefugt ist.

Obgleich die Klagebefugnis nur für Gestaltungsklagen nach § 54 Abs. 1 Satz 1 SGG vorgeschrieben ist, ist in entsprechender Anwendung des § 54 Abs. 1 Satz 2 SGG zu prüfen, ob der Kläger klagebefugt ist, um die Erhebung von Popularklagen zu verhindern.

Hinweis:
Das Bundessozialgericht wendet § 54 Abs. 1 Satz 2 SGG in ständiger Rechtsprechung entsprechend an (vgl. etwa BSG v. 22.4.2015 – B 3 KE 2/14 R).

Die Krankenkasse müsste schlüssig vortragen, durch die Weigerung der Berufsgenossenschaft, die Kosten zu erstatten, beschwert zu sein. Es ist jedenfalls möglich, dass es sich bei dem Unfall des K um einen Arbeitsunfall im Sinne des § 7 Abs. 1 Alt. 1 i.V.m. § 8 SGB IV handelt, weshalb allein der Unfallversicherungsträger leistungspflichtig ist und die Krankenkasse daher einen Rechtsanspruch auf die Erstattung aus §§ 102 ff. SGB X hätte Die Krankenkasse ist somit klagebefugt.

IV. Ordnungsgemäße Klageerhebung

Von einer ordnungsgemäßen Klageerhebung im Sinne der §§ 90, 92 SGG ist auszugehen.

V. Zuständigkeit

Die Zuständigkeit des Sozialgericht Hamburg ergibt sich aus §§ 8, 57 Abs. 1 Satz 1 SGG, wenn der Sitz der zuständigen Berufsgenossenschaft in Hamburg liegt.

VI. Beteiligte, Partei- und Prozessfähigkeit

Beteiligt am Verfahren sind als Klägerin nach § 69 Nr. 1 SGG die AOK und als Beklagte nach § 69 Nr. 2 SGG die zuständige Berufsgenossenschaft.

Sowohl Krankenkasse als auch Berufsgenossenschaft sind gemäß § 70 Nr. 1 Alt. 2 SGG i.V.m. § 29 SGB IV als juristische Personen parteifähig. Prozessfähig sind beide Beteiligte über ihre gesetzlichen Vertreter gemäß § 71 Abs. 3 SGG.

VII. Allgemeines Rechtschutzbedürfnis

Der Krankenkasse stehen keine einfacheren Mittel zur Geltendmachung zur Verfügung. Insbesondere darf sie, wie dargelegt, keinen Verwaltungsakt gegen die Berufsgenossenschaft erlassen. Da die Berufsgenossenschaft sich weigert zu zahlen, bedarf es einer gerichtlichen Entscheidung.

VIII. Ergebnis zur Zulässigkeit

Die Klage der AOK ist zulässig.

B. Beiladung

K könnte als Geschädigter nach § 75 Abs. 2 Alt. 1 SGG notwendig beizuladen sein. Dies ist der Fall, wenn die Entscheidung ihm als Dritten gegenüber nur einheitlich ergehen kann. Die Rechtssphäre des K müsste daher unmittelbar betroffen sein. Dazu genügt es, dass bei nur einer Entscheidungsalternative die Möglichkeit besteht, dass in die Rechtssphäre des K eingegriffen wird. Dagegen spricht zunächst, dass die Behandlung des K bereits abgeschlossen ist und für ihn als Versicherten an sich irrelevant ist, welcher Träger die Kosten zu tragen hat. Jedoch ist es für K im Kontext von Folgeschäden, die Folgeansprüche auslösen können, erheblich, welcher Leistungsträger zuständig ist.

Hinweis:
Das Bundessozialgericht verneint eine notwendige Beiladung bei erhaltener Leistung (BSG v. 18.11.2014 – B 1 KR 12/14 R, Rn. 9). Vgl. hierzu auch *Schmidt* in: Meyer-Ladewig/Keller/Leitherer/Schmidt, SGG, 13. Aufl. 2020, § 75 Rn. 10a m.w.N.

Die Frage, ob die Krankenkasse oder die Berufsgenossenschaft zuständig ist, ist für Versicherte im Übrigen grundsätzlich von erheblicher Bedeutung. So ist die gesetzliche Krankenversicherung etwa an das Wirtschaftlichkeitsgebot aus § 12 Abs. 1 SGB V gebunden, das in der gesetzlichen Unfallversicherung in dieser Form nicht existiert. So ist es für Versicherte in Bezug auf die Leistung von Vorteil, den Unfallversicherungsträger zuständig zu wissen.

K ist somit notwendig beizuladen.

Hinweis:
A.A. gut vertretbar.

C. Begründetheit der Klage

Die Klage der Krankenkasse ist begründet, soweit sie einen Rechtsanspruch auf Erstattung der Behandlungskosten gegen die Berufsgenossenschaft hat.

I. Passivlegitimation

Passivlegitimiert ist hier die für K zuständige Berufsgenossenschaft.

II. Anspruchsgrundlage

Fraglich ist zunächst, woraus sich der Erstattungsanspruch ergibt. In Frage kommen hier allein die §§ 102 ff. SGB X.

1. § 102 SGB X

Voraussetzung für eine Anwendung des § 102 SGB X ist nach Absatz 1 eine vorläufige Erbringung von Leistungen aufgrund gesetzlicher Vorgaben. Die Krankenkasse hat hier jedoch nicht vorläufig im Sinne des § 43 SGB I geleistet, sondern ist von ihrer Zuständigkeit ausgegangen und hat endgültig geleistet. Ein Anspruch aus § 102 Abs. 1 SGB X scheidet daher aus.

2. § 103 SGB X

§ 103 Abs. 1 SGB X normiert einen Erstattungsanspruch, wenn der Anspruch auf erbrachte Leistungen nachträglich kraft Gesetzes entfällt. Hier ist wegen § 11 Abs. 5 SGB V von Anfang an entweder die Krankenkasse oder die Berufsgenossenschaft zuständig. § 103 Abs. 1 SGB X ist daher nicht anwendbar.

3. § 104 Abs. 1 SGB X

§ 104 Abs. 1 Satz 1 SGB X normiert Konstellationen, in denen ein im Sinne des Satzes 2 nachrangig verpflichteter Leistungsträger vorgeleistet hat. Jedoch besteht ein derartiges Vor- und Nachrangverhältnis zwischen Krankenkasse und Berufsgenossenschaft nicht, es handelt sich hier um ein Ausschlussverhältnis, vgl. § 11 Abs. 5 SGB V. § 104 Abs. 1 Satz 1 SGB X ist somit nicht einschlägig.

4. § 105 Abs. 1 SGB X

Der Anspruch könnte sich aus § 105 Abs. 1 SGB X ergeben. Hiernach kann ein unzuständiger Sozialleistungsträger, der Leistungen erbracht hat, vom zuständigen Leistungsträger Erstattung verlangen. Das zu Grunde liegende Ausschlussverhältnis ist in § 11 Abs. 5 Satz 1 SGB V normiert: Auf Leistungen nach dem SGB V besteht kein Anspruch, wenn diese in Folge eines Arbeitsunfalls oder einer Berufskrankheit im Sinne des SGB VII zu erbringen sind. § 105 Abs. 1 Satz 1 SGB X ist damit taugliche Anspruchsgrundlage.

III. Zu den Voraussetzungen nach § 105 Abs. 1 Satz 1 SGB X

1. Erbringung von Sozialleistungen durch einen Leistungsträger

Ein Leistungsträger müsste Sozialleistungen erbracht haben. Hier hat die AOK, ein Sozialleistungsträger im Sinne des § 12 Abs. 1 Satz 1 SGB I, eine Sozialleistung in Form einer Krankenbehandlung im Sinne des § 11 Abs. 1 Satz 1 SGB I erbracht.

2. Nicht vorläufig erbrachte Sozialleistung

Da im Rahmen von § 105 Abs. 1 Satz 1 SGB X die Voraussetzungen des § 102 Abs. 1 SGB X nicht vorliegen dürfen, darf die Krankenkasse hier nicht vorläufig geleistet haben. Wie oben bereits dargelegt hat die Krankenkasse hier in Annahme ihrer Zuständigkeit endgültig geleistet.

3. Kongruenz der Leistungen

Über den Wortlaut des § 105 Abs. 1 Satz 1 SGB X hinaus ist nach der Rechtsprechung des Bundessozialgerichts ungeschriebene Voraussetzung für den Erstattungsanspruch, dass die Leistungen persönlich, zeitlich und sachlich kongruent sind. So soll ausgeschlossen werden, dass zweckidentische Doppelleistungen in Anspruch genommen werden können, was dem Sinn und Zweck der Erstattungsansprüche zuwiderlaufen würde.

Hinweis:
Zu diesem Tatbestandsmerkmal, das sämtliche der in §§ 102-105 SGB X normierten Erstattungsansprüche betrifft, vgl. etwa BSG v. 27.8.1987 – 2 RU 49/86. Ausführlich auch *Prange* in: jurisPK-SGB X, Stand 4.11.2020, § 105 Rn. 38 ff.

Es muss sich um den identischen Leistungsberechtigten handeln. Mit Blick auf den Leistungsberechtigten K ist die persönliche Kongruenz gegeben.

Die Leistungsverpflichtung der in Frage kommenden Träger muss sich auf denselben Zeitraum beziehen. Hier beginnt die Notwendigkeit der Heilbehandlung des K unabhängig vom Sozialversicherungsträger mit dem Eintritt der Verletzungen. Zeitliche Kongruenz ist somit ebenfalls gegeben.

Die in Frage kommenden Leistungen müssten einen gleichartigen Leistungszweck verfolgen. Dies ist sowohl im Kontext der Krankenversicherung als auch der Unfallversicherung die Krankenbehandlung. Auch die sachliche Kongruenz liegt somit vor.

Die Leistungen sind hier kongruent.

4. Unzuständigkeit des leistenden Leistungsträgers

Die Krankenkasse, die hier die Behandlungskosten getragen hat, müsste unzuständig gewesen sein. Nach § 11 Abs. 5 Satz 1 SGB V ist dies der Fall, wenn die Leistung in Folge eines Arbeitsunfalls oder einer Berufskrankheit im Sinne des § 7 Abs. 1 SGB VII zu erbringen war und K daher einen Anspruch auf Heilbehandlung nach §§ 26 Abs. 1 Satz 1, 27 Abs. 1 Nr. 2, 28 Abs. 1 SGB VII gehabt hätte. Diesen Anspruch hätte K, wenn er zum versicherten Personenkreis der gesetzlichen Unfallversicherung gehört und der Versicherungsfall des Arbeitsunfalls oder der Berufskrankheit eingetreten ist.

a. Versicherter Personenkreis

K müsste zum versicherten Personenkreis gehören. In Frage kommt hier eine Versicherung als Beschäftigter nach § 2 Abs. 1 Nr. 1 SGB VII i.V.m. § 7 Abs. 1 Satz 1 SGB IV. Als angestellter Programmierer steht K in einem Arbeitsverhältnis; die in § 7 Abs. 1 SGB IV genannten Voraussetzungen für eine Beschäftigung sind erfüllt. K gehört damit zum versicherten Personenkreis.

b. Versicherungsfall

Der Versicherungsfall müsste eingetreten sein. In Frage kommt hier allein ein Arbeitsunfall nach §§ 7 Abs. 1 Alt. 1, 8 SGB VII.

aa. Unfall

S müsste einen Unfall erlitten haben. Nach § 8 Abs. 1 Satz 2 SGB VII sind Unfälle zeitlich begrenzte, von außen auf den Körper einwirkende Ereignisse, die zu einem Gesundheitsschaden oder zum Tod führen. Hier wurde K von einem Auto gerammt, woraufhin er stürzte. Diese Einwirkung von außen auf den Körper des K führt zu erheblichen Verletzungen. K hat daher einen Unfall erlitten.

bb. Innerer Zusammenhang

(1) Infolge der versicherten Tätigkeit nach § 8 Abs. 1 Satz 1 SGB VII

Gemäß § 8 Abs. 1 Satz 1 SGB VII müsste S den Unfall infolge der versicherten Tätigkeit – hier seiner Beschäftigung als Programmierer – erlitten haben. Die Verrichtung zum Unfallzeitpunkt müsste der versicherten Tätigkeit zuzurechnen sein. Dieser Zusammenhang ist wertend zu ermitteln, indem gefragt wird, ob die konkrete Verrichtung innerhalb der Grenzen des gesetzlichen Unfallversicherungsschutzes liegt. Abzustellen ist hier auf die Handlungstendenz des Versicherten. Da der Arbeitgeber nach § 150 Abs. 1 Satz 1 SGB VII allein beitragspflichtig ist, ist zu untersuchen, ob die verrichtete Tätigkeit dem Unternehmen dienlich ist oder als eigenwirtschaftlich zu klassifizieren ist.

Zur Zeit des Unfalls fuhr K Fahrrad; dieses Tun hatte mit seiner versicherten Tätigkeit als Programmierer nichts zu tun.

(2) Wegeunfall § 8 Abs. 2 Nr. 1 SGB VII

Nach § 8 Abs. 2 Nr. 1 SGB VII ist allerdings auch der unmittelbare Weg nach und von der Tätigkeit eine versicherte Tätigkeit. K könnte sich hier auf einem solchen Weg befunden haben, als er verunfallte. Er könnte damit einen so genannten Wegeunfall erlitten haben. Problematisch ist jedoch, dass K – der im Home-Office tätig ist – auf dem Weg von der Kindertagesstätte nach Hause war, um seiner Tätigkeit nachzugehen. Da sich Wohnung und Ort der Tätigkeit für ihn zum Zeitpunkt des Unfalls im gleichen Gebäude befanden, befand er sich bereits aufgrund des Startortes – der Kindertagesstätte – nicht auf dem unmittelbaren Weg zwischen diesen Orten. Die Kindertagesstätte könnte daher nur als Drittort in Frage kommen. Dazu müsste K sich dort jedoch mindestens zwei Stunden aufgehalten haben.

Hinweis:
Zu Drittort und Zwei-Stunden-Grenze in diesem Kontext auch BSG v. 30.1.2020 – B 2 U 19/18 R.

Dies hat K nach den Zeitangaben des Sachverhaltes nicht getan. Ein Wegeunfall nach § 8 Abs. 2 Nr. 1 SGB VII kommt daher nicht in Frage.

(3) Wegeunfall § 8 Abs. 2 Nr. 2a SGB VII

K könnte sich allerdings auf einem Weg im Sinne des § 8 Abs. 2 Nr. 2a SGB VII befunden haben. Die Norm erfasst vom unmittelbaren Weg abweichende Wege, die entstehen, wenn Versicherte zum Zweck der eigenen Berufstätigkeit oder der Berufstätigkeit des Ehegatten, ihre Kinder, die mit ihnen im gemeinsamen Haushalt leben, in fremde Obhut geben. Da K sich nach dem eben Gesagten jedoch gar nicht auf einem Weg im Sinne der Vorschrift befand, steht auch eine Abweichung von diesem Weg nicht zur Diskussion.

(4) Analoge Anwendung von § 8 Abs. 2 Nr. 2a SGB VII

Fraglich ist allerdings, ob § 8 Abs. 2 Nr. 2a SGB VII analog angewendet werden kann. Eine Analogie dient der Schließung von planwidrigen Regelungslücken des Gesetzgebers durch die Gerichte. Die Schließung erfolgt durch Anwendung der Rechtsfolge einer Vorschrift, die einen vergleichbaren Sachverhalt mit einer vergleichbaren Interessenlage regelt.

Es müsste daher zunächst eine planwidrige Regelungslücke vorliegen. § 8 Abs. 2 Nr. 2a SGB VII wurde ursprünglich eingeführt, um Frauen eine Berufstätigkeit zu ermöglichen. Während die Rechtsprechung des Bundessozialgerichts davon ausgeht, dass der Gesetzgeber Anfang der 1970er Jahre bereits Arbeitsmodelle im Blick hatte, bei denen zumeist freiwillig, satzungsgemäß oder gesetzlich versicherte Selbständige zu Hause arbeiteten, kann nicht davon ausgegangen werden, dass dem Gesetzgeber vor 50 Jahren eine derart dezentralisierte Arbeitswelt vorschwebte, wie sie heute gelebt werden kann.

Hinweis:
Die detaillierten Ausführungen des Gerichts hierzu finden sich in BSG v. 30.1.2020 – B 2 U 19/18 R, Rn. 32 ff. mit Hinweisen auf die historische Rechtsprechung.

Darüber hinaus ist auch die Erforderlichkeit einer möglichst weitgehenden Heimarbeit über das Internet im Rahmen einer globalen Pandemie wohl kaum in die Überlegungen des historischen Gesetzgebers mit eingeflossen. In Konsequenz ergibt sich die Lage, dass Eltern „auf eigene Gefahr" den Weg zur Betreuung eines Kindes gerade zur Ausübung einer beruflichen Tätigkeit auf sich nehmen müssen, wenn sie – wie es hier der Fall ist – auf Weisung zu Hause beruflich tätig sind, während der Gesetzgeber mit der Versicherung des Abwegs zum Ort der Betreuung genau dieses Risiko absichern wollte. Es ist daher von einer planwidrigen Regelungslücke auszugehen. Dem historischen Gesetzgeber konnte nicht bewusst sein, dass bei dem angestrebten Ziel der Vollbeschäftigung moderne Medien ein Arbeiten aus dem heimischen Büro ermöglichen.

Weiterhin fragt sich, ob eine vergleichbare Interessenlage vorliegt. § 8 Abs. 2 Nr. 2a SGB VII dient der Absicherung der Versicherten, die zum Zwecke der Beschäftigung ihre Kinder betreuen lassen. Die Situation, in der sich Versicherte befinden, die ihrer Tätigkeit im Home-Office nachgehen, weicht hiervon nur hinsichtlich des Orts der Tätigkeit ab. Auch diese Versicherten geben ihre Kinder in Obhut, um ihrer Arbeit nachgehen zu können. Keine Probleme würden sich beispielsweise in der Konstellation ergeben, wenn K sich ein Büro im Nebenhaus eingerichtet und exakt den gleichen Weg wie im Ausgangsfall zurückgelegt hätte. Vor diesem Hintergrund erscheint eine entsprechende Anwendung des § 8 Abs. 2 Nr. 2a SGB VII schon unabhängig von den besonderen Umständen einer Pandemie erforderlich, bis der Gesetzgeber diese Regelungslücke schließt.

K hat hier seinen Sohn, der mit im gemeinsamen Haushalt lebt, zum Zwecke seiner beruflichen Tätigkeit in fremde Obhut gegeben und auf dem Weg, der kein Abweg, sondern ein speziell dafür aufgenommener Weg war, einen Unfall erlitten. Es handelt sich daher um einen Wegeunfall in analoger Anwendung des § 8 Abs. 2 Nr. 2a SGB VII.

Hinweis:
Die Rechtsprechung hat die analoge Anwendung des § 8 Abs. 2 Nr. 2a SGB VII abgelehnt, da es an einer planwidrigen Gesetzeslücke fehle (SG Hannover v. 17.12.2005 – S 22 U 1/15; LSG Niedersachsen-Bremen v. 26.9.2018 – L 16 U 26/16; BSG v. 30.1.2020 – B 2 U 19/18 R).

Weiteres zur Norm und deren Geschichte *Wagner* in: jurisPK-SGB VII, Stand 8.2.2021, § 8 Rn. 220 ff.

(5) Zwischenergebnis

Zwischen der versicherten Tätigkeit und dem erlittenen Unfall besteht ein innerer Zusammenhang.

cc. Unfallkausalität

Es müsste zwischen der Verrichtung zur Zeit des Unfalls und dem Unfallereignis ein kausaler Zusammenhang bestehen. Die Verrichtung war hier das Fahrradfahren, das Unfallereignis der Zusammenstoß mit dem Auto. Das Fahrradfahren kann nicht hinweggedacht werden, ohne dass das Unfallereignis in seiner konkreten Gestalt entfiele, sodass nach der Äquivalenztheorie das Fahrradfahren als Verrichtung kausal für das Unfallereignis ist. Eine Bewertung mehrerer denkbarer Ursachen nach der Theorie der wesentlichen Bedingung, die danach fragt, welche Ursache wegen ihrer besonderen Beziehung zum Erfolg zu dessen Eintritt wesentlich mitgewirkt hat, ist vorliegend entbehrlich, da keine Alternativursachen erkennbar sind.

dd. Haftungsbegründende Kausalität

Es müsste schließlich ein Kausalzusammenhang zwischen dem Unfallereignis und dem Gesundheitserstschaden bestehen. Dieser ist wie zuvor nach der Äquivalenztheorie und der Theorie der wesentlichen Bedingung zu ermitteln. Auch hier sind jedoch für den Gesundheitserstschaden des K keine Alternativursachen ersichtlich. Der Gesundheitserstschaden ist daher ausschließlich auf das Unfallereignis zurückzuführen.

ee. Zwischenergebnis zum Arbeitsunfall

Der Versicherungsfall des Arbeitsunfalls im Sinne von §§ 7 Abs. 1 Alt. 2, 8 SGB VII ist eingetreten.

c. Zwischenergebnis zur Unzuständigkeit der Krankenkasse

Da K einen Arbeitsunfall im Sinne des SGB VII erlitten hat, war die Krankenkasse gemäß § 11 Abs. 5 SGB V unzuständig.

5. Zwischenergebnis zu § 105 Abs. 1 Satz 1 SGB X

Die Tatbestandsvoraussetzungen des § 105 Abs. 1 Satz 1 SGB X sind erfüllt.

IV. Rechtsfolge

Nach § 105 Abs. 1 Satz 1 SGB X ist der zuständige Leistungsträger, hier die zuständige Berufsgenossenschaft, dem unzuständigen Leistungsträger, hier die Krankenkasse, gegenüber erstattungspflichtig, sofern diese den Anspruch innerhalb der Ausschlussfrist des § 111 SGB X geltend macht und der Anspruch noch nicht nach § 113 SGB X verjährt ist. Die Unfallkasse ist gemäß § 108 SGB X zur Erstattung in Geld verpflichtet. Maßgeblich ist nach § 105 Abs. 2 SGB X das Leistungsrecht des zuständigen Sozialleistungsträgers. Die Höhe ergibt sich demnach aus den §§ 26 ff. SGB VII.

V. Ergebnis zur Begründetheit

Die Klage der AOK ist begründet.

D. Ergebnis

Die Klage der AOK ist zulässig und vollumfänglich begründet und hat daher Aussicht auf Erfolg.

Frage 2

Die Krankenkasse könnte den Unfallverursacher, der K gerammt und die Verletzungen herbeigeführt hat, in Anspruch nehmen. K selbst hat einen zivilrechtlichen Anspruch auf Schadensersatz gegen den unfallverursachenden Autofahrer aus § 823 Abs. 1 BGB und § 823 Abs. 2 BGB i.V.m. § 224 Abs. 1 Nr. 2 StGB, § 8 StVO. Dieser geht nach

§ 116 Abs. 1 Satz 1 SGB X auf die Krankenkasse über, soweit diese aufgrund des Schadensereignisses Sozialleistungen erbracht hat, die der Beseitigung dieses Schadens dienen und sich auf den gleichen Zeitraum beziehen wie der Schadensersatzanspruch des Geschädigten. Diese Voraussetzungen sind vorliegend erfüllt.

Der Anspruch des K aus § 823 BGB ist somit nach § 116 Abs. 1 Satz 1 SGB X auf die Krankenkasse übergegangen und kann von ihr – gegebenenfalls vor den ordentlichen Gerichten – geltend gemacht werden.

Teil 2

Frage 1

Nach § 27a Abs. 4 SGB V haben Versicherte – zu denen die B aufgrund von § 5 Abs. 1 Nr. 2a SGB V gehört – einen Anspruch auf Kryokonservierung, wenn die gesetzlichen Voraussetzungen erfüllt sind.

B ist erkrankt und muss sich einer Chemotherapie unterziehen. Die Kryokonservierung ihrer Eizellen, die durch diese Behandlung geschädigt würden, ist damit medizinisch notwendig, um spätere medizinische Maßnahmen zur Herbeiführung einer Schwangerschaft nach § 27a Abs. 1 SGB V vornehmen zu können. Die Voraussetzungen des § 27a Abs. 4 SGB V sind damit erfüllt.

Allerdings bestimmt § 27a Abs. 5 SGB V, dass der G-BA in Richtlinien nach § 92 SGB V die medizinischen Einzelheiten zu Voraussetzungen, Art und Umfang der Maßnahmen bestimmt. Diese Richtlinien lagen zum Zeitpunkt der Anfrage der B noch nicht vor. Fraglich ist, was daraus konkret folgt. Rechtsansprüche auf konkrete Leistungen ergeben sich im SGB V aus einem Zusammenspiel unterschiedlicher Normebenen. Die Anspruchsgrundlagen der §§ 27 ff. SGB V sind nach heutigem Verständnis zwar nicht länger nur als Rahmenrechte einzustufen, sondern begründen subjektiv-öffentliche Ansprüche des Einzelnen; allerdings werden diese Ansprüche nicht allein durch das formelle Gesetz, sondern auch durch untergesetzliche Regelungen – insbesondere die Richtlinien des G-BA – zur Entstehung gebracht. Durchsetzbare Einzelansprüche entstehen demnach erst mit den verbindlichen Festlegungen in den Richtlinien des G-BA.

Solange der G-BA die in § 27a Abs. 5 SGB V vorgesehenen Richtlinien noch nicht erlassen hat, kann B keine Finanzierung der Kryokonservierung durch ihre Krankenkasse einfordern.

Hinweis:
Man mag über diese Rechtslage angesichts des eindeutigen Wortlauts von § 27a Abs. 4 SGB V erstaunt sein; sie ist allerdings eine Konsequenz der Ausgestaltung des gesetzlichen Krankenversicherungsrechts unter starker Einbindung des G-BA in das Leistungs- und Leistungserbringungsrecht.

Ausnahmen sind allerdings denkbar – eine davon ist in § 2 Abs. 1a SGB V geregelt, mit dem der Gesetzgeber den so genannten Nikolaus-Beschluss v. 6.12.2005 – 1 BvR 347/98 umgesetzt hat.

Auch im Fall des Systemversagen oder bei sogenannten Seltenheitsfällen kann von den Vorgaben der Richtlinien des G-BA abgewichen werden, was insbesondere bei neuen Untersuchungs- und Behandlungsmethoden im Sinne von § 135 SGB V von Bedeutung ist.

Von einem Systemversagen kann ausgegangen werden, wenn der G-BA die Frist zum Erlass der Richtlinie aus willkürlichen und sachfremden Gründen verstreichen hat lassen. Von diesen Ausnahmekonstellationen ist hier nicht auszugehen, weshalb B keinen hinreichend konkretisierten Anspruch auf Kryokonservierung gegen die Krankenkasse hat.

Insofern ist die Auskunft der Sachbearbeiterin der Krankenkasse rechtlich zutreffend.

Frage 2

A. Anspruch der B auf Kostenübernahme gegen das Jobcenter

Fraglich ist, ob B einen Anspruch auf Übernahme der Kosten von 300 € für die Kosten einer Einlagerung ihrer Eizellen durch Kryokonservierung im Jahr 2020 gegen das Jobcenter hat.

I. Anspruchsgrundlage

B könnte einen Anspruch auf Übernahme der Kosten aus § 19 Abs. 1 SGB II haben. B ist Leistungsberechtigte im Sinne des § 7 SGB II. Weiter müsste es sich bei den Kosten für die Einlagerung um eine Leistung im Sinne der §§ 20 ff. SGB II handeln.

1. Regelbedarf nach § 20 SGB II

Es fragt sich zunächst, ob der Betrag im Regelbedarf nach § 20 Abs. 1 Satz 1, 2 SGB II eingepreist ist. In § 5 Abs. 1 RBEG ist in Abteilung 6 die Gesundheitspflege in den Regelbedarf aufgenommen. Gedeckt werden sollen hiermit eigenverantwortliche Kosten für medizinische Bedarfe, die nicht von der gesetzlichen Krankenversicherung oder anderen Leistungssystemen übernommen werden. Hierfür sind monatlich 15 € im Regelbedarf enthalten.

Hinweis:
Die tabellarische Aufschlüsselung der einzelnen Abteilungen der regelbedarfsrelevanten Verbrauchsausgaben finden sich in §§ 5 f. RBEG im Aichberger unter der Ordnungsnummer 12/10.

Allerdings ist nicht davon auszugehen, dass die Kryokonservierung zur „Gesundheitspflege" gehört. Sie dient weder der Herstellung der Zeugungsfähigkeit noch der Linderung von Krankheitsfolgen, sondern ist eine Maßnahme zur späteren Herbeiführung einer Schwangerschaft. Wollte man die Kryokonservierung der „Gesundheitspflege" zuordnen, würde der jährlich mögliche Ansparbetrag in Höhe von 180 € bereits die jährlich zu deckenden Kosten von 300 € unterschreiten, ohne dass andere Positionen – wie zum Beispiel nicht verschreibungspflichtige Medikamente nach § 34 Abs. 1 Satz 1 SGB V – mit einbezogen wären. Die Kosten der Kryokonservierung sind somit nicht durch den Regelbedarf gedeckt.

2. Mehrbedarf nach § 21 SGB II

Angesichts der Tatsache, dass es sich um einen nicht durch den Regelbedarf abgedeckten Bedarf handelt, könnte ein Anspruch auf Mehrbedarfe nach § 21 SGB II in Betracht kommen. Da der hier anfallende Bedarf in den abschließend normierten Absätzen 2, 3, 4, 5, 7 keine Berücksichtigung findet, kommt ein Mehrbedarf nach § 21 Abs. 6 SGB II in Betracht. Bei Leistungsberechtigten wird ein Mehrbedarf anerkannt, soweit im Einzelfall ein unabweisbarer, besonderer Bedarf besteht; bei einmaligen Bedarfen ist weitere Voraussetzung, dass ein Darlehen nach § 24 Abs. 1 SGB II ausnahmsweise nicht zumutbar oder wegen der Art des Bedarfs nicht möglich ist. Die Regelung soll eine Verletzung des Grundrechts auf Gewährleistung eines menschenwürdigen Existenzminimums verhindern. Dabei ist irrelevant, ob es sich um einen grundsätzlich erfassten Bedarf handelt, der aufgrund besonderer Umstände im Einzelfall in atypischer Höhe ausfällt oder ob ein Bedarf auftritt, der vom Grundrecht auf Gewährleistung eines menschenwürdigen Existenzminimums nach Art. 1 Abs. 1 GG i.V.m. Art. 20 Abs. 1 GG zwar erfasst ist, vom Gesetzgeber in der Ausgestaltung aber nicht erfasst wurde. Hiermit liegt eine taugliche Anspruchsgrundlage vor.

Hinweis:
Ohne § 21 Abs. 6 SGB II bestünde keine Möglichkeit, besondere Bedarfslagen abzusichern (vgl. BVerfG v. 9.2.2010 – 1 BvL 1/09).

II. Anspruchsvoraussetzungen des § 21 Abs. 6 SGB II

1. Besonderer Bedarf

Es müsste sich bei den Kosten für die Kryokonservierung um einen besonderen Bedarf im Sinne von § 21 Abs. 6 Satz 1 SGB II handeln. Dies ist der Fall, wenn dieser nicht oder nicht aussagekräftig von den Ermittlungen des Regelbedarfs abgebildet wird, da er entweder einer atypischen Sondersituation entspringt oder aufgrund besonderer Umstände ein überdurchschnittliches Ausmaß annimmt. Wie oben dargestellt, handelt es sich bei den Kosten für die Kryokonservierung um einen medizinischen Bedarf, der seiner Art nach grundsätzlich vom Regelbedarf abgedeckt ist, allerdings in seiner Höhe (300 € pro Jahr) signifikant von dem durchschnittlich veranschlagten Betrag (180 € pro Jahr) abweicht. Es handelt sich um einen besonderen Bedarf im Sinne der Vorschrift.

2. Laufender Bedarf

Vorliegend liegt ein laufender Bedarf vor. Dieser tritt nicht nur einmalig auf, sondern ist bei prognostischer Betrachtung wiederkehrender Natur. Die Kosten von 300 € entstehen für die Kryokonservierung jährlich. Es ist daher nicht gemäß § 21 Abs. 6 Satz 1 2. HS SGB II zu prüfen, ob ein Darlehen nach § 24 Abs. 1 SGB II zumutbar oder möglich ist.

3. Unabweisbarer Bedarf

Der Bedarf müsste unabweisbar sein. Dies ist nach § 21 Abs. 6 Satz 2 SGB II dann der Fall, wenn er insbesondere nicht durch Zuwendungen Dritter und unter Berücksichtigung von Einsparmöglichkeiten des Berechtigten gedeckt werden kann und seiner Höhe nach erheblich vom durchschnittlichen Bedarf abweicht. Zuwendungen Dritter meint Leistungen vorrangig verpflichteter Leistungsträger, aber auch Leistungen Privater. Dabei hat das Bundesverfassungsgericht mit Blick auf das Grundrecht auf Gewährleistung eines menschenwürdigen Existenzminimums allerdings gefordert, dass Hilfebedürftige nicht auf freiwillige Leistungen Dritter verwiesen werden dürfen, da kein Rechtsanspruch auf diese besteht.

Hinweis:
Hierzu *Behrend* in: jurisPK-SGB II, Stand 8.2.2021, § 21 Rn. 94 ff. m.w.N.

Hier hat B keinen Anspruch gegen einen vorrangig verpflichteten Leistungsträger – insbesondere ist die Krankenkasse aus den oben dargelegten Gründen noch nicht leistungsverpflichtet. Bei privaten Leistungen kommt es darauf an, ob diese tatsächlich geflossen sind. So ist insbesondere bei alleinstehenden Leistungsberechtigten, die nicht in einer Bedarfsgemeinschaft leben, eine Vermutung oder die bloße Möglichkeit der Bedarfsdeckung durch Dritte nicht ausreichend. Hier hat B die Kosten vorerst durch ein Darlehen ihrer Mutter finanziert. Da diesem Darlehen ein Rückzahlungsanspruch gegenübersteht, kann das Darlehen nicht als Leistung im Sinne der Norm verstanden werden. Schließlich weicht die Höhe des Bedarfs wie geprüft erheblich von dem Durchschnitt ab, der in § 5 Abs. 1 RBEG eingeflossen ist.

Einsparmöglichkeiten sind nicht ersichtlich.

Bedenken gegen die Unabweisbarkeit bestehen auch nicht etwa im Hinblick darauf, dass man das Ansinnen der B als Ausdruck des bloßen Wunsches einer individuellen Lebensgestaltung ansehen könnte. Bei der Kryokonservierung handelt es sich um eine Maßnahme, die die spätere Herbeiführung einer Schwangerschaft ermöglicht, nachdem eine Krankenbehandlung das Risiko eines Fertilitätsverlustes barg. Beim Grundrecht auf Gewährleistung eines menschenwürdigen Existenzminimums handelt es sich um eine einheitliche grundrechtliche Garantie, bei deren Ausgestaltung der Gesetzgeber einerseits das Recht auf Leben und körperliche Unversehrtheit (Art. 2 Abs. 2 Satz 1 GG) und andererseits den Schutz der Familie (Art. 6 Abs. 1 GG) und damit das Recht auf Familiengründung beachten muss. Die Möglichkeit der genetischen Elternschaft ist hierbei mehr als ein beliebiger Wunsch der individuellen Lebensgestaltung, sondern findet in Art. 6 Abs. 1 GG grundrechtliche Anerkennung.

Der Bedarf ist daher unabweisbar.

4. Zwischenergebnis zu § 21 Abs. 6 SGB II

Die Anspruchsvoraussetzungen liegen vor.

B. Gesamtergebnis

B hat einen Anspruch auf Kostenübernahme der für die Kryokonservierung anfallenden Kosten aus § 21 Abs. 6 Satz 1 SGB II gegen das zuständige Jobcenter.

Teil 3

Das in den §§ 95 ff. SGB III normierte Kurzarbeitergeld dient Arbeitgebern als Anreiz, Beschäftigte in betriebswirtschaftlich schwierigen Zeiten nicht zu kündigen, sondern im Unternehmen zu halten. So verhindert das Kurzarbeitergeld Arbeitslosigkeit und erhält Arbeitsplätze. Gerade in Zeiten der Covid-19 Pandemie, in der durch die Eindämmungsverordnungen einzelne Wirtschaftszweige faktisch zum Erliegen kommen, ist dieses Mittel besonders geeignet, die damit einhergehende Härte für Unternehmen und Beschäftigte abzufedern.

Gliederung zu Fall 6

Teil 1

Frage 1

A. Zulässigkeit der Klage
  I. Eröffnung des Sozialrechtsweges
  II. Statthafte Klageart
  III. Klagebefugnis
  IV. Ordnungsgemäße Klageerhebung
  V. Zuständigkeit
  VI. Beteiligte, Partei- und Prozessfähigkeit
  VII. Allgemeines Rechtschutzbedürfnis
  VIII. Ergebnis Zulässigkeit
B. Beiladung
C. Begründetheit der Klage
  I. Passivlegitimation
  II. Anspruchsgrundlage
    1. § 102 SGB X
    2. § 103 SGB X
    3. § 104 Abs. 1 SGB X
    4. § 105 Abs. 1 SGB X
  III. Zu den Voraussetzungen nach § 105 Abs. 1 Satz 1 SGB X
    1. Erbringung von Sozialleistungen durch einen Leistungsträger
    2. Nicht vorläufig erbrachte Sozialleistung
    3. Kongruenz der Leistungen
    4. Unzuständigkeit des leistenden Leistungsträgers
      a. Versicherter Personenkreis
      b. Versicherungsfall
        aa. Unfall
        bb. Innerer Zusammenhang
          (1) Infolge der versicherten Tätigkeit § 8 Abs. 1 Satz 1 SGB VII
          (2) Wegeunfall § 8 Abs 2 Nr. 1 SGB VII
          (3) Wegeunfall § 8 Abs. 2 Nr. 2a SGB VII
          (4) Analoge Anwendung von § 8 Abs. 2 Nr. 2a SGB VII
          (5) Zwischenergebnis
        cc. Unfallkausalität

dd. Haftungsbegründende Kausalität
ee. Zwischenergebnis zum Arbeitsunfall
c. Zwischenergebnis zur Unzuständigkeit der Krankenkasse
5. Zwischenergebnis zu § 105 Abs. 1 Satz 1 SGB X
IV. Rechtsfolge
V. Ergebnis zur Begründetheit
D. Ergebnis

Frage 2

Teil 2

Frage 1

Frage 2

A. Anspruch der B auf Kostenübernahme gegen das Jobcenter
I. Anspruchsgrundlage
1. Regelbedarf nach § 20 SGB II
2. Mehrbedarf nach § 21 SGB II
II. Anspruchsvoraussetzungen § 21 Abs. 6 SGB II
1. Besonderer Bedarf
2. Laufender Bedarf
3. Unabweisbarer Bedarf
4. Zwischenergebnis zu § 21 Abs. 6 SGB II
B. Gesamtergebnis

Teil 3

Fall 7

Teil 1

Der alleinstehende, 45 Jahre alte Theo Breckhardt (T) leidet seit einigen Jahren an einer emotional-instabilen Persönlichkeitsstörung vom Borderline-Typ, einer Form der depressiven Störung mit erheblichen Angststörungen. Aufgrund dessen bezieht er seit 2019 eine Rente wegen voller Erwerbsminderung nach § 43 Abs. 2 SGB VI.

Im Rahmen einer im Jahr 2020 erfolgten Begutachtung kommt der sachverständige Gutachter zum Ergebnis, dass sich das Krankheitsbild des T durch entsprechende Therapiemaßnahmen deutlich bessern ließe und T dann wieder in einem Umfang von acht Stunden täglich erwerbstätig sein könnte.

Der zuständige Rentenversicherungsträger fordert T auf, sich der vom Gutachter vorgeschlagenen stationären psychiatrischen Krankenhausbehandlung mit einer Einstellung auf eine geeignete Psychopharmakotherapie sowie einer verhaltenstherapeutisch orientierten Psychotherapie zu unterziehen. Der Gutachter erwartet eine deutliche Besserung des Zustands innerhalb von zwei Monaten.

T weigert sich jedoch rigoros, sich dieser Maßnahme zu unterziehen und lässt den vom Rentenversicherungsträger genannten Termin für deren Beginn schlicht verstreichen. Gründe für sein Verhalten nennt er nicht. Der zuständige Rentenversicherungsträger teilt ihm daraufhin im März 2020 mit, dass für Montag, den 4. Mai 2020 ein neuer Termin in der Psychiatrie des X-Krankenhauses in Hamburg vereinbart wurde. T müsse sich dieser Maßnahme unterziehen, weil er danach wieder erwerbsfähig sein würde. Der zuständige Sachbearbeiter fordert ihn schriftlich auf, sich an diesem Tag im Krankenhaus einzufinden; andernfalls werde man die ihm bewilligte Erwerbsminderungsrente entziehen.

T lässt auch den 4. Mai 2020 verstreichen, ohne die Therapie anzutreten. Daraufhin erlässt der zuständige Sachbearbeiter zwei Wochen später, ohne den T vorab noch einmal zu kontaktieren, einen Bescheid. Mit diesem wird die Erwerbsminderungsrente zum 1. Juni 2020 entzogen, weil T entgegen der Aufforderung des Rentenversicherungsträgers nicht in der X-Klinik erschienen sei. Man sei daher gezwungen, die Rente zu entziehen. T könne sich jederzeit wieder melden, wenn er bereit sei, sich der vorgeschlagenen Therapie zu unterziehen; dann würde man die „Entscheidung revidieren".

Als T im Juni kein Geld vom Rentenversicherungsträger erhält, ist er empört und legt umgehend und schriftlich „Einspruch“ ein. Man könne einen Verwaltungsakt nicht einfach so aufheben; zudem sei er auf das Geld dringend angewiesen. Der Rentenversicherungsträger hätte sich gar nicht mit seiner persönlichen Situation auseinandergesetzt und einfach nach „Schema F“ entschieden. Der zuständige Sachbearbeiter sei „befangen“, weil er „schon bei Bewilligung der Erwerbsminderungsrente auf ein ärztliches Gutachten bestanden hätte, obwohl doch schon ein Blick auf ihn ausgereicht hätte, um erkennen zu können, dass er aktuell nicht zu irgendwelcher Art von Arbeit in der Lage sei.“ Zudem werde durch sein Verhalten die Aufklärung des Sachverhalts nicht erschwert.

Bearbeitungsvermerk:

In einem umfassenden Gutachten, das auf alle durch den Sachverhalt aufgeworfenen Fragen eingeht, ist zu prüfen, ob der „Einspruch“ des T Erfolg haben wird.

Teil 2

Xaver Friedrich (X) ist als Beschäftigter Mitglied der gesetzlichen Krankenversicherung. Im November 2019 wird sein Arbeitsverhältnis zum 31. März 2020 rechtmäßig aus betriebsbedingten Gründen gekündigt.

Im Januar 2020 war X bei einem Reitausflug mit seiner Familie verunfallt. Er bezieht seit Anfang März 2020 Krankengeld von seiner Krankenkasse. Am 17. März 2020 wird die Krankschreibung bis zum Dienstag, den 31. März 2020 verlängert Am Donnerstag, den 2. April 2020, geht X wieder zum Arzt und wird erneut für zwei Wochen krankgeschrieben. Die AOK Rheinland/Hamburg hatte die Zahlung des Krankengeldes bereits zum 31. März 2020 eingestellt. X sei nicht mehr pflichtversichertes Mitglied, sondern nunmehr über seine ebenfalls als Beschäftigte bei derselben Krankenkasse versicherte Ehefrau familienversichert. Alle Voraussetzungen dafür lägen – was zutrifft – vor. Insofern bestünde kein Krankengeldanspruch mehr.

X wendet sich umgehend an einen Fachanwalt für Sozialrecht und bittet um Klärung der Frage, ob er auch nach dem 31. März 2020 noch Krankengeld beanspruchen könne.

Bearbeitungsvermerk:

Wie ist die Rechtslage?

Teil 3

Die Covid-19-Pandemie hat im Recht der Grundsicherung für Arbeitsuchende erhebliche Erleichterungen mit sich gebracht. § 67 SGB II bestimmt Folgendes:

(1) Leistungen für Bewilligungszeiträume, die in der Zeit vom 1. März 2020 bis zum 31. Dezember 2021 beginnen, werden nach Maßgabe der Absätze 2 bis 4 erbracht.

(2) Abweichend von den §§ 9, 12 und 19 Absatz 3 wird Vermögen für die Dauer von sechs Monaten nicht berücksichtigt. Satz 1 gilt nicht, wenn das Vermögen erheblich ist; es wird vermutet, dass kein erhebliches Vermögen vorhanden ist, wenn die Antragstellerin oder der Antragsteller dies im Antrag erklärt.

(3) § 22 Absatz 1 ist mit der Maßgabe anzuwenden, dass die tatsächlichen Aufwendungen für Unterkunft und Heizung für die Dauer von sechs Monaten als angemessen gelten. Nach Ablauf des Zeitraums nach Satz 1 ist § 22 Absatz 1 Satz 3 mit der Maßgabe anzuwenden, dass der Zeitraum nach Satz 1 nicht auf die in § 22 Absatz 1 Satz 3 genannte Frist anzurechnen ist. Satz 1 gilt nicht in den Fällen, in denen im vorangegangenen Bewilligungszeitraum die angemessenen und nicht die tatsächlichen Aufwendungen als Bedarf anerkannt wurden.

(4) Sofern über die Leistungen nach § 41a Absatz 1 Satz 1 vorläufig zu entscheiden ist, ist über den Anspruch auf Leistungen zur Sicherung des Lebensunterhalts abweichend von § 41 Absatz 3 Satz 1 und 2 für sechs Monate zu entscheiden. In den Fällen des Satzes 1 entscheiden die Träger der Grundsicherung für Arbeitsuchende abweichend von § 41a Absatz 3 nur auf Antrag abschließend über den monatlichen Leistungsanspruch.

(5) (weggefallen)

Der alleinstehende Künstler Albert Aller (A) stellt im Januar 2021 zum ersten Mal in seinem Leben einen Antrag auf Leistungen nach dem SGB II. Im Antrag erklärt er, dass er kein erhebliches Vermögen besitze. Das allerdings ist gelogen, weil er in den vergangenen Jahren erhebliche Rücklagen in Höhe von 750.000 € bilden konnte, die auf einem Tagesgeldkonto liegen, auf das er jederzeit zugreifen kann. A war darüber aufgeklärt worden, dass das sofort verwertbare Vermögen 60.000 € nicht übersteigen dürfe.

Auch die Musikerin Beate Brenner (B) beantragt im Februar 2021 erstmals Grundsicherungsleistungen. Sie gibt an, dass ihre Wohnung nur 30 qm klein ist und 300 € kostet. In Wirklichkeit wohnt sie allein in einer Altbauwohnung in Eppendorf, die 150 qm groß ist und 3500 € kostet.

Beiden werden Leistungen nach dem SGB II bewilligt. Im Juli 2021 stellt die zuständige Sachbearbeiterin fest, dass sowohl A als auch B gelogen haben.

Bearbeitungsvermerk:

Erläutern Sie knapp, welche sozialrechtlichen Konsequenzen die Sachbearbeiterin aus dieser Erkenntnis ziehen wird.

Teil 1:	*Allgemeines Sozialrecht: Leistungsentziehung bei fehlender Mitwirkung nach §§ 60 ff. SGB I*
Teil 2:	*Krankenversicherungsrecht: Krankengeldanspruch und Arbeitsunfähigkeitsbescheinigung*
Teil 3:	*Aufhebung von Leistungsbewilligungen; Grundsicherung für Arbeitsuchende; Sonderregelung des § 67 SGB II aus Anlass der Covid-19-Pandemie*

Unverbindliche Lösungshinweise

Teil 1

Zu prüfen sind die Erfolgsaussichten des von T erhobenen „Einspruchs". Inhaltlich begehrt T die Überprüfung der vom Rentenversicherungsträger getroffenen Entscheidung über die Entziehung seiner Erwerbsminderungsrente – der „Einspruch" des T ist daher nach §§ 133, 157 BGB analog als Widerspruch im Sinne von §§ 83 ff. SGG auszulegen. Die Falschbezeichnung des Rechtsbehelfs ist unschädlich.

Der Widerspruch hat Aussicht auf Erfolg, wenn er zulässig und soweit er begründet ist.

A. Zulässigkeit des Widerspruchs

Der Widerspruch ist zulässig, wenn alle Zulässigkeitsvoraussetzungen vorliegen.

I. Eröffnung des Sozialrechtswegs

Mit Blick auf § 62 SGB X ist zu prüfen, ob für das gerichtliche Verfahren der Sozialrechtsweg eröffnet wäre. Gemäß § 51 Abs. 1 SGG entscheiden die Sozialgerichte über öffentlich-rechtliche Streitigkeiten in den Angelegenheiten von Nr. 1-10. Vorliegend beansprucht T die weitere Auszahlung einer Erwerbsminderungsrente nach dem SGB VI; er wendet sich gegen die „Entziehung" dieser Rente. Es handelt sich daher um eine Angelegenheit der gesetzlichen Rentenversicherung nach § 51 Abs. 1 Nr. 1 SGG.

Ob eine Streitigkeit öffentlich-rechtlicher oder bürgerlich-rechtlicher Art ist, richtet sich nach der Natur des Rechtsverhältnisses. Nach der modifizierten Subjektstheorie ist eine Streitigkeit öffentlich-rechtlicher Art, wenn die streitentscheidende Norm einen Träger hoheitlicher Gewalt einseitig verpflichtet oder berechtigt. Laufende Sozialleistungen können durch eine Aufhebung des Bewilligungsbescheids nach §§ 44 ff. SGB X sowie eine Leistungsversagung nach § 66 SGB I entzogen werden. In beiden Fällen berechtigen die Normen den Rentenversicherungsträger als Körperschaft des öffentlichen Rechts (§ 29 Abs. 1 SGB IV), einem Versicherten hoheitlich Leistungen zu entziehen. Die Streitigkeit ist somit öffentlich-rechtlich.

Es streiten auch keine unmittelbar am Verfassungsleben Beteiligten über Verfassungsrecht. Mangels doppelter Verfassungsunmittelbarkeit ist die Streitigkeit daher auch nicht verfassungsrechtlicher Art (vgl. § 39 Abs. 2 Satz 1 SGG).

Der Sozialrechtsweg wäre gemäß § 51 Abs. 1 Nr. 1 SGG eröffnet.

II. Statthaftigkeit des Widerspruchs

Gemäß § 78 Abs. 1 Satz 1 und Abs. 3 SGG sind vor Erhebung der Anfechtungsklage und der Verpflichtungsklage Rechtmäßigkeit und Zweckmäßigkeit des Verwaltungsakts in einem Vorverfahren nachzuprüfen. Der Widerspruch ist also statthaft, wenn das Begehren des T im gerichtlichen Verfahren mit einer Anfechtungsklage oder Verpflichtungsklage bzw. mit einer mit dieser verbundenen Klageart zu verfolgen wäre. T begehrt im Sinne von § 123 SGG die weitere Auszahlung der Erwerbsminderungsrente nach § 43 SGB VI ab Juni 2020. Diese wurde ihm zum 1. Juni 2020 entzogen. Beim Entzug der Leistung durch den Rentenversicherungsträger, der eine Behörde im Sinne von § 1 Abs. 2 SGB X ist, handelt es sich um eine hoheitliche Maßnahme, die die Leistungsbeziehung zu T regelt. Es liegt damit ein Verwaltungsakt im Sinne von § 31 Satz 1 SGB X vor. Mit der gerichtlichen Aufhebung des Entzugsbescheids würde die ursprüngliche Bewilligung der Erwerbsminderungsrente wieder aufleben. Im Gerichtsverfahren wäre daher eine isolierte Anfechtungsklage nach § 54 Abs. 1 Satz 1 Var. 1 SGG statthaft. Der Widerspruch ist auch nicht gemäß § 78 Abs. 1 Satz 2 SGG entbehrlich.

Damit handelt es sich bei dem Widerspruch nach § 78 Abs. 1 Satz 1 SGG um den statthaften Rechtsbehelf.

III. Widerspruchsbefugnis

T müsste analog § 54 Abs. 1 Satz 2 SGG geltend machen, in seinen eigenen Rechten verletzt zu sein. Eine entsprechende Rechtsverletzung muss zumindest möglich sein. Es ist nicht ausgeschlossen, dass T in seinem Anspruch auf Auszahlung der bereits bewilligten Erwerbsminderungsrente nach § 43 SGB VI verletzt ist.

Somit ist T gemäß § 54 Abs. 1 Satz 2 SGG analog widerspruchsbefugt.

IV. Beteiligte; Beteiligungs- und Verfahrensfähigkeit

T ist gemäß § 12 Abs. 1 Nr. 2 Alt. 2 SGB X als Adressat des Verwaltungsaktes Beteiligter. Seine Beteiligungs- und Verfahrensfähigkeit richtet sich § 10 Nr. 1 Alt. 1 und § 11 Abs. 1 Nr. 1 SGB X; Anhaltspunkte für eine fehlende Geschäftsfähigkeit des T enthält der Sachverhalt nicht.

Der Rentenversicherungsträger ist die den Verwaltungsakt erlassende Behörde und damit als „Herrin des Vorverfahrens" nicht selbst Beteiligte.

V. Ordnungsgemäße Widerspruchserhebung

T legt im Juni 2020 umgehend Widerspruch in Form des „Einspruchs" ein. Er hat daher die Monatsfrist nach § 84 Abs. 1 Satz 1 SGG ab Bekanntgabe des Entzugsbescheids von Mitte Mai 2020 eingehalten. Auch die Schriftform wurde eingehalten.

VI. Allgemeines Rechtsschutzbedürfnis

Das allgemeine Rechtschutzbedürfnis ist gegeben; T hat keine einfachere oder effektivere Möglichkeit, um sein Begehren durchzusetzen.

VII. Sonstiges

Die sonstigen Zulässigkeitsvoraussetzungen sind erfüllt.

VIII. Ergebnis zur Zulässigkeit

Der Widerspruch ist somit zulässig.

B. Begründetheit des Widerspruchs

Der Widerspruch ist begründet, wenn der Leistungsentzug durch den Rentenversicherungsträger rechtswidrig ist und den T dadurch in seinen Rechten verletzt.

I. Rechtsgrundlage

Werden laufende Sozialleistungen entzogen, ist dies in Form einer Aufhebung der Leistungsbewilligung nach Maßgabe der §§ 45 ff. SGB X sowie durch Versagung der Leistung nach § 66 SGB I möglich. Maßgeblich ist insofern, aus welchem Grund die Leistungen entzogen werden sollen und welchen Regelungsgehalt die „Entziehung" letztlich hat. Vorliegend geht es nicht um eine Aufhebung der Rentenbewilligung nach Maßgabe der §§ 44 ff. SGB X; vielmehr hat der Rentenversicherungsträger § 66 SGB I zur Anwendung gebracht, weil T seinen Mitwirkungspflichten nicht nachgekommen ist. Das ergibt sich aus dem Gesamtkontext, insbesondere aus dem Hinweis darauf, dass man die Entscheidung „revidieren" werde, wenn T sich doch noch der vom Gutachter vorgeschlagenen Therapie unterzieht.

II. Formelle Rechtmäßigkeit

Der Bescheid müsste zunächst formell rechtmäßig sein.

1. Zuständigkeit

Laut Sachverhalt hat der zuständige Rentenversicherungsträger gehandelt.

2. Verfahren

a. Hinweis nach § 66 Abs. 3 SGB I

Nach § 66 Abs. 3 SGB I dürfen Sozialleistungen wegen fehlender Mitwirkung nur versagt werden, wenn der Leistungsberechtigte auf diese Folge schriftlich hingewiesen wurde und seiner Mitwirkungspflicht nicht innerhalb einer angemessenen Frist nachgekommen ist. Ein solcher Hinweis erfolgte schriftlich im März 2020 zusammen mit der Aufforderung, sich am 4. Mai 2020 im Krankenhaus einzufinden. Damit wurde der zweite Termin im Krankenhaus mit ausreichendem zeitlichem Vorlauf anberaumt.

b. Besorgnis der Befangenheit nach § 17 SGB X

T führt an, der zuständige Sachbearbeiter sei „befangen“, da er schon bei Bewilligung der Erwerbsminderungsrente auf ein ärztliches Gutachten bestanden hätte. Die Einholung eines ärztlichen Gutachtens ist aber vor der Bewilligung einer Erwerbsminderungsrente in der Regel geboten, um das Vorliegen der Tatbestandsvoraussetzungen im Sinne des § 43 SGB VI und den Grad der Erwerbsminderung zu ermitteln. Das Vorgehen des Sachbearbeiters rechtfertigt somit nicht die Besorgnis der Befangenheit nach § 17 Abs. 1 Satz 1 SGB X.

c. Anhörung nach § 24 SGB X

Ob T vor der Entziehungsentscheidung noch einmal gesondert nach § 24 Abs. 1 SGB X hätte angehört werden müssen, ist umstritten. Bei Annahme einer gesonderten Pflicht könnte die fehlende Anhörung aber gemäß § 41 Abs. 1 Nr. 3 SGB X geheilt werden.

Hinweis:
Nach überwiegender Ansicht handelt es sich bei der Hinweispflicht aus § 66 Abs. 3 SGB I um eine spezielle Ausprägung des Rechts auf Gewährung rechtlichen Gehörs, sodass eine zusätzliche Anhörung nicht erforderlich ist, vgl. BSG v. 22.2.1995 – 4 RA 44/94, Rn. 24; *Voelzke* in: jurisPK-SGB I, Stand 30.10.2020 § 66 Rn. 48.

3. Form

Vom Erfüllen aller Formerfordernisse ist mangels anderweitiger Angaben im Sachverhalt auszugehen. Insbesondere erhält der Entziehungsbescheid eine Begründung nach § 35 Abs. 1 Satz 1 SGB X.

III. Materielle Rechtmäßigkeit

Die Leistungsversagungsentscheidung müsste zudem den materiellen Anforderungen von § 66 SGB I entsprechen.

1. Voraussetzungen von § 66 SGB I

In materieller Hinsicht erfordert die Entziehung einer Sozialleistung im Sinne des § 11 Satz 1 SGB I – eine solche ist die Erwerbsminderungsrente – zunächst, dass T einer ihm obliegenden Mitwirkungspflicht nicht nachgekommen ist. Der zuständige Rentenversicherungsträger hatte T aufgefordert, sich der vom Gutachter vorgeschlagenen ca.

zweimonatigen Heilbehandlung in einem psychiatrischen Krankenhaus zu unterziehen. Hierbei handelt es sich um eine Aufforderung im Sinne von § 63 SGB I. Wer wegen Krankheit oder Behinderung Sozialleistungen erhält, soll sich auf Verlangen des zuständigen Leistungsträgers einer Heilbehandlung unterziehen, wenn zu erwarten ist, dass sie eine Besserung seines Gesundheitszustands herbeiführen wird. Der Rentenversicherungsträger stützt sich bei seinem Vorgehen auf ein medizinisches Gutachten.

Nach § 66 Abs. 2 SGB I kann der Leistungsträger die Leistung bis zur Nachholung ganz oder teilweise entziehen, wenn derjenige, der eine Sozialleistung wegen Minderung der Erwerbsfähigkeit, erhält, seinen Mitwirkungspflichten nach den §§ 62 bis 65 SGB I nicht nachkommt und anzunehmen ist, dass deshalb die Fähigkeit zur Erwerbsfähigkeit beeinträchtigt oder nicht verbessert wird.

Vorliegend bezieht T aufgrund seiner emotional-instabilen Persönlichkeitsstörung vom Borderline-Typ seit 2019 eine Rente wegen voller Erwerbsminderung nach § 43 Abs. 2 SGB VI.

Der Aufforderung des Rentenversicherungsträgers nach § 63 SGB I, sich einer Heilbehandlung zu unterziehen, ist T nicht nachgekommen, obwohl ein Gutachter im Rahmen einer im Jahr 2020 erfolgten Begutachtung zum Ergebnis gekommen ist, dass sich das Krankheitsbild durch eine entsprechende Behandlung des T deutlich verbessern und er wieder voll erwerbsfähig werden könnte.

Eine Erschwerung der Aufklärung des Sachverhaltes ist für die Leistungsversagung nach § 66 Abs. 2 SGB I – anders als im Rahmen von § 66 Abs. 1 SGB I nicht notwendig. Insofern geht auch der Hinweis des T, durch sein Verhalten werde die Aufklärung des Sachverhalts nicht erschwert, fehl.

Allerdings dürfte die Aufforderung nach § 63 SGB I nicht an den in § 65 SGB I geregelten Grenzen der Mitwirkung scheitern. Es gibt allerdings vorliegend keine Anhaltspunkte dafür, dass die in § 65 Abs. 1 und 2 SGB I normierten Grenzen einschlägig sein könnten. T hat insbesondere keinen „wichtigen Grund“ im Sinne des § 65 Abs. 1 Nr. 2 SGB I dargelegt, aus dem ihm die Therapie nicht zugemutet werden könnte. Es dürfte auch nicht unverhältnismäßig im Sinne der Nr. 1 sein, einen zweimonatigen stationären Aufenthalt zu fordern, wenn sich dadurch der Gesundheitszustand deutlich verbessern könnte und T nicht länger auf eine Erwerbsminderungsrente angewiesen wäre. Auch die speziell für Behandlungen und Untersuchungen geltenden Beschränkungen im Sinne von § 65 Abs. 2 Nr. 1 bis 3 SGB I greifen vorliegend nicht.

Die Tatbestandsvoraussetzungen des § 66 Abs. 2 SGB I sind damit erfüllt.

2. Rechtsfolge: Ermessen

Demnach konnte der Leistungsträger die Sozialversicherung nach § 66 Abs. 2 SGB I entziehen. Eine Entziehungsentscheidung ist jedoch nur rechtmäßig, wenn die Behörde ihr Ermessen entsprechend den gesetzlichen Vorgaben ausgeübt hat. Vorliegend heißt es im Bescheid aber lediglich, dass man sich „gezwungen" sähe, nach § 66 Abs. 2 SGB I zu agieren. Hier liegt offenkundig ein Ermessensausfall vor, der dazu führt, dass der Entziehungsbescheid des Rentenversicherungsträgers materiell rechtswidrig ist. Auch die Widerspruchsbehörde kann diese fehlenden Ermessenserwägungen nicht ersetzen.

Hinweis:
Es ist umstritten, ob bei § 66 SGB I nur in Ausnahmefällen von einer Leistungsversagung abzusehen ist (so LSG Sachsen-Anhalt v. 23.4.2018 – L 4 AS 554/15, juris Rn. 66) oder aber ein solches intendiertes Ermessen nicht angenommen werden kann (VG Würzburg v. 12.12.2019 – W 3 K 18 311, juris Rn. 60). Jedenfalls müssen aber die Gründe einer solchen Ermessensentscheidung im Bescheid angegeben werden (BSG v. 27.8.2019 – B 1 KR 1/19 R, juris Rn. 29). Ausführlich hierzu *Voelzke* in: jurisPK-SGB I, Stand 30.10.2020, § 66 Rn. 66.

IV. Rechtsverletzung

Durch die ermessensfehlerhafte Entziehungsentscheidung ist der T in seinem Anspruch auf Gewährung der Erwerbsminderungsrente nach § 43 Abs. 2 SGB VI verletzt.

C. Ergebnis

Der Widerspruch des T ist zulässig und begründet. Die Behörde wird ihm gemäß § 85 Abs. 1 SGG abhelfen.

Teil 2

A. Erlöschen des Beschäftigungsverhältnisses

Bis Ende März 2020 – also bis zum Eintritt der Wirkung der Kündigung durch den Arbeitgeber – war X Beschäftigter nach Maßgabe von § 5 Abs. 1 Nr. 1 SGB V i.V.m. § 7 Abs. 1 SGB IV mit entsprechendem Anspruch auf Krankengeld. Ab dem 1. April 2020 wäre er grundsätzlich nach § 188 Abs. 4 Satz 1 SGB V obligatorisches freiwilliges Mitglied der Gesetzlichen Krankenversicherung – allerdings gilt das nach Satz 3 der Norm nicht für Personen, die nunmehr familienversichert sind. Die Voraussetzungen der Familienversicherung nach § 10 Abs. 1 Satz 1 SGB V liegen laut Sachverhalt bei X vor. Demnach wäre er grundsätzlich ab dem 1. April 2020 familienversichert. Familienversicherte können nach § 44 Abs. 2 Nr. 1 SGB V aber kein Krankengeld beanspruchen.

B. Weiterbestehen der Mitgliedschaft durch Krankengeldbezug

Vorliegend allerdings war X zum Zeitpunkt des Erlöschens seines Beschäftigungsverhältnisses noch erkrankt und bezog Krankengeld gemäß §§ 44 ff. SGB V. Nach § 192 Abs. 1 Nr. 2 SGB V bleibt die Mitgliedschaft Versicherungspflichtiger erhalten, solange Anspruch auf Krankengeld besteht oder Krankengeld bezogen wird.

Das Fortbestehen der Mitgliedschaft in der gesetzlichen Krankenversicherung – hier: über den 31. März 2020 hinaus - wird also gesetzlich an das Krankengeld geknüpft. Der Anspruch auf Krankengeld entsteht gemäß § 46 Satz 1 Nr. 2 SGB V grundsätzlich von dem Tag der ärztlichen Feststellung der Arbeitsunfähigkeit an.

Der Arzt hatte den X zuletzt bis zum 31. März 2020 krankgeschrieben. Bei befristeten Arbeitsunfähigkeitsfeststellungen muss sich der Versicherte grundsätzlich vor Fristablauf erneut seine Arbeitsunfähigkeit ärztlich bescheinigen lassen, wobei nach § 46 Satz 2 SGB V der Anspruch auf Krankengeld – und damit auch die Mitgliedschaft des X bei seiner Krankenkasse – bis zu dem Tag bestehen bleibt, an dem die weitere Arbeitsunfähigkeit wegen derselben Krankheit ärztlich festgestellt wird, wenn diese Feststellung spätestens am nächsten Werktag nach dem zuletzt bescheinigten Ende der Arbeitsunfähigkeit erfolgt.

Das zuletzt bescheinigte Ende der Arbeitsunfähigkeit war Dienstag, der 31. März 2020. X hatte sich aber nicht am Mittwoch, den 1. April 2020, erneut krankschreiben lassen, sondern erst am Donnerstag, den 2. April 2020. Demnach hätte die Mitgliedschaft des X als Beschäftigter grundsätzlich am 1. April 2020 geendet.

Da die Mitgliedschaft in der Gesetzlichen Krankenversicherung im Fall des X vom Bestand des Anspruchs auf Krankengeld abhängig ist, bleibt der Anspruch auf Krankengeld aber gemäß § 46 Satz 3 SGB V auch bestehen, wenn spätestens innerhalb eines Monats die weitere Arbeitsunfähigkeit wegen derselben Krankheit ärztlich festgestellt wird. Diese Frist hat X problemlos gewahrt. Daher war er über den 31. März 2020 hinaus als Beschäftigter Mitglied seiner Krankenkasse und konnte daher weiterhin Krankengeld gemäß §§ 44, 46 Satz 1 Nr. 2 SGB V beanspruchen.

Teil 3

Grundsätzlich erhält Leistungen zur Grundsicherung nach dem SGB II nur, wer hilfebedürftig nach §§ 7, 9 Abs. 1, 11 ff. SGB II ist.

Vor dem Hintergrund der COVID-19-Pandemie wird nach § 67 Abs. 2 Satz 1 SGB II Vermögen für die Dauer von sechs Monaten bei Leistungen nach Maßgabe des Absatzes 1 der Norm nicht berücksichtigt. Das gilt nach Satz 2 nicht, wenn das Vermögen erheblich ist. Die Erheblichkeit des Vermögens wird mit Blick auf § 21 Nr. 3 WoGG (i.V.m. Rz. 21.37 Abs. 1 Nr. 1 Wohngeld-Verwaltungsvorschrift) bestimmt; hieraus ergibt sich für das erste zu berücksichtigende Haushaltsmitglied ein Betrag von 60.000 €.

A. Rechtslage bei A

A verfügte bei Antragstellung aber tatsächlich über einen Betrag von rund 750.000 €. Dabei handelt es sich mithin um erhebliches Vermögen i.S.d. § 67 Abs. 2 Satz 2 SGB II. Im Antrag erklärt A jedoch, dass er kein erhebliches Vermögen besitzt, sodass ihm Leistungen nach dem SGB II bewilligt wurden.

Zu klären ist daher, ob die zuständige Sachbearbeiterin die Leistungsbewilligung nach § 45 SGB X zurücknehmen könnte. Das würde voraussetzen, dass ein rechtswidrig begünstigender Verwaltungsakt erlassen wurde und A sich nicht auf Vertrauensschutz berufen kann.

Die Leistungsbewilligung begründete einen rechtlich erheblichen Vorteil und stellt somit einen begünstigenden Verwaltungsakt i.S.v. § 45 Abs. 1 HS. 1 SGB X dar.

Fraglich ist, ob der Verwaltungsakt rechtswidrig ist. Zu klären ist, welche Konsequenzen sich aus § 67 Abs. 2 Satz 2 HS. 2 SGB II ergeben, wonach vermutet wird, dass kein erhebliches Vermögen vorhanden ist, wenn der Antragsteller dies im Antrag erklärt. A hat im Antrag angegeben, kein erhebliches Vermögen zu haben – und genau diese Erklärung führt zu der Vermutung, dass kein entsprechendes Vermögen vorhanden ist. Die Vermutung dient aber vor allem der Verfahrensvereinfachung, damit Betroffenen schnell und unbürokratisch der Zugang zur Grundsicherung ermöglicht wird, ohne dass sie ihre Hilfebedürftigkeit konkret belegen müssten. Das materielle Erfordernis – kein Vorhandensein erheblichen Vermögens – wird dadurch nicht beseitigt. Die Vermutung ist also widerleglich – steht fest, dass der Antragsteller die Behörde wie im vorliegenden Fall getäuscht hat, ist der erlassene Verwaltungsakt rechtswidrig.

A hat hinsichtlich seiner Vermögensverhältnisse vorsätzlich gelogen, sodass er nach § 45 Abs. 2 Satz 3 Nr. 2 SGB X keinen Vertrauensschutz genießt.

Die Sachbearbeiterin wird den Bescheid nach § 45 Abs. 4 Satz 1 SGB X mit Wirkung für die Vergangenheit aufheben und bereits gewährte Leistungen nach § 50 Abs. 1 SGB X zurückfordern. Die in § 45 Abs. 3 und Abs. 4 Satz 2 SGB X geregelten Fristen stehen diesem Vorgehen nicht entgegen.

B. Rechtslage bei B

Bei B stellt sich die Rechtslage anders dar. Nach § 67 Abs. 3 SGB II ist § 22 Abs. 1 mit der Maßgabe anzuwenden, dass die tatsächlichen Aufwendungen für Unterkunft und Heizung für die Dauer von sechs Monaten als angemessen gelten. Der Gesetzgeber arbeitet also nicht mit einer Vermutung, sondern mit einer Fiktion.

B hätte die Sachbearbeiterin also gar nicht belügen müssen. Im Gegenteil: Ihre Lüge erweist sich für sie zunächst als nachteilig: Das Jobcenter hat nur 300 € Miete übernommen, während B nach § 67 Abs. 3 SGB II Anspruch auf die Übernahme ihrer vollen Miete in Höhe von 3.500 € gehabt hätte.

Es wurden daher zu Unrecht Sozialleistungen nicht in vollem Umfang erbracht. Wenn die Sachbearbeiterin nunmehr erfährt, dass B eine viel höhere Miete zahlt, wäre der Leistungsbewilligungsbescheid grundsätzlich nach § 44 Abs. 1 Satz 1 SGB X mit Wirkung für die Vergangenheit zurückzunehmen und die entsprechenden Leistungen nach § 44 Abs. 4 SGB X nachträglich zu erbringen.

Allerdings beruht die zu niedrige Auszahlung auf vorsätzlich unrichtigen Angaben der B hinsichtlich der Höhe ihrer Miete. Daher ist die Sachbearbeiterin gemäß § 44 Abs. 1 Satz 2 i.V.m. Abs. 2 Satz 1 SGB X nur verpflichtet, die Leistungsbewilligung mit Wirkung für die Zukunft aufzuheben – und entsprechend die Übernahme der Miete nach § 67 Abs. 3 i.V.m. § 22 Abs. 1 SGB II in der tatsächlichen Höhe zu bewilligen. Hinsichtlich der Rücknahme mit Wirkung für die Vergangenheit hat sie dagegen nach § 44 Abs. 2 Satz 2 SGB X Ermessen.

Nach Ablauf der in § 67 Abs. 3 SGB II genannten sechs Monate bestimmt sich die Angemessenheit nach § 22 Abs. 1 Satz 1 SGB II wieder nach objektiven Maßstäben, allerdings kann B jedenfalls für weitere sechs Monate in ihrer Wohnung verbleiben (§ 22 Abs. 1 Satz 3 SGB II i.V.m. § 67 Abs. 3 Satz 2 SGB II).

Gliederung zu Fall 7

Teil 1

A. Zulässigkeit des Widerspruchs
   I. Eröffnung des Sozialrechtswegs
   II. Statthaftigkeit des Widerspruchs
   III. Widerspruchsbefugnis
   IV. Beteiligte; Beteiligungs- und Verfahrensfähigkeit
   V. Ordnungsgemäße Widerspruchserhebung
   VI. Allgemeines Rechtsschutzbedürfnis
   VII. Sonstiges
   VIII. Ergebnis zur Zulässigkeit
B. Begründetheit des Widerspruchs
   I. Rechtsgrundlage
   II. Formelle Rechtmäßigkeit
      1. Zuständigkeit
      2. Verfahren
         a. Hinweis nach § 66 Abs. 3 SGB I
         b. Besorgnis der Befangenheit nach § 17 SGB X
         c. Anhörung nach § 24 SGB X
      3. Form
   III. Materielle Rechtmäßigkeit
      1. Voraussetzungen von § 66 SGB X
      2. Rechtsfolge: Ermessen
   IV. Rechtsverletzung
C. Ergebnis

Teil 2

A. Erlöschen des Beschäftigungsverhältnisses
B. Weiterbestehen der Mitgliedschaft durch Krankengeldbezug

Teil 3

A. Rechtslage bei A
B. Rechtslage bei B

Fall 8

Teil 1

Die im Jahr 2000 geborene Tina Pfeil (T) liegt nach einem Motorradunfall im Jahr 2018 im Wachkoma und erhält seither Leistungen nach dem SGB XI unter – zutreffender – Zugrundelegung des Pflegegrades 5.

Anfang August 2020 stellt ihr Vater Manfred Pfeil (M), der auch der Betreuer der T ist, einen Antrag auf Gewährung eines Wohngruppenzuschlags. T lebt seit Sommer 2020 gemeinsam mit zwei jungen Männern, die ebenfalls im Wachkoma liegen und auch Pflegesachleistungen nach dem SGB XI beziehen, in einer gemeinsamen Wohnung in Hamburg. Die Eltern der betroffenen Personen hatten sich in einer Selbsthilfegruppe kennengelernt und fanden die Idee einer Wohngruppe sehr reizvoll, weil sie einander vertrauen und so mehrere Personen vorhanden sind, die bei der Betreuung ihrer Kinder nach dem Rechten sehen können.

Pflegerisch umfassend betreut werden T und ihre Mitbewohner durch den ambulanten Pflegedienst Caesarius (C). Zudem hatten die Eltern als Vertreter ihrer Kinder gemeinschaftlich einen Arbeitsvertrag mit der Doktorandin Petra Bär (B) abgeschlossen. Diese schreibt an ihrer juristischen Doktorarbeit, wohnt selbst kostenfrei mit in der Wohnung und ist fast durchgehend anwesend. Ihre Aufgabe besteht darin, die komplette Wohnung jeden zweiten Tag vollständig und gründlich zu reinigen und die Einkäufe für alle zu erledigen.

Der Antrag des M wird mit Bescheid vom 11.9.2020 mit der Begründung abgelehnt, dass die gesetzlichen Voraussetzungen für zusätzliche Leistungen für Pflegebedürftige in ambulant betreuten Wohngruppen nicht vorlägen. Keiner der Bewohner der Wohngemeinschaft – auch T nicht – könne aufgrund der erheblichen Pflegebedürftigkeit in irgendeiner Weise an der Gestaltung des gemeinsamen Lebens oder an der Haushaltsführung teilnehmen. Eine solche Situation habe der Gesetzgeber nicht vor Augen gehabt, als er diese besondere Leistung nach dem SGB XI geschaffen habe.

Der Bescheid der Pflegekasse, der noch am 11.9.2020 zu Post gegeben worden war, erreicht M durch ein Versehen des Briefträgers erst Anfang November 2020. Dieser hatte das Schreiben versehentlich in den Briefkasten des Nachbarn des M eingeworfen. Der Nachbar befand sich zu diesem Zeitpunkt auf einer mehrwöchigen Weltreise und konnte den an M adressierten Brief an diesen erst Mitte November weiterreichen.

M erhebt umgehend schriftlich Widerspruch und stellt zugleich einen Antrag auf Wiedereinsetzung in den vorigen Stand. Er sei nicht schuld an dem verspäteten Widerspruch. In der Sache sei es „skandalös, dass gerade die am schwersten Betroffenen hier leer ausgehen sollen." Das sei eine „Diskriminierung schwer pflegebedürftiger Menschen."

Bearbeitungsvermerk:

In einem umfassenden Gutachten – ggf. in einem Hilfsgutachten – sind die Erfolgsaussichten des von M für T erhobenen Widerspruchs zu prüfen.

Teil 2

Paul Hinrichs (P) ist als Bauleiter bei einer Baufirma in Hamburg tätig. Im Mai 2020 war er gegen 12 Uhr mit seinem Motorrad unterwegs vom Büro zu einer nahegelegenen Baustelle, als er die Kontrolle über sein Fahrzeug verlor und stürzte. Er verstarb noch am Unfallort.

Seine Witwe Britta (B) beantragt beim zuständigen Unfallversicherungsträger eine Witwenrente. Der Antrag wird allerdings abgelehnt. Man teilt ihr mit, dass die Untersuchungen des Unfallhergangs, was zutrifft, zweifelsfrei Folgendes ergeben hätten: P hätte aus Übermut stark beschleunigt und zu einem so genannten „Wheely", d.h. einem Fahren nur auf dem Hinterrad, angesetzt. Dann sei er einige Zeit nur auf dem Hinterrad gefahren und habe triumphierend die Hand gehoben, als einige junge Männer ihm Beifall geklatscht hätten. Beim Wiederaufsetzen des Vorderrades sei er dann ins Schleudern gekommen und gestürzt. Ein innerer Zusammenhang mit der versicherten Tätigkeit müsse daher verneint werden.

Der Anwalt der B beruft sich auf § 7 Abs. 2 SGB VII.

Bearbeitungsvermerk:

Wie beurteilen Sie den Sachverhalt unfallversicherungsrechtlich? Unterstellen Sie, dass die Ermittlungen zum Unfallhergang in tatsächlicher Hinsicht zutreffend sind.

Teil 3

Elfriede Edel (E) ist examinierte Pflegekraft mit langjähriger Berufserfahrung und hatte bis Ende Juli 2019 als Beschäftigte für den ambulanten Pflegedienst X, mit dem die Pflegekassen einen Versorgungsvertrag haben, gearbeitet. Am 1. August 2019 meldete E ein Gewerbe zur ambulanten Intensivpflege an und schloss dann mit X einen Vertrag über die Konditionen einer freiberuflichen Mitarbeit. Darin war unter anderem festgelegt, dass sie X ihre freien Kapazitäten mitteilen würde und dieser ihr dann bei Bedarf entsprechende Angebote machen würde, die sie annehmen oder ablehnen konnte. Der Stundensatz wurde mit 25 € festgelegt. E verpflichtete sich, eine Berufshaftpflichtversicherung abzuschließen.

E arbeitete im August 2019 60 Stunden und im Dezember 2019 40 Stunden für X. Sie stellte jeweils entsprechende Rechnungen; diese wurden umgehend beglichen.

Da sie sicherstellen wollte, nichts falsch zu machen, beantragte E im Januar 2020 bei der Deutschen Rentenversicherung Bund (DRV Bund) die Feststellung des sozialversicherungsrechtlichen Status ihrer Tätigkeit für X. Sie gab an, für mehrere Auftraggeber tätig zu sein und im Monat – mit Schwankungen – rund 3000 € einzunehmen. Sie beschäftige eine Minijobberin, die sie im Bedarfsfall vertreten könne. Werbung betreibe sie selbst nicht; sie habe aber für die Akquise eine Drittfirma beauftragt, an die sie im Erfolgsfall auch Provision zahle. Sie unterliege keinem Weisungsrecht des X; im August und Dezember war sie wegen Personalengpässen bei X eingesetzt worden. An Dienstbesprechungen des X müsse sie nicht teilnehmen. Sie trage ihre eigene Arbeitskleidung und benutze einen eigenen PKW. Einen Vertrag mit der Pflegekasse hat E selbst nicht.

Bearbeitungsvermerk:

Erläutern Sie kurz, wie Sie die Rechtslage beurteilen würden, wenn Sie für die DRV Bund die Entscheidung treffen müssten. Welche Rolle würde dabei § 36 Abs. 4 Satz 2 SGB XI spielen, der bestimmt, dass häusliche Pflegehilfe durch geeignete Pflegekräfte erbracht wird, die „entweder von der Pflegekasse oder bei ambulanten Pflegeeinrichtungen, mit denen die Pflegekasse einen Versorgungsvertrag abgeschlossen hat, angestellt sind“?

Hinweis:

Alle Teile der Aufgabenstellung sind zu bearbeiten.

Teil 1:	*Wohngruppenzuschlag nach § 38a SGB XI; Erfolgsaussichten eines Widerspruchs*
Teil 2:	*Vorliegen eines Arbeitsunfalls nach dem SGB VII*
Teil 3:	*Statusfeststellung nach § 7a SGB IV*

Unverbindliche Lösungshinweise

Teil 1

Der Widerspruch der B hat Aussicht auf Erfolg, wenn er zulässig und soweit er begründet ist.

A. Zulässigkeit des Widerspruchs

Der Widerspruch ist zulässig, wenn alle Sachentscheidungsvoraussetzungen vorliegen.

I. Eröffnung des Sozialrechtswegs

Mit Blick auf § 62 SGB X ist zu prüfen, ob für das Begehren der T der Sozialrechtsweg eröffnet wäre.

Das wäre jedenfalls dann der Fall, wenn es sich um eine der in § 51 Abs. 1 Nr. 1 bis 10 SGG abschließend aufgezählten Angelegenheiten handelt, die Streitigkeit öffentlich-rechtlicher und zugleich nicht verfassungsrechtlicher Natur ist.

T wehrt sich mit ihrem Widerspruch gegen die Versagung der Bewilligung des Wohngruppenzuschlags nach dem SGB XI. Die Streitigkeit zwischen T und der Pflegekasse betrifft damit Angelegenheiten der sozialen Pflegeversicherung gemäß § 51 Abs. 1 Nr. 2 Var. 2 SGG.

Ob eine Streitigkeit öffentlich-rechtlicher oder privatrechtlicher Art ist, richtet sich grundsätzlich nach der Natur des Rechtsverhältnisses, aus dem der Anspruch hergeleitet wird. Dabei kommt es regelmäßig darauf an, ob sich ein Träger hoheitlicher Gewalt der besonderen Rechtsnormen des öffentlichen Rechts bedient, die ausschließlich ihn berechtigen oder verpflichten. Die dem Widerspruch zugrundeliegenden Vorschrift des Pflegeversicherungsrechts, hier § 38a Abs. 1 SGB XI, verpflichtet die Pflegekasse als Körperschaft des öffentlichen Rechts im Sinne von § 46 Abs. 2 Satz 1 SGB XI und § 29 Abs. 1 SGB IV und damit als Hoheitsträgerin einseitig, sodass es sich um eine öffentlich-rechtliche Streitigkeit handelt.

Die Streitigkeit ist auch mangels doppelter Verfassungsunmittelbarkeit nicht verfassungsrechtlicher Art (vgl. § 39 Abs. 2 SGG), da nicht unmittelbar am Verfassungsleben Beteiligte um ihre sich aus der Verfassung selbst ergebenden Rechte und Pflichten streiten.

Der Sozialrechtsweg wäre demnach eröffnet.

II. Statthaftigkeit des Widerspruchs

Gemäß § 78 Abs. 1 und Abs. 3 SGG sind vor Erhebung der Anfechtungs- und Verpflichtungsklage Rechtmäßigkeit und Zweckmäßigkeit des Verwaltungsakts in einem Vorverfahren nachzuprüfen. Der Widerspruch ist also statthaft, wenn das Begehren der T im gerichtlichen Verfahren mit einer Anfechtungs- oder Verpflichtungsklage bzw. mit einer mit dieser verbundenen Klageart zu verfolgen wäre.

T begehrt weiterhin den Wohngruppenzuschlag nach § 38a Abs. 1 SGB XI und wendet sich deshalb gegen den Versagungsbescheid zusätzlicher Pflegeleistungen ihrer Pflegekasse. Bei diesem Bescheid handelt es sich um eine hoheitliche Entscheidung zur Regelung eines Einzelfalles auf dem Gebiet des öffentlichen Rechts, die auf unmittelbare Rechtswirkung nach außen gerichtet ist, also um einen Verwaltungsakt i.S.d. § 31 Satz 1 SGB X. Mit der bloßen Anfechtung des Ablehnungsbescheides wäre das Klagebegehren der T allerdings nicht erreicht, weil der Wohngruppenzuschlag dadurch nicht bewilligt würde. Statthafte Klageart könnte aber die kombinierte Anfechtungs- und Leistungsklage gemäß § 54 Abs. 1 und 4 SGG sein. Dafür müsste der Kläger eine Leistung begehren, auf die bei Vorliegen der Tatbestandsvoraussetzungen ein Rechtsanspruch besteht. § 38a SGB XI verpflichtet die Pflegekasse bei Vorliegen der gesetzlichen Voraussetzungen zur Gewährung des Wohngruppenzuschlags. Folglich kann neben der Anfechtung des Versagungsbescheids gleichzeitig die Leistung verlangt werden. Die statthafte Klageart wäre demnach eine kombinierte Anfechtungs- und Leistungsklage gemäß § 54 Abs. 1 und 4 SGG.

Der Widerspruch der T ist damit statthaft.

III. Widerspruchsbefugnis

T müsste analog § 54 Abs. 1 Satz 2 SGG widerspruchsbefugt sein. Dies ist sie dann, wenn sie schlüssig behauptet, durch den angefochtenen Verwaltungsakt in ihren subjektiven Rechten beschwert zu sein, weil die Ablehnung des Wohngruppenzuschlags rechtswidrig sei. Eine Rechtsverletzung der T muss jedenfalls möglich sein. Es ist nicht von vornherein ausgeschlossen, dass T einen Anspruch auf den Wohngruppenzuschlag hat, sodass sie widerspruchsbefugt ist.

IV. Ordnungsgemäße Widerspruchserhebung

Zudem müsste der Widerspruch der T gemäß § 84 Abs. 1 Satz 1 SGG binnen eines Monats, nachdem der Verwaltungsakt bekanntgegeben worden ist, schriftlich eingereicht worden sein. Der Widerspruch wurde zwar schriftlich von M erhoben, allerdings könnte die Monatsfrist abgelaufen sein. Gemäß § 37 Abs. 2 Satz 1 SGB X gilt ein schriftlicher Verwaltungsakt, der im Inland durch die Post übermittelt wird, am dritten Tag nach der Aufgabe zur Post als bekannt gegeben. Der von M erhobene Widerspruch, der erst ungefähr zwei Monate nach Bekanntgabe erhoben wurde, wäre demnach zu spät erhoben worden. Allerdings gilt die Bekanntgabe-Fiktion des Absatzes 2 Satz 1 gemäß § 37 Abs. 2 Satz 3 SGB X nicht, wenn der Verwaltungsakt tatsächlich zu einem späteren Zeitpunkt zugegangen ist. Der Ablehnungsbescheid ist T durch das Versehen des Briefträgers und die Abwesenheit des Nachbarn tatsächlich erst Mitte November bekanntgegeben worden. M hat daraufhin umgehend für T Widerspruch erhoben. Die Widerspruchsfrist ist damit gewahrt.

Damit wurde der Widerspruch ordnungsgemäß erhoben.

Hinweis:
Wegen § 37 Abs. 2 Satz 3 SGB X kommt es vorliegend also gar nicht auf eine Wiedereinsetzung in den vorigen Stand gemäß § 27 SGB X an.

V. Beteiligungs- und Handlungsfähigkeit

T ist als Adressatin des Widerspruchsbescheides gemäß § 12 Abs. 1 Nr. 2 SGB X Beteiligte und nach § 10 Nr. 1 Alt. 1 SGB X beteiligungsfähig. Da sie jedoch im Wachkoma liegt, damit nach § 104 Nr. 2 BGB nicht geschäftsfähig und somit nach § 11 SGB X nicht handlungsfähig ist, wird sie von M als ihrem Betreuer gemäß §§ 1896, 1901 BGB vertreten. Durch M ist T handlungsfähig gemäß § 1896 BGB.

Hinweis:
Die Frage der Handlungsfähigkeit ist in Fällen dieser Art nicht ausdrücklich geregelt. Deshalb ist auf allgemeine Vertretungsregeln zurückzugreifen (dazu *Neumann* in: Hauck/Noftz-SGB X, Stand Dezember 2016, § 11 Rn. 3).

M ist nicht Bevollmächtigter im Sinne des § 13 Abs. 1 SGB X, da diese Norm nur die gewillkürte Vertretung, nicht aber die gesetzliche Vertretung wie zum Beispiel durch Eltern gemäß § 1629 BGB, Betreuer gemäß § 1896 BGB oder Vormünder gemäß § 1773 BGB, regelt (dazu: *Pitz* in: jurisPK-SGB X, Stand 12.4.2021, § 13 Rn 6).

Die Pflegekasse ist als „Herrin des Verfahrens" nicht Beteiligte an dem von ihr durchgeführten Widerspruchsverfahren.

Hinweis:
Das Widerspruchsverfahren ist Verwaltungs- und nicht Gerichtsverfahren. Daher ist die Pflegekasse als Behörde dabei nicht Beteiligte, sondern führt das Widerspruchsverfahren durch.

VI. Allgemeines Rechtsschutzbedürfnis

T hat keine einfachere oder effektivere Möglichkeit, um den Anspruch auf Wohngruppenzuschlag durchzusetzen. Das allgemeine Rechtsschutzbedürfnis ist gegeben.

VII. Sonstiges

Die sonstigen Zulässigkeitsvoraussetzungen sind erfüllt.

VIII. Ergebnis zur Zulässigkeit des Widerspruchs

Damit ist der durch M erhobene Widerspruch der T zulässig.

B. Begründetheit des Widerspruchs

Der Widerspruch der T ist begründet, wenn die Ablehnung des Wohngruppenzuschlags rechtswidrig ist und T dadurch in ihren Rechten verletzt ist. Dies ist der Fall, wenn T einen Anspruch auf den Wohngruppenzuschlag hat. Auf die Zweckmäßigkeit der Entscheidung kommt es nicht an, weil § 38a SGB XI kein Ermessen einräumt.

Hinweis:
Nach § 78 Abs. 1 Satz 1 SGG ist bei Ermessensentscheidungen zudem die Zweckmäßigkeit des Verwaltungsakts zu prüfen. Da der § 38a SGB XI jedoch eine gebundene Entscheidung vorsieht, ist dies hier nicht relevant.

Für die folgende Falllösung wird der Anspruchsaufbau gewählt. Man könnte auch zunächst die Rechtswidrigkeit der Ablehnung (Ermächtigungsgrundlage, formelle und materielle Rechtmäßigkeit der Ablehnung) und inzident den Anspruch prüfen. Im nächsten Schritt wäre dann das Vorliegen der Anspruchsvoraussetzungen – letztlich erneut – zu prüfen, wobei dann auf die Prüfung der Rechtswidrigkeit der Ablehnung verwiesen werden kann. Letzterer Aufbau ist also nur sinnvoll, wenn sich bereits in der formellen Rechtmäßigkeit der Ablehnung Probleme ergeben, da man im Anspruchsaufbau sonst auf diese nicht zu sprechen käme.

I. Anspruchsgrundlage

Als Anspruchsgrundlage für die begehrte Leistung kommt § 38a Abs. 1 SGB XI in Betracht. Diese Norm begründet bei Vorliegen der Voraussetzungen einen Anspruch auf einen monatlichen pauschalen Zuschlag für Pflegebedürftige in ambulant betreuten Wohngruppen in Höhe von 214 €. T begehrt eine solche finanzielle Unterstützung für sich aufgrund ihrer Versorgung in einer gemeinsam betreuten Wohngemeinschaft.

II. Formelle Anspruchsvoraussetzungen

Der nach § 33 Abs. 1 Satz 1 SGB X erforderliche Antrag auf die Leistung wurde durch M für T gestellt.

III. Materielle Anspruchsvoraussetzungen

Es müssten auch die materiellen Anspruchsvoraussetzungen des § 38a Abs. 1 SGB XI erfüllt sein.

Anspruch auf den Wohngruppenzuschlag gemäß § 38a Abs. 1 SGB XI haben Pflegebedürftige, wenn sie mit mindestens zwei und höchstens elf weiteren Personen in einer ambulant betreuten Wohngruppe in einer gemeinschaftlichen Wohnung zum Zweck der gemeinschaftlich organisierten pflegerischen Versorgung leben und davon mindestens zwei weitere Personen pflegebedürftig i.S.d. §§ 14, 15 SGB XI sind, sie Leistungen nach den §§ 36, 37, 38, 45a oder 45b SGB XI beziehen, eine Person durch die Mitglieder der Wohngruppe gemeinschaftlich beauftragt ist, unabhängig von der individuellen pflegerischen Versorgung allgemeine organisatorische, verwaltende, betreuende oder das Gemeinschaftsleben fördernde Tätigkeiten zu verrichten oder die Wohngruppe bei der Haushaltsführung zu unterstützen und keine Versorgungsform einschließlich teilstationärer Pflege vorliegt, in der ein Anbieter der Wohngruppe oder ein Dritter den Pflegebedürftigen Leistungen anbietet.

1. Pflegebedürftigkeit, § 38a Abs. 1 Satz 1 SGB XI

Zunächst müsste T als Anspruchstellerin pflegebedürftig sein. T ist durch das Wachkoma in ihrer Selbständigkeit und ihren Fähigkeiten seit ungefähr zwei Jahren gesundheitlich beeinträchtigt, weshalb sie umfassende Hilfe anderer benötigt. Diese körperlichen und kognitiven Beeinträchtigungen kann T nicht selbständig kompensieren. Folglich ist T pflegebedürftig i.S.d. § 14 Abs. 1 SGB XI. Zudem liegt die in § 14 Abs. 1 Satz 3 geforderte Schwere der Pflegebedürftigkeit vor, da die Schwere der Beeinträchtigungen der T gemäß § 15 Abs. 3 Satz 1 Nr. 5 SGB XI als Pflegegrad 5 eingestuft wurde.

2. Wohngruppenzweck und Leistungsbezug, § 38a Abs. 1 Satz 1 Nr. 1 und 2 SGB XI

T wohnt gemeinsam mit zwei Männern, die ebenfalls Pflegesachleistungen nach § 36 SGB XI beziehen und damit pflegebedürftig im Sinne der §§ 14, 15 SGB XI sind. Das gemeinsame Leben in der Wohnung dient der gemeinschaftlich organisierten pflegerischen Versorgung in einer Wohnung.

3. Gemeinschaftlich beauftragte Person, § 38a Abs. 1 Satz 1 Nr. 3 SGB XI

Fraglich ist jedoch, ob eine Person durch die Mitglieder der Wohngruppe gemeinschaftlich beauftragt ist, unabhängig von der individuellen pflegerischen Versorgung allgemeine organisatorische, verwaltende, betreuende oder das Gemeinschaftsleben fördernde Tätigkeiten zu verrichten oder die Wohngruppe bei der Haushaltsführung zu unterstützen.

Vorliegend kommt für diese Funktion lediglich B in Betracht, da der ambulante Pflegedienst C nur die pflegerische Betreuung übernimmt.

B ist fast durchgehend in der Wohnung anwesend. Ihre Aufgabe ist es, die komplette Wohnung jeden zweiten Tag vollständig und gründlich zu reinigen und die Einkäufe für alle zu erledigen. Grundsätzlich geht es bei ihrer Aufgabe daher um die Unterstützung der Wohngruppenmitglieder bei der Haushaltsführung im Sinne des § 38a Abs. 1 Satz 1 Nr. 3 SGB XI.

Allerdings verdeutlicht gerade der Wortlaut der Variante des § 38a Abs. 1 Satz 1 Nr. 3 SGB XI („bei der Haushaltsführung unterstützt"), dass allein die vollständige Übernahme der Haushaltsführung zur Begründung eines Anspruchs aus § 38a Abs. 1 SGB XI nicht genügt. Der Sinn und Zweck der Vorschrift ist nämlich, durch die Schaffung eines Wohnumfeldes eine gemeinschaftliche Inanspruchnahme der Pflege in einer Wohngruppe mit anderen pflegebedürftigen Personen zu fördern, um so Brüche im sozialen Gefüge der Bewohner zu verhindern. Der tatsächliche Mehraufwand, der bei derartigen spezifischen Wohngruppentätigkeiten und einer solchen gemeinschaftlichen Organisation des Alltags mit Pflege und Betreuung anfällt, soll durch den pauschalen Zuschlag nach § 38a SGB XI finanziert werden. Um jedoch das soziale Umfeld und das individuelle Potential zu fördern und damit den Zweck der Vorschrift zu erreichen, ist eine aktive Beteiligung der Bewohner etwa an der Haushaltsführung notwendige Voraussetzung. Dementsprechend ist es notwendig, dass die beauftragte Person die Bewohner in die Tätigkeiten miteinbezieht und so die Wohngruppe als solche gefördert wird. Ziel ist es gerade nicht, dass organisatorische Tätigkeiten, die in jedem Haushalt anfallen, über § 38a SGB XI finanziert werden und so „nur" eine Grundversorgung gesichert wird, indem die Aufgaben vollständig übernommen und allein von der beauftragten Person verrichtet werden. Stattdessen sollen die Bewohner bei der eigenständigen Ausführung derartiger Tätigkeiten beaufsichtigt, angeleitet oder anderweitig aktiv einbezogen werden, indem zum Beispiel gemeinschaftlich gekocht wird.

Hinweis:
Vgl. Bayerisches LSG v. 13.7.2020 – L 4 P 27/18, Rn. 35 ff. Vgl. auch schon BT-DRs. 18/2909, S. 42 sowie BT-Drs. 19/4453, S. 100. Ausführlich auch *Wiegand* in: jurisPK-SGB XI, Stand 4.7.2019, § 38a Rn. 30 ff.

Zu solchen Tätigkeiten sind T und ihre Mitbewohner jedoch aufgrund ihres gesundheitlichen Zustands überhaupt nicht in der Lage, sodass das bezweckte Ziel der Vorschrift und damit des Wohngruppenzuschlags hier nicht erreicht werden kann.

Der Ausschluss von besonders schwer pflegebedürftigen Personen vom Wohngruppenzuschlag könnte jedoch den allgemeinen Gleichheitssatz des Art. 3 Abs. 1 GG verletzen. Eine Verletzung setzt eine Ungleichbehandlung von wesentlich Gleichem bzw. eine Gleichbehandlung von wesentlich Ungleichem voraus, die nicht gerechtfertigt werden kann. Der Rechtfertigungsmaßstab richtet sich nach den von der Differenzierung betroffenen Gütern, aber auch nach der Schwere der Ungleichbehandlung. Er reicht dabei vom bloßen Willkürverbot bis zu einer strengen Verhältnismäßigkeitsprüfung. Art. 3 Abs. 1 GG setzt also zum einen voraus, dass ein vernünftiger, sich aus der Natur der Sache ergebender oder sonst sachlicher Grund für die Differenzierung besteht. Zum anderen müssen die verfolgten Differenzierungsziele auch durch geeignete, erforderliche und angemessene Differenzierungskriterien verfolgt und mit den Eingriffen in die betroffenen Güter abgewogen werden.

Hinweis:
Eine Benachteiligung nach Art. 3 Abs. 3 Satz 2 GG scheidet schon deshalb aus, weil diese eine Ungleichbehandlung im Vergleich zu Menschen ohne Behinderung voraussetzt. Hier geht es lediglich um eine Differenzierung von mehr oder weniger stark beeinträchtigten Personen mit einer Behinderung.

Zwar werden schwer pflegebedürftige Menschen, die erst gar nicht zur Verrichtung derartiger (gemeinschaftlicher) Tätigkeiten in der Lage sind, im Vergleich zu anderen Pflegebedürftigen, die dazu noch fähig sind, durch den Ausschluss vom Zuschlag ungleich behandelt.

Diese Ungleichbehandlung wird jedoch durch das spezifische Ziel des Gesetzgebers – die Finanzierung wohngruppenspezifischer Aufwendungen, die gerade über die Kosten in einer vollstationären Einrichtung oder auch in einem Privathaushalt hinausgehen – gerechtfertigt. Es geht darum, das Potential der Bewohner ausschöpfen zu können; das ist bei einer Gruppe von Pflegebedürftigen, die im Wachkoma liegen, nicht möglich. Somit verstößt der Ausschluss der schwer pflegebedürftigen Personen vom Wohngruppenzuschlag nach § 38a SGB XI auch nicht gegen Art. 3 Abs. 1 GG.

Hinweis:
Das kann mit entsprechender Begründung auch anders gesehen werden, wenn das Ziel des Gesetzgebers nicht als ausreichendes Kriterium für eine Differenzierung gesehen wird.

Damit ist B keine von der Wohngruppe gemeinschaftlich beauftragte Person i.S.d. § 38a Abs. 1 Nr. 3 SGB XI.

4. Ergebnis zu den materiellen Anspruchsvoraussetzungen

Somit liegen die materiellen Anspruchsvoraussetzungen des § 38a Abs. 1 SGB XI nicht vor.

IV. Ergebnis

Folglich ist der Widerspruch der T unbegründet.

C. Gesamtergebnis

Der Widerspruch der T ist zulässig, aber unbegründet. Er wird keinen Erfolg haben.

Teil 2

Fraglich ist, ob es sich bei dem Unfall des P um einen Arbeitsunfall im Sinne des § 8 Abs. 1 SGB VII handelt und die B abhängig davon einen Anspruch auf Witwenrente gem. §§ 63 Abs. 1 Satz 1 Nr. 3, 65 Abs. 1 Satz 1 SGB VII hat.

Arbeitsunfälle sind Unfälle von Versicherten infolge einer den Versicherungsschutz nach §§ 2, 3 oder 6 SGB VII begründenden Tätigkeit. Die Anerkennung eines Arbeitsunfalls setzt neben dem Vorliegen eines Unfalls im Sinne von § 8 Abs. 1 Satz 2 SGB VII voraus, dass die konkrete, im Zeitpunkt des Unfalls verrichtete Tätigkeit einer nach §§ 2, 3 oder 6 SGB VII versicherten Tätigkeit zuzurechnen ist, d.h. in einem inneren Zusammenhang mit ihr steht. Ferner müsste die konkrete Verrichtung auch kausal für das Unfallereignis gewesen sein. Schließlich müsste der Unfall auch zum Gesundheitserstschaden geführt haben.

> **Hinweis:**
> Die haftungsausfüllende Kausalität ist keine Voraussetzung mehr für den Arbeitsunfall, sondern nur noch – wie auch hier (vgl. § 63 Abs. 1 Satz 2 SGB VII) – Anspruchsvoraussetzung für Leistungen aus der gesetzlichen Unfallversicherung.

A. Unfall im Sinne von § 8 Abs. 1 Satz 2 SGB VII

P hat als kraft Gesetzes Versicherter nach § 2 Abs. 1 Nr. 1 SGB VII durch den Aufprall auf der Straße ein zeitlich begrenztes, von außen auf den Körper einwirkendes Ereignis und damit einen Unfall im Sinne von § 8 Abs. 1 Satz 2 SGB VII erlitten.

B. Innerer Zusammenhang zwischen Verrichtung zur Zeit des Unfallereignisses und versicherter Tätigkeit

Der geforderte innere Zusammenhang – vgl. „infolge“ in § 8 Abs. 1 Satz 1 SGB VII – zwischen dem Unfall und der versicherten Tätigkeit im Zeitpunkt des Unfalls könnte jedoch zu verneinen sein. Der sachliche Schutzbereich der Unfallversicherung ist nur dann eröffnet, wenn sich eine mit der versicherten Tätigkeit zusammenhängende Gefahr verwirklicht hat und der Versicherte dadurch einen Schaden erleidet, vor der die Unfallversicherung gerade schützen soll.

Bei der Feststellung des inneren Zusammenhangs ist maßgeblich auf die Handlungstendenz des Versicherten abzustellen. Es ist zu fragen, ob die Tätigkeit des Versicherten subjektiv darauf gerichtet war, eine entsprechende versicherte Tätigkeit zu verrichten bzw. ihr zu dienen und dies auch anhand objektiv überprüfbarer Kriterien feststellbar ist. Im Gegensatz dazu sind Tätigkeiten, mit denen der Versicherte eigenwirtschaftliche Zwecke verfolgt, nicht vom Unfallversicherungsschutz umfasst.

Daher ist fraglich, ob die konkrete Tätigkeit des P im Zeitpunkt des Sturzes – das Motorradfahren vom Büro zur nahegelegenen Baustelle – der Beschäftigung als Bauleiter diente; dabei ist zu berücksichtigen, dass P nur auf dem Hinterrad fuhr.

I. Vorliegen einer versicherten Tätigkeit

Die Fortbewegung vom Büro zur Baustelle diente – als Betriebsweg – der Beschäftigung des P als Bauleiter bei der Baufirma und ist damit grundsätzlich eine versicherte Tätigkeit.

Hinweis:
Es handelt sich hier nicht um einen Wegeunfall nach § 8 Abs. 2 Nr. 1 SGB VII, da der Weg vom Büro zur Baustelle unmittelbar mit der Beschäftigung des P im Zusammenhang steht. Der sogenannte Arbeitsstättenweg nach § 8 Abs. 2 Nr. 1 SGB VII hingegen unterscheidet sich vom Betriebsweg dadurch, dass er überhaupt erst der Aufnahme der versicherten Tätigkeit dient bzw. diese beendet. Betriebswege sind also unmittelbar versicherte Tätigkeiten nach § 8 Abs. 1 SGB VII und stehen diesen nicht nur gemäß § 8 Abs. 2 SGB VII gleich.

II. Konkrete Verrichtung im Zeitpunkt des Unfallereignisses

Allerdings müsste auch die konkrete Verrichtung zur Zeit des Sturzes dem Betriebsweg gedient haben. Dagegen spricht, dass P sich im Moment des Sturzes nicht ordnungsgemäß im Straßenverkehr fortbewegt hat, sondern einige Meter nur auf dem Hinterrad gefahren ist und dabei triumphierend die Hand gehoben hat. Dieses Verhalten, welches auf ein gewisses „Imponiergehabe" schließen lässt, drängt die grundsätzlich der versicherten Tätigkeit dienende Wegfortbewegung vom Büro zur Baustelle in den Hintergrund. Beim Wiederaufsetzen des Motorrades auf der Straße, durch das es zum Schleudern und zum Sturz kam, hat sich dementsprechend nicht mehr eine typische Weggefahr realisiert, vor der die Unfallversicherung schützen soll. Stattdessen hat sich die Gefahr realisiert, die aus der eigenmächtigen Gefährdung infolge leichtsinniger Fahr- und Verhaltensweisen des P resultieren. Insofern dürfte ein innerer Zusammenhang zwischen Unfall und versicherter Tätigkeit zu verneinen sein.

III. Auswirkungen des § 7 Abs. 2 SGB VII

Gegen einen Ausschluss des inneren Zusammenhangs könnte jedoch § 7 Abs. 2 SGB VII sprechen. Danach schließt verbotswidriges Handeln einen Versicherungsfall nicht aus. Voraussetzung für § 7 Abs. 2 SGB VII ist es aber, dass überhaupt eine versicherte Tätigkeit vorliegt, innerhalb der dann konkret verbotswidrig gehandelt wird. Eine versicherte Tätigkeit, der durch die konkrete Verrichtung gedient wird, hat P jedoch gerade nicht verrichtet, sodass § 7 Abs. 2 SGB VII am vorliegenden Ergebnis nichts ändern kann.

IV. Zwischenergebnis

Folglich liegt kein innerer Zusammenhang zwischen der Verrichtung zur Zeit des Unfallereignisses und der versicherten Tätigkeit vor.

C. Ergebnis

Damit hat P keinen Arbeitsunfall erlitten. B hat deshalb keinen Anspruch auf Witwenrente gemäß §§ 63 Abs. 1 Satz 1 Nr. 3, 65 Abs. 1 SGB VII.

Teil 3

E hat bei der DRV Bund beantragt, im Rahmen eines Statusfeststellungsverfahrens nach § 7a Abs. 1 Satz 1 SGB IV festzustellen, ob es sich bei ihrer Tätigkeit bei dem Pflegedienst X um eine Beschäftigung oder eine selbständige Tätigkeit handelt.

Nach § 7 Abs. 1 Satz 1 SGB IV definiert sich Beschäftigung als nichtselbständige Arbeit, insbesondere in einem Arbeitsverhältnis. Nach § 7 Abs. 1 Satz 2 SGB IV sind Anhaltspunkte für eine Beschäftigung eine Tätigkeit nach Weisungen und eine Eingliederung in die Arbeitsorganisation des Weisungsgebers.

Die Abgrenzung von versicherungspflichtiger Beschäftigung und selbständiger Erwerbstätigkeit erfolgt grundsätzlich auf der Basis einer Gesamtabwägung, die alle Aspekte des Einzelfalles berücksichtigt und bewertet. Den formellen Absprachen kommt – wenn überhaupt – nur eine Indizwirkung zu. Maßgeblich ist vielmehr, ob nach tatsächlichen Verhältnissen das geforderte Abhängigkeitsverhältnis der betreffenden Person gegenüber dem Unternehmen besteht.

Hinweis:
Zum Verhältnis von Vereinbarung und tatsächlicher Durchführung der Tätigkeit *Zieglmeier* in: Kasseler-Kommentar Sozialversicherungsrecht, Stand 112. EL 9/2020, § 7 SGB IV Rn. 77 ff.

Eine persönliche Abhängigkeit ist wiederum wesentlich durch die Fremdbestimmtheit der Arbeit und eine Unterordnung unter das Weisungsrecht des Arbeitgebers hinsichtlich Dauer, Ort, Zeit und Art der Ausführung der Tätigkeit geprägt.

Demgegenüber ist eine selbständige Tätigkeit geprägt durch das eigene Unternehmerrisiko einschließlich des wirtschaftlichen Misserfolgs, das Vorhandensein einer eigenen Betriebsstätte, die Verfügungsmöglichkeit über die eigene Arbeitskraft und die im Wesentlichen frei gestaltete Tätigkeit und Arbeitszeit.

E ist nicht nur für den Pflegedienst X tätig, sondern daneben auch für andere Auftraggeber, deren Aufträge sie über eine von ihr selbst beauftragte Drittfirma erhält, der sie im Erfolgsfall eine Provision zahlt. Zudem kann sie sich ihre Arbeitszeiten bei X frei einteilen, indem sie ihre freien Kapazitäten der X mitteilt und ihr daraufhin angebotene Dienste annehmen oder ablehnen kann, was für eine Weisungsfreiheit der E spricht. Zudem unterliegt sie auch während der Arbeit keinem Weisungsrecht der X. Insbesondere muss sie auch nicht an Dienstbesprechungen, in denen solche Weisungen erteilt werden könnten, teilnehmen. E hat auch keine fest vorgeschriebene Stundenanzahl, die sie im Monat zu leisten hat. Auch der Abschluss einer eigenen Berufshaftpflichtversicherung deutet auf eine selbständige Tätigkeit hin, da diese nur notwendig ist, wenn E – anders als regelmäßig in einem Beschäftigungsverhältnis – selbst das Risiko etwaiger Fehler bei der Ausübung ihrer Tätigkeit trägt.

Für die Selbständigkeit spricht außerdem, dass E eine Minijobberin beschäftigt, die sie im Bedarfsfall auch vertritt. E musste ihre Tätigkeit also auch nicht zwingend persönlich erbringen.

Für eine abhängige Beschäftigung spricht zwar der feste Stundenlohn, den sie von X erhält. Diesen stellt E jedoch selbst in Rechnung und bekommt ihn nicht regelmäßig wie ein Gehalt überweisen. Zuletzt spricht für die Selbständigkeit der E, dass sie keine Arbeitskleidung und kein Arbeitsfahrzeug von der X gestellt bekommt.

Mithin überwiegen die Umstände, die für eine selbständige Tätigkeit der E sprechen, deutlich.

Fraglich ist allerdings, ob § 36 Abs. 4 Satz 2 SGB XI entgegen der festgestellten Umstände eine Indizwirkung für den Status von Pflegekräften entfaltet, indem der Gesetzgeber bei der häuslichen Pflege von geeigneten Pflegekräften spricht, die „angestellt“ sind.

Dabei ist zunächst fraglich, wie überhaupt der – im Gesetz nicht weiter definierte – Begriff der „Anstellung“ zu verstehen ist. Einerseits könnte man – ausgehend von dem eindeutigen Wortlaut des § 36 Abs. 4 Satz 2 SGB XI – die Ansicht vertreten, dass Pflegesachleistungen zu Lasten der Pflegekasse nur von solchen Personen erbracht werden dürfen, die im Rahmen eines Anstellungsverhältnisses bei einem Pflegedienst tätig sind. Gegen ein solch enges, formelles Begriffsverständnis spricht jedoch, dass dadurch der Anwendungsbereich der Norm zu stark begrenzt würde und alle Personen ausgeschlossen wären, die zwar den tatsächlichen Umständen nach nicht angestellt sind, nach materiellen Gesichtspunkten aber dennoch Pflegesachleistungen erbringen. Insbesondere mit Blick auf einen bestehenden Fachkräftemangel muss es vielmehr maßgeblich sein, ob die betreffende Person inhaltlich Pflegesachleistungen erbringt, die insbesondere den Qualitätsstandards entsprechen.

Unabhängig von diesem Begriffsverständnis spricht jedoch auch die konkrete Wortwahl gegen eine Indizwirkung des § 36 Abs. 4 Satz 2 SGB XI für die rechtliche Bewertung der Tätigkeit. Der Gesetzgeber verwendet gerade nicht den Begriff der „Beschäftigung“, sondern den Begriff der „Anstellung“. Daraus folgt, dass die regulatorischen Vorgaben für Leistungserbringer des SGB XI keine mit dem § 7 Abs. 1 SGB IV zusammenhängende oder hier gar maßgebliche Rolle haben. Unabhängig vom Begriffsverständnis der „Anstellung“ entbindet diese Regelung damit nicht von einer Betrachtung der konkreten Umstände im Einzelfall. Deshalb ist weiterhin die Gesamtbewertung der tatsächlichen Umstände notwendig und maßgeblich für die Feststellung des Beschäftigtenstatus nach §§ 7 und 7a SGB IV.

Die DRV Bund müsste das Statusfeststellungsverfahren dementsprechend auf Grund einer Gesamtabwägung aller Umstände des Einzelfalles gemäß § 7a Abs. 2 SGB IV entscheiden – und diese sprechen deutlich für eine selbständige Tätigkeit der E.

Gliederung zu Fall 8

Teil 1

A. Zulässigkeit des Widerspruchs
  I. Eröffnung des Sozialrechtswegs
  II. Statthaftigkeit des Widerspruchs
  III. Widerspruchsbefugnis
  IV. Ordnungsgemäße Widerspruchserhebung
  V. Beteiligungs- und Handlungsfähigkeit
  VI. Allgemeines Rechtsschutzbedürfnis
  VII. Sonstiges
  VIII. Ergebnis zur Zulässigkeit des Widerspruchs
B. Begründetheit des Widerspruchs
  I. Anspruchsgrundlage
  II. Formelle Anspruchsvoraussetzungen
  III. Materielle Anspruchsvoraussetzungen
    1. Pflegebedürftigkeit, § 38a Abs. 1 Satz 1 SGB XI
    2. Wohngruppenzweck und Leistungsbezug, § 38a Abs. 1 Nr. 1 und 2 SGB XI
    3. Gemeinschaftlich beauftragte Person, § 38a Abs. 1 Nr. 3 SGB XI
    4. Ergebnis zu den materiellen Anspruchsvoraussetzungen
  IV. Ergebnis
C. Gesamtergebnis

Teil 2

A. Unfall im Sinne von § 8 Abs. 1 S. 2 SGB VII
B. Innerer Zusammenhang zwischen Verrichtung zur Zeit des Unfallereignisses und versicherter Tätigkeit
  I. Vorliegen einer versicherten Tätigkeit
  II. Konkrete Verrichtung im Zeitpunkt des Unfallereignisses
  III. Auswirkung des § 7 Abs. 2 SGB VII
  IV. Zwischenergebnis
C. Ergebnis

Teil 3

Fall 9

Am 25.2.2019 beantragte der Arzt für Neurologie und Psychiatrie Dr. Bertram Bauer (B) für den bei der AOK Rheinland/Hamburg versicherten und in Eppendorf lebenden Thomas Theissen (T) in dessen Auftrag die Versorgung mit dem Fertigarzneimittel Fampyra im Off-Label-Use zur Behandlung seiner zerebellaren Ataxie bei kernspintomographisch nachgewiesener Kleinhirnatrophie. B hat T dieses apothekenpflichtige Mittel verschrieben, ihm aber zugleich eine vorherige Anfrage bei seiner Krankenkasse empfohlen. Das Mittel gehört zur Gruppe der so genannten Kaliumkanalblocker und wird zur Verbesserung der Gehfähigkeit eingesetzt; ein vorausgegangener Therapieversuch aufgrund privatärztlicher Verordnung habe die Gangstörung des T deutlich verbessert. Fampyra ist allerdings nur zur Behandlung der Gangstörung bei Multipler Sklerose zugelassen.

Die Krankenkasse veranlasste eine Begutachtung durch den Medizinischen Dienst (MD) und teilte dies dem T mit Schreiben vom 28.2.2019 mit. Aufgrund des Gutachtens des MD vom April 2019 lehnte die Krankenkasse dann die beantragte Versorgung des T mit Bescheid vom 17.5.2019 ab, ohne dass T in der Zwischenzeit etwas von der Krankenkasse gehört hätte. Der rechtzeitig erhobene Widerspruch wird mit Widerspruchsbescheid vom 13.1.2020 als unbegründet zurückgewiesen. Die Kasse begründet ihre Entscheidung damit, dass das Medikament für die Behandlung der Krankheit des T nicht zugelassen sei und die Voraussetzungen eines Off-Label-Use nicht gegeben seien.

T ist empört. Er verfügt nicht über ausreichende Mittel, um sich das Medikament selbst zu beschaffen. Anfang Februar 2020 erhebt er Klage gegen seine Krankenkasse auf die Gewährung bzw. Finanzierung von Fampyra. Ob ihm das Medikament nach § 31 SGB V zustehe, sei nicht relevant, denn es sei ihm von seiner Krankenkasse – so habe es das Bundessozialgericht doch schon mehrfach entschieden – jedenfalls fiktiv „schon bewilligt worden", weil man sich zu viel Zeit für die Entscheidung genommen habe. Es sei schon aus Gleichbehandlungsgründen geboten, dass er nunmehr die Leistung von der Krankenkasse einfordern könne.

Im Juni 2020 übergibt der zuständige Richter die Akte einem Rechtsreferendar. Dieser möge in einem umfassenden Gutachten, dass auf alle rechtlichen Aspekte des Falles eingeht, prüfen, ob die Klage des T Erfolg haben wird.

Bearbeitungsvermerk:

1. Erstellen Sie das Gutachten des Rechtsreferendars. Gehen Sie dabei davon aus, dass die Voraussetzungen für einen Off-Label-Use bei T tatsächlich nicht vorliegen und beschränken Sie die Prüfung auf den von T geltend gemachten Anspruch aus der „fiktiven Genehmigung“.

2. Was raten Sie als Justiziar der Krankenkasse im Juni 2020?

3. Erläutern Sie knapp, was sich hinter dem Begriff des Off-Label-Use verbirgt.

Gesetzliche Krankenversicherung; Anspruch auf ein Arzneimittel; Bedeutung und Konsequenzen von § 13 Abs. 3a Satz 6 SGB V; kombinierte Anfechtungs- und Leistungsklage nach § 54 Abs. 1 und 4 SGB V; isolierte Anfechtungsklage nach § 54 Abs. 1 SGB V und Leistungsklage nach § 54 Abs. 5 SGG; Bedeutung von Off-Label-Use im Recht der gesetzlichen Krankenversicherung

Unverbindliche Lösungshinweise

Frage 1

Die Klage des T ist erfolgreich, wenn sie zulässig und soweit sie begründet ist.

A. Zulässigkeit der Klage

Zulässig ist die Klage des T dann, wenn die allgemeinen und besonderen Sachentscheidungsvoraussetzungen gegeben sind.

I. Eröffnung des Sozialrechtswegs

Die Eröffnung des Sozialrechtswegs beurteilt sich insbesondere nach § 51 Abs. 1 SGG als abdrängende Sonderzuweisung im Sinne des § 40 Abs. 1 VwGO. Nach dieser Norm ist der Sozialrechtsweg für alle öffentlich-rechtlichen Streitigkeiten nicht verfassungsrechtlicher Art (§ 39 Abs. 2 SGG) eröffnet, sofern die Streitigkeit einem der in den Nr. 1 bis 10 des § 51 SGG abschließend aufgezählte Bereiche unterfällt.

T begehrt von seiner gesetzlichen Krankenkasse die Finanzierung des Medikaments Fampyra. Es handelt sich damit um eine Streitigkeit im Sinne des § 51 Abs. 1 Nr. 2 Var. 1. SGG in Angelegenheiten der gesetzlichen Krankenversicherung auf der Grundlage der §§ 11, 27 ff. SGB V.

Öffentlich-rechtlich ist eine Streitigkeit insbesondere dann, wenn die streitentscheidenden Normen gerade einen Hoheitsträger berechtigen und verpflichten. Für den vorliegenden Rechtsstreit sind streitentscheidend §§ 27 und 31 SGB V sowie § 13 Abs. 3a SGB V; diese Normen adressieren die gesetzlichen Krankenkassen als Körperschaften des öffentlichen Rechts nach Maßgabe von § 4 Abs. 1 SGB V in ihrer Funktion als Hoheitsträger, sodass diese Voraussetzung erfüllt ist.

Die Streitigkeit ist auch nicht verfassungsrechtlicher Art, da weder T noch die Krankenkasse Verfassungsorgane sind und verfassungsrechtliche Fragen allenfalls mittelbar relevant sind.

Der Sozialrechtsweg ist damit eröffnet.

II. Statthafte Klageart

Die statthafte Klageart beurteilt sich nach dem klägerischen Begehren (vgl. § 123 SGG). T begehrt die Finanzierung des Medikaments Fampyra durch seine Krankenkasse, da er nicht in der Lage ist, sich das Mittel selbst zu beschaffen und Erstattung der Kosten zu verlangen. Es geht also um einen Naturalleistungsanspruch gegen die Krankenkasse, dessen Erfüllung diese verweigert hat. Dabei geht T davon aus, dass ihm die Leistung von der Kasse infolge der zeitlichen Verzögerung gemäß § 13 Abs. 3a Satz 6 SGB V fiktiv bereits bewilligt worden sei.

Vor diesem Hintergrund käme als statthafte Klageart eine Leistungsklage gemäß § 54 Abs. 5 SGG in Betracht. Voraussetzung ist, dass der Kläger eine Leistung begehrt, auf die ein Rechtsanspruch besteht, ohne dass ein Verwaltungsakt zu ergehen hatte. Zwar kommt diese Klage im klassischen Über-/Unterordnungsverhältnis zwischen Staat und Bürger nur selten zur Anwendung; sie ist aber auch hier in Fallgestaltungen denkbar, in denen der Hoheitsträger dem Bürger eine Leistung bereits bewilligt wurde und es lediglich an der tatsächlichen Leistungsgewährung fehlt. Geht man mit der bisherigen Rechtsprechung des Bundessozialgerichts davon aus, dass § 13 Abs. 3a Satz 6 SGB V einen Naturalleistungsanspruch begründet, weil die Leistung nach Ablauf der Frist als genehmigt gilt, wenn die Krankenkasse keinen hinreichenden Grund für die verzögerte Bearbeitung mitgeteilt hat, läge vorliegend bereits eine Genehmigung vor. Die Gewährung des Medikaments hatte T über seinen Arzt am 25.2.2019 beantragt. Die Krankenkasse hat zwar nach § 13 Abs. 3a Satz 2 SGB V unverzüglich den Medizinischen Dienst um eine gutachterliche Stellungnahme gebeten und T hierüber unterrichtet; allerdings hat sie auch in diesem Fall grundsätzlich nur fünf Wochen seit Antragseingang Zeit, um über den Antrag zu entscheiden. Kann sie diese Vorgabe nicht einhalten, muss sie das dem Versicherten, hier also T, unter Darlegung der Gründe rechtzeitig mitteilen. Vorliegend hat T erst am 17.5.2019 wieder etwas von seiner Krankenkasse gehört; es wurde also die Zeitspanne von fünf Wochen überschritten, ohne dass die Krankenkasse den T entsprechend informiert hätte.

Für das Begehren des T, seinen Naturalleistungsanspruch aus § 13 Abs. 3a Satz 6 SGB V durchzusetzen, wäre die allgemeine Leistungsklage damit statthaft.

Hinweis:
Zur allgemeinen Leistungsklage in dieser Konstellation etwa BSG v. 11.7.2017 - B 1 KR 1/17 R, Rn. 9 m.w.N. Vgl. auch *Söhngen* in: Schlegel/Voelzke, jurisPK-SGG, Stand 30.6.2020, § 54 Rn. 71.1. Die Genehmigungsfiktion sowie der Naturalleistungsanspruch müssen zwangsläufig bereits im Rahmen der statthaften Klageart angesprochen werden.

Um zu verhindern, dass der die Leistungsgewährung ablehnende Bescheid der Krankenkasse vom 17.5.2020 in Gestalt des Widerspruchsbescheids vom 13.1.2020 bestandskräftig wird, ist zusätzlich eine isolierte Anfechtungsklage nach Maßgabe von § 54 Abs. 1 S. 1 1. Alt. SGG zu erheben.

Hinweis:
Auch hierzu BSG v. 11.7.2017 – B 1 KR 1/17 R, Rn. 11 zu der damals maßgeblichen Einschätzung des Gerichts. Eine isolierte Anfechtungsklage wäre eigentlich bei Würdigung des Klagebegehrens ausreichend, weil die Genehmigungsfiktion weiterhin Wirkung entfaltet. Allerdings bestünde – auch wenn die Krankenkasse als Körperschaft des öffentlichen Rechts zum gesetzmäßigen Handeln verpflichtet ist – das Risiko, dass sie nunmehr einen Aufhebungsbescheid gemäß § 45 SGB X erlässt und damit die Wirkung der Genehmigungsfiktion aufhebt. Um dies zu verhindern, ist das Klagebegehren des B dahingehend zu verstehen, dass er sowohl den ablehnenden Bescheid der Krankenkasse gerichtlich aufheben als auch die Kasse im gleichen Zuge zur Naturalleistung verpflichten lassen möchte.

Verkompliziert wird die Rechtslage dadurch, dass das Bundessozialgericht zwischenzeitlich seine Rechtsprechung geändert hat und einen Naturalleistungsanspruch aus § 13 Abs. 3a S. 6 SGB V nunmehr negiert (vgl. BSG v. 26.5.2020 – B 1 KR 9/18 R). Wollte man der heute aktuellen Rechtsprechung folgen, nach der die Genehmigungsfiktion keine Verwaltungsaktqualität hat und auch keinen Naturalleistungsanspruch mehr begründet, bedürfte es einer kombinierte Anfechtungs- und Leistungsklage nach § 54 Abs. 1 und 4 SGB V, weil dann nur ein originärer Anspruch nach den §§ 27 und 31 SGB V in Betracht käme. Die Voraussetzungen des § 54 Abs. 1 und 4 SGB V wären erfüllt: Der Ablehnungsbescheid der Krankenkasse vom 17.5.2019 ist ein belastender Verwaltungsakt im Sinne des § 31 SGB X, der sich nicht erledigt hat. Es geht zudem um eine Leistung, auf die bei Vorliegen der Leistungsvoraussetzungen ein Anspruch besteht.

Mit Blick auf die Statthaftigkeit der Klage hat der 1. Senat in seiner eben zitierten Entscheidung, die den Rechtsprechungswandel eingeleitet hat, in diesem Zusammenhang Folgendes festgestellt: „Die verfassungsrechtliche Garantie effektiven Rechtsschutzes lässt es nicht zu, eine im Zeitpunkt ihrer Erhebung zulässige Leistungsklage im Revisionsurteil als unzulässig anzusehen, wenn das Revisionsgericht im Revisionsurteil – wie im vorliegenden Fall – seine im Zeitpunkt der Revisionseinlegung noch maßgebliche Rechtsprechung insoweit aufgibt." (BSG aaO. Rn. 8). Dass hier in Rn. 9 von einer „hilfsweise" erhobenen kombinierten Anfechtungs- und Leistungsklage spricht (BSG aaO. Rn. 9) überzeugt angesichts der letztlich identischen Streitgegenstände allerdings nicht.

Folglich sind mit Blick auf die Herleitung des Anspruchs aus § 13 Abs. 3a Satz 6 SGB V die reine Leistungsklage gemäß § 54 Abs. 5 SGG und die isolierte Anfechtungsklage gemäß § 54 Abs. 1 Satz 1 Alt. 1 SGG statthafte Klagearten.

III. Klagebefugnis

T müsste zunächst mit Blick auf die Anfechtungsklage gemäß § 54 Abs. 1 Satz 2 SGG klagebefugt sein. T hat substantiiert dargelegt, durch den Ablehnungsbescheid der Krankenkasse beschwert zu sein, weil dieser rechtswidrig sei und ihn in seinen Rechten verletze. Die Ablehnung der Bewilligung von Fampyra durch die Krankenkasse könnte rechtsfehlerhaft sein, wenn er einen krankenversicherungsrechtlichen Anspruch nach § 27 Abs. 1 Satz 2 Nr. 3 SGB V i.V.m. § 31 Abs. 1 Satz 1 SGB V hätte oder jedenfalls eine Genehmigungsfiktion zu seinen Gunsten besteht, die einen Naturalleistungsanspruch begründet. Da beides nicht auszuschließen ist, ist B klagebefugt.

Streitig ist, ob auch bei der reinen Leistungsklage die Klagebefugnis analog § 54 Abs. 1 Satz 2 SGG Voraussetzung für ein Sachurteil ist. Hierfür spricht, dass auch im Rahmen der Leistungsklage dem Sinn und Zweck der Klagebefugnis, Popularklagen auszuschließen, hinreichend Rechnung zu tragen ist. Die Leistungsklage ist ebenso wie die Verpflichtungsklage, bei der unzweifelhaft eine Klagebefugnis erforderlich ist, auf die Verfolgung von Ansprüchen gerichtet. Es besteht daher kein Grund für eine Differenzierung, die ja lediglich im Hinblick auf die Verwaltungsaktqualität der begehrten Handlung erfolgen würde.

Der Sachvortrag des T lässt es nicht ausgeschlossen erscheinen, dass er einen Anspruch auf Leistung jedenfalls aus § 13 Abs. 3a Satz 6 SGB V hat, sodass die Klagebefugnis analog § 54 Abs. 1 Satz 2 SGG auch für die Leistungsklage gegeben ist.

IV. Erfolglose Durchführung eines ordnungsgemäßen Vorverfahrens

Gemäß § 78 Abs. 1 Satz 1 SGG sind vor Erhebung der Anfechtungsklage Recht- und Zweckmäßigkeit des Verwaltungsakts in einem Vorverfahren nachzuprüfen. Dies gilt auch, wenn die Anfechtungsklage in Kombination mit einer anderen Klageart erhoben wird. T hat den Widerspruch nach den Angaben im Sachverhalt umgehend erhoben. Das Widerspruchsverfahren wurde laut Sachverhalt rechtzeitig und auch ansonsten ordnungsgemäß und erfolglos durchgeführt.

V. Klagefrist

Gemäß § 87 Abs. 1 Satz 1 SGG ist die Klage binnen eines Monats nach Bekanntgabe des Verwaltungsakts – hier des Ablehnungsbescheids – zu erheben. Maßgeblich ist bei Durchführung eines Vorverfahrens die Bekanntgabe des Widerspruchsbescheids (§ 87 Abs. 2 SGG). Nach Zurückweisung des Widerspruchs hat T nach den Angaben im Sachverhalt innerhalb der Monatsfrist Klage beim Sozialgericht erhoben.

VI. Beteiligte; Partei- und Prozessfähigkeit

Beteiligt am Rechtsstreit sind T als Kläger nach § 69 Nr. 1 SGG und die Krankenkasse als Beklagte nach § 69 Nr. 2 SGG.

T ist gemäß § 70 Nr. 1 Alt. 1 SGG parteifähig und gemäß § 71 Abs. 1 SGG prozessfähig.

Die Parteifähigkeit der Krankenkasse folgt aus § 70 Nr. 1 Alt. 2 SGG i.V.m. § 29 Abs. 1 SGB IV bzw. § 4 Abs. 1 SGB V; ihre Prozessfähigkeit ergibt sich – trotz des insoweit ungenauen Wortlauts der Norm – aus § 71 Abs. 3 SGG, d.h. sie wird gerichtlich gemäß § 36 SGB IV durch den Geschäftsführer vertreten, jedenfalls soweit es sich um ein „laufendes Verwaltungsgeschäft" handelt. Andernfalls greift § 35a Abs. 1 Satz 1 SGB IV.

VII. Zuständigkeit des Gerichts

Sachlich zuständig ist gemäß § 8 SGG das Sozialgericht. Die örtliche Zuständigkeit ergibt sich aus § 57 Abs. 1 Satz 1 SGG. Maßgeblich ist der Wohnsitz des Klägers T.

Dieser befindet sich in Eppendorf in Hamburg. Zuständig ist damit das Sozialgericht Hamburg.

VIII. Ordnungsgemäße Klageerhebung

Von einer ordnungsgemäßen Klageerhebung im Sinne der §§ 90, 92 SGG ist auszugehen.

IX. Allgemeines Rechtsschutzbedürfnis

Auch das für alle Rechtsbehelfe geltende Erfordernis des allgemeinen Rechtsschutzbedürfnisses müsste erfüllt sein. T stehen keine einfacheren oder effektiveren Möglichkeiten zur Durchsetzung ihres Begehrens zur Verfügung.

X. Sonstiges

Auch die sonstigen Sachentscheidungsvoraussetzungen sind erfüllt.

XI. Ergebnis

Die Klagen des T sind damit zulässig.

B. Klagehäufung

Die unterschiedlichen Begehren des T – Gewährung der Leistung und isolierte Aufhebung des ablehnenden Bescheids der Krankenkasse – können gemäß § 56 SGG in einer Klage zusammen verfolgt werden. Die Voraussetzungen des § 56 SGG sind erfüllt; die Begehren richten sich gegen dieselbe Beklagte, stehen im Zusammenhang und für beide ist dasselbe Gericht zuständig.

C. Begründetheit der Klagen

Die Klagen des T müssten begründet sein.

Passivlegitimiert ist die AOK Rheinland/Hamburg.

I. Begründetheit der Leistungsklage, § 54 Abs. 5 SGG

Der Anspruch des T gegen seine Krankenkasse könnte sich mit Blick auf die Dauer und die Ausgestaltung der Antragsprüfung aus § 13 Abs. 3a Satz 6 SGB V ergeben.

1. Fristversäumnis durch die Krankenkasse

Die Krankenkasse hat nach § 13 Abs. 3a Satz 1 SGB V über einen Leistungsantrag zügig, spätestens bis zum Ablauf von drei Wochen nach Antragseingang oder in Fällen, in denen eine gutachtliche Stellungnahme insbesondere des Medizinischen Dienstes eingeholt wird, innerhalb von fünf Wochen nach Antragseingang über diesen zu entscheiden. Hält die Krankenkasse eine gutachterliche Stellungnahme für erforderlich, hat sie diese unverzüglich einzuholen und den Leistungsberechtigten hierüber zu unterrichten. Kann die Krankenkasse die in § 13 Abs. 3a Satz 1 SGBV geregelten Fristen nicht einhalten, muss sie dies dem Versicherten nach Satz 5 unter Darlegung der Gründe rechtzeitig schriftlich mitteilen.

Der Antrag des T, der nach § 13 Abs. 1 Satz 1 SGB X stellvertretend für ihn von seinem Arzt gestellt worden ist, ist am 25.2.2019 bei der Krankenkasse eingegangen. Die Ablehnung des Antrags datiert vom 17.5.2019. Es sind also fast drei Monate seit Antragstellung vergangen, ohne dass man T – seit der Information über die Einschaltung des Medizinischen Dienstes am 28.2.2019 – die Gründe für diese Verzögerung dargelegt hätte. Die Krankenkasse hat daher die gesetzlichen Vorgaben nicht eingehalten.

Festzuhalten ist daher, dass in der vorliegenden Fallkonstellation die Genehmigungsfiktion des § 13 Abs. 3a Satz 6 SGB V eingetreten ist. Die von T begehrte Leistung gilt damit von Gesetzes wegen als genehmigt.

2. Genehmigungsfiktion und Naturalleistungsanspruch

Zu klären ist allerdings, welche Konsequenzen sich aus dieser Genehmigungsfiktion ergeben. T hat sich aufgrund fehlender finanzieller Mittel das Arzneimittel nicht selbst beschafft, sodass es nicht um eine Kostenerstattung nach Maßgabe von § 13 Abs. 3a Satz 7 SGB V geht. Vielmehr macht T einen Naturalleistungsanspruch gegen seine Krankenkasse geltend. Ob das Gesetz einen solchen Naturalleistungsanspruch gewährt, ist seit Inkrafttreten des § 13 Abs. 3a SGB V umstritten.

Hinweis:
Zu diesem langjährigen Streit ausführlich *Helbig* in: Schlegel/Voelzke, jurisPK-SGB V, Stand 30.3.2021, § 13 Rn. 119 ff.

Ob T einen Naturalleistungsanspruch gegenüber der Krankenkasse geltend machen kann, hängt maßgeblich von der Auslegung des § 13 Abs. 3a Satz 6 SGB V ab. Man könnte § 13 Abs. 3a Satz 6 SGB V einerseits nur im Zusammenhang mit dem folgenden Satz 7 lesen und ihn so deuten, dass die Genehmigungsfiktion Voraussetzung für den hier normierten Kostenerstattungsanspruch ist.

Hinweis:
Das Bundessozialgericht spricht in seiner neueren Rechtsprechung von einer „komplementären Regelung zum Kostenerstattungsanspruch des Satzes 7 des § 13 Abs. 3a SGB V, den sie spezifisch zugunsten der Versicherten ausformt" (BSG v. 26.5.2020 – B 1 KR 9/18 R, Rn 16).

Der Sinn des Satzes 6 bestünde dann nur darin, diesen Kostenerstattungsanspruch gleichsam vorzubereiten – wenn der Versicherte sich die fiktiv genehmigte Leistung selbst beschafft, kann er nunmehr Ersatz der Kosten von seiner Krankenkasse verlangen. Gegen die Annahme eines Naturalleistungsanspruchs spricht eine gesetzessystematische Überlegung: § 13 SGB V ist überschrieben mit „Kostenerstattung". Die gesamte Norm befasst sich mit verschiedenen Konstellationen der Kostenerstattung, sodass auch § 13 Abs. 3a Satz 6 SGB V keinen über die Begründung eines Kostenerstattungsanspruchs nach Satz 7 hinausgehenden Regelungsgehalt haben könnte.

Die in § 13 Abs. 3a Satz 6 SGB V enthaltene Genehmigungsfiktion lässt sich andererseits aber auch so deuten, dass ihr Eintritt die Rechtslage wie der Erlass eines Verwaltungsakts gestaltet. Die Krankenkasse hätte den Antrag des T also faktisch mit der Konsequenz genehmigt, dass er die Leistung nunmehr tatsächlich beanspruchen könnte. Dem Versicherten erwächst bei dieser Sichtweise durch die Fiktion ein Naturalleistungsanspruch als eigenständig durchsetzbarer Anspruch; diese wirkt letztlich wie ein voll wirksamer, von der Krankenkasse erlassener Verwaltungsakt mit der Konsequenz, dass nunmehr eine Verschaffungspflicht der Krankenkasse besteht. Für diese Sichtweise sprechen gewichtige Argumente. Ausgangspunkt der Überlegungen ist dabei der Wortlaut der Norm. Wenn das Gesetz feststellt, dass der Antrag als genehmigt gilt, beinhaltet die Norm zwangsläufig auch einen Verschaffungsanspruch gegen die Krankenkasse. Dies gilt umso mehr, als es des Satzes 6 nicht bedurft hätte, um die Rechtsfolge des Satzes 7 herbeizuführen, denn es hätte genügt, den Kostenerstattungsanspruch an den Fristablauf zu knüpfen. Stattdessen hat der Gesetzgeber hier eine ausdrückliche Genehmigungsfiktion normiert.

Hinweis:
Zum insoweit eindeutigen bzw. klaren Wortlaut der Norm vgl. BSG v. 11.7.2017 – B 1 KR 26/16 R, Rn. 13 sowie BSG v. 26.9.2017 – B 1 KR 6/17 R, Rn. 21.

Aber auch die Zielsetzung der Regelung, die für die Krankenkasse einen zeitlichen Entscheidungsdruck aufbauen soll und durch die Fiktion zugleich entsprechendes Fehlverhalten der Krankenkasse sanktioniert, spricht für diese Sichtweise. Die Begründung eines Naturalleistungsanspruchs verfestigt die Rechtsposition des Versicherten bereits zu einem Zeitpunkt, in dem er sich die gewünschte Leistung noch nicht selbst beschafft hat und das möglicherweise auch gar nicht zu tun gedenkt. Zu berücksichtigen ist zudem, dass gerade mittellose Versicherte ohne die Begründung eines Naturalleistungsanspruchs durch § 13 Abs. 3a Satz 6 SGB V von der Regelung gar nicht profitieren könnten: Wer nicht über die finanziellen Mittel verfügt, kann sich die Leistung nicht selbst beschaffen, sodass auch keine Erstattung im Raum steht, die die Kasse fürchten müsste. Insoweit ist auch der durch die Sanktionswirkung ausgehende Druck auf die Krankenkasse geringer. Die unterschiedlichen Auswirkungen der Norm auf die Versicherten in Abhängigkeit von ihrer finanziellen Leistungsfähigkeit dürften allerdings keinen Verstoß gegen Art. 3 Abs. 1 GG begründen, denn diese wirtschaftliche Leistungsfähigkeit ist unabhängig vom jeweiligen Rechtsgebiet allen Kostenerstattungsregelungen immanent und bedeutet insofern keine nicht zu rechtfertigende rechtliche Ungleichbehandlung.

Hinweis:
Hierzu BSG v. 26.5.2020 – B 1 KR 9/18 R, Rn. 21 m.w.N.

Insgesamt spricht also vieles dafür, der Genehmigungsfiktion wie auch im sonstigen Verwaltungsrecht die Wirkung eines begünstigenden Verwaltungsakts mit der Folge beizumessen, dass der Begünstigte einen Naturalleistungsanspruch gegen die Krankenkasse hat.

Hinweis:
Diese Ansicht hatte auch der 1. Senat des Bundessozialgerichts in zahlreichen Entscheidungen vertreten, ehe er diese Sichtweise mit Urteil vom 26.5.2020 (B 1 KR 9/18 R) ausdrücklich aufgegeben hat. Seither gilt: § 13 Abs. 3a SGB V verschafft dem Versicherten keinen Anspruch auf Gewährung einer Sachleistung, sondern lediglich auf Kostenerstattung nach einer Selbstbeschaffung bis zur Entscheidung der Krankenkasse. Der 3. Senat des Bundessozialgerichts hat sich dieser neuen Rechtsprechung angeschlossen (vgl. etwa das Urteil v. 18.6.2020 – B 3 KR 14/18 R). Das angerufene Sozialgericht ist in rechtlicher Hinsicht allerdings nicht an die Entscheidung des 1. Senats vom Mai 2020 gebunden (vgl. zur Abweichung von der höchstrichterlichen Rechtsprechung in diesem Kontext etwa auch Bayerisches LSG v. 7.9.2016 – L 20 KR

597/15, das sich ausdrücklich gegen die vorherige Rechtsprechung des Bundessozialgerichts gewandt und gegen einen Naturalleistungsanspruch argumentiert hatte). Faktisch macht es zwar wenig Sinn, die neue Rechtsprechung des Bundessozialgerichts zu ignorieren, weil wahrscheinlich bereits das Landessozialgericht, spätestens aber das Bundessozialgericht selbst die entgegenstehende Entscheidung aufheben würde. Zu beachten ist zudem, dass die Missachtung der höchstrichterlichen Rechtsprechung einen Amtshaftungsanspruch nach § 839 BGB i.V.m. Art. 34 GG jedenfalls für die Verwaltung begründen kann (hierzu *Zimmerling* in: jurisPK-BGB Band 2, Stand 17.12.2020, § 839 BGB Rn. 67 m.w.N.). In einer Situation wie der vorliegenden – der 1. Senat hatte seine rechtliche Einschätzung gerade erst diametral geändert – steht es dem Sozialgericht rechtlich aber frei, gegen den Rechtsprechungswandel zu argumentieren und ein erneutes Umschwenken des Gerichts anzuregen. Vorliegend agiert im Übrigen ein Rechtsreferendar, der von diesen Überlegungen nicht beeinflusst sein wird, sondern ein Gutachten mit jedenfalls vertretbaren Lösungen erstellen soll.

Die besseren Argumente sprechen für die Begründung eines Naturalleistungsanspruchs des Versicherten. Festzuhalten ist damit, dass T einen Naturalleistungsanspruch aus § 13 Abs. 3a Satz 6 SGB V hat.

3. Reichweite der Genehmigungsfiktion

Fraglich könnte zudem sein, wie weit die Genehmigungsfiktion des § 13 Abs. 3a SGB V tatsächlich reicht. Das wäre von Bedeutung, wenn T eine Leistung begehrt, die tatsächlich vom Leistungsumfang des SGB V nicht umfasst ist.

a. Materiell-rechtlicher Leistungsanspruch des T

Fraglich ist, ob T das begehrte Medikament nach §§ 27 Abs. 1 Nr. 3 und 31 SGB V beanspruchen könnte. Ein Anspruch des T nach § 31 Abs. 1 Satz 1 SGB V auf Finanzierung des apothekenpflichtigen Arzneimittels Fampyra scheitert allerdings daran, dass dieses Medikament für die Behandlung der bei T bestehenden Erkrankung nicht zugelassen ist.

Hinweis:
Ein Anspruch nach § 31 Abs. 1 Satz 1 SGB V setzt grundsätzlich Folgendes voraus: Das Arzneimittel muss apothekenpflichtig und von einem Vertragsarzt verordnet worden sein (hierzu *Axer*: in Becker/Kingreen, GKV, 7. Aufl. 2020, § 31 Rn. 18). Zugleich darf es nicht nach § 34 SGB V oder durch Richtlinien des Gemeinsamen Bun-

desausschusses nach § 92 Abs. 1 Satz 2 Nr. 6 SGB V ausgeschlossen sein. Hinzu kommt das Erfordernis der Zulassung, das im vorliegenden Fall problematisch ist.

Nach der Rechtsprechung des Bundessozialgerichts bedarf ein Fertigarzneimittel der nach Maßgabe von § 21 ff. AMG zu erteilenden Zulassung für das Indikationsgebiet, in dem es angewendet werden soll; andernfalls fehlt es an der nach § 2 Abs. 1 Satz 3 und 12 Abs. 1 SGB V erforderlichen Zweckmäßigkeit und Wirtschaftlichkeit.

Hinweis:
Hierzu vgl. etwa BSG v. 13.12.2016 – B 1 KR 10/16 R, Rn. 12. Das SGB V kennt kein eigenes Zulassungsverfahren für Arzneimittel, sondern knüpft an die arzneimittelrechtliche Zulassung an, weil diese in ähnlicher Weise wie ein Überprüfungsverfahren durch den Gemeinsamen Bundesausschuss Qualität, Wirtschaftlichkeit und Unbedenklichkeit gewährleistet.

Bei T soll Fampyra zur Behandlung seiner zerebellaren Ataxie bei kernspintomographisch nachgewiesener Kleinhirnatrophie eingesetzt werden und seine Gehfähigkeit verbessern. Zugelassen ist das Medikament allerdings nur zur Behandlung der Gangstörung bei Multipler Sklerose.

Eine Konstellation, in der ein Arzneimittel ausnahmsweise auch außerhalb seines Zulassungsgebiets vom Leistungsumfang der Gesetzlichen Krankenversicherung umfasst ist, ist nach den Vorgaben im Sachverhalt nicht gegeben.

Hinweis:
Vgl. hierzu unter Frage 3.

Damit besteht kein Anspruch des T nach § 27 Abs. 1 Satz 2 Nr. 3 i.V.m. § 31 Abs. 1 Satz 1 SGB V.

b. Grenzen der Fiktionswirkung

Vor diesem Hintergrund ist zu klären, ob nach § 13 Abs. 3a Satz 6 SGB V jegliche fiktiv genehmigte Leistung beansprucht werden kann oder ob es insoweit Grenzen gibt.

Nach der bisherigen Rechtsprechung des Bundessozialgerichts darf die Leistung nicht offensichtlich außerhalb des Leistungskatalogs liegen; zudem muss der Versicherte die Leistung für erforderlich halten dürfen.

Hinweis:
Hierzu etwa BSG v. 11.7.2017 – B 1 KR 1/17 R, Rn. 22. Auch diese Ansicht ist vor allem mit Blick auf den zweitgenannten Aspekt durchaus kritisch zu hinterfragen (vgl. hierzu *Schifferdecker* in: Kasseler Kommentar Sozialversicherungsrecht, Werkstand 112. EL September 2020, § 13 SGB V Rn. 139b). Vertretbar ist in dieser Hinsicht vieles; entscheidend ist, dass das Problem als solches diskutiert wird. Die neuere Rechtsprechung hat auch diesen Aspekt nach eigenen Aussagen „fortentwickelt" und stellt unter Heranziehung von § 18 Abs. 5 SGB XI, dessen „Wertungsmodell wegen seiner Sachgerechtigkeit" auf § 13 Abs. 3a SGB V übertragen wird, auf die „Gutgläubigkeit" des Versicherten ab (hierzu BSG v. 26.5.2020 – B 1 KR 9/18 R, Rn. 23 ff.). In der Sache ändert sich dabei aber letztlich wohl kaum etwas.

Die vom Bundessozialgericht vorgenommene Begrenzung bewirkt also eine Beschränkung auf subjektiv für den Berechtigten erforderliche Leistungen, die nicht offensichtlich außerhalb des Leistungskatalogs der Krankenversicherung liegen. Der Versicherte darf die erforderliche Sorgfalt nicht in einem besonders schweren Maß verletzt haben, indem er schon einfachste, ganz naheliegende Überlegungen nicht anstellt und daher nicht beachtet, was letztlich jedem einleuchten müsste.

Hinweis:
So BSG v. 26.5.2020 – B 1 KR 9/18 R, Rn. 24.

Diese Auslegung von § 13 Abs. 3a Satz 6 f. SGB V erleichtert es den Versicherten, sich die ihnen zustehenden Leistungen zeitnah zu beschaffen; andererseits wird Rechtsmissbrauch verhindert, weil Leistungsgrenzen eingehalten werden, die jedem Versicherten klar sein müssen.

Hinweis:
Vgl. auch BSG v. 11.7.2017 – B 1 KR 26/16 R, juris Rn. 21 sowie schon BSG v. 8.3.2016 – B 1 KR 25/15 R, juris; aus der mittlerweile umfangreichen Literatur vgl. *Schroeder-Printzen*, GesR 2017, S. 87 ff., *von Koppenfels-Spies*, NZS 2016, S. 601 ff. und *Rieker*, NZS 2015, S. 294 ff. zur älteren Rechtsprechung.

Im vorliegenden Fall liegt die von T begehrte Leistung nicht offensichtlich außerhalb des Leistungskatalogs der gesetzlichen Krankenversicherung. Es geht um ein Arzneimittel zur Verbesserung der Gehfähigkeit, das bei bestimmten Krankheiten von der Krankenkasse finanziert wird. Als Laie muss T, der mir den gleichen Problemen zu kämpfen hat, weder die Feinheiten des Leistungs- und Leistungserbringungsrechts noch die des Arzneimittelrechts kennen. Er durfte die Behandlung daher auch für erforderlich halten; eine grob fahrlässige Fehleinschätzung ist ihm nicht vorzuwerfen.

Hinweis:
Nach der neueren Rechtsprechung, die eine Genehmigungsfiktion verneint, ist die Frage der Gutgläubigkeit letztlich nur im Rahmen des § 13 Abs. 3a Satz 7 SGB V für den Kostenerstattungsanspruch relevant.

4. Zwischenergebnis

Die Leistungsklage des T ist begründet, weil er einen Naturalleistungsanspruch gegen die Krankenkasse aus § 13 Abs. 3a Satz 6 SGB V hat.

5. Rücknahme des fiktiven Verwaltungsakts?

Fraglich ist allerdings, ob der aus dem fiktiven Verwaltungsakt nach § 13 Abs. 3a Satz 6 SGB V erwachsene Naturalleistungsanspruch durch den nach Eintritt der Fiktion erlassenen Ablehnungsbescheid der Krankenkasse des T beseitigt worden sein.

Hinweis:
Dieser Verwaltungsakt ist über die isolierte Anfechtungsklage (hierzu sogleich unter II.) ebenfalls Gegenstand des gerichtlichen Verfahrens. Seine Rechtmäßigkeit wäre deshalb eigentlich im Rahmen der Anfechtungsklage zu prüfen; allerdings hängt bereits der Leistungsanspruch des T von diesem Bescheid ab, sodass es notwendig ist, seine Rechtmäßigkeit bereits hier anzusprechen.

Es könnte sich bei dem ablehnenden Bescheid der Krankenkasse um einen Bescheid im Sinne des § 45 SGB X handeln – ist doch durch § 13 Abs. 3a Satz 6 SGB V etwas fiktiv genehmigt worden, was nicht zum Leistungskatalog gehört. Es ist zunächst unschädlich, dass die Behörde offenbar gar nicht an § 45 SGB X gedacht hat – maßgeblich ist allein, ob der tatsächliche Verwaltungsakt nach Maßgabe einer anderen Norm rechtmäßig hätte ergehen können. Insoweit wäre auch eine fehlerhafte Bezeichnung und Begründung ohne Belang.

Unabhängig davon, ob die Voraussetzungen für eine Korrektur gemäß § 45 SGB X vorliegen, hätte die Krankenkasse im konkreten Fall allerdings rechtswidrig gehandelt.

Klärungsbedürftig ist in diesem Kontext zunächst, ob auch eine fingierte Genehmigung nach §§ 44 ff. SGB X korrigiert werden kann. Auf der Grundlage seiner bis Mai

2020 geltenden Rechtsprechung, die hier noch immer als überzeugend bewertet wird, war die fiktive Bewilligung wie ein Verwaltungsakt aufhebbar.

Hinweis:
Zur Aufhebung fiktiver Verwaltungsakte vor dem Hintergrund der früheren Einschätzung des Bundessozialgerichts vgl. *Felix*, KrV 2018, S. 177. Nach der neueren Rechtsprechung des Bundessozialgerichts hat die nach Fristablauf fingierte Genehmigung eines Leistungsantrags ohnehin nicht die Qualität eines Verwaltungsakts, sodass sich die Frage einer entsprechenden Aufhebung gar nicht mehr stellt (vgl. BSG v. 26.5.2020 – B 1 KR 9/18 R, Rn. 29). Das durch den Antrag in Gang gesetzte Verwaltungsverfahren werde durch den Eintritt der Genehmigungsfiktion nicht abgeschlossen; damit wäre die Krankenkasse weiterhin berechtigt und verpflichtet, über den gestellten Antrag zu entscheiden und das laufende Verwaltungsverfahren abzuschließen. Kritisch zu dieser Kehrtwende *Felix*, SGb 2020, S. 517).

Fraglich ist aber der Maßstab für die Rechtmäßigkeit der Genehmigung. § 45 SGB X ermöglicht die Korrektur rechtswidriger Verwaltungsakte. Der 1. Senat des Bundessozialgerichts hatte bis zu seinem grundlegenden Rechtsprechungswandel im Mai 2020 darauf abgestellt, ob die Genehmigung rechtmäßig am Maßstab von § 13 Abs. 3a SGB V erfolgt ist; auf die Frage des materiellen Leistungsrechts des SGB V kam es nach dieser Ansicht nicht an.

Hinweis:
Hierzu etwa BSG v. 7.11.2017 – B 1 KR 24/17 R, juris Rn. 37 ff.

Insoweit besteht allerdings noch erheblicher Diskussionsbedarf; man muss sich bereits fragen, weshalb man eine Fiktion, die nach § 13 Abs. 3a SGB V gar nicht eingetreten ist, aufheben können sollte – es fehlt dann ja gerade an einer wirksamen Fiktion, die es zu beseitigen gilt. Insoweit treten Genehmigungsfiktionen auch nicht „rechtmäßig“ oder „rechtswidrig“ ein; sie treten ein, wenn ihre Voraussetzungen erfüllt sind. Ist das nicht der Fall, gibt es keine Genehmigungsfiktion.

Hinweis:
Kritisch zu Recht daher der 3. Senat (BSG v. 11.5.2017 – B 3 KR 30/15 R, Rn. 50), der das materielle Recht als Maßstab heranziehen wollte, um dem fiktiven Verwaltungsakt nicht eine stärkere Bestandskraft als der tatsächlichen Genehmigung zuzubilligen. Folgt man dem 3. Senat, könnte die fiktive Bewilligung jedenfalls dann zumeist

problemlos aufgehoben werden, wenn der Versicherte sich die Leistung nicht bereits selbst beschafft hätte.

Folgt man der Ansicht des 1. Senats, liegt also schon kein rechtswidriger Verwaltungsakt vor, weil im Fall der T die Genehmigungsfiktion eingetreten war. Die Tatbestandsvoraussetzungen des § 45 SGB X wären nicht erfüllt.

Aber auch dann, wenn man mit dem 3. Senat das materielle Leistungsrecht zugrunde legt und damit ein rechtswidriger – fiktiver – Verwaltungsakt vorliegt, wäre eine Aufhebung nicht rechtmäßig erfolgt. Es wäre zu fragen, ob hier – anders als im Fall der bereits erfolgten Selbstbeschaffung – der Vertrauensschutz des § 45 Abs. 2 SGB X der Aufhebung entgegenstünde. Ein Grund für den Ausschluss des Vertrauens nach § 45 Abs. 2 Satz 3 SGB X liegt nicht vor; das Regelbeispiel des Verbrauchs ist allerdings auch nicht erfüllt. Man müsste insofern letztlich nach Satz 1 der Norm abwägen zwischen dem öffentlichen Interesse an der Rücknahme des Verwaltungsakts und dem Vertrauensschutz.

Hinweis:
Dabei wäre vieles vertretbar.

Unabhängig von der Frage des Vertrauensschutzes fehlt es jedenfalls vollumfänglich an der nach § 45 Abs. 1 SGB X erforderlichen Ausübung des Ermessens durch die Krankenkasse. Diese wollte ganz offenbar keinen Bescheid nach § 45 SGB X erlassen, sondern die beantragte Leistung lediglich ablehnen.

Hinweis:
Das Bundessozialgericht stellt hier fest: „Die Beklagte regelte mit der Ablehnung der Leistung weder ausdrücklich noch sinngemäß, weder förmlich noch inhaltlich eine Rücknahme, eine Aufhebung oder einen Widerruf … der fingierten Genehmigung" (vgl. BSG v. 7.11.2017 – B 1 KR 24/17 R, juris Rn. 35).

Zwar hätte die Ablehnung der Leistung nicht im Ermessen der Krankenkasse gestanden; bei der Entscheidung nach § 45 SGB X aber ist die Ermessensausübung Voraussetzung für die materielle Rechtmäßigkeit des Bescheids.

II. Begründetheit der isolierten Anfechtungsklage, § 54 Abs. 1 Satz 1 SGG

Die Anfechtungsklage der T ist begründet, soweit der Ablehnungsbescheid vom 17.5.2019 rechtswidrig ist und T in seinen Rechten verletzt (vgl. § 54 Abs. 2 Satz 1 SGG).

1. Rechtswidrigkeit des Ablehnungsbescheids

Der Ablehnungsbescheid wäre rechtswidrig, wenn er nicht auf einer geeigneten und wirksamen Ermächtigungsgrundlage beruht oder an formellen oder materiellen Fehlern leidet.

a. Ermächtigungsgrundlage

Als Ermächtigungsgrundlage kommt § 27 Abs. 1 Satz 2 Nr. 3 SGB V i.V.m. § 31 Abs. 1 Satz 1 SGB V in Betracht, der nicht nur bei einem Bewilligungsbescheid, sondern auch bei einem Ablehnungsbescheid als actus contrarius zum Leistungsbescheid als Rechtsgrundlage für das Handeln der Verwaltung herangezogen werden kann. Soweit der Ablehnungsbescheid als Aufhebungsbescheid zu deuten sein sollte, wäre § 45 SGB X die Ermächtigungsgrundlage.

b. Formelle Rechtmäßigkeit

Der Bescheid vom 17.5.2019 müsste von der zuständigen Behörde erlassen worden sein; die verfahrensrechtlichen Vorgaben und die Formvorschriften müssten eingehalten worden sein.

T ist bei der AOK Rheinland-Hamburg gesetzlich krankenversichert; diese ist damit die für die Entscheidung zuständige Behörde.

Betrachtet man den Bescheid als Ablehnungsbescheid und nicht als Aufhebungsbescheid nach § 45 SGB X ist bereits fraglich, ob das Verwaltungsverfahren ordnungsgemäß durchgeführt wurde.

Die Krankenkasse hat den Leistungsantrag des T mit Bescheid vom 17.5.2019 abgelehnt. Zu diesem Zeitpunkt war das Verwaltungsverfahren bereits abgeschlossen, weil es schon eine – wenn auch fiktive – Genehmigung der Leistung gab.

Hinweis:
§ 8 SGB X spricht zwar vom „Erlass" eines Verwaltungsakts; auch diese Regelung dürfte aber auf den fiktiven Verwaltungsakt entsprechend anzuwenden sein, wenn man denn davon ausgeht, dass § 13 Abs. 3a Satz 6 SGB V einen Naturalleistungsanspruch begründet. Eine nach Eintritt der Fiktion ergangene Ablehnungsentscheidung ginge damit ins Leere. Anders ist die Rechtslage nach der neuen Rechtsprechung des Bundessozialgerichts: Sieht man die Genehmigungsfiktion nur als Voraussetzung für den Erstattungsanspruch, kann und muss die Krankenkasse das Verwaltungsverfahren durch Erlass eines ablehnenden Bescheids abschließen, bevor es zur Selbstbeschaffung der Leistung kommt.

In Konsequenz dessen gab es am 17.5.2019 gar keinen Antrag mehr, über den die Kasse hätte entscheiden können. Dieser formelle Fehler wäre – allerdings nicht ohne entsprechende Mitwirkung des T – theoretisch heilbar nach § 41 Abs. 1 Nr. 1 SGB X. Von einer Unbeachtlichkeit im Sinne des § 42 SGB X kann dagegen nicht ausgegangen werden. Insofern bestehen bereits Bedenken in formeller Hinsicht.

c. Materielle Rechtmäßigkeit

Als Ablehnungsbescheid ist der Bescheid vom 17.5.2019 aber auch materiell rechtswidrig. Zwar gehört das von T begehrte Medikament, wie dargelegt, für ihn tatsächlich nicht zum Leistungskatalog der gesetzlichen Krankenversicherung, weil es nicht für die Behandlung seiner Krankheit zugelassen ist und auch nicht im Wege des Off-Label-Use beansprucht werden kann. Angesichts der bereits eingetretenen Genehmigungsfiktion war das Verwaltungsverfahren die konkrete Leistung betreffend aber bereits abgeschlossen – der fiktive Verwaltungsakt enthält die beantragte Bewilligung. T konnte die gewünschte Behandlung aufgrund der fiktiven Genehmigung beanspruchen.

Auch als Aufhebungsbescheid im Sinne von § 45 SGB X konnte der Bescheid, wie oben dargelegt, nicht rechtmäßig ergehen.

2. Rechtsverletzung

Der rechtswidrige Bescheid verletzt T in seinem sich aus der fiktiven Genehmigung seines Antrags ergebenden Leistungsanspruch.

3. Ergebnis

Die isolierte Anfechtungsklage ist begründet.

III. Ergebnis

Die isolierte Anfechtungsklage und die Leistungsklage des T sind begründet.

D. Gesamtergebnis

Die genannten Klagen des T sind zulässig und begründet. Das Sozialgericht wird den Bescheid vom 17.5.2019 in der Gestalt des Widerspruchsbescheids vom 13.1.2020 aufheben und die Krankenkasse verurteilen, das von T gewünschte Arzneimittel zu finanzieren.

Frage 2

Der Justiziar der Krankenkasse kann im Juni 2020 noch nicht absehen, wie das Sozialgericht Hamburg entscheiden wird und muss daher alle denkbaren Entscheidungsoptionen und Konstellationen im Blick haben.

Folgt das Sozialgericht der neuen Rechtsprechung des 1. und 3. Senats des Bundessozialgerichts zu § 13 Abs. 3a Satz 6 und 7 SGB V aus dem Jahr 2020, besteht kein Naturalleistungsanspruch des T. Allerdings sollte möglichst auch sichergestellt werden, dass kein Kostenerstattungsanspruch nach § 13 Abs. 3a Satz 7 SGB V entsteht, wenn T sich die begehrte Leistung wider Erwarten doch noch auf eigene Kosten beschafft. Nach Einschätzung des Bundessozialgerichts besteht das durch die Genehmigungsfiktion begründete Recht zur Selbstbeschaffung auf Kosten der Krankenkasse, sofern der Versicherte im Zeitpunkt der Selbstbeschaffung keine Kenntnis oder grob fahrlässige Unkenntnis vom Nichtbestehen des materiellen Leistungsanspruchs hat.

> **Hinweis:**
> Hierzu BSG 26.5.2020 – B 1 KR 9/18 R, Rn. 22 ff.

Nun ließe sich einwenden, dass dem T bereits durch den Ablehnungsbescheid vom 17.5.2019 in der Gestalt des Widerspruchsbescheids vom 13.1.2020 klar gewesen sein musste, dass er keinen materiell-rechtlichen Anspruch hat. Allerdings darf sich der Versicherte die Leistung grundsätzlich auch noch während eines anhängigen Verfahrens beschaffen; erst wenn die Krankenkasse die beantragte Leistung bestandskräftig abgelehnt hat oder das Gericht die Klage des Versicherten rechtskräftig abgewiesen hat, besteht keine Gutgläubigkeit mehr.

Hinweis:
Hierzu BSG 26.5.2020 Rn. 22 ff. Dagegen begründet die bloße Existenz der – nach der neueren Rechtsprechung ja zwingend erforderlichen – nach Fristablauf ergangenen Ablehnungsentscheidung über den Leistungsantrag durch die Krankenkasse keine Bösgläubigkeit des Versicherten (BSG aaO., Rn. 26). Erst recht macht es einen Versicherten nicht bösgläubig, wenn der Arzt ihm verdeutlicht, dass die Krankenkasse die Rechtslage zu seinen Lasten wohl anders einschätzen werde und ihm daher eine vorherige Anfrage empfiehlt (BSG aaO., Rn. 26).

Insofern wäre es aus Sicht der Krankenkasse jedenfalls sinnvoll, die Gutgläubigkeit des T bereits zum jetzigen Zeitpunkt zusätzlich negativ zu beeinflussen. Da der ablehnende Verwaltungsakt aus dem Jahre 2019 unter der damals geltenden Rechtsprechung des Bundessozialgerichts als rechtswidrig gewertet worden wäre, weil das Verwaltungsverfahren durch Eintritt der Genehmigungsfiktion bereits beendet war, könnte man erwägen, den T erneut und ausführlich darüber zu informieren, dass er keinen materiell-rechtlichen Anspruch auf das Arzneimittel hat. Dieser feststellende Verwaltungsakt allein garantiert allerdings nicht, dass – falls T sich das Medikament doch beschafft – ihm später vom Gericht bei einem entsprechenden Streit über die Erstattung der Kosten Bösgläubigkeit entgegengehalten würde. Insofern besteht hier für die Krankenkasse ein Restrisiko.

Der Justiziar sollte allerdings auch bedenken, dass eine Entscheidung des Sozialgerichts im hier unter Frage 1 vertretenen Sinne ergehen könnte. In diesem Fall bestünde ein Naturalleistungsanspruch des T. Der fiktive Bewilligungsbescheid müsste daher umgehend aufgehoben werden, um zu verhindern, dass T sich die Leistung vorher selbst beschafft und dann sein bereits ausgeübtes Vertrauen einer Aufhebung entgegenstünde. Da der ablehnende Bescheid vom 17.5.2019 nicht den Anforderungen des § 45 SGB X entspricht, sollte unverzüglich ein Aufhebungsbescheid erlassen werden, der auch dem Erfordernis der Ermessensausübung genügt.

Hinweis:
Die Ausführungen zeigen, dass hier letztlich ein widersprüchliches Verhalten der Krankenkasse gefordert ist.

Frage 3

In bestimmten Behandlungssituationen kann es medizinisch geboten sein, ein Arzneimittel außerhalb seines Anwendungsgebiets einzusetzen. Eine Finanzierung dieses sogenannten Off-Label-Use durch die gesetzlichen Krankenkassen kommt nach der Rechtsprechung dann in Betracht, wenn es um die Behandlung einer schwerwiegenden, d.h. lebensbedrohlichen oder die Lebensqualität auf Dauer nachhaltig beeinträchtigenden Erkrankung geht, für die keine andere Therapie verfügbar ist, und aufgrund der Datenlage die begründete Aussicht besteht, dass mit dem betreffenden Präparat ein kurativer oder palliativer Behandlungserfolg erzielt werden kann.

Hinweis:
BSG v. 19.3.2002 – B 1 KR 37/00 R, Rn. 26 ff. Dabei kann letzteres angenommen werden, wenn Forschungsergebnisse vorliegen, die erwarten lassen, dass das Arzneimittel für die betreffende Indikation zugelassen werden kann.

Diese richterrechtlich formulierten Anforderungen an die Finanzierung eines Arzneimittels im Off-Label-Use entsprechen weitgehend den Tatbestandsvoraussetzungen des später in Umsetzung des sogenannten Nikolausbeschlusses des Bundesverfassungsgerichts geschaffenen § 2 Abs. 1a SGB V, der mit dem Tatbestandsmerkmal „zumindest wertungsmäßig vergleichbare Erkrankung“ zugleich über den verfassungsrechtlich unmittelbar gebotenen Leistungsanspruch hinausgeht. Die Regelung gilt sinngemäß auch für die Versorgung mit Arzneimitteln.

Hinweis:
So schon im Jahr 2006 BSG v. 4.4.2006 – B 1 KR 7/05 R in Umsetzung des genannten Beschlusses (BVerfG v. 6.12.2005 – 1 BvR 347/98; vgl. auch BVerfG v. 10.11.2015 – 1 BvR 2056/12: keine verfassungsrechtlich gebotene Erweiterung des Leistungsanspruchs auf wertungsmäßig vergleichbare Erkrankungen). § 2 Abs. 1a SGB V eröffnet darüber hinaus auch den sogenannten No-Label-Use, also die Finanzierung eines Medikaments, für das gar keine Zulassung vorliegt (hierzu *Pitz* in: jurisPK-SGB V, Stand 5.11.2020, § 31 Rn. 74 ff. m.w.N. auch zu den weiteren Voraussetzungen, die das BSG hier aufgestellt hat).

Nach Einschätzung des Bundessozialgerichts darf aber auch § 2 Abs. 1a SGB V den Schutzzweck des Arzneimittelzulassungsrechts nicht konterkarieren.

Hinweis:
Auch bei einer lebensbedrohlichen oder regelmäßig tödlichen Erkrankung besteht daher kein Anspruch auf Versorgung mit einem im Ausland für die Indikation zugelassenen Arzneimittel, wenn die Europäische Arzneimittel-Agentur im zentralisierten Zulassungsverfahren die Zulassung des Arzneimittels zur Behandlung dieser Erkrankung bereits abgelehnt hat (BSG v. 13.12.2016 – B 1 KR 10/16 R).

Zu beachten ist zudem § 35c SGB V, der die zulassungsüberschreitende Anwendung von Arzneimitteln aufgrund von Empfehlungen des Gemeinsamen Bundesausschusses und im Fall von klinischen Studien regelt. Die Norm lässt die allgemeinen richterrechtlichen Grundsätze für einen Off-Label-Use zu Lasten der Gesetzlichen Krankenversicherung unberührt, wenn ein nicht der entsprechenden Richtlinie geregelter Off-Label-Use betroffen ist.

Hinweis:
Hierzu BSG v. 13.12.2016 – B 1 KR 10/16 R, Rn. 15 m.w.N.

Gliederung zu Fall 9

Frage 1

A. Zulässigkeit der Klage
  I. Eröffnung des Sozialrechtswegs
  II. Statthafte Klageart
  III. Klagebefugnis
  IV. Erfolglose Durchführung eines ordnungsgemäßen Vorverfahrens
  V. Klagefrist
  VI. Beteiligte; Partei- und Prozessfähigkeit
  VII. Zuständigkeit des Gerichts
  VIII. Ordnungsgemäße Klageerhebung
  IX. Allgemeines Rechtsschutzbedürfnis
  X. Sonstiges
  XI. Ergebnis
B. Klagehäufung
C. Begründetheit der Klagen
  I. Begründetheit der Leistungsklage, § 54 Abs. 5 SGG
    1. Fristversäumnis durch die Krankenkasse
    2. Genehmigungsfiktion und Naturalleistungsanspruch
    3. Reichweite der Genehmigungsfiktion
      a. Materiell-rechtlicher Leistungsanspruch des T
      b. Grenzen der Fiktionswirkung
    4. Zwischenergebnis
    5. Rücknahme des fiktiven Verwaltungsakts?
  II. Begründetheit der isolierten Anfechtungsklage, § 54 Abs. 1 Satz 1 SGG
    1. Rechtswidrigkeit des Ablehnungsbescheids
      a. Ermächtigungsgrundlage
      b. Formelle Rechtmäßigkeit
      c. Materielle Rechtmäßigkeit
    2. Rechtsverletzung
    3. Ergebnis
  III. Ergebnis
D. Gesamtergebnis

Frage 2

Frage 3

Fall 10

Teil 1

Der 1973 geborene und in Hamburg wohnhafte Jens Jansen (J) bezieht Leistungen nach dem SGB II, nachdem er zuvor ein Studium der Rechtswissenschaft sowie eine Tätigkeit in einer Unternehmensberatung abgebrochen hatte. J ist bei der AOK Rheinland/Hamburg gesetzlich krankenversichert. Seit 2008 leidet er an Cluster-Kopfschmerzen mit häufigen, starken Schmerzattacken. Mit Schreiben vom 26.4.2016 stellte das Bundesinstitut für Arzneimittel und Medizinprodukte J eine Betäubungsmittelerlaubnis für den Bezug von Medizinal-Cannabisblüten aus der Apotheke aus. Seither bezog er 2,5 Gramm Cannabisblüten täglich (75 Gramm monatlich) auf eigene Kosten. Zudem besitzt J eine Sauerstoffflasche zur Inhalation von Sauerstoff während der Kopfschmerzattacken. Die erteilte Erlaubnis wurde vom Bundesinstitut im Januar 2017 zurückgenommen.

Nach Änderung betäubungsmittelrechtlicher Vorschriften mit Gesetz vom 10.3.2017 bedarf es für den Bezug von Cannabisblüten der Betäubungsmittelerlaubnis nicht mehr, eine ärztliche Verordnung ist ausreichend. Zeitnah erhielt J von seiner behandelnden Ärztin eine entsprechende Verordnung für den Bezug von Cannabisblüten. Um die Kosten für den Bezug der Cannabisblüten nicht selbst tragen zu müssen, beantragte J bei seiner Krankenkasse am 13.5.2017 telefonisch die Übernahme der Kosten zu 3 Gramm täglich bzw. 90 Gramm monatlich.

Mit Bescheid vom 30.5.2017 lehnte die Krankenkasse die beantragte Kostenübernahme ab. Am 13.6.2017 erhob J Widerspruch gegen diese Entscheidung. Im Widerspruchsverfahren holte die Krankenkasse eine Stellungnahme des Medizinischen Dienstes (MD) ein. Dieser kam am 7.7.2017 zutreffend zu dem Ergebnis, dass die häufigen, heftigen Cluster-Kopfschmerzen die Lebensqualität des J erheblich einschränken. Die klinische Evidenz bei Cannabinoiden sei aber bereits in der Kopfschmerzbehandlung gering; selbst eine Mindestevidenz im Sinne einer vergleichenden Untersuchung mit kleiner Fallzahl werde noch nicht erreicht. Bei Cluster-Kopfschmerzen sei die Datenlage noch schlechter als bei der Migräne. Evidenzbasiert könne man Cannabis derzeit nicht befürworten, weil ein überzeugender Wirksamkeitsnachweis bisher fehle.

Mit Schreiben vom 9.7.2017 teilte die Krankenkasse dem J mit, dass die Voraussetzungen für eine Kostenübernahme nach der Stellungnahme durch den MD nicht vorlägen. Sie begründet dies mit der Stellungnahme des MD sowie mit dem Umstand, dass es inzwischen eine Standardtherapie zur Behandlung von Cluster-Kopfschmerzen gibt, die J auch vertragen würde. Sie fragte an, ob der Widerspruch aufrechterhalten werde.

Am 3.8.2017 wendet sich J mit der Bitte um „ganz schnelle Hilfe" an das Sozialgericht Hamburg. Er trägt unter Vorlage ärztlicher Atteste vor, er leide unter bis zu zehn Schmerzattacken täglich, die sich jeweils bis zu drei Stunden hinziehen könnten. Neben unerträglichen Schmerzen trete eine linksseitige Lähmung auf, und die Augen begännen zu tränen. Danach leide er unter starken Schweißausbrüchen. Die Sauerstoffflasche, die J aufgrund der Häufigkeit der Attacken immer bei sich führe, könne nur etwas Akutlinderung liefern. J trägt weiter vor, er habe bereits im Jahre 2015 einen Selbstversuch mit Cannabinoiden unter ärztlicher Begleitung unternommen; dieser habe zu einer deutlichen Verbesserung seines Wohlbefindens geführt. Die Attacken seien verringert worden und auch die Schweißausbrüche seien zurückgegangen. Er könne mit Cannabis die Schmerzen annähernd auf ein erträgliches Maß reduzieren und am Alltag teilnehmen. J ist der Ansicht, dass ein Anordnungsgrund vorliege, da er nicht in der Lage sei, sich auf eigene Kosten das benötigte Cannabis zu verschaffen, um seine starken Schmerzen zu lindern. Die Krankenkasse müsse ihn nach § 31 Abs. 6 SGB V mit Cannabisblüten versorgen. Er leide an einer schwerwiegenden Erkrankung, und es bestehe eine nicht ganz entfernt liegende Aussicht auf eine spürbare positive Einwirkung auf die schwerwiegenden Symptome. Die behandelnde Ärztin habe in ihrer Therapiehoheit Cannabis verordnet. Es könne deshalb kein daran Zweifel daran bestehen, dass er einen Anspruch auf die Versorgung mit Cannabisblüten habe.

Bearbeitungsvermerk:

In einem Gutachten, dass alle relevanten Rechtsfragen behandelt, ist die Entscheidung des Gerichts vorzubereiten.

Teil 2

Die im Jahr 1958 geborene Isolde Ise (I) hatte lange in der Gastronomie gearbeitet und war im März 2020 infolge der COVID-19-Pandemie arbeitslos geworden. Da sie sich schon immer selbständig machen wollte und in jungen Jahren eine Ausbildung zur Hundefriseurin gemacht hatte, möchte sie nunmehr einen kleinen Hundesalon eröffnen. Nach einer gründlichen Prüfung durch die zuständige Agentur für Arbeit wird ihr ein Gründungszuschuss nach § 93 SGB III für die Dauer von sechs Monaten ab dem

1.9.2020 bewilligt, weil alle gesetzlichen Voraussetzungen erfüllt sind. I erhält seither den Betrag, den sie zuletzt als Arbeitslosengeld bezogen hatte, zuzüglich 300 € monatlich. Mit Hilfe von Freunden gelingt es ihr, Räume im Souterrain einer alten Villa in Pöseldorf anzumieten und sich gebrauchte Gerätschaften anzuschaffen. Da sich gerade im Jahr 2020 viele Menschen Hunde angeschafft haben, läuft das Geschäft gut an.

Im November 2020 erhält I völlig überraschend ein Schreiben der Agentur für Arbeit, mit dem ihr mitgeteilt wird, dass der Gründungszuschuss nur noch für diesen Monat gezahlt werden könne, weil sie am 30.11.2020 das 66. Lebensjahr vollende und ab dem Folgemonat daher keinen Gründungszuschuss mehr beanspruchen könne.

I ist fassungslos. Sie hat fest mit dem Gründungszuschuss bis einschließlich Februar 2021 gerechnet und auch ihre finanzielle Kalkulation danach ausgerichtet. Sie käme in erhebliche Schwierigkeiten, wenn auch nur 1 € weniger gezahlt würde. I ist der Meinung, dass die Agentur für Arbeit „sich nicht einfach umentscheiden könne".

Bearbeitungsvermerk:

Wie beurteilen Sie die Rechtslage?

Teil 1:	*Gesetzliche Krankenversicherung; Versorgung mit Cannabisarzneimitteln nach § 31 Abs. 6 SGB V; einstweiliger Rechtsschutz*
Teil 2:	*Gründungszuschuss nach § 93 SGB III; §§ 45, 48 SGB X*

Unverbindliche Lösungshinweise

Teil 1

Da J „ganz schnelle Hilfe" vom Sozialgericht begehrt, beantragt er vorläufigen Rechtsschutz. Das Gericht wird seinem Antrag stattgeben, wenn er zulässig und soweit er begründet ist.

A. Zulässigkeit des Antrags

Der Antrag des J müsste zulässig sein. Dies ist der Fall, wenn die allgemeinen und besonderen Sachurteilsvoraussetzungen gegeben sind.

I. Eröffnung des Sozialrechtswegs

Voraussetzung hierfür ist zunächst die Eröffnung des Sozialrechtswegs. Der Rechtsweg zu den Sozialgerichten ist gemäß § 51 SGG als abdrängende Sonderzuweisung im Sinne von § 40 Abs. 1 Satz 1 VwGO eröffnet, wenn es sich um eine der in § 51 Abs. 1 Nr. 1 bis 10 SGG abschließend aufgezählten Angelegenheiten handelt und die Streitigkeit öffentlich-rechtlicher und zugleich nicht verfassungsrechtlicher, vgl. § 39 Abs. 2 SGG, Natur ist

J begehrt von seiner Krankenkasse die Zusage der Kostentragung für Cannabisblüten. Da vorliegend Streit über eine Leistungsgewährung nach den §§ 27 ff. SGB V besteht, handelt es sich um eine Streitigkeit in Angelegenheiten der gesetzlichen Krankenversicherung gemäß § 51 Abs. 1 Nr. 2 Var. 1 SGG.

Ob eine Streitigkeit öffentlich-rechtlich oder bürgerlich-rechtlicher Natur ist, richtet sich grundsätzlich nach der Natur des Rechtsverhältnisses, aus dem der Klageanspruch hergeleitet wird. Dabei kommt es regelmäßig darauf an, ob sich ein Träger hoheitlicher Gewalt der besonderen Rechtsnormen des öffentlichen Rechts bedient, die ausschließlich ihn berechtigen oder verpflichten. Die AOK Rheinland/Hamburg als öffentlich-rechtliche Körperschaft gemäß §§ 29 Abs. 1 SGB IV, 4 Abs. 1 SGB V hat es abgelehnt, die begehrte Leistung zu finanzieren. Zu einer entsprechenden Gewährung ist sie aber möglicherweise nach den §§ 27 ff. SGB V, welche öffentliches Sonderrecht darstellen, verpflichtet. Eine öffentlich-rechtliche Streitigkeit ist damit gegeben.

Es handelt sich um eine Streitigkeit nicht verfassungsrechtlicher Art (§ 39 Abs. 2 SGG), weil keine doppelte Verfassungsunmittelbarkeit gegeben ist. J als Antragsteller klagt gegen die AOK Rheinland/Hamburg. Beide Prozessbeteiligte sind keine Verfassungsorgane; Fragen des materiellen Verfassungsrechts sind allenfalls mittelbar relevant.

Der Sozialrechtsweg ist damit eröffnet.

II. Statthafte Antragsart

Die statthafte Antragsart richtet sich nach dem Begehren des Antragstellers. Vorliegend begehrt J eine schnelle und vorläufige Entscheidung des Gerichts über das Bestehen des von ihm geltend gemachten Anspruchs. In Betracht kommt somit der einstweilige Rechtsschutz nach § 86b SGG. Dabei ist zwischen der Anordnung der sofortigen Vollziehung (Nr. 1), der Anordnung der aufschiebenden Wirkung (Nr. 2) sowie der Wiederherstellung der sofortigen Vollziehung (Nr. 3) auf der einen Seite (§ 86b Abs. 1 SGG) und dem Erlass einer einstweiligen Anordnung auf der anderen Seite (vgl. § 86b Abs. 2 SGG) zu unterscheiden. Letztere ist gemäß § 86b Abs. 2 Satz 1 SGG subsidiär.

1. Aufschiebende Wirkung – § 86b Abs. 1 SGG

Insofern ist zunächst zu prüfen, ob J mit seinem Antrag ein Begehren verfolgt, welches unter den Regelungsgehalt des § 86b Abs. 1 SGG fällt. Bei der von der AOK Rheinland/Hamburg getroffenen Entscheidung handelt es sich um einen belastenden Verwaltungsakt im Sinne von § 31 Satz 1 SGB X; die Krankenkasse hat als Behörde im Sinne von § 1 Abs. 2 SGB X hoheitlich dem J gegenüber die Finanzierung der Cannabisblüten abgelehnt und damit einen rechtlich erheblichen Vorteil in Gestalt einer Leistungsgewährung konkret verweigert. Die Tatbestandsvoraussetzungen des § 31 Satz 1 SGB X sind daher erfüllt. Gegen den ablehnenden Verwaltungsakt hat J Widerspruch eingelegt, über den bislang noch nicht förmlich entschieden wurde.

Hinweis:
Nach den Angaben im Sachverhalt hat die Krankenkasse J lediglich über die negative Einschätzung des Medizinischen Dienstes informiert und angefragt, ob er seinen Widerspruch unter diesen Umständen noch aufrechterhalten wolle.

Dieser Widerspruch hat nach § 86a Abs. 1 SGG aufschiebende Wirkung. Allerdings dient § 86a Abs. 1 SGG vor allem dazu, eine bereits bestehende Rechtsposition vor Beeinträchtigungen zu bewahren; es geht bei der aufschiebenden Wirkung nicht um eine Erweiterung der Rechtsposition, wie J sie vorliegend einfordert. Die aufschiebende Wirkung gegen einen Versagungsbescheid bewirkt – anders als bei der Entziehung von Sozialleistungen – gerade keine Leistungsgewährung, da eine positive Bewilligung überhaupt noch nicht vorliegt. Insofern entspricht auch keine der in § 86b Abs. 1 SGG genannten Entscheidungsoptionen des Gerichts dem von J mit seinem Antrag verfolgten Ziel. § 86b Abs. 1 SGG stellt in der vorliegenden Konstellation somit keinen tauglichen Rechtsbehelf dar.

2. Einstweilige Anordnung – § 86b Abs. 2 SGG

Statthaft ist damit der einstweilige Rechtsschutz in Gestalt des Antrags auf Erlass einer einstweiligen Anordnung nach § 86b Abs. 2 SGG. Hierbei ist zwischen der Sicherungs- (§ 86b Abs. 2 Satz 1 SGG) und der Regelungsanordnung (§ 86b Abs. 2 Satz 2 SGG) zu unterscheiden. Erstere kann ergehen, wenn die Gefahr besteht, dass durch eine Veränderung des bestehenden Zustandes eine Rechtsbeeinträchtigung entsteht; sie dient also der vorläufigen Aufrechterhaltung eines bisherigen Zustandes. Die Regelungsanordnung im Sinne des § 86b Abs. 2 Satz 2 SGG bezweckt hingegen die vorläufige Einräumung einer bislang noch nicht bestehenden Rechtsposition, ist also auf die Änderung eines bestehenden Zustandes gerichtet. Hier geht es dem J darum, dass die AOK Rheinland/Hamburg vorläufig gemäß §§ 27 ff. SGB V zur Leistung verpflichtet wird. Begehrt wird also die Erweiterung einer Rechtsposition, womit der Antrag auf eine Regelungsanordnung im Sinne des § 86b Abs. 2 Satz 2 SGG statthaft ist.

Eine formelle Bestandskraft des Ablehnungsbescheids der AOK Rheinland/Hamburg, die der Statthaftigkeit des Antrags nach § 86b Abs. 2 Satz 2 SGG entgegenstehen könnte, liegt nicht vor. J hatte Widerspruch gegen den Bescheid erhoben; über diesen wurde bislang nicht entschieden.

Hinweis:
Mitunter wird die Ansicht vertreten, dass der Antrag auf Erlass einer einstweiligen Anordnung nur statthaft sei, wenn der Verwaltungsakt der Behörde noch nicht formell bestandskräftig, also unanfechtbar ist, denn die einstweilige Anordnung dient der vorläufigen Regelung eines Rechtsverhältnisses bis zur endgültigen Klärung. Bei unanfechtbaren Verwaltungsakten liegt aber bereits eine endgültige Klärung vor; das Rechtsverhältnis steht also nicht mehr im Streit und ist daher auch keiner vorläufigen Regelung zugänglich (vgl. in diesem Sinne etwa LSG Baden-Württemberg v. 14.12.2016 – L 7 AS 4120/16 ER-B, Rn. 4). Andere verorten diese Thematik im Rechtsschutzbedürfnis (LSG Baden-Württemberg v. 29.5.2017 – L 11 KR 1417/17 ER-B, Rn. 14).

Die Konsequenzen der formellen Bestandskraft für den einstweiligen Rechtsschutz lassen sich aber ebenso gut im Rahmen des Anordnungsanspruchs ansprechen. Denn ein Anordnungsanspruch besteht im Falle der formellen Bestandskraft eines Bescheids nicht mehr, da die Behörde mit ihrem Verwaltungsakt die Rechtslage dahingehend gestaltet hat, dass dem Antragsteller ein subjektives Recht unmittelbar aus dem SGB V nicht zusteht. Ein sich hieraus ergebenes Recht könnte erst wieder bestehen, wenn der ablehnende, bestandskräftige Verwaltungsakt nach § 44 SGB X aufgehoben würde. Ausnahmsweise soll einstweiliger Rechtsschutz aber auch bei einem formell bestandskräftigen Verwaltungsakt möglich sein, wenn ein Überprüfungsverfahren nach § 44 SGB X bereits anhängig ist; in diesem Fall werden aber erhöhte Anforderungen an Anordnungsanspruch und -grund gestellt. *Burkiczak* in: jurisPK-SGG, Stand 7.5.2021, § 86b Rn. 302 ff. m.w.N. plädiert mit guten Argumenten dafür, die Frage der Bestandskraft des Verwaltungsakts im Rahmen der Begründetheit zu prüfen. Vertretbar ist beides; da die Diskussion vorliegend keine Rolle spielt, weil der Verwaltungsakt nicht formell bestandskräftig geworden ist, kann man das Thema auch in der Zulässigkeit kurz ansprechen.

3. Ergebnis

Statthaft ist mithin ein Antrag auf Erlass einer einstweiligen Anordnung im Sinne des § 86b Abs. 2 Satz 2 SGG. Diesen hat J erhoben.

III. Antragsbefugnis

J müsste antragsbefugt nach § 54 Abs. 1 Satz 2 SGG analog sein. Dazu müsste er schlüssig behaupten, dass er in seinen Rechten verletzt ist. Die Möglichkeit der Verletzung subjektiver Rechte muss gegeben sein, d.h. es darf nicht gänzlich ausgeschlossen sein, dass der geltend gemachte Anspruch auch tatsächlich besteht.

Im vorliegenden Fall hat die AOK Rheinland/Hamburg den Antrag des J auf die Übernahme der Kosten für Cannabisblüten nach § 31 Abs. 6 SGB V abgelehnt. Es ist zumindest denkbar, dass diese Entscheidung rechtsfehlerhaft ist und J einen entsprechenden Anspruch hat. Somit ist die Antragsbefugnis gegeben.

IV. Beteiligte; Partei- und Prozessfähigkeit

Beteiligt am Rechtsstreit sind J als Antragsteller (§ 69 Nr. 1 SGG) und die AOK Rheinland/Hamburg als Antragsgegnerin (§ 69 Nr. 2 SGG).

J ist als natürliche Person gemäß § 70 Nr. 1 Alt. 1 SGG parteifähig und nach § 71 Abs. 1 SGG prozessfähig. Die Parteifähigkeit der AOK Rheinland/Hamburg als Körperschaft des öffentlichen Rechts (§ 4 Abs. 1 SGB V) folgt aus § 70 Nr. 1 Alt. 2 SGG; ihre Prozessfähigkeit ergibt sich – trotz des insoweit ungenauen Wortlauts der Norm – aus § 71 Abs. 3 SGG, d.h. sie wird gerichtlich gemäß § 36 SGB IV durch den Geschäftsführer vertreten, jedenfalls soweit es sich um ein „laufendes Geschäft" handelt. Andernfalls greift § 35a Abs. 1 Satz 1 SGB IV.

V. Zuständiges Sozialgericht

Nach § 86b Abs. 2 Satz 1 SGG ist für den Erlass einer einstweiligen Anordnung das Gericht der Hauptsache zuständig. Sachlich zuständig ist hierbei gemäß § 8 SGG das Sozialgericht. Die örtliche Zuständigkeit ergibt sich aus § 57 Abs. 1 Satz 1 SGG. Maßgeblich ist der Wohnsitz des J zur Zeit der möglichen Klageerhebung; dieser befindet sich in Hamburg. Zuständig ist damit das Sozialgericht Hamburg.

VI. Allgemeines Rechtsschutzbedürfnis

Des Weiteren müsste das allgemeine Rechtsschutzbedürfnis gegeben sein. Nur wer ein rechtsschutzwürdiges Interesse hat, hat Anspruch auf eine Sachentscheidung des Gerichts. Dieses kann fehlen, wenn es einen einfacheren Weg gibt, die Interessen geltend zu machen. Hier stehen dem J, der sich ja bereits erfolglos an den Leistungsträger gewandt hatte, jedoch keine einfacheren oder effektiveren Möglichkeiten zur Realisierung seiner Ansprüche zur Verfügung; es bedarf zur Klärung der Rechtslage einer gerichtlichen Entscheidung.

VII. Keine vorherige Klageerhebung

Dass J noch keine Klage auf Leistung erhoben hat, steht der Zulässigkeit seines Antrags nicht entgegen – das ergibt sich aus § 86b Abs. 3 SGG.

> **Hinweis:**
> Das Gericht wird allerdings nach § 86b Abs. 2 Satz 4 SGG i.V.m. § 926 ZPO anordnen, dass J bei Erlass einer einstweiligen Anordnung zu seinen Gunsten innerhalb einer vom Gericht zu bestimmenden Frist Klage zu erheben hat.

VIII. Sonstiges

Vom Vorliegen der sonstigen Sachentscheidungsvoraussetzungen ist auszugehen.

IX. Ergebnis zur Zulässigkeit

Der Antrag des J auf Erlass einer einstweiligen Anordnung ist somit zulässig.

B. Begründetheit des Antrags

Zu klären ist, ob der Antrag des J auch begründet ist. Dies wäre der Fall, wenn er einen Anordnungsanspruch im Sinne eines materiell-rechtlichen Anspruchs sowie einen Anordnungsgrund im Sinne einer besonderen Eilbedürftigkeit hat. Der Erlass der einstweiligen Anordnung darf zudem grundsätzlich nicht gegen das Verbot der Vorwegnahme der Hauptsache verstoßen.

Passivlegitimiert ist die AOK Rheinland/Hamburg.

> **Hinweis:**
> Die Begriffe „Anordnungsanspruch" und „Anordnungsgrund" sind im SGG nicht explizit genannt. Dass diese Voraussetzungen aber dennoch gegeben sein müssen, ergibt sich aus § 86b Abs. 2 Satz 4 SGG i.V.m. §§ 920 Abs. 2, 916 ZPO (Anordnungsanspruch) bzw. § 86b Abs. 2 Satz 4 SGG i.V.m. §§ 920 Abs. 2, 917, 918 ZPO (Anordnungsgrund).

I. Anordnungsanspruch

J müsste zunächst einen Anordnungsanspruch glaubhaft machen. Dies wäre der Fall, wenn er mit hinreichender Wahrscheinlichkeit einen materiell-rechtlichen Anspruch auf die von ihm geltend gemachte Leistung hätte. Vorliegend verlangt er von der AOK

Rheinland/Hamburg die Übernahme der Kosten für Cannabisblüten. Ein Anordnungsanspruch wäre zu bejahen, wenn J diese Leistung nach den Normen des SGB V beanspruchen kann.

Zu prüfen ist somit, ob J einen Anspruch gegen die AOK Rheinland/Hamburg auf die Versorgung mit Cannabisblüten hat. Als Anspruchsgrundlage kommt hierbei § 11 Abs. 1 Nr. 4 SGB V i.V.m. §§ 27 Abs. 1 Satz 1, 2 Nr. 3, 31 Abs. 6 SGB V in Betracht.

Hinweis:
Im Rahmen des einstweiligen Rechtsschutzes erfolgt lediglich eine summarische Prüfung. Deshalb ist auch das Maß der notwendigen gerichtlichen Überzeugung ein anderes: Das Gericht muss nicht vollständig überzeugt sein, es reicht die Glaubhaftmachung (zur Begründetheit des Antrags nach § 86b Abs. 2 SGG *Burkiczak* in: jurisPK-SGG, Stand 7.5.2021, § 86b Rn. 324 ff.). Besondere Anforderungen ergeben sich ausnahmsweise aus dem Recht auf effektiven Rechtsschutz nach Art. 19 Abs. 4 GG, wenn ohne die Gewährung vorläufigen Rechtsschutzes schwere und unzumutbare, anders nicht abwendbare Beeinträchtigungen entstehen können. In diesen Fällen muss das Gericht die Sach- und Rechtslage regelmäßig nicht nur summarisch, sondern abschließend prüfen. Dabei hat das Gericht die Sach- und Rechtslage umso eingehender zu prüfen, je gewichtiger die drohende Grundrechtsverletzung und je höher ihre Eintrittswahrscheinlichkeit ist (vgl. dazu BVerfG v. 26.6.2018 – 1 BvR 733/18, Rn. 4). In der Klausur spielt dieser Aspekt eine untergeordnete Rolle, weil grundsätzlich eine umfassende Prüfung zu erfolgen hat, vgl. dazu *Voßkuhle/Wischmeyer*, JuS 2016, 1079 ff.

1. Versicherteneigenschaft des J

J müsste zunächst zum versicherten Personenkreis gehören. Nach den Angaben im Sachverhalt besteht eine Pflichtversicherung in der gesetzlichen Krankenversicherung, die sich bei J aus § 5 Abs. 1 Nr. 2a SGB V ergeben dürfte, weil er Leistungen nach dem SGB II bezieht.

2. Versicherungsfall Krankheit

Für einen Leistungsanspruch nach dem SGB V ist ferner grundsätzlich erforderlich, dass der Versicherungsfall „Krankheit" eingetreten ist. Unter einer Krankheit ist ein regelwidriger Körper- oder Geisteszustand zu verstehen, welcher einer ärztlichen Behandlung bedarf und/oder zur Arbeitsunfähigkeit führt. J leidet vorliegend an Cluster-

Kopfschmerzen, die zu häufigen, starken Schmerzattacken führen. Dieser Zustand bedarf einer ärztlichen Behandlung. Das Leiden des J ist damit als Krankheit zu werten.

3. Art und Umfang der Leistung

Fraglich ist jedoch, ob die von J begehrten Leistung – nämlich die Übernahme der Kosten für Cannabisblüten – auch zum Leistungsumfang des SGB V gehört. Gemäß § 31 Abs. 6 Satz 1 Nr. 1 SGB V haben Versicherte mit einer schwerwiegenden Erkrankung Anspruch auf Versorgung mit Cannabis in Form von getrockneten Blüten oder Extrakten in standardisierter Qualität und auf Versorgung mit Arzneimitteln mit den Wirkstoffen Dronabinol oder Nabilon, wenn eine allgemein anerkannte, dem medizinischen Standard entsprechende Leistung nicht zur Verfügung steht (hierzu unter a.) oder im Einzelfall nach der begründeten Einschätzung der behandelnden Vertragsärztin oder des behandelnden Vertragsarztes unter Abwägung der zu erwartenden Nebenwirkungen und unter Berücksichtigung des Krankheitszustandes der oder des Versicherten nicht zur Anwendung kommen kann (vgl. unter b.). Zusätzlich muss nach § 31 Abs. 6 Satz 1 Nr. 2 SGB V eine nicht ganz entfernt liegende Aussicht auf eine spürbare positive Einwirkung auf den Krankheitsverlauf oder auf schwerwiegende Symptome bestehen. Nach § 31 Abs. 6 Satz 2 SGB V bedarf die Leistung bei der ersten Verordnung für eine Versicherte oder einen Versicherten zudem der nur in begründeten Ausnahmefällen abzulehnenden Genehmigung der Krankenkasse, die vor Beginn der Leistung zu erteilen ist.

a. Schwerwiegende Erkrankung

Voraussetzung ist zunächst das Vorliegen einer schwerwiegenden Erkrankung. Der Begriff wird in § 31 Abs. 6 SGB V nicht erläutert; es wird durch die Gesetzesformulierung aber deutlich, dass es sich um eine Ausnahmekonstellation handeln muss. Von einer schwerwiegenden Erkrankung ist auszugehen, wenn sie lebensbedrohlich ist oder wenn sie aufgrund der Schwere der durch sie verursachten Gesundheitsstörungen die Lebensqualität auf Dauer nachhaltig beeinträchtigt.

Hinweis:
In diesem Sinne im Kontext des Off-Label-Use schon BSG v. 19.3.2002 – B 1 KR 37/00 R, Rn. 26.

Bei J treten infolge der Cluster-Kopfschmerzen über mehrere Stunden andauernde und schwerste Schmerzattacken auf. Eine schwerwiegende Erkrankung liegt somit vor, weil die Lebensqualität des J auf Dauer nachhaltig beeinträchtigt ist.

b. Nichtverfügbarkeit bzw. -anwendbarkeit einer Standardtherapie

Weitere Voraussetzung von § 31 Abs. 6 Satz 1 Nr. 1 SGB V ist, dass zur Behandlung dieser Krankheit eine allgemein anerkannte, dem medizinischen Standard entsprechende Leistung entweder nicht zur Verfügung steht oder im Einzelfall nach der begründeten Einschätzung des behandelnden Vertragsarztes unter Abwägung der zu erwartenden Nebenwirkungen und unter Berücksichtigung des Krankheitszustandes des Versicherten nicht zur Anwendung kommen kann. Voraussetzung ist, dass eine Standardtherapie tatsächlich nicht zur Verfügung steht oder sie der Versicherte nachgewiesenermaßen nicht verträgt.

Hinweis:
Ausführlich hierzu *Pitz* in: jurisPK-SGB V, Stand 12.4.2021, § 31 Rn. 126 m.w.N.

Ausweislich des Sachverhalts gibt es eine Standardtherapie zur Behandlung von Cluster-Kopfschmerzen, die J auch vertragen würde. Ein Anspruch auf Versorgung mit Cannabisblüten scheitert somit bereits an dieser Voraussetzung.

c. Aussicht auf positive Einwirkung

Außerdem muss gemäß § 31 Abs. 6 Satz 1 Nr. 2 SGB V eine nicht ganz entfernt liegende Aussicht auf eine spürbare positive Einwirkung auf den Krankheitsverlauf oder auf schwerwiegende Symptome bestehen. Diese gesetzliche Formulierung ist weit gefasst und verlangt keinen Wirksamkeitsnachweis nach den Maßstäben evidenzbasierter Medizin. Es genügen schon Indizien für die Wirksamkeit, die sich auch außerhalb von Studien oder vergleichbaren Erkenntnisquellen oder von Leitlinien der ärztlichen Fachgesellschaften finden können. Nicht ausreichend ist es aber, wenn sich die Annahme einer positiven Einwirkung nur auf Vermutungen stützt. Auch genügt das subjektive Empfinden des Betroffenen – ggf. gestützt durch die entsprechende Einschätzung oder Empfehlung behandelnder Ärzte oder deren Erfahrungen bei Behandlungen der in Rede stehenden Art im Einzelfall – für sich allein genommen nicht. Eine entsprechende ärztliche Prognose ist vielmehr, auf Indizien gestützt, zu begründen. Es muss eine gewisse Mindestevidenz hinsichtlich des Vorliegens wissenschaftlicher Erkenntnisse vorliegen, dass beim konkreten Krankheitsbild ein therapeutischer Erfolg zu erwarten ist. Vorliegend fehlt es an Indizien, dass durch den Einsatz von Medizinal-Cannabisblüten ein therapeutischer Erfolg zumindest möglich erscheint. Der MD hat festgestellt, dass ein überzeugender Wirksamkeitsnachweis nicht vorliegt. An diesem Ergebnis ändert sich nichts dadurch, dass bei J in der Vergangenheit ein Selbstversuch mit Cannabinoiden zu einer Verbesserung seines Wohlbefindens geführt hatte. Das subjektive Empfinden ist für sich allein nicht ausreichend, um die erforderliche Mindestevidenz nachzuweisen. Es besteht daher auch keine Aussicht auf eine spürbare positive Einwirkung i.S.d. § 31 Abs. 6 Satz 1 Nr. 2 SGB V.

Hinweis:
Vgl. ausführlich zu diesem Punkt Hessisches Landessozialgericht v. 20.2.2018 – L 8 KR 445/17 B ER, Rn. 16. Eine Andere Ansicht ist mit entsprechender Argumentation gut vertretbar.

d. Genehmigung durch die Krankenkasse

Weitere Voraussetzung bei der erstmaligen Verordnung ist nach § 31 Abs. 6 Satz 2 SGB V die allerdings nur in begründeten Ausnahmefällen abzulehnende Genehmigung der Krankenkasse. Mit dieser Regelung wollte der Gesetzgeber der Bedeutung der Therapiehoheit der Vertragsärzte Rechnung tragen. In diesem Fall kann sich die Krankenkasse aber auf einen Ausnahmefall berufen. Denn es liegt eine Standardtherapie vor, die J auch vertragen würde. Zudem besteht keine Aussicht auf eine positive Einwirkung beim Einsatz von Cannabisblüten. Die Genehmigung kann daher von der Krankenkasse abgelehnt werden.

Hinweis:
Hierzu Hessisches Landessozialgericht v. 20.2.2018 – L 8 KR 445/17 B ER, Rn. 19.

e. Zwischenergebnis

Die von J begehrte Leistung gehört nicht zum Leistungsumfang des SGB V. Es fehlt somit bereits an einem Anordnungsanspruch.

II. Anordnungsgrund

Darüber hinaus könnte es auch an einem Anordnungsgrund fehlen. Für das Bestehen eines Anordnungsgrunds muss die vorläufige Entscheidung über den Streitgegenstand aufgrund einer besonderen Eilbedürftigkeit erforderlich sein, wovon auszugehen ist, wenn sie der Abwendung wesentlicher Nachteile dient (vgl. § 86b Abs. 2 Satz 2 SGG).

Dabei sind die Interessen des Betroffenen und die unter Umständen gegenläufigen öffentlichen Interessen zu berücksichtigen. Grundrechtliche Positionen sind entsprechend ihrem Gewicht in die Abwägung einzustellen. Für eine besondere Eilbedürftigkeit spricht vorliegend zunächst nicht, dass J SGB II-Leistungen bezieht. Denn er hat in der Vergangenheit über eine betäubungsmittelrechtliche Erlaubnis das Cannabis aus der Apotheke bezogen und musste dieses auch selbst zahlen. Es sind keine Gründe ersichtlich, warum dies nicht mehr möglich sein sollte. Gegen eine besondere Eilbedürftigkeit spricht auch, dass J in gesundheitlicher Hinsicht eine Sauerstoffflasche zur Verfügung steht, um sich während einer Schmerzattacke eine gewisse Linderung verschaffen zu können. Es fehlt damit auch an einem Anordnungsgrund.

Hinweis:
So das Sozialgericht Frankfurt v. 19.10.2017 – S 34 KR 724/17 ER, Rn. 17. Bei entsprechender Begründung lässt sich dies aber auch anders sehen.

C. Gesamtergebnis

Der zulässige Antrag des J ist somit unbegründet. Er wird keinen Erfolg haben und vom Gericht daher abgelehnt werden.

Teil 2

Bei der Beurteilung der Rechtslage ist zwischen dem materiellen Recht und dem Verfahrensrecht zu unterscheiden.

A. Zur materiellen Rechtslage

Ausgangspunkt der folgenden Überlegungen ist folgender: Die Agentur für Arbeit hatte I einen Gründungszuschuss nach § 93 SGB III gewährt; diesen können Arbeitnehmer, die durch Aufnahme einer selbständigen, hauptberuflichen Tätigkeit die Arbeitslosigkeit beenden, zur Sicherung des Lebensunterhalts und zur sozialen Sicherung in der Zeit nach der Existenzgründung erhalten. Die gesetzlichen Voraussetzungen für diese Ermessensleistung sind in § 93 Abs. 2 SGB III normiert – diese hatten im Fall der I offenbar alle vorgelegen; auch die Ausschlussgründe des § 93 Abs. 3 oder 4 SGB III lagen nicht vor. Dauer und Höhe der Förderung sind in § 94 SGB III normiert – der Gründungszuschuss umfasst den Betrag, den der Arbeitnehmer als Arbeitslosengeld zuletzt bezogen hat, zuzüglich monatlich 300 €. In dieser Höhe wurde auch I der

Zuschuss gewährt; ihr wurde der Zuschuss für den Zeitraum vom 1.9.2020 bis 28.2.2021 gewährt. Zu einer Verlängerung des Leistungsbezugs nach Maßgabe von § 94 Abs. 2 SGB III um weitere neun Monate ist es im Fall der I nicht gekommen. Stattdessen möchte die Agentur für Arbeit die Zahlung des Zuschusses zum 30.11.2020, also bereits nach drei Monaten, einstellen, weil I im November das 66. Lebensjahr vollendet. Es geht hier offenbar um § 93 Abs. 5 SGB III, der bestimmt, dass geförderte Personen, die das für die Regelaltersrente im Sinne des SGB VI erforderliche Lebensjahr vollendet haben, vom Beginn des folgenden Monats an keinen Gründungszuschuss erhalten. Die im Jahr 1958 geborene I erreicht die Regelaltersrente im Sinne von §§ 35, 235 SGB VI mit Vollendung des 66. Lebensjahres im November 2020.

B. Zum Verfahrensrecht

In verfahrensrechtlicher Hinsicht ist Folgendes festzustellen: Die Agentur für Arbeit hatte I einen Gründungszuschuss für den Zeitraum vom 1.9.2020 bis 28.2.2021 gewährt. Es liegt damit ein begünstigender Verwaltungsakt vor, der I eine Förderungsdauer von sechs Monaten garantiert. Bezogen auf den Zeitraum vom 1.12.2020 bis 28.2.2021 ist dieser Verwaltungsakt allerdings rechtswidrig, weil die Behörde § 93 Abs. 5 SGB III nicht beachtet hat. Materiellrechtlich hat I ab diesem Zeitpunkt keinen Anspruch mehr; allerdings ist die Rechtslage maßgeblich, die die Agentur für Arbeit individuell-konkret gegenüber I bestimmt hat.

Hinweis:
Dabei kann hier dahin gestellt bleiben, ob § 94 SGB III das „wie" der Leistung tatsächlich abschließend regelt (so *Schmidt* in BeckOK Sozialrecht , Stand 1.3.2021, § 93 SGB III Rn. 12), sodass I gar keine Leistung hätte bekommen dürfen. Es muss auch nicht geklärt werden, ob der I begünstigende Verwaltungsakt eine Befristung im Sinne von § 32 Abs. 2 Nr. 1 SGB X enthält. Eine solche Befristung wäre bei einer Ermessensentscheidung nach pflichtgemäßer Ermessensausübung zulässig; allerdings wäre auch hier der 28.2.2021 der maßgebliche Endtermin, weil eben eine Bewilligung für sechs Monate erfolgt ist.

Die Regelung des § 93 Abs. 5 SGB III entspricht im Übrigen § 136 Abs. 2 SGB III, der für das Arbeitslosengeld Entsprechendes regelt.

Die Agentur für Arbeit dürfte die Zahlung des Gründungszuschusses an I daher nur dann einstellen, wenn sie den begünstigenden Verwaltungsakt rechtmäßig aufheben könnte. Fraglich ist, welche Korrekturnomen vorliegend in Betracht käme. Man könnte zunächst an § 48 Abs. 1 SGB X denken und darauf abstellen, dass in den tatsächlichen Verhältnissen, die beim Erlass des Verwaltungsakts vorgelegen haben, insofern eine wesentliche Änderung eingetreten ist, als I nunmehr im November 2020 die Regelaltersgrenze erreicht hat.

Wenn man § 48 Abs. 1 SGB X anwenden wollte, wäre der Verwaltungsakt mit Wirkung für die Zukunft aufzuheben; das hätte die Agentur für Arbeit dann mit ihrem Schreiben vom November 2020 gemacht.

Hinweis:
Ob diese Fallkonstellation tatsächlich von § 48 SGB X erfasst wird, erscheint allerdings fraglich, denn auch zum Erlasszeitpunkt des Verwaltungsakts waren die tatsächlichen Verhältnisse wie die aktuellen. Das Ergebnis wäre auch deshalb unbefriedigend, weil I keinerlei Vertrauensschutz genießen würde.

Die sechsmonatige Bewilligung des Gründungszuschusses war mit Blick auf § 93 Abs. 5 SGB III bereits zum Erlasszeitpunkt rechtswidrig. Insofern ist jedenfalls auch § 45 SGB X einschlägig, weil ein rechtswidrig begünstigender Verwaltungsakt vorliegt. Dieser darf nach § 48 Abs. 1 SGB X nur unter den Voraussetzungen von dessen Absätzen 2 bis 4 aufgehoben werden. Hier würde eine Aufhebung schon am Vertrauensschutz der I scheitern. Sie selbst hat sich völlig korrekt verhalten, sodass § 45 Abs. 2 Satz 3 SGB X nicht einschlägig ist; insbesondere musste sie nicht wissen, dass eine Bewilligung für die Dauer von sechs Monaten rechtswidrig war (§ 45 Abs. 2 Satz 3 Nr. 3 SGB X). Das Vertrauen der I ist schutzwürdig, weil sie mit der Eröffnung ihres Hundesalons – unter Einplanung der entsprechenden finanziellen Unterstützung durch die Agentur für Arbeit – eine Vermögensdisposition getroffen hat, die sie nur unter unzumutbaren Nachteilen rückgängig machen kann. Der Verwaltungsakt darf daher nach § 45 Abs. 2 Satz 1 SGB X nicht zurückgenommen werden. Die Agentur für Arbeit kann den Bescheid über den Gründungszuschuss mit der Laufzeit bis Ende Februar 2021 nicht zurücknehmen und muss das Geld an I in vollem Umfang auszahlen, auch wenn sie ab Dezember 2020 keinen materiell-rechtlichen Anspruch mehr hat.

Gliederung zu Fall 10

Teil 1

A. Zulässigkeit des Antrags
- I. Eröffnung des Sozialrechtswegs
- II. Statthafte Antragsart
  1. Aufschiebende Wirkung – § 86b Abs. 1 SGG
  2. Einstweilige Anordnung – § 86b Abs. 2 SGG
  3. Ergebnis
- III. Antragsbefugnis
- IV. Beteiligte; Partei- und Prozessfähigkeit
- V. Zuständiges Sozialgericht
- VI. Allgemeines Rechtsschutzbedürfnis
- VII. Keine vorherige Klageerhebung
- VIII. Sonstiges
- IX. Ergebnis zur Zulässigkeit

B. Begründetheit des Antrags
- I. Anordnungsanspruch
  1. Versicherteneigenschaft des J
  2. Versicherungsfall Krankheit
  3. Art und Umfang der Leistung
     - a. Schwerwiegende Erkrankung
     - b. Nichtverfügbarkeit bzw. -anwendbarkeit einer Standardtherapie
     - c. Aussicht auf positive Einwirkung
     - d. Genehmigung durch die Krankenkasse
     - e. Zwischenergebnis
- II. Anordnungsgrund

C. Gesamtergebnis

Teil 2

A. Zur materiellen Rechtslage

B. Zum Verfahrensrecht

Fall 11

Der am 21.4.1993 geborene Joe Bäcker (J), dessen Behinderungsgrad von 100 % seit dem 3.9.2001 anerkannt ist, besuchte vom 1.8.2000 bis zum 31.7.2001 eine Förderschule für Menschen mit geistiger Behinderung. Anschließend nahm er vom 2.9.2011 bis zum 27.9.2013 in einer Werkstatt für behinderte Menschen in Hamburg an berufsbildenden Maßnahmen im Sinne des damals geltenden SGB III teil (Tätigkeitsgebiet: Einfachmontage). Da es ihm in der Folgezeit nicht möglich war, ein seinen Lebensbedarf deckendes Erwerbseinkommen zu erzielen, sucht seine nach § 1897 BGB zur ehrenamtlichen Betreuerin bestellte Mutter Magda Bäcker (M) den zuständigen Sozialhilfeträger auf und beantragte mit Schreiben vom 7.12.2013 bei der zuständigen Behörde laufende Leistungen der Grundsicherung im Alter und bei Erwerbsminderung nach §§ 41 ff. SGB XII. In dem von ihr ausgefüllten Antragsformular beantwortete sie die Frage „Besteht ein Rentenanspruch, ggf. wann und wo wurde Antrag gestellt?" durch Ankreuzen der Alternative „nein". Der Sozialhilfeträger – die Freie und Hansestadt Hamburg – gewährte J die beantragten Leistungen für die Zeit vom 1.11.2013 bis zum 31.7.2020.

Im Jahr 2020 wurde M von einer neuen Sachbearbeiterin des Sozialhilfeträgers erstmals darüber informiert, dass J einen Anspruch auf Leistungen aus der gesetzlichen Rentenversicherung wegen voller Erwerbsminderung haben könnte. Die Deutsche Rentenversicherung Bund bewilligte auf einen daraufhin umgehend von M für J gestellten entsprechenden Antrag vom 31.8.2020 mit Bescheid vom 28.11.2020 eine monatliche Rente wegen voller Erwerbsminderung von 1.002,32 € mit Wirkung ab 1.8.2020. In dem Rentenbescheid wurde unter anderem festgestellt, dass die Anspruchsvoraussetzungen bereits seit dem 10.11.2013 erfüllt sind, da seit dem 10.11.2013 eine volle Erwerbsminderung besteht, die „allgemeine Wartezeit" von grundsätzlich 60 Monaten vorzeitig erfüllt ist, da die Erwerbsminderung innerhalb von sechs Jahren nach einer Ausbildung eingetreten ist, und in den letzten zwei Jahren vor Eintritt der Erwerbsminderung mindestens ein Jahr Pflichtbeiträge für eine versicherte Beschäftigung oder Tätigkeit gezahlt wurden.

J verlangt im Dezember 2020 vom Sozialhilfeträger Ersatz in Höhe der Differenz zwischen der gewährten Grundsicherung und dem Betrag, der im selben Zeitraum bei rechtzeitiger Antragstellung als Rente wegen voller Erwerbsminderung ausgezahlt worden wäre. Er trägt vor, dass der geltend gemachte Differenzschaden nicht eingetreten wäre, wenn der Sozialhilfeträger ihn beziehungsweise seine Mutter bereits im Dezember 2013 auf die Möglichkeit des Rentenbezugs hingewiesen hätte.

Bearbeitungsvermerk:

Hat J einen entsprechenden Anspruch gegen den Sozialhilfeträger?

Hinweis:

§ 1833 Abs. 1 Satz 1 BGB ist zu beachten. Er findet nach § 1908i Abs. 1 BGB entsprechend auf die Betreuung Anwendung.

Material:

Gesetzentwurf der Bundesregierung v. 27.6.1973, BT-Drs. 7/868, S. 25

„Zu §§ 13 bis 15 [SGB I]

In einem differenzierten Sozialleistungssystem genügt die Überschaubarkeit und Verständlichkeit der gesetzlichen Regelungen allein nicht, um dem einzelnen aufzuzeigen, welche Rechte und Pflichten sich für ihn ergeben, insbesondere welche Ansprüche auf Sozialleistungen er hat. Erforderlich ist vielmehr, daß der Bürger in allen ihm berührenden Fragen informiert und beraten wird.

(...)

b) Zu § 14: Beratung

Die Vorschrift gibt dem Bürger einen Anspruch auf umfassende Beratung durch den zuständigen Leistungsträger, der aufgrund seiner Sachkenntnis für diese Aufgabe am besten geeignet ist. Die Beratungspflicht erstreckt sich auf alle sozialrechtlichen Fragen, die für den Bürger zur Beurteilung seiner Rechte und Pflichten von Bedeutung sind oder in Zukunft von Bedeutung sein können, soweit er hieran ein berechtigtes Interesse hat.“

Amtspflichtverletzung; Beratungspflicht des Sozialhilfeträgers; Grundsicherung im Alter und bei Erwerbsminderung; Rente wegen Erwerbsminderung

Hinweis:
Der Fall hat einen – im Vergleich zu anderen Fällen dieses Fallbuches – deutlich erhöhten Schwierigkeitsgrad.

Unverbindliche Lösungshinweise

J könnte einen amtshaftungsrechtlichen Anspruch gegen den Sozialhilfeträger auf Zahlung von Schadenersatz in Höhe des Differenzschadens aus § 839 Abs. 1 Satz 1 BGB i.V.m. Art. 34 GG haben (A). In Betracht kommt darüber hinaus ein sozialrechtlicher Herstellungsanspruch auf Wiederherstellung des sozialrechtlich zulässigen Zustands (B).

A. Amtshaftungsanspruch

Ein Amtshaftungsanspruch ist nach § 839 Abs. 1 Satz 1 BGB i.V.m. Art. 34 GG gegeben, wenn jemand in Ausübung eines ihm anvertrauten öffentlichen Amtes die ihm einem Dritten gegenüber obliegende Amtspflicht schuldhaft verletzt und dadurch einen Schaden verursacht hat. Zudem darf die Haftung nicht beschränkt bzw. ausgeschlossen sein.

I. Handeln eines Amtswalters in Ausübung eines öffentlichen Amtes

Hinweis:
Zwingende Vorgaben für den Aufbau eines Amtshaftungsanspruchs gibt es nicht. Entscheidend ist, dass die juristische Argumentation am Gesetzestext vorgenommen wird. Alle Voraussetzungen des Amtshaftungsanspruchs finden sich im Gesetz.

Voraussetzung für einen Amtshaftungsanspruch ist nach § 839 Abs. 1 Satz 1 BGB i.V.m. Art. 34 GG zunächst ein Handeln eines Amtswalters in Ausübung eines ihm anvertrauten öffentlichen Amtes. In Betracht kommt hier das Verhalten eines Sachbearbeiters des Sozialhilfeträgers, der im Dezember 2013 den Antrag des J auf Leistungen der Grundsicherung im Alter und bei Erwerbsminderung nach §§ 41 ff. SGB XII bearbeitet und die Leistung bewilligt hatte.

Nach dem Wortlaut des § 839 Abs. 1 Satz 1 BGB müsste ein „Beamter" gehandelt haben. Der Sachverhalt lässt offen, ob die über den Antrag entscheidende Person statusrechtlich verbeamtet war. Darauf kommt es aber auch nicht an. § 839 Abs. 1 Satz 1 BGB i.V.m. Art. 34 Satz 1 GG stellt auf den Beamten im haftungsrechtlichen Sinne ab, d.h., dass nicht nur Beamte im statusrechtlichen Sinne, sondern all diejenigen, die in einem Dienstverhältnis zu einer juristischen Person des öffentlichen Rechts stehen und auch Privatpersonen, die mit der Erledigung bestimmter hoheitlicher Aufgaben betraut sind, von der Norm erfasst werden. Das öffentliche Amt ist in diesem Zusammenhang daher funktionell als hoheitlicher, also öffentlich-rechtlicher Tätigkeitsbereich zu verstehen. Der Sozialhilfeträger ist als Gebietskörperschaft eine juristische Person des öffentlichen Rechts. Der über den Antrag entscheidende Sachbearbeiter stand in einem Dienstverhältnis zum Sozialhilfeträger und handelte bei der Bearbeitung von Anträgen auf Leistungen nach §§ 41 ff. SGB XII in Ausübung seines öffentlichen Amtes.

Hinweis:
Der Bund erstattet den Ländern vollständig die Kosten für Leistungen der Grundsicherung im Alter und bei Erwerbsminderung nach §§ 41 ff. SGB XII. Es handelt sich daher um Bundesauftragsverwaltung. Entsprechend Art. 85 Abs. 1 GG sieht § 46b SGB XII vor, dass das Landesrecht die zuständigen Träger bestimmt. In Hamburg ist die Freie und Hansestadt Rechtsträger der Leistung der Grundsicherung im Alter und bei Erwerbsminderung; zuständig sind die Bezirksämter, die entsprechende Fachämter eingerichtet haben.

II. Verletzung einer drittbezogenen Amtspflicht

Der Sachbearbeiter des Sozialhilfeträgers müsste eine Amtspflicht verletzt haben, die dem Geschädigten J gegenüber bestand. Eine solche Amtspflichtverletzung liegt vor, wenn der Amtswalter die sich aus dem amtlichen Verhältnis zu seinem Dienstherrn ergebenden Dienstpflichten verletzt.

Hinweis:
Die Amtshaftung stellt daher nicht auf die Rechtspflichten des Staates gegenüber dem Bürger, sondern auf das Innenverhältnis zwischen Amtswalter und Dienstherr ab. Dem Amtswalter obliegt es bei seiner Arbeit aber eben gerade auch, diejenigen Rechtspflichten zu beachten, die der Staat mit Blick auf Art. 20 Abs. 3 GG gegenüber dem Bürger hat. Vgl. hierzu *Maurer/Waldhoff*, Allgemeines Verwaltungsrecht, 20. Aufl. 2020, § 26 Rn. 16.

Das Unterlassen der Beratung über einen möglicherweise bestehenden Anspruch auf eine Rente wegen voller Erwerbsminderung nach § 43 Abs. 2 SGB VI im Rahmen der Bearbeitung des Antrags des J auf Leistungen nach §§ 41 ff. SGB XII könnte eine solche Amtspflichtverletzung sein.

Hinweis zu weiteren Aufklärungs-, Beratungs- und Auskunftspflichten:
Die Pflicht zur Aufklärung der Bevölkerung nach § 13 SGB I statuiert keinen subjektiv-rechtliche Anspruch, weshalb ihre – hier nicht vorliegende – Verletzung grundsätzlich nicht zu einem Amtshaftungsanspruch führen kann (BSG v. 28.9.1976 – 3 RK 7/76 Rn. 21).

Eine Pflicht zur Auskunft nach § 15 SGB I schließt die Benennung des für eine Sozialleistung zuständigen Leistungsträgers nach § 15 Abs. 2 SGB I ausdrücklich mit ein, weshalb ein Hinweis auf die Zuständigkeit des Rentenversicherungsträgers Teil der Auskunftspflicht gewesen sein könnte. Auf die Auskunft besteht ein subjektiv-rechtlicher Anspruch; die Auskunftspflicht ist jedoch nicht verletzt, denn Auskünfte dienen der Beantwortung von einzelnen Fragestellungen soweit die „zu deren Beantwortung die Auskunftsstelle imstande ist“. Die Beratung über komplexe Gestaltungsmöglichkeiten ist daher nicht umfasst.

Man könnte beide Normen kurz ansprechen, muss das aber nicht tun, weil es hier offenkundig um die nicht erfolgte Beratung der M geht.

1. Unterlassene Beratung als Amtspflichtverletzung

Sowohl das SGB XII wie auch das SGB I sehen spezielle sozialrechtliche Beratungspflichten vor.

Hinweis:
Schon vor Inkrafttreten des SGB I am 1.1.1976 mit seinen allgemeinen Beratungspflichten bestanden nach Ansicht des Bundesgerichtshofs ungeschriebene Betreuungspflichten der Sozialleistungsträger: „Im sozialen Rechtsstaat gehört es zu den Amtspflichten der mit der Betreuung der sozial schwachen Volkskreise betrauten Beamten, diesen zur Erlangung und Wahrung der ihnen vom Gesetz zugedachten Rechte und Vorteile nach Kräften beizustehen." (BGH v. 26.9.1957, III ZR 65/56, Leitsatz).

a. Beratungspflichten

§ 11 SGB XII sieht eine umfassende Beratungs- und Unterstützungspflicht des Sozialhilfeträgers vor. Eine Konkretisierung der allgemeinen Beratungspflicht des Absatzes 1 findet sich in den Absätzen 2 bis 5. Nach § 11 Abs. 2 Satz 1 SGB XII betrifft die Beratung auch die in § 2 SGB XII angesprochene Deckung des Bedarfs aus eigenen Kräften und Mitteln. Nach § 11 Abs. 2 Satz 3 SGB XII ist Teil der Beratung den „Leistungsberechtigten für den Erhalt von Sozialleistungen zu befähigen."

Nach § 14 Satz 1 SGB I besteht eine allgemeine Beratungspflicht. „Jeder" hat hiernach einen subjektiven „Anspruch auf Beratung über seine Rechte und Pflichten nach diesem Gesetzbuch."

In der Regel wird eine Beratungspflicht durch ein entsprechendes Beratungsersuchen ausgelöst.

Hinweis:
Die Beratungspflicht des § 46 SGB XII und § 109a SGB VI zielt konkret auf die Beratung der mutmaßlich nach § 43 SGB VI Berechtigten ab. Es handelt sich jedoch um eine Beratungspflicht des Rentenversicherungsträgers und nicht des Sozialhilfeträgers. Diese Beratungspflichten schließen die Beratungspflicht des Sozialhilfeträgers im Umkehrschluss nicht aus. Auch § 115 Abs. 6 Satz 1 SGB VI sieht eine Beratungspflicht des Rentenversicherungsträgers vor.

b. Spontanberatung

Nun hatte M allerdings weder ausdrücklich noch konkludent eine Beratung über die sozialrechtlichen Ansprüche des J erbeten. Insoweit erscheint es fraglich, ob man vorliegend von einem Verstoß gegen die Beratungspflicht sprechen kann. Angesichts der Tatsache, dass die vom Sozialrecht betroffenen Bürger in der Regel juristische Laien sind, erscheint es gerechtfertigt, eine Beratungspflicht auch ohne eine konkrete Fragestellung der Betroffenen anzunehmen. Wenn anlässlich einer konkreten Sachbearbeitung dem jeweiligen Mitarbeiter oder der jeweiligen Mitarbeiterin eine naheliegende Gestaltungsmöglichkeit ersichtlich ist, die sich als zweckmäßig aufdrängt und die von jedem verständigen Leistungsberechtigten mutmaßlich genutzt würde, lässt sich eine sogenannte „Spontanberatung“ gut begründen.

Hinweis:
So auch die ständige Rechtsprechung des Bundessozialgerichts zur Beratungspflicht (vgl. etwa *Spellbrink* in: Kasseler Kommentar Sozialversicherungsrecht, Werkstand 112. EL September 2020 § 14 SGB I Rn. 22 ff.).

M stellte für J bei dem zuständigen Sozialleistungsträger einen Antrag auf Grundsicherung im Alter und bei dauerhafter Erwerbsminderung nach § 41 Abs. 3 SGB XII aufgrund des Vorliegens einer dauerhaften vollen Erwerbsminderung. In einer solchen Konstellation wäre die Beantragung einer Rente wegen Erwerbsminderung nach § 43 Abs. 2 SGB VI bereits aufgrund der Höhe dieser Leistung zweckmäßig; bei entsprechender Kenntnis hätte mutmaßlich jede bzw. jeder Leistungsberechtigte davon Gebrauch gemacht.

aa. Spontanberatung durch sachlich unzuständigen Sozialhilfeträger

Auch wenn man eine Spontanberatungspflicht für Sozialleistungsträger bejaht, erscheint es mit Blick auf § 14 Satz 2 SGB I zweifelhaft, ob für den Sozialhilfeträger eine Spontanberatungspflicht über eine Rente wegen voller Erwerbsminderung nach § 43 Abs. 2 SGB VI besteht. Nach § 14 Satz 2 SGB I sind nur diejenigen Leistungsträger im Sinne von § 12 SGB I zur Beratung verpflichtet, „denen gegenüber die Rechte geltend zu machen oder die Pflichten zu erfüllen sind.“ Zuständige Behörde für die Beratung über die Inanspruchnahme einer Rente wegen Erwerbsminderung nach § 43 Abs. 2 SGB VI ist nach dem eindeutigen Wortlaut der Vorschrift demnach allein der Rentenversicherungsträger, in dessen Pflichtenkreis die Erbringung der Rente fällt, hier also die Deutsche Rentenversicherung Bund. Auch § 11 SGB XII bezieht sich nach Absatz 1 allein auf die Beratung zur „Erfüllung der Aufgaben nach diesem Buch“. Es stellt sich daher die Frage, ob eine Beratung – und damit auch eine Spontanberatung – allein dasjenige sozialrechtliche Teilrechtsgebiet umfassen kann, für das der konkrete Sachbearbeiter zuständig ist. Ob eine „andere“ Behörde als die für eine konkrete Sozialleistung zuständige eine Beratungspflicht für gleichsam „fremde“ Sozialleistungen treffen kann, ist durch Auslegung zu ermitteln.

bb. Auslegung der Beratungspflichten

Nach der Gesetzesbegründung ist zur Beratung gerade der zuständigen Leistungsträger verpflichtet, da er „aufgrund seiner Sachkenntnis für diese Aufgabe am besten geeignet ist" (BT-Drs. 7/868, S. 25). Sinn und Zweck der Regelung des § 14 Satz 2 SGB I ist es demnach, nicht über hinreichend Spezialkenntnisse verfügende Mitarbeitende von „anderen" Behörden nicht zur Beratung über die Inanspruchnahme einer nicht in ihrer Zuständigkeit liegenden Sozialleistung zu verpflichten.

Betrachtet man die Beratungspflicht im Kontext des generellen Zwecks der Beratungs- und Informationspflichten, ergibt sich indes eine andere Bewertung. Die Beratungspflicht zielt nach der Gesetzesbegründung darauf ab, dass eine „umfassende Beratung" durchgeführt wird, konkret über „alle sozialrechtlichen Fragen", die für den Bürger von Bedeutung sein könnten. Der Gesetzgeber geht damit davon aus, dass in „einem differenzierten Sozialleistungssystem" (BT-Drs. 7/868, S. 25) umfassende Information und Beratung notwendig zur Inanspruchnahme von Sozialleistungen sind. Da die Gewährung sozialversicherungsrechtlicher Ansprüche mit Ausnahme der unfallversicherungsrechtlichen Ansprüche nach § 19 SGB IV einen Antrag voraussetzt und eine rückwirkende Leistungsgewährung bei verspäteter Antragstellung – vgl. etwa § 99 Abs. 1 Satz 2 SGB VI – mitunter ausgeschlossen ist, ist die individuelle Beratung über die Grenzen einzelner Sozialrechtsgebiete hinweg eine Realisierungsbedingung der optimalen Inanspruchnahme von Sozialleistungen. Gerade aufgrund der Komplexität des gegliederten Sozialleistungssystems sieht die Leitsatznorm § 2 Abs. 2 Satz 2 SGB I daher vor, dass sicherzustellen ist, „daß die sozialen Rechte möglichst weitgehend verwirklicht werden." Auch § 17 Abs. 1 SGB I fordert die Sicherstellung der Verwirklichung sozialer Rechte. Ein zu enges Verständnis von Beratungspflichten ist daher nicht angezeigt, denn die getrennte sachliche Zuständigkeit ist gerade das praktische Ergebnis des komplexen Sozialleistungssystems. Deutlich wird dies auch im Rahmen des § 11 SGB XII. Nach § 11 Abs. 2 Satz 3 SGB XII ist Teil der Beratung den „Leistungsberechtigten für den Erhalt von Sozialleistungen zu befähigen." Schon der Wortlaut der Norm, erst recht aber der Nachranggrundsatz des Sozialhilferechts legen es nahe anzunehmen, dass hier auch die Hilfe zur Inanspruchnahme anderer Sozialleistungen gemeint ist.

Hinweis:
So auch *Streichsbier* in: Grube/Wahrendorf/Flint, SGB XII, 7. Aufl. 2020, § 11 Rn. 3.

Die teleologische Auslegung der im Gesetz normierten Beratungspflichten legt eine Spontanberatungspflicht über den sachlichen Zuständigkeitsbereich des einzelnen Sozialleistungsträgers hinaus nahe. Unter Wahrung der Bindung an Recht und Gesetz (Art. 20 Abs. 3 GG) ist allerdings zu beachten, dass eine so weitreichende Beratungspflicht keine übersteigerte Sachkenntnis der „fremden" Materie erfordert. Eine Pflicht zur Beratung kommt insbesondere dann in Betracht, wenn erstens die Zuständigkeitsbereiche beider Stellen materiell-rechtlich eng miteinander verknüpft sind, zweitens die "andere Behörde" im maßgeblichen Zeitpunkt auf Grund eines bestehenden Kontakts der "aktuelle Ansprechpartner" des Berechtigten ist und drittens auf Grund der ihr bekannten Umstände erkennbar ist, dass bei dem Berechtigten im Hinblick auf das andere sozialrechtliche Gebiet ein dringender Beratungsbedarf in einer gewichtigen Frage besteht. Den Sozialleistungsträger trifft in diesen Fällen jedenfalls die Pflicht darauf hinzuweisen, der Betreffende möge sich von einem anderen Leistungsträger aufgrund eines möglicherweise vorteilhaften Sozialleistungsanspruchs beraten lassen.

Hinweis:
Hierzu etwa BSG v. 30.9.2009 – B 9 VG 3/08 R, Rn. 44. Eine Spontanberatungspflicht wird auch bejaht, wenn die andere Behörde vom Gesetzgeber im Sinne einer Funktionseinheit in das Verwaltungsverfahren „arbeitsteilig" eingeschaltet ist.

cc. Pflicht des Sozialhilfeträgers zur Spontanberatung der M

Es ist zu prüfen, ob eine solche Verpflichtung zur Spontanberatung mit Blick auf das Rentenversicherungsrecht vorliegend bestanden hat und vom zuständigen Sachbearbeiter demnach verletzt wurde. Im Rahmen der Bearbeitung des Antrags auf Leistungen nach § 41 Abs. 1, 3 SGB XII könnte ein konkreter Anlass bestanden haben, M als Betreuerin des J auf die sozialleistungsrechtliche Gestaltungsmöglichkeit nach § 43 Abs. 2 SGB VI hinzuweisen.

Zunächst müssten die Leistungen nach § 41 Abs. 1, 3 SGB XII und § 43 Abs. 2 SGB VI materiell-rechtlich eng miteinander verknüpft sein. Die Grundsicherung im Alter und bei dauerhafter Erwerbsunfähigkeit nach § 41 Abs. 1, 3 SGB XII setzt das Vorliegen einer vollen Erwerbsminderung im Sinne des § 43 Abs. 2 SGB VI voraus. Es handelt sich um einen dynamischen Verweis in das Recht der Gesetzlichen Rentenversicherung. Beiden Leistungen liegt somit derselbe Sachverhalt zugrunde, sodass angenommen werden kann, dass sie materiell-rechtlich eng miteinander verknüpft sind. Auch aufgrund des sogenannten Nachranggrundsatzes des § 2 SGB XII wirkt sich der Leistungsanspruch jedenfalls auf den Zuständigkeitsbereich der Sozialhilfeträgerin aus. Eine Rente wegen voller Erwerbsminderung ist Einkommen i.S.d. § 82 SGB XII und reduziert nach §§ 41 Abs. 1, 43 SGB XII den Leistungsanspruch im Maße des gedeckten Bedarfs.

Hinweis:
Umstritten ist, ob es sich bei dem in § 2 SGB XII geregelten sogenannten Nachrang- oder Subsidiaritätsgrundsatz um ein Strukturprinzip des Sozialhilferechts handelt und welche rechtlichen Konsequenzen hieraus zu ziehen sind. Nach Ansicht des Bundessozialgerichts handelt es sich nicht um einen eigenständigen Ausschlusstatbestand, sodass – bis auf extreme Ausnahmefälle – nur auf Grundlage konkretisierender Vorschriften wie § 41 Abs. 4 oder § 82 SGB XII der Leistungsanspruch reduziert oder ausgeschlossen ist (BSG v. 29.9.2009 – B 8 SO 23/08 R, Rn. 20).

Die Sozialhilfeträgerin war im maßgeblichen Zeitpunkt auf Grund des Hilfeersuchens der M der "aktuelle Ansprechpartner" und damit der zur Beratung Verpflichtete.

Schließlich musste für den Sozialleistungsträger aufgrund der ihr bekannten Umstände erkennbar gewesen sein, dass bei dem Berechtigten im Hinblick auf das andere sozialrechtliche Gebiet ein dringender Beratungsbedarf in einer gewichtigen Frage besteht. Vorliegend war offensichtlich, dass eine mutmaßlich vorteilhafte Gestaltungsmöglichkeit bestand; dies ist bereits aufgrund der engen materiell-rechtlichen Verknüpfung des Anspruchs aus § 41 Abs. 1 und 3 SGB XII und § 43 Abs. 2 SGB VI anzunehmen. Ein mit Leistungen nach §§ 41 ff. SGB XII befasster Sachbearbeiter muss in Erwägung ziehen, dass ein Leistungsanspruch auf eine Rentenleistung – auch eines im Moment des Erstantrags auf Grundsicherungsleistungen erst 20 Jahre alten Menschen – gegen den Rentenversicherungsträger besteht. Dass zeigt sich schon in der Beratungspflicht des Rentenversicherungsträgers nach § 46 SGB XII. Zugleich musste der Sachbearbeiter davon ausgehen, dass M diese Schnittstelle nicht erkennen konnte; insofern war auch erkennbar, dass Beratungsbedarf bestand.

Die Pflicht zur Spontanberatung scheitert auch nicht an der Tatsache, dass mit Blick auf die maßgebliche Beitragszahlung, die rentenrechtliche Beitragszeiten oder die in § 53 SGB VI normierten Besonderheiten rentenversicherungsrechtliches Spezialwissen zur Prüfung der in § 43 Abs. 2 Nr. 2 und 3 SGB VI genannten Voraussetzungen notwendig gewesen wäre. Ob die Voraussetzungen für den Anspruch nach dem SGB VI bei J erfüllt waren, dürfte nicht einfach zu beantworten gewesen sein. Es geht aber auch nicht um die Pflicht des Sozialleistungsträgers zur Prüfung der Voraussetzungen des Leistungsanspruchs nach dem SGB VI; vielmehr hätte ohne weitere Ermittlungen ein Hinweis auf eine gebotene Beratung durch den zuständigen Rentenversicherungsträger ausgereicht. Die Hinweispflicht ist insoweit gerade nicht an weitere Prüfungspflichten gekoppelt.

Gerade weil die Beratungspflicht dazu dient, Bürger im „differenzierten Sozialleistungssystem" zu befähigen, ihre eigenen Rechte und Pflichten zu erkennen, ist vorliegend von einer Spontanberatungspflicht des Sozialhilfeträgers auszugehen.

Hinweis:
Vgl. hierzu BGH v. 2.8.2018, III ZR 466/16 mit Anm. *Felix*, JZ 2018, 1166.

dd. Ausschluss der Spontanberatung wegen Falschangabe

Fraglich ist allerdings, ob eine Pflicht zur Spontanberatung in der konkreten Fallgestaltung deshalb abzulehnen ist, weil M die Frage nach dem Bestehen eines Rentenanspruchs im Erstantrag auf laufende Grundsicherungsleistungen verneint hatte. Vor dem Hintergrund der Mitwirkungspflicht nach § 60 SGB I könnte man annehmen, dass der Sozialhilfeträger von der Richtigkeit dieser Angabe ausgehen durfte. Bei diesem Verständnis der Mitwirkungspflicht würde allerdings der Sinn und Zweck des § 60 SGB I verkannt. Es geht hier um die Bereitstellung von tatsächlichen Informationen durch den Leistungsberechtigten, nicht dagegen um dessen rechtliche Einschätzungen. Es kann indes nicht davon ausgegangen werden, dass eine ehrenamtliche Betreuerin wie M, die sich hilfesuchend an den Grundsicherungsträger gewandt hatte, über die einschlägigen rentenversicherungsrechtlichen Regelungen und ihre Auswirkungen informiert war und dazu eine rechtlich zutreffende Auskunft hätte geben können. Sinn und Zweck der Beratungspflichten würden verkannt, wenn das Ergebnis eines Beratungsersuchens als Teil der Mitwirkungspflicht betrachtet würde.

Hinweis:
Die auch dogmatisch interessante Frage, ob der Antrag anspruchsbegründende oder nur verfahrensrechtliche Bedeutung hat (hierzu *Öndül* in: jurisPK-SGB I, Stand 5.11.2019, § 16 Rn. 29 m.w.N.), ist daher hier nicht zu erörtern. Wenn man die erstgenannte Ansicht vertreten würde, wäre die Mitteilung der M zutreffend gewesen.

c. Ergebnis zur Amtspflichtverletzung

Dem Sachbearbeiter des Sozialhilfeträgers oblag die Amtspflicht, M als Betreuerin des J auf mögliche Ansprüche nach dem SGB VI hinzuweisen und eine entsprechende Beratung durch den Rentenversicherungsträger zu empfehlen. Diese Pflicht wurde verletzt.

2. Drittbezogenheit der Amtspflicht

Die Pflicht zur Beratung müsste nach § 839 Abs. 1 Satz 1 BGB gegenüber einem Dritten bestanden haben. Die Drittrichtung ist aus den die Amtspflicht begründenden Vorschriften und der besonderen Natur des Amtsgeschäfts zu ermitteln.

Der Vorrang des Rentenanspruchs gegenüber der Grundsicherung bei Erwerbsminderung ergibt sich aus dem sogenannten Nachrangprinzip des § 2 Abs. 1 i.V.m. §§ 41 Abs. 1, 43, 82 SGB XII. Man könnte annehmen, dass dieses Nachrangprinzip allein dem Schutz der öffentlichen Haushalte der Sozialhilfeträger dient und nicht den Schutzzweck verfolgt, dem Leistungsberechtigten die für ihn vorteilhafteste Sozialleistung zu gewähren. Die Drittbezogenheit der Amtspflicht ergibt sich jedoch nicht allein aus § 2 Abs. 1 SGB XII und denjenigen Vorschriften, die den Nachranggrundsatz konkretisieren, sondern bereits aus der Verletzung der Beratungspflicht nach § 14 SGB I und § 11 SGB XII. Beide Beratungspflichten begründen spiegelbildlich einen subjektiv-rechtlichen Anspruch auf Beratung des J, der gerade darauf gerichtet ist, dessen soziale Rechte im Sinne des § 2 Abs. 2 SGB I möglichst weitestgehend zu verwirklichen. Die verletzte Amtspflicht war somit auch drittgerichtet.

III. Verschulden

Der Anspruch auf Schadenersatz setzt nach § 839 Abs. 1 Satz 1 BGB ferner voraus, dass der Amtswalter die Amtspflicht vorsätzlich oder fahrlässig verletzt hat. Anhaltspunkte für ein vorsätzliches Verhalten eines Sachbearbeiters gibt es ausweislich des Sachverhalts nicht; er könnte jedoch fahrlässig gehandelt haben. Die Fahrlässigkeit bestimmt sich nach § 276 Abs. 2 BGB, der einen objektiven Verschuldensmaßstab festlegt. Es ist dabei nicht auf den konkreten Amtswalter, sondern auf den „pflichtgetreuen Durchschnittsbeamten“ abzustellen. Es liegt im Rahmen des Aufgabenbereichs eines jeden Sachbearbeiters im Sozialrecht, seine Beratungspflicht nach § 14 SGB I und § 11 SGB XII zu erfüllen. Offensichtlich hat der zuständige Sachbearbeiter hier die im Verkehr erforderliche Sorgfalt außer Acht gelassen, indem er die M nicht über die Gestaltungsmöglichkeiten des J beraten hat, obwohl mögliche Ansprüche nach dem SGB VI in der konkreten Konstellation durchaus naheliegen waren.

IV. Kausaler Schaden

Der geltend gemachte Schaden muss nach § 839 Abs. 1 Satz 1 BGB adäquat kausal durch das amtspflichtwidrige Verhalten verursacht worden sein. Zu prüfen ist, welchen Verlauf die Dinge bei pflichtgemäßem Handeln genommen hätten und welchen Einfluss dies auf die Vermögenslage der Betroffenen gehabt hätte. Hätte der Sachbearbeiter des Sozialhilfeträgers M bereits im Dezember 2013 auf die Möglichkeit des Rentenbezugs hingewiesen, hätte diese mutmaßlich einen entsprechenden Rentenantrag gestellt. J hätte seinen Leistungsanspruch auf § 43 Abs. 2 SGB VI für den streitigen Zeitraum geltend gemacht.

Der Umfang des Schadenersatzes richtet sich nach §§ 249 ff. BGB. Dabei ist zu beachten, dass der Amtshaftungsanspruch nach § 839 Abs. 1 Satz 1 BGB i.V.m. Art. 34 GG nur Schadenersatz in Geld gewährt und ein hoheitliches Handeln im Sinne einer Naturalrestitution gemäß § 249 BGB nicht verlangt werden kann. Der Umfang des Schadens ist nach der so genannten Differenzhypothese zu ermitteln. Demnach ist der zu ersetzende Schaden durch einen Vergleich der infolge der Amtspflichtverletzung eingetretenen Vermögenslage mit derjenigen Vermögenslage zu ermitteln, die ohne die Pflichtverletzung eingetreten wäre.

J erfüllte seit dem 10.11.2013 alle Anspruchsvoraussetzungen für eine Rente wegen voller Erwerbsminderung nach § 43 Abs. 2 SGB VI. Wäre M im Dezember 2013 über den rentenrechtlichen Anspruch beraten worden und hätte für J einen Antrag auf Rente wegen Erwerbsminderung nach § 43 Abs. 2 SGB VII bis zum 28.2.2014 gestellt, hätte sich ein frühestmöglicher Rentenbeginn nach § 99 Abs. 1 Satz 1 SGB VI zum 1.12.2013 ergeben. Seit dem 1.8.2020 erhält J eine Rente wegen Erwerbsminderung und keine Grundsicherungsleistungen mehr.

Die Differenz der Vermögenslage des J aufgrund des Bezugs von Grundsicherungsleistungen und der hypothetischen Vermögenslage bei Bezug einer Rente wegen voller Erwerbsminderung in der Zeit vom 1.12.2013 bis zum 31.7.2020 ist somit der Differenzschaden des J. Es ist davon auszugehen, dass der im Sachverhalt genannte Betrag zutreffend berechnet wurde.

V. Keine Haftungsbegrenzung und kein Haftungsausschluss

Die Haftung nach § 839 Abs. 1 BGB i.V.m. Art. 34 GG dürfte weder begrenzt noch ausgeschlossen sein.

1. Subsidiaritätsklausel/Verweisungsprivileg, § 839 Abs. 1 Satz 2 BGB

Eine Haftungsbeschränkung könnte sich zunächst aus der Subsidiaritätsklausel des § 839 Abs. 1 Satz 2 BGB ergeben. Demnach haftet der Beamte bei fahrlässigem Verhalten nur, wenn der Geschädigte „nicht auf andere Weise Ersatz zu erlangen vermag". Der Sachbearbeiter handelte hier fahrlässig, sodass die Haftungseinschränkung grundsätzlich eröffnet ist.

a. Schadenersatzanspruch gegen M

In Betracht kommt ein vorrangiger Schadenersatzanspruch des J gegen seine Betreuerin M. Diese hatte es unterlassen, sich beim zuständigen Rentenversicherungsträger zu informieren und einen entsprechenden Antrag zu stellen. Hier steht eine Haftung nach § 1908i Abs. 1 i.V.m. § 1833 Abs. 1 Satz 1 BGB im Raum. Von einer Betreuerin kann jedoch regelmäßig nicht erwartet werden, dass sie über weitergehende Rechtskenntnisse verfügt als der fachlich zuständige Mitarbeiter einer Sozialbehörde. Es liegt daher fern anzunehmen, dass M als „juristische Laiin" schuldhaft i.S.d. § 276 BGB eine Pflicht verletzt hat.

Insoweit ist das Verweisungsprivileg nicht einschlägig.

b. Sozialrechtlicher Herstellungsanspruch gegen Deutsche Rentenversicherung Bund

§ 839 Abs. 1 Satz 2 BGB könnte aber auch mit Blick auf einem gegenüber dem zuständigen Rentenversicherungsträger bestehenden sozialrechtlicher Herstellungsanspruch einschlägig sein. Beim sozialrechtlichen Herstellungsanspruch handelt es sich um einen vom Bundessozialgericht im Wege richterlicher Rechtsfortbildung entwickelten Anspruch.

> **Hinweis:**
> Ausführlich zur dogmatischen Herleitung und zu den Voraussetzungen dieses Anspruchs *Spellbrink* in: Kasseler Kommentar, Loseblatt, Stand 112. Ergänzungslieferung 2020, Vorb. zu §§ 13-15 SGB I, Rn. 1 ff.

aa. Bestehen eines Herstellungsanspruchs

Auf Tatbestandsseite setzt der sozialrechtliche Herstellungsanspruch zunächst voraus, dass der Sozialleistungsträger – hier die Deutsche Rentenversicherung Bund – eine ihm obliegende Pflicht verletzt hat.

Es bestand für den Rentenversicherungsträger selbst keine Beratungspflicht – weder aus § 14 SGB I noch aus § 46 SGB XII, § 109a SGB VI oder § 115 Abs. 6 Satz 1 SGB VI –, denn es ist nicht ersichtlich, dass jemals ein Sachbearbeiter des Rentenversicherungsträgers tatsächlich mit dem Fall des J befasst war. Insoweit bestand auch keine Spontanberatungspflicht im Sinne der oben dargestellten Rechtsprechung des Bundesozialgerichts.

Möglicherweise ist der Deutschen Rentenversicherung Bund jedoch die Pflichtverletzung der Sozialhilfeträgerin zuzurechnen. Dies ist nach der Rechtsprechung des Bundessozialgerichts unter anderem der Fall, wenn die Zuständigkeitsbereiche beider Stellen materiell-rechtlich eng miteinander verknüpft sind, die andere Behörde im maßgeblichen Zeitpunkt auf Grund eines bestehenden Kontaktes der aktuelle „Ansprechpartner" des Berechtigten ist und wenn ein dringender Beratungsbedarf erkennbar bestand. Hierfür spricht – genau wie im Rahmen der Zurechnung des Amtshaftungsanspruchs – § 2 Abs. 2 Satz 1 SGB I und § 17 Abs. 1 Nr. 1 SGB I, die generell für eine möglichst weitgehende Verwirklichung sozialer Rechte stehen. Die Voraussetzungen sind, wie schon beschrieben, erfüllt.

Hinweis:
Zur Zurechnung von Fehlern anderer Behörden vgl. etwa BSG v. 30.9.2009 -B 9 VG 3/08 R, Rn. 44 und BSG v. 22.10.1996 – 13 RJ 69/95, Rn. 31. Umfassend auch *Spellbrink* in: Kasseler Kommentar, Loseblatt, Stand 112. Ergänzungslieferung 2020, Vorb. zu §§ 13-15 SGB I, Rn. 39 ff.

Der Versicherte müsste weiter eine sozialrechtliche Fehldisposition getroffen haben, aus der ihm ein Nachteil entstanden ist, wobei zwischen der Pflichtverletzung und dem Nachteil ein Schutzzweckzusammenhang und zwischen Pflichtverletzung und Fehldisposition ein Kausalzusammenhang bestehen muss. J hat aufgrund der Pflichtverletzung des Sachbearbeiters beim Sozialhilfeträger keinen Antrag beim zuständigen Rentenversicherungsträger gestellt, sodass ihm in der Zeit vom 1.12.2013 bis zum 31.7.2020 keine Rente wegen voller Erwerbsminderung gewährt werden konnte. Die Beratungspflichten sollen gerade verhindern, dass Berechtigte einen Anspruchsverlust aufgrund verspäteter Antragstellung erleiden. Ein Schutzzweckzusammenhang ist damit gegeben. Die dem Rentenversicherungsträger zuzurechnende Pflichtverletzung ist auch kausal für die Fehldisposition der M und damit für den Nachteil des J.

bb. Rechtsfolgenseite

Da die Tatbestandsvoraussetzungen des sozialrechtlichen Herstellungsanspruchs erfüllt sind, kann J beanspruchen, so gestellt zu werden, wie er stehen würde, wenn der Sozialleistungsträger rechtmäßig gehandelt hätte. Er ist damit so zu behandeln, als hätte er den Antrag auf Rente wegen Erwerbsminderung im Anschluss an eine Beratung, die spätestens am 7.12.2013 stattfand, gestellt. Bei Antragstellung bis zum 28.2.2014 hätte nach § 99 Abs. 1 Satz 1 SGB VI ein Anspruch des J auf Rente wegen voller Erwerbsminderung in der Zeit vom 1.12.2013 bis zum 31.7.2020 bestanden. Der sozialrechtliche Nachteil reduziert sich aufgrund des Erhalts der Grundsicherung wegen Erwerbsminderung nach § 41 Abs. 1, 3 SGB XII jedoch auf die Differenz zwischen den Leistungsansprüchen, da die Leistungsansprüche auch im hypothetisch rechtmäßigen Zustand nicht nebeneinander bestanden hätten (§§ 43, 82 SGB XII). Insoweit gelten die Ansprüche des J gemäß §§ 104, 107 SGB X als erfüllt.

Zu klären ist allerdings, ob der eingetretene Schaden möglicherweise nicht durch ein rechtmäßiges Verwaltungshandeln wieder beseitigt werden könnte. In einer solchen Konstellation besteht kein sozialrechtlicher Herstellungsanspruch. § 99 Abs. 1 Satz 2 SGB VI steht einer rückwirkenden Rentenbewilligung aufgrund der Bindung der Verwaltung an Recht und Gesetz scheinbar entgegen. J ist im Rahmen des sozialrechtlichen Herstellungsanspruchs aber gerade so zu stellen, als hätte er den Antrag rechtzeitig gestellt. Der Hauptanwendungsfall des Herstellungsanspruchs – Kompensation der entgangenen Leistungen wegen eines Beratungsfehlers und deshalb nicht gestellter Anträge – würden ansonst konterkariert und die eigentlich durch den Anspruch geschlossene Rechtsschutzlücke wieder geöffnet.

Hinweis:
Gegen eine rückwirkende Rentenbewilligung BGH v. 2.8.2018, III ZR 46616, Rn. 28; dafür *Felix*, JZ 2018, 1166 (1168).

In zeitlicher Hinsicht beschränkt das Bundessozialgericht die rückwirkende Leistungsgewährung durch entsprechende Anwendung des § 44 Abs. 4 SGB X.

Hinweis:
Das Bundessozialgericht schließt also durch den sozialrechtlichen Herstellungsanspruch eine Rechtsschutzlücke, begrenzt den Anspruch aber wiederum durch die entsprechende Anwendung des § 44 Abs. 4 SGB X (hierzu etwa BSG v. 24.4.2014 – B 13 R 23/13 R, Rn. 14 ff.).

J hat demnach aufgrund eines sozialrechtlichen Herstellungsanspruchs einen Anspruch auf rückwirkende Leistungsgewährung bei entsprechender Geltendmachung des Anspruchs bis zum 31.12.2021 für die Zeit vom 1.1.2017 bis zum 31.7.2020. Jedenfalls insoweit käme ein anderweitiger finanzieller Ausgleich in Betracht.

cc. Sozialrechtlicher Herstellungsanspruch kein Ersatz „auf andere Weise“

Fraglich ist allerdings, ob der sozialrechtliche Herstellungsanspruch tatsächlich als „Ersatz auf andere Weise“ im Sinne des § 839 Abs. 1 Satz 2 BGB verstanden werden kann.

Sinn und Zweck des Verweisungsprivilegs ist die finanzielle Entlastung der öffentlichen Hand. Diese ist aber nicht gegeben, wenn statt des Grundsicherungsträgers der Rentenversicherungsträger in Anspruch genommen wird, da in wirtschaftlicher Hinsicht beide zur öffentlichen Hand gehören. Insofern bestehen der Amtshaftungsanspruch und der sozialrechtliche Herstellungsanspruch gleichrangig nebeneinander, sodass ausdrücklich keine Subsidiarität des Amtshaftungsanspruchs angenommen werden kann.

Hinweis:
Hierzu ausführlich *Felix*, JZ 2018, 1166 mit Nachweisen auf die Rechtsprechung. Es wäre insoweit auch wenig überzeugend, erst durch die Zurechnung einer Pflichtverletzung des Sozialhilfeträgers einen Herstellungsanspruch des Rentenversicherungsträgers zu begründen, der dann wiederum den Amtshaftungsanspruch ausschließen würde.

Der Amtshaftungsanspruch gegen den Sozialhilfeträger ist vorliegend daher nicht subsidiär gegenüber dem sozialrechtlichen Herstellungsanspruch gegen den Rentenversicherungsträger.

dd. Ergebnis zum Verweisungsprivileg

Da es keine Anhaltspunkte für weitere Ansprüche des J gegen Dritte gibt, ist im Ergebnis festzustellen, dass § 839 Abs. 1 Satz 2 BGB dem Amtshaftungsanspruch nicht entgegensteht.

2. Richterspruchprivileg, § 839 Abs. 2 BGB

Ein Haftungsausschluss aufgrund von § 839 Abs. 2 BGB kommt erkennbar nicht in Betracht.

3. Unterlassener Rechtsmittelgebrauch, § 839 Abs. 3 BGB

Die Ersatzpflicht ist ausgeschlossen, wenn vorsätzlich oder fahrlässig unterlassen wurde, den Schaden durch Gebrauch eines Rechtsmittels abzuwenden, § 839 Abs. 3 BGB. Zu prüfen ist demnach, ob J über seine Betreuerin M hätte versuchen müssen, den Schaden durch ein Rechtsmittel abzuwenden. Dabei sind unter Rechtsmitteln alle Rechtsbehelfe im weitesten Sinn zu verstehen, die sich unmittelbar gegen ein bereits erfolgtes, als Amtspflichtverletzung darstellendes Tun oder Unterlassen richten und darauf abzielen und geeignet sind, den Schaden abzuwenden oder das schädigende Verhalten beseitigen oder berichtigen können.

Fraglich ist, ob der sozialrechtliche Herstellungsanspruch ein solches Rechtsmittel ist. § 839 Abs. 3 BGB verfolgt den Zweck, den Schadensersatzanspruch auf denjenigen zu beschränken, der sich in gehörigem Maße bemüht hat, den Schaden abzuwenden. Der sozialrechtliche Herstellungsanspruch wie auch der Amtshaftungsanspruch sind jedoch auf den Ausgleich der Folgen von pflichtwidrigen Amtshandlungen und -unterlassungen gerichtet, sodass beide Ansprüche rechtssystematisch auf der gleichen Stufe stehen. Der sozialrechtliche Herstellungsanspruch ist somit kein „Rechtsmittel" im Sinne des § 839 Abs. 3 BGB.

Es ist nicht ersichtlich, welchen Rechtsschutz J im Übrigen versäumt haben könnte. Von seinen sonstigen Ansprüchen war ihm aufgrund der Pflichtverletzung des Sozialhilfeträgers nichts bekannt.

4. Mitverschulden, § 254 BGB

Ein Mitverschulden nach § 254 BGB ist aus den oben genannten Gründen auch mit Blick auf M als Betreuerin nicht ersichtlich.

VI. Haftendes Rechtssubjekt/ Anspruchsgegner

Anspruchsgegner ist nach Art. 34 Satz 1 GG der Staat oder die Körperschaft, in deren Dienst der handelnde Amtswalter steht. Nach der sogenannten Anvertrauenstheorie oder auch Amtsübertragungstheorie haftet die Körperschaft, die dem Amtsträger das Amt anvertraut hat, sodass in der Regel die Körperschaft haftet, die ihn angestellt und ihm die Möglichkeit zur Amtsausübung eröffnet hat. Rechtsträger der Leistungen nach §§ 41 ff. SGB XII und damit Anspruchsgegner ist die Freie und Hansestadt Hamburg.

VII. Verjährung

Der Amtshaftungsanspruch unterliegt gemäß § 195 BGB einer regelmäßigen Verjährungsfrist von drei Jahren. Die regelmäßige Verjährungsfrist beginnt nach § 199 Abs. 1 BGB mit dem Schluss des Jahres, in dem der Anspruch entstanden ist und der Gläubiger von den den Anspruch begründenden Umständen und der Person des Schuldners Kenntnis erlangt oder ohne grobe Fahrlässigkeit erlangen müsste. J hätte bei rechtzeitiger Antragstellung bis zum 28.2.2014 einen Anspruch auf Rentenleistungen in der Zeit vom 1.12.2013 bis zum 31.7.2020 gehabt, sodass ab dem Moment der Nichtstellung des Antrags aufgrund der unterlassenen Beratung der Amtshaftungsanspruch bestand. J und M haben jedoch erst 2020 von dem Anspruch auf Rente wegen voller Erwerbsminderung und damit von den Tatsachen erfahren, die den Amtshaftungsanspruch begründen. Der Anspruch des J ist also nicht verjährt.

VIII. Ergebnis zum Amtshaftungsanspruch

J hat einen Anspruch auf Schadenersatz aus Amtshaftung nach § 839 Abs. 1 Satz 1 BGB i.V.m. Art. 34 GG in Höhe des geforderten Differenzschadens.

B. Sozialrechtlicher Herstellungsanspruch gegen den Sozialhilfeträger

J könnte nach den Grundsätzen über den sozialrechtlichen Herstellungsanspruch zudem einen Anspruch auf Wiederherstellung des sozialrechtlich zulässigen Zustands gegen den Sozialhilfeträger haben. Der Grundleistungsträger ist jedoch zu einer rechtmäßigen Herstellung des sozialrechtlichen Zustands durch Leistung einer Rente wegen voller Erwerbsminderung nach § 43 Abs. 2 SGB VI schon in Ermangelung eigener Zuständigkeit nicht in der Lage.

C. Ergebnis

J hat einen Anspruch auf Schadenersatz in Höhe des Differenzschadens aus § 839 Abs. 1 Satz 1 BGB i.V.m. Art. 34 GG gegen den Sozialhilfeträger.

Hinweis:
J kann wählen, ob er den Amtshaftungsanspruch gegen den Sozialhilfeträger beim Landgericht oder einen Anspruch nach den Grundsätzen des sozialrechtlichen Herstellungsanspruchs gegenüber dem Rentenversicherungsträger beim Sozialgericht geltend macht. Im Prinzip könnte er auch beide Verfahren gleichzeitig durchführen. Zwar ist nur das Verfahren vor dem Sozialgericht nach § 183 SGG kostenfrei; auch nur hier gilt nach §§ 103, 106 SGG der Amtsermittlungsgrundsatz. Die Verjährung des Amtshaftungsanspruchs wird durch die Geltendmachung des sozialrechtlichen Herstellungsanspruchs unterbrochen (vgl. zu all dem *Felix*, JZ 2018, 1166).

Allerdings wird J sich vorliegend für den Amtshaftungsanspruch entscheiden, weil § 44 Abs. 4 SGB X hier nicht gilt und daher nur dieser Anspruch in Höhe des vollen Differenzschadens zum Erfolg führt.

Gliederung zu Fall 11

A. Amtshaftungsanspruch
  I. Handeln eines Amtswalters in Ausübung eines öffentlichen Amtes
  II. Verletzung einer drittbezogenen Amtspflicht
    1. Unterlassene Beratung als Amtspflichtverletzung
      a. Beratungspflichten
      b. Spontanberatung
        aa. Spontanberatung durch sachlich unzuständigen Sozialhilfeträger
        bb. Auslegung der Beratungspflichten
        cc. Pflicht des Sozialhilfeträgers zur Spontanberatung der M
        dd. Ausschluss der Spontanberatung wegen Falschangabe
      c. Ergebnis zur Amtspflichtverletzung
    2. Drittbezogenheit der Amtspflicht
  III. Verschulden
  IV. Kausaler Schaden
  V. Keine Haftungsbegrenzung und kein Haftungsausschluss
    1. Subsidiaritätsklausel/Verweisungsprivileg, § 839 Abs. 1 Satz 2 BGB
      a. Schadenersatzanspruch gegen M
      b. Sozialrechtlicher Herstellungsanspruch gegen Deutsche Rentenversicherung Bund
        aa. Bestehen eines Herstellungsanspruchs
        bb. Rechtsfolgenseite
        cc. Sozialrechtlicher Herstellungsanspruch kein Ersatz „auf andere Weise“
        dd. Ergebnis zum Verweisungsprivileg
    2. Richterspruchprivileg, § 839 Abs. 2 BGB
    3. Unterlassener Rechtsmittelgebrauch, § 839 Abs. 3 BGB
    4. Mitverschulden, § 254 BGB
  VI. Haftendes Rechtssubjekt/ Anspruchsgegner
  VII. Verjährung
  VIII. Ergebnis zum Amtshaftungsanspruch
B. Sozialrechtlicher Herstellungsanspruch gegen den Sozialhilfeträger
C. Ergebnis

Fall 12

Teil 1

Die 67 Jahre alte Rentnerin Gerda Granbach (G) lebt in einem Mehrfamilienhaus in Hamburg-Barmbek und bezieht eine Altersrente in Höhe von 1350 €. Sie geht täglich zum Einkaufen zu einem rund 2 km entfernten Supermarkt. Im Dezember 2018 macht sie sich an einem Dienstag gegen 9 Uhr morgens auf den Weg. In der Nacht hatte es überraschend geschneit; die meisten Wege sind allerdings gut geräumt und gestreut. Vor dem Einfamilienhaus des Peter Preuß (P) aber ist der Weg mit Schnee bedeckt; P hatte an diesem Morgen vergessen, den Weg vom Schnee zu befreien. Unter der dünnen Schicht Puderschnee verbergen sich vereiste Pfützen, die G nicht erkennen kann. Obwohl sie sehr vorsichtig geht, rutscht sie auf dem Gehweg aus und stürzt so unglücklich, dass sie sich einen überaus komplizierten Splitterbruch im rechten Bein zuzieht. Sie wird umgehend in das Krankenhaus eingeliefert und mehrfach operiert; G ist aber so unglücklich gestürzt, dass der Unterschenkel des rechten Beines zwei Monate später amputiert werden muss.

Mit der prothetischen Versorgung kommt G in der Folgezeit gut zurecht; sie fühlt sich mit der Beinprothese sicher und kann ein gutes Jahr später auch wieder den Gang zum Supermarkt allein bewältigen. Im Frühjahr 2021 beantragt sie ihrer gesetzlichen Krankenkasse, der TK Hamburg, unter Vorlage einer vertragsärztlichen Verordnung („eine Badeprothese rechts") und eines Kostenvoranschlags eines Sanitätshauses in Höhe von 7350 € zusätzlich die Versorgung mit einer salzwasserbeständigen Badeprothese. Seit ihrem Unfall habe sie mit ihrem Mann auf den jährlichen Urlaub an der Nordsee verzichtet; jetzt wolle sie sich wieder im Salzwasser bewegen. Zudem sei sie früher regelmäßig in ein Salzwasserthermalbad gefahren, was für ihre Knochen und Gelenke sehr vorteilhaft gewesen sei. Auch das wolle sie nun wieder in Angriff nehmen. Die Krankenkasse bietet lediglich die Versorgung mit einer einfachen Badeprothese an; die salzwasserfeste Variante könne sie nicht übernehmen. Das Baden und Schwimmen im Salzwasser gehöre zu jenen Freizeitaktivitäten, die nicht zu den elementarsten Grundbedürfnissen des Lebens zählten.

G erhebt gegen die Ablehnung der begehrten Leistung umgehend Widerspruch.

Bearbeitungsvermerk:

1. Hat G gegen die Krankenkasse einen Anspruch auf eine salzwasserfeste Prothese?

2. Die Krankenkasse fragt sich, ob sie die Kosten, die für die Versorgung der G angefallen sind, von P einfordern kann. Was antworten Sie ihr?

Teil 2

Der Studentin Sybille Senfleben (S) wird im Rahmen einer Beratung über mögliche Leistungen nach dem SGB III durch die Agentur für Arbeit mitgeteilt, dass sie als Studentin aus prinzipiellen Gründen kein Arbeitslosengeld beziehen könne.

Bearbeitungsvermerk:

Ist diese Auskunft so zutreffend?

Hinweis 1: Alle Teile der Aufgabenstellung sind zu bearbeiten.

Hinweis 2: Beachten Sie den Auszug aus dem Hamburgischen Wegegesetz (HWG)

(HmbGVBl. 1974, S. 41, 83 zuletzt geändert durch Artikel 1 des Gesetzes vom 28.11.2017, HmbGVBl. S. 361)

§ 29 Reinigung durch die Anliegerinnen und Anlieger

(1) Die Anliegerinnen und Anlieger sind zur Reinigung der dem Fußgängerverkehr und der dem Fahrradverkehr dienenden öffentlichen Wegeflächen in geschlossener Ortslage nach Maßgabe der folgenden Bestimmungen verpflichtet.

(...)

§ 30 Umfang und Häufigkeit der Reinigung durch die Anliegerinnen und Anlieger

(1) Die Reinigungspflicht nach § 29 umfasst die gesamte die Anliegereigenschaft der Reinigungsverpflichteten begründende Strecke auf folgenden Wegeflächen:

1. die dem Fußgängerverkehr oder dem Fahrradverkehr dienenden, von der Fahrbahn baulich abgesetzten Wegeanlagen (Gehwege und Fahrradwege) in voller Breite,

(…)

§ 31 Winterdienst durch die Anliegerinnen und Anlieger

(1) Die Anliegerinnen und Anlieger sind verpflichtet, die Anlagen nach § 30 Absatz 1 mit Ausnahme der ausschließlich dem Fahrradverkehr dienenden Flächen (…) von Eis und Schnee in der für den Fußgängerverkehr erforderlichen Breite, mindestens aber einen 1 m breiten Streifen zu reinigen.

(…)

(3) Schnee ist unverzüglich nach Beendigung des Schneefalls zu räumen. Glätte ist sofort nach Eintritt abzustreuen; Eisbildungen, denen nicht ausreichend durch Streuen entgegengewirkt werden kann, sind zu beseitigen. Dauert der Schneefall über 20 Uhr hinaus an oder tritt danach Schneefall, Eis oder Glätte auf, sind die Arbeiten bis 8.30 Uhr des folgenden Tages, an Sonn- und Feiertagen bis 9.30 Uhr, vorzunehmen.

Teil 1:	*Gesetzliche Krankenversicherung; unmittelbarer und mittelbarer Behinderungsausgleich; Forderungsübergang nach § 116 SGB X*
Teil 2:	*Anspruchsberechtigung Studierender nach dem SGB III*

Unverbindliche Lösungshinweise

Teil 1

Frage 1

Fraglich ist, ob G einen Anspruch gegen die Krankenkasse auf Finanzierung einer salzwasserfesten Prothese hat.

A. Anspruchsgrundlage

Als Anspruchsgrundlage für die Versorgung mit einer salzwasserfesten Prothese kommt §§ 27 Abs. 1 Satz 1, Satz 2 Nr. 3 Var. 4, 33 SGB V in Betracht.

B. Formelle Anspruchsvoraussetzungen

G hat einen Antrag bei der zuständigen Krankenkasse gestellt, sodass die formellen Anspruchsvoraussetzungen erfüllt sind.

C. Materielle Anspruchsvoraussetzungen

In materieller Hinsicht setzt der Anspruch auf eine salzwasserfeste Prothese voraus, dass G zum versicherten Personenkreis der gesetzlichen Krankenversicherung gehört, ein Versicherungsfall vorliegt und die begehrte Leistung nach Art und Umfang vom SGB V umfasst ist.

I. Versicherteneigenschaft der G

G müsste zum versicherten Personenkreis der gesetzlichen Krankenversicherung gehören. Nach den Angaben im Sachverhalt bezieht G eine Altersrente; sie dürfte daher nach § 5 Abs. 1 Nr. 11 SGB V pflichtversichert sein. Das gilt jedenfalls dann, wenn die sogenannte Neun-Zehntel-Belegung erfüllt ist. Denkbar wäre auch, dass G freiwillig gesetzlich krankenversichert ist. Eine Familienversicherung nach § 10 SGB V würde dagegen an § 10 Abs. 1 Satz 1 Nr. 5 SGB V scheitern, weil G eine Altersrente in Höhe von 1350 € bezieht.

Ein Anspruch auf die Versorgung mit der gewünschten Prothese könnte sowohl bei einer Pflichtmitgliedschaft als auch bei einer freiwilligen Versicherung bestehen.

Hinweis:
Leistungsansprüche sind im SGB V nur zu einem geringen Teil von der Art der Versicherung abhängig (vgl. aber etwa § 44 Abs. 2 SGB V für das Krankengeld).

II. Versicherungsfall Krankheit

Ein Anspruch auf Leistungen nach dem SGB V setzt grundsätzlich voraus, dass der Versicherungsfall „Krankheit“ eingetreten ist, vgl. § 27 Abs. 1 Satz 1 SGB V. Das Gesetz definiert diesen Begriff nicht. Als Krankheit wird im Recht der gesetzlichen Krankenversicherung unter Zugrundlegung der Rechtsprechung des Bundessozialgerichts jeder regelwidrige Körper- oder Geisteszustand erfasst, der entweder Behandlungsbedürftigkeit oder Arbeitsunfähigkeit oder beides zugleich zur Folge hat. Ein Körper- oder Geisteszustand ist dann regelwidrig, wenn er vom Leitbild eines gesunden Menschen, der zur Ausübung normaler körperlicher und psychischer Funktionen in der Lage ist, abweicht. Dabei bedarf es einer erheblichen Funktionsbeeinträchtigung der Körperfunktion oder einer entstellend wirkenden Abweichung vom Regelzustand.

Hinweis:
Ausführlich zum Begriff der Krankheit *Fahlbusch* in: jurisPK-SGB V, Stand 15.6.2020, § 27 Rn. 23 ff. m.w.N.

G hat infolge ihres Unfalls ihren rechten Unterschenkel verloren, wodurch körperliche Funktionen – wie etwa das Gehen – erheblich beeinträchtigt sind. Dieser regelwidrige Körperzustand müsste zur Behandlungsbedürftigkeit oder zur Arbeitsunfähigkeit führen. Behandlungsbedürftigkeit liegt vor, wenn durch den regelwidrigen Gesundheitszustand die körperlichen oder geistigen Funktionen in einem so beträchtlichen Maße eingeschränkt sind, dass ihre Wiederherstellung der ärztlichen Behandlung bedarf. Keine dieser Voraussetzungen ist vorliegend erfüllt. Es fehlt an einer Behandlungsfähigkeit; auch die Frage der Arbeitsfähigkeit steht bei G nicht im Raum.

III. Versicherungsfall Behinderung

Das SGB V verlangt allerdings nicht stets das Vorliegen einer Krankheit. So dienen zahlreiche Leistungen der Prävention; einige auch dem Ausgleich einer Behinderung. Letzteres gilt auch für § 33 Abs. 1 SGB V. Menschen mit Behinderungen sind nach § 2 Abs. 1 SGB IX Menschen, die körperliche, seelische, geistige oder Sinnesbeeinträchtigungen haben, die sie in Wechselwirkung mit einstellungs- und umweltbedingten Barrieren an der gleichberechtigten Teilhabe an der Gesellschaft mit hoher Wahrscheinlichkeit länger als sechs Monate hindern können; eine Beeinträchtigung in diesem Sinne liegt vor, wenn der Körper- und Gesundheitszustand von dem für das Lebensalter typischen Zustand abweicht. Diese Voraussetzungen sind bei G erfüllt; sie hat infolge der Amputation des Unterschenkels eine körperliche Beeinträchtigung, die sie auf Dauer einschränkt und sie daran hindert, Dinge zu tun, die andere Menschen in ihrem Alter machen können.

IV. Art und Umfang der Leistung

Die salzwasserfeste Prothese müsste nach Art und Umfang von der Leistungspflicht der gesetzlichen Krankenversicherung umfasst sein. Nach §§ 27 Abs. 1 Satz 1, Satz 2 Nr. 3 Var. 4, 33 SGB V haben Versicherte Anspruch auf Versorgung mit Hörhilfen, Körperersatzstücken, orthopädischen und anderen Hilfsmitteln, die im Einzelfall erforderlich sind, um den Erfolg der Krankenbehandlung zu sichern, einer drohenden Behinderung vorzubeugen oder eine Behinderung auszugleichen, soweit die Hilfsmittel nicht als allgemeine Gebrauchsgegenstände des täglichen Lebens anzusehen sind oder nach § 34 Abs. 4 SGB V ausgeschlossen sind.

Hinweis:
Vergleiche in diesem Kontext auch § 47 SGB IX, der ebenfalls einen Anspruch auf Hilfsmittel normiert. Soweit in den Leistungsgesetzen der jeweiligen Rehabilitationsträger Vorschriften über Hilfsmittel bestehen, sind diese vorrangig vor § 47 SGB IX anzuwenden. § 47 SGB IX gibt den Leistungsrahmen vor, normiert aber keine über die etwa im SGB V geregelte Hilfsmittelversorgung hinausgehenden Leistungspflichten (vgl. hierzu *Nellissen* in: jurisPK-SGB IX, Stand 27.4.2021, § 47 Rn. 19).

1. Hilfsmittel

a. Begriff des Hilfsmittels

Hilfsmittel im Sinne des § 33 Abs. 1 SGB V sind Hörhilfen, Körperersatzstücke, orthopädische und andere Hilfsmittel, die im Einzelfall erforderlich sind, um den Erfolg der Krankenbehandlung zu sichern, einer drohenden Behinderung vorzubeugen oder eine Behinderung auszugleichen. Die salzwasserfeste Prothese, die G begehrt, stellt ein Körperersatzstück i.S.d. § 33 Abs. 1 SGB V dar.

Hinweis:
Hilfsmittel sind stets Sachen. Dadurch unterscheiden sie sich von den Heilmitteln als persönliche medizinische Dienstleistungen (hierzu *Pitz* in: jurisPK-SGB V, Stand 12.4.2021, § 33 Rn. 17).

b. Erforderlichkeit des Hilfsmittels

Die salzwasserfeste Prothese müsste im Einzelfall erforderlich sein, um den Erfolg einer Krankenbehandlung zu sichern, einer drohenden Behinderung vorzubeugen oder eine Behinderung auszugleichen. Vorliegend kommt nur die zuletzt genannte Konstellation in Betracht. Dabei muss das beanspruchte Hilfsmittel das von der Behinderung betroffene Körperteil nicht rekonstruieren oder die von der Behinderung betroffene Körperfunktion vollständig ersetzen; es ist ausreichend, wenn es einen Ausgleich für den entsprechenden Funktionsverlust bringt.

Dass eine Behinderung der G vorliegt, wurde bereits festgestellt.

Fraglich ist aber, ob G tatsächlich diese spezielle Form der Prothese beanspruchen kann. Der Leistungsumfang beim Ausgleich einer Behinderung richtet sich – ohne dass dies wirklich gesetzlich so geregelt wäre – danach, ob ein unmittelbarer oder ein mittelbarer Behinderungsausgleich vorliegt.

Hinweis:
Die genannte Differenzierung geht auf die Rechtsprechung des Bundessozialgerichts zurück, die allerdings nicht ohne Kritik geblieben ist (vgl. aus jüngerer Zeit etwa *Uyanik*, SGb 2019, 8). Die folgende Lösung orientiert sich an der höchstrichterlichen Rechtsprechung; vertretbar ist hier bei entsprechender Begründung allerdings vieles.

Ein unmittelbarer Behinderungsausgleich setzt voraus, dass das Hilfsmittel die ausgefallene oder beeinträchtigte Körperfunktion ausgleicht, indem es die Körperfunktion ermöglicht oder sie weitestgehend ersetzt oder erleichtert. Hier gilt das Gebot eines möglichst weitgehenden Ausgleichs des Funktionsdefizits unter Berücksichtigung des aktuellen Standes des medizinischen und technischen Fortschritts. Eine gesonderte Prüfung dahingehend, ob ein allgemeines Grundbedürfnis des täglichen Lebens betroffen ist, ist entbehrlich, weil die die unmittelbar auszugleichende Funktionsbeeinträchtigung selbst schon immer auf ein Grundbedürfnis bezieht – die Wiederherstellung der Körperfunktion ist gleichsam das Grundbedürfnis.

Hinweis:
So BSG v. 25.6.2009 – B 3 KR 10/08 R, Rn. 12.

Daneben – so das Bundessozialgericht – können Hilfsmittel auch den Zweck haben, die direkten und indirekten Folgen der Behinderung auszugleichen – so genannter mittelbarer Behinderungsausgleich. Hier ist eine Wiederherstellung oder ein Ausgleich der der Körperfunktion nicht möglich. In diesem Rahmen leistet die gesetzliche Krankenversicherung nur einen so genannten Basisausgleich der Folgen der Behinderung; es geht nicht um einen Ausgleich im Sinne des „vollständigen Gleichziehens mit den letztlich unbegrenzten Möglichkeiten eines gesunden Menschen.“

Hinweis:
So BSG v. 25.6.2009 – B 3 KR 10/08 R, Rn. 13.

Im Rahmen des mittelbaren Behinderungsausgleichs ist daher von der Krankenkasse nur ein Hilfsmittel zu gewähren, wenn dieses die Auswirkungen der Behinderung im gesamten täglichen Leben beseitigt oder jedenfalls abmildert und damit ein so genanntes allgemeines Grundbedürfnis des täglichen Lebens betrifft. Zu diesen allgemeinen Grundbedürfnissen gehört nach der höchstrichterlichen Rechtsprechung das Gehen, Stehen, Sitzen, Liegen, Greifen, Sehen, Hören, Nahrungsaufnehmen, Ausscheiden, die elementare Körperpflege, das selbständige Wohnen sowie das Erschließen eines gewissen körperlichen und geistigen Freiraums.

Da der Leistungsumfang von diesen Vorgaben geprägt ist, ist zu klären, ob es im Fall der G, die eine salzwasserfeste Prothese begehrt, um einen unmittelbaren oder einen mittelbaren Behinderungsausgleich geht.

Beinprothesen sind auf den unmittelbaren Ersatz des fehlenden Körperteils und dessen ausgefallener Funktion gerichtet. Es geht darum, ein möglichst sicheres, gefahrloses Gehen und Stehen zu ermöglichen, wie es bei nicht behinderten Menschen durch die Funktion der Beine gewährleistet ist. Die Erfüllung eines Grundbedürfnisses ist nicht zu prüfen, weil die Beinprothese dem Ausgleich der Behinderung selbst dient und deshalb ein unmittelbarer Behinderungsausgleich in Rede steht.

Die Leistungspflicht der gesetzlichen Krankenversicherung umfasst insoweit auch eine sogenannte Badeprothese. Eine normale Beinprothese hat nämlich einen Gebrauchsnachteil dort, wo der Benutzer beim Gehen und Stehen mit Wasser in Kontakt kommt. Bei einer normalen Beinprothese besteht bei Kontakt mit Wasser das Risiko einer Beschädigung. Zudem ist eine Beinprothese so geformt, dass sie mit Schuhen getragen wird. In Schwimmbädern ist das Tragen von Straßenschuhen aber regelmäßig verboten. Beim Aufenthalt in und am Wasser ist eine normale Beinprothese deshalb ungeeignet. Durch eine Badeprothese wird dieser Gebrauchsnachteil kompensiert. Mit der Badeprothese wird also quasi das Funktionsdefizit der normalen Beinprothese im Nassbereich ausgeglichen. Auch im Fall einer normalen Badeprothese handelt es sich nach Ansicht der Rechtsprechung deshalb um einen Fall des unmittelbaren Behinderungsausgleichs.

Hinweis:
Vgl. hierzu BSG v. 21.3.2013 – B 3 KR 3/12 R, Rn. 17 und BSG 25.6.2009 – B 3 KR 10/08 R, Rn. 18.

Ob das Baden und Schwimmen zu den allgemeinen Grundbedürfnissen des täglichen Lebens gehören, ist deshalb ohne Belang. Da es sich hier um einen unmittelbaren Behinderungsausgleich handelt, sind die Grundsätze des mittelbaren Behinderungsausgleichs nicht heranzuziehen.

Fraglich ist aber, ob das Funktionsdefizit bereits durch eine normale, süßwasserfeste Badeprothese ausgeglichen wird oder ob G zusätzlich eine salzwasserfeste Prothese beanspruchen kann. Das Funktionsdefizit einer normalen Beinprothese wird dadurch im häuslichen Nassbereich vollständig und im außerhäuslichen Bereich im Wesentlichen erfüllt, weil dadurch der Aufenthalt in herkömmlichen Schwimmbädern sowie an Flüssen und Binnenseen ermöglicht wird. Bei einer salzwasserfesten Prothese steht hingegen nicht das Gehen und Stehen im Nassbereich im Vordergrund, sondern der Aufenthalt in einer ganz speziellen Umgebung. Es stellt sich die Frage, ob diese Zusatzfunktion – konkret: die Salzwasserfestigkeit der Badeprothese – notwendig ist, um den besonderen Bedürfnissen eines Menschen mit Behinderungen zur Bewältigung seines Alltags unter Berücksichtigung der speziellen Grundsätze und Gebote des SGB IX Rechnung zu tragen. Dies ist in diesem Fall zu verneinen, weil die Selbstbestimmung und die gleichberechtigte Teilhabe am Leben in der Gesellschaft kaum beeinträchtigt sind. Es ist zumutbar, sich auf den Aufenthalt im Süßwasserbereich zu beschränken. Die Versorgung mit einer salzwasserfesten Badeprothese ist daher vom Leistungsumfang in der Fallgestaltung des Ausgleichs einer Behinderung nicht erfasst.

Hinweis:
So jedenfalls BSG v. 21.3.2013 – B 3 KR 3/12 R, Rn. 20 und BSG 25.6.2009 – B 3 KR 10/08 R, Rn. 25. Eine andere Auffassung ist mit entsprechender Argumentation gut vertretbar.

Hilfsgutachten

Es besteht mangels Erforderlichkeit im dargelegten Sinne kein Anspruch auf die salzwasserfeste Badeprothese. Da ein umfassendes Rechtsgutachten zu erstellen ist, ist die Prüfung im Hilfsgutachten fortzusetzen.

2. Kein allgemeiner Gebrauchsgegenstand des täglichen Lebens

Nicht scheitern würde der Anspruch daran, dass es sich beim Hilfsmittel nicht um einen allgemeinen Gebrauchsgegenstand des täglichen Lebens handeln darf. Beinprothesen sind nur für Menschen gedacht, denen ihr Bein oder Teile ihres Beins fehlen, und sie werden auch nur von diesen genutzt.

3. Kein Ausschluss

Der Anspruch ist nicht durch Rechtsverordnung nach §§ 33 Abs. 1 Satz 1, 34 Abs. 4 SGB V von der Leistungspflicht ausgeschlossen.

Hinweis:
Maßgeblich ist hier die Verordnung über Hilfsmittel von geringem therapeutischem Nutzen oder geringem Abgabepreis in der GKV (KVHilfsmV) v.13.12.1989 (BGBl. I, 2237; zuletzt geändert im Jahr 1995).

4. Zwischenergebnis

Die Versorgung mit einer besonderen salzwasserfesten Badeprothese ist nicht von der Leistungspflicht der gesetzlichen Krankenversicherung umfasst. Es handelt sich zwar um einen Fall unmittelbaren Behinderungsausgleichs; das Ziel des Ausgleichs wird aber durch eine einfache Badeprothese erreicht. Letztlich kommen also auch im Rahmen des unmittelbaren Behinderungsausgleichs wirtschaftliche Überlegungen zum Tragen.

Hinweis:
Fälle dieser Art zeigen, wie problematisch Fragen der Hilfsmittelversorgung im Bereich des Behindertenausgleichs noch immer sein können. Versicherte können neben der normalen Laufprothese eine Badeprothese beanspruchen. Beides sind – anders als etwa ein Rollstuhl – Hilfsmittel zum unmittelbaren Behinderungsausgleich, die nebeneinander beansprucht werden können. Auch eine Zweitversorgung durch ein dem gleichen Zweck dienendes, aber technisch verbessertes oder aufwändiger ausgestattetes Hilfsmittel kann beansprucht werden (hierzu BSG v. 21.3.2013 – B 3 KR 3/12 R, Rn. 21). Zugleich wird aber auch stets gefragt, ob es tatsächlich um den Ausgleich der Behinderung geht, oder besondere Wünsche für die Freizeitgestaltung im Mittelpunkt stehen, für die die gesetzliche Krankenversicherung nicht zuständig sein soll (BSG aaO. Rn. 21 zu einer Sportprothese – der Anspruch wurde abgelehnt).

Vgl. auch zur UN-Konvention über die Rechte von Menschen mit Behinderung – sie gewährt keine weitergehenden Ansprüche als das nationale Krankenversicherungsrecht (BSG aaO., Rn. 24).

Die Kritik an der Handhabung von § 33 Abs. 1 SGB V ist durchaus nachvollziehbar; die Kasuistik ist nur schwer überschaubar (hierzu auch *Lungstras* in: Becker/Kingreen, SGB V, 7. Aufl. 2020, § 33 Rn. 25 ff.).

V. Zwischenergebnis

Die materiellen Anspruchsvoraussetzungen liegen nicht vor.

D. Ergebnis

G hat keinen Anspruch auf Versorgung mit einer salzwasserfesten Prothese nach §§ 27 Abs. 1 Satz 1, Satz 2 Nr. 3 Var. 4, 33 SGB V.

Frage 2

Ein Anspruch der Krankenkasse gegen P könnte sich aus § 116 Abs. 1 SGB X i.V.m. §§ 823 Abs. 1, 823 Abs. 2 BGB i.V.m. § 229 StGB ergeben. Gemäß § 116 Abs. 1 Satz 1 SGB X geht ein auf anderen gesetzlichen Vorschriften beruhender Anspruch auf Ersatz eines Schadens auf den Versicherungsträger über, soweit dieser aufgrund des Schadensereignisses Sozialleistungen zu erbringen hat, die der Behebung eines Schadens der gleichen Art dienen und sich auf denselben Zeitraum wie der vom Schädiger zu leistende Schadensersatz beziehen.

Hinweis:
§ 116 SGB X regelt Konstellationen, in denen derselbe Anlass sowohl privat- als auch sozialrechtliche Ansprüche auslöst. Zweck des § 116 SGB X ist die Verhinderung einer ungerechtfertigten Anspruchskumulation auf Seiten des Geschädigten. Soweit der Geschädigte die Beseitigung seines Schadens durch Sozialleistungsträger verlangen kann, wäre es ungerechtfertigt, ihm zusätzlich einen zivilrechtlichen Anspruch gegen den Schädiger zu belassen. Durch § 116 SGB X wird aber zugleich eine Entlastung des Schädigers verhindert. Diesem kommen die Sozialleistungen nicht etwa dergestalt zugute, dass seine Schadensersatzpflicht entfiele. Vielmehr bleibt er, soweit Schadensersatzpflicht und Sozialleistung kongruent sind, zum Schadensersatz – nunmehr gegenüber dem Sozialleistungsträger – verpflichtet (vgl. dazu *Preis/Brose* in: Fuchs/Preis/Brose, Sozialversicherungsrecht und SGB II, 3. Aufl. 2020, S. 156 ff.).

A. Übergangsfähiger Schadensersatzanspruch

Als ein auf anderen gesetzlichen Vorschriften beruhender übergangsfähiger Schadensersatzanspruch kommen Ansprüche der G gegen P gemäß § 823 Abs. 1 BGB und § 823 Abs. 2 BGB i.V.m. §§ 229, 13 StGB, also Ansprüche auf Schadensersatz außerhalb des SGB, in Betracht. Die körperliche Integrität von G als Schutzgut des § 823 Abs. 1 BGB wurde verletzt. Zudem bedarf es einer Verletzungshandlung des P. Er hatte den Schnee auf dem Weg vor seinem Haus nicht geräumt. Das Unterlassen der Schneeräumung ist aber nur dann einem aktiven Tun gleichzusetzen, wenn eine Rechtspflicht zur Räumung besteht.

Hinweis:
Ausführlich hierzu *Wagner* in: Münchener Kommentar zum BGB, 8. Aufl. 2020, § 823 Rn. 7 m.w.N.

Die Rechtspflicht zur Schneeräumung könnte sich für P aus § 31 HWG i.V.m. §§ 29, 30 HWG ergeben. Demnach sind die Anlieger zur Reinigung der dem Fußgängerverkehr und der dem Fahrradverkehr dienenden öffentlichen Wegeflächen von Eis und Schnee verpflichtet. Nach § 31 Abs. 3 Satz 1 HWG ist Schnee ist unverzüglich nach Beendigung des Schneefalls zu räumen. Glätte ist nach § 31 Abs. 3 Satz 1 HWG sofort nach Eintritt abzustreuen; Eisbildungen, denen nicht ausreichend durch Streuen entgegengewirkt werden kann, sind zu beseitigen. Dauert der Schneefall über 20 Uhr hinaus an oder tritt danach Schneefall, Eis oder Glätte auf, sind die Arbeiten nach § 31 Abs. 3 Satz 3 HWG bis 8.30 Uhr des folgenden Tages, an Sonn- und Feiertagen bis 9.30 Uhr, vorzunehmen. In der Nacht von Montag auf Dienstag hatte es geschneit; für P bestand somit eine Rechtspflicht zur Schneeräumung bis Dienstag um 8.30 Uhr. Da P den Weg vor seinem Haus bis 9 Uhr nicht geräumt hat, hatte er diese Rechtspflicht verletzt. Sein Unterlassen ist deshalb aktivem Tun gleichzusetzen. Das Unterlassen der Schneeräumung ist auch kausal für die Rechtsgutsverletzung. Zudem handelte P auch rechtswidrig und schuldhaft. Der kausal aus der Rechtsgutsverletzung folgende Schaden umfasst nach den §§ 249 Abs. 1, 249 Abs. 2 Satz 1 BGB die für die Krankenbehandlung notwendigen Kosten. Da das Unterlassen der Schneeräumung eine fahrlässige Körperverletzung durch Unterlassen gem. §§ 229, 13 StGB darstellt, liegt außerdem die Verletzung eines Schutzgesetzes im Sinne des § 823 Abs. 2 BGB vor. P hat deshalb auch einen Anspruch auf Schadensersatz gemäß § 823 Abs. 2 BGB i.V.m. §§ 229, 13 StGB. Übergangsfähige Schadensersatzansprüche der G liegen somit vor.

B. Kongruenz von Sozialleistung und Schadensersatzanspruch

Zwischen den zu erbringenden Sozialleistungen und dem Schadensersatzanspruch muss eine sachliche und zeitliche Gleichartigkeit, d.h. Kongruenz bestehen. Die Krankenbehandlungspflicht der Krankenkasse beruht auf demselben Ereignis wie die Schadensersatzansprüche, nämlich der Verletzung der körperlichen Integrität der G. Sowohl Krankenbehandlungspflicht als auch Schadensersatzpflicht dienen außerdem dem Zweck, die körperliche Integrität der G wieder herzustellen. Eine Kongruenz zwischen Schadensersatzanspruch und der Pflicht zur Krankenbehandlung ist folglich gegeben.

C. Ergebnis

Damit bestehen Ansprüche der Krankenkasse gegen P aus § 823 Abs. 1 BGB und § 823 Abs. 2 BGB i.V.m. §§ 229, 13 StGB, die durch die cessio legis des § 116 SGB X auf diese übergegangen sind.

Hinweis:
§ 116 SGB X ist keine eigene Anspruchsgrundlage. Vielmehr geht der zivilrechtliche Anspruch lediglich auf den verpflichteten Sozialleistungsträger über. Dieser muss den Anspruch dementsprechend auch vor den Zivilgerichten geltend machen (vgl. dazu *Peters-Lange* in: jurisPK-SGB X, Stand 3.8.2020, § 116 Rn. 85 m.w.N.

Teil 2

Entscheidend für die Richtigkeit der Auskunft der Agentur für Arbeit gegenüber S ist, ob S als Studentin tatsächlich grundsätzlich keine Leistungen nach dem SGB III beziehen kann. Die Leistungsberechtigung im SGB III richtet sich nach § 137 Abs. 1 SGB III. Erfüllt S die Voraussetzungen, ist sie dem Grunde nach leistungsberechtigt. Ein Ausschluss könnte sich jedoch aus § 139 Abs. 2 SGB III ergeben. So beinhaltet das Tatbestandsmerkmal „arbeitslos" im Sinne von § 137 Abs. 1 Nr. 1 SGB III das Element der Verfügbarkeit für Vermittlungsbemühungen (§ 138 Abs. 1 Nr. 3 SGB III). Bei Studierenden wird gemäß § 139 Abs. 2 Satz 1 SGB III vermutet, dass sie aufgrund eingeschränkter Verfügbarkeit nur versicherungsfreie Beschäftigungen ausüben können. Diese Vermutung ist allerdings widerlegbar, was in § 139 Abs. 2 Satz 2 SGB III explizit normiert ist. Somit müsste S – sofern sie die sonstigen Kriterien erfüllt – darlegen, dass sie neben der ordnungsgemäßen Durchführung ihres Studiums eine Beschäftigung mit mindestens 15 Stunden wöchentlich ausüben kann.

Insofern ist die Auskunft so nicht zutreffend.

Gliederung zu Fall 12

Teil 1

Frage 1

A. Anspruchsgrundlage
B. Formelle Anspruchsvoraussetzungen
C. Materielle Anspruchsvoraussetzungen
  I. Versicherteneigenschaft der G
  II. Versicherungsfall Krankheit
  III. Versicherungsfall Behinderung
  IV. Art und Umfang der Leistung
    1. Hilfsmittel
      a. Begriff des Hilfsmittels
      b. Erforderlichkeit des Hilfsmittels
Hilfsgutachten
    2. Kein allgemeiner Gebrauchsgegenstand des täglichen Lebens
    3. Kein Ausschluss
    4. Zwischenergebnis
  V. Zwischenergebnis
D. Ergebnis

Frage 2

A. Übergangsfähiger Schadensersatzanspruch
B. Kongruenz von Sozialleistung und Schadensersatzanspruch
C. Ergebnis

Teil 2

Fall 13

Teil 1

Die 1925 geborene Ingrid Isel (I) war bei der TK Hamburg gesetzlich kranken- und pflegeversichert. Sie war zuletzt aufgrund diverser Gebrechen bettlägerig und an Alzheimer-Demenz erkrankt. Von der Pflegekasse erhielt sie Pflegegeld nach dem Pflegegrad 3. I lebte mit ihrem alleinstehenden Sohn Max (M) in einer ihr gehörenden Wohnung in Poppenbüttel. Ihre Tochter Gunda (G), die als Betreuerin bestellt war, wohnt wenige Straßen weiter; sie und M hatten die tägliche Pflege der I übernommen.

Nach einem Krankenhausaufenthalt der I hatte ihre Hausärztin am 17.2.2019 zur Behandlung der Diabeteserkrankung zweimal täglich zu verabreichende Insulininjektionen verordnet, auf die I zur Stabilisierung ihres Gesundheitszustandes dringend angewiesen war. Mit dieser Maßnahme müsse unverzüglich begonnen werden, um I nicht zu gefährden. In dem am 20.2.2019 bei der Krankenkasse eingegangenen „Antrag der I auf Genehmigung häuslicher Krankenpflege" hatte G angegeben, dass die verordneten Maßnahmen nicht durch eine im Haushalt der Versicherten lebende Person erbracht werden könnten und durch den „Häuslichen Pflegedienst X" geleistet würden. Der Pflegedienst führte die Pflegemaßnahmen auf Grund eines am 18.2.2019 mündlich abgeschlossenen und am 20.2.2019 schriftlich niedergelegten Pflegevertrages erstmals am 18.2.2019 aus, wobei ein Pflegediensteinsatz entsprechend der mit der Krankenkasse für vergleichbare Leistungen getroffenen Vergütungsvereinbarung mit 5,73 € berechnet wurde. Der zwischen G für I und X geschlossene Pflegevertrag enthielt folgenden Zusatz: „Kosten der Behandlungspflege werden dem Leistungsempfänger in Rechnung gestellt, wenn die Krankenkasse die Kostenübernahme ablehnt oder zu einem späteren Zeitpunkt genehmigt."

Die Krankenkasse lehnte die Kostenübernahme gemäß § 37 Abs. 3 SGB V am 22.2.2019 ab, weil der mit im Haushalt der I lebende Sohn M die Insulininjektionen übernehmen könnte. I erhob, vertreten durch G, Widerspruch gegen die Leistungsablehnung; ihr Sohn sei, was zutrifft, wegen einer Spritzenphobie nicht in der Lage, die Injektionen zu verabreichen. Ihm würde sofort schlecht, wenn er eine Spritze nur sähe. Zugleich stellt sie einen Antrag auf Erstattung der bisher angefallenen Kosten für den Einsatz des Pflegedienstes. I hatte rund 1000 € an den Pflegedienst für geleistete Injektionen in den vergangenen Monaten überwiesen.

Bevor eine Entscheidung der Behörde erging, verstarb I nach einem erneuten Krankenhausaufenthalt. Ihre Kinder G und M als Erben der I verlangen von der Krankenkasse Erstattung des Betrags von 1000 €.

Bearbeitungsvermerk:

1. Haben die Kinder der I Anspruch auf Erstattung der 1000 € gegen die TK Hamburg?
2. War die Zusatzklausel im Vertrag zwischen I und X Ihrer Meinung nach wirksam?

Teil 2

Nach § 101 Abs. 1 SGB VII haben Personen, die den Tod von Versicherten vorsätzlich herbeigeführt haben, keinen Anspruch auf Leistungen.

Bearbeitungsvermerk:

1. Diese Regelung wird vom Bundessozialgericht für Fälle der gerechtfertigten Sterbehilfe durch Behandlungsabbruch im Sinne der Rechtsprechung des Bundesgerichtshofs teleologisch reduziert. Erläutern Sie den Begriff der teleologischen Reduktion und legen Sie dar, wie er sich zur verfassungskonformen Auslegung verhält.
2. Gilt die Regelung auch für einen schuldunfähigen Täter?

Teil 1: *Gesetzliche Krankenversicherung, § 13 Abs. 3 SGB V; Anspruch auf Sicherungspflege nach § 37 Abs. 2 SGB V; Rechtsnachfolge; Verbot nachteiliger Vereinbarungen, § 32 SGB I*

Teil 2: *Unterschied zwischen teleologischer Reduktion und verfassungskonformer Auslegung*

Unverbindliche Lösungshinweise

Teil 1

Frage 1

Zu prüfen ist, ob die Kinder der I, G und M, einen Anspruch gegen die TK Hamburg auf Zahlung von 1000 € haben. Dazu müsste eine geeignete Anspruchsgrundlage zur Verfügung stehen, deren Voraussetzungen erfüllt sind. Zudem müsste der Anspruch auch G und M zustehen; sie müssten also aktivlegitimiert sein.

Hinweis:
Die sogenannte Aktivlegitimation ist von der Prozessführungsbefugnis zu unterscheiden; sie umschreibt die Berechtigung als Inhaber des Rechts. Hier ist dieser Aspekt bedeutsam, weil unklar ist, ob mögliche Ansprüche der I gegen die TK Hamburg nach ihrem Tod auf ihre Kinder übergegangen sind.

A. Anspruchsgrundlage

G und M verlangen von der TK Hamburg Erstattung der Kosten, die durch die Beauftragung eines Pflegedienstes zur Durchführung von Insulininjektionen bei I in Höhe von 1000 € entstanden sind. Als Anspruchsgrundlage kommt § 13 Abs. 3 Satz 1 Alt. 1 und 2 SGB V i.V.m. § 37 Abs. 2 SGB V in Betracht. Dies setzt voraus, dass die Krankenkasse eine Leistung der Behandlungspflege, die zur Sicherung des Ziels der ärztlichen Behandlung erforderlich ist, zu Unrecht abgelehnt oder nicht rechtzeitig erbracht hat und einem Versicherten dadurch Kosten entstanden sind.

B. Anspruchsvoraussetzungen von § 13 Abs. 3 Satz 1 Alt. 1 und 2 SGB V i.V.m. § 37 Abs. 2 SGB V

I könnte einen Kostenerstattungsanspruch gegen die TK Hamburg gehabt haben. Ein solcher hätte bestanden, wenn die Krankenkasse eine notwendige Leistung, die unaufschiebbar war, nicht rechtzeitig erbringen konnte (Alternative 1) oder zu Unrecht abgelehnt hat (Alternative 2) und einem Versicherten durch eine Selbstbeschaffung Kosten entstanden sind.

I war nach den Angaben im Sachverhalt bei der TK Hamburg gesetzlich kranken- und pflegeversichert.

Im Folgenden sind die verschiedenen Zeiträume zwischen der erstmaligen Inanspruchnahme der Leistung und dem Zeitpunkt des Todes der I zu unterscheiden. In dem Zeitraum ab erstmaliger Inanspruchnahme der Leistung (18.2.2019) bis zum Eingang des Ablehnungsbescheids (22.2.2019) könnte es sich bei der Verabreichung der Insulininjektion um eine unaufschiebbare Leistung handeln; insoweit stünde eine mögliche Kostenerstattung nach § 13 Abs. 3 Satz 1 Alt. 1 SGB V im Raum. Für den Zeitraum ab der Bekanntgabe des Ablehnungsbescheids der TK Hamburg (22.2.2019) kommt eine Kostenerstattung aufgrund zu Unrecht abgelehnter Leistungen (§ 13 Abs. 3 Satz 1 Alt. 2 SGB V) in Betracht.

I. Unaufschiebbare Leistung, § 13 Abs. 3 Satz 1 Alt. 1 SGB V

I könnte einen Anspruch auf Behandlungspflege, die zur Sicherung einer ärztlichen Behandlung erforderlich war („Behandlungssicherungspflege“) aus § 37 Abs. 2 SGB V gehabt haben (Primärleistungsanspruch), der trotz Unaufschiebbarkeit von der Krankenkasse nicht rechtzeitig erfüllt wurde.

1. Anspruch auf Behandlungssicherungspflege nach § 37 Abs. 2 SGB V

Ein Anspruch nach § 37 Abs. 2 SGB V setzt voraus, dass es bei den in Frage stehenden Maßnahmen um solche der Behandlungspflege im Sinne des § 37 Abs. 2 Satz 1 handelt. Die begehrte Krankenpflege muss ärztlich verordnet sein und erforderlich sein; ferner darf kein Ausschlussgrund nach § 37 Abs. 3 SGB V vorliegen.

Der Begriff der Behandlungspflege ist im Gesetz nicht näher definiert; allerdings zählen gerade Insulininjektionen zum Kernbereich dieser Tätigkeit.

Hinweis:
Hierzu BSG v. 30.3.2000 – B 3 KR 23/99 R, Rn. 14; die Subsumtion unter den Begriff der Behandlungspflege hängt dabei nicht davon ab, ob sie ausschließlich von fachlich geschulten Pflegekräften oder auch von Laien erbracht werden kann. Durch den Begriff der Behandlungspflege werden auch die Leistungsbereiche von Kranken- und Pflegeversicherung voneinander abgegrenzt (*Padé* in: jurisPK-SGB V, Stand 17.12.2020, § 37 Rn. 73 m.w.N.).

Die Krankenpflege war gemäß § 15 Abs. 1 Satz 2 SGB V, § 3 HKP-Richtlinie ärztlich verordnet worden. Die Hausärztin der I verordnete die Insulininjektionen nach deren Entlassung aus dem Krankenhaus.

Hinweis:
Die Verordnung des Arztes entfaltet für die Krankenkasse im Verhältnis zum Versicherten in Bezug auf das gewählte Pflegemittel Bindungswirkung. Das Prüfungsrecht der Krankenkasse beschränkt sich im Verhältnis zum Versicherten auf die Fragestellung, ob die Krankenpflege erforderlich ist, um die konkrete Pflegemaßnahme durchzuführen und ob ein im Haushalt lebender Dritter bzw. das Personal der Einrichtung, in der die Pflege durchgeführt werden soll, die Maßnahme übernehmen kann (hierzu *Padé* in: jurisPK-SGB V, Stand 17.12.2020, § 37 Rn. 35).

Weiterhin müsste die Maßnahme erforderlich sein. Erforderlich ist eine Krankenpflege, wenn sie im hohen Grade zweckmäßig ist und es wahrscheinlich ist, dass ohne die Pflege der Behandlungserfolg entfiele. Die Insulininjektionen wurden krankheitsspezifisch zur Sicherung des Ziels der ärztlichen Behandlung der Diabeteserkrankung eingesetzt und dienten der Stabilisierung des Gesundheitszustandes der I. Die Insulininjektionen hatten demzufolge einen das Ziel der ärztlichen Behandlung sichernden Effekt und waren mithin erforderlich.

Des Weiteren dürfte der Anspruch nicht nach § 37 Abs. 3 SGB V ausgeschlossen sein, weil eine im Haushalt lebende Person den Kranken in dem erforderlichen Umfang pflegen kann.

Hinweis:
§ 37 Abs. 3 SGB V ist Ausdruck des Vorrangs der Eigenhilfe des Versicherten (so BSG v. 30.3.2000 – B 3 KR 23/99 R).

Möglicherweise hätten die Kinder der I, G und M, die Insulininjektionen verabreichen können. G, die zwar nur wenige Straßen von I entfernt wohnte, lebte allerdings nicht im Haushalt der kranken Person und erfüllt somit nicht den Tatbestand der Norm. Daran ändert auch ihre Stellung als Betreuerin von I nichts.

Hinweis:
§ 37 Abs. 3 SGB V kann als Ausnahmevorschrift nicht über ihren Wortlaut hinaus zu Lasten des Versicherten ausgelegt werden (BSG v. 30.3.2000 – B 3 KR 23/99 R, Rn. 17).

Näher zu betrachten ist damit allein die Rolle des M, der mit I in einem Haushalt lebte und die Insulininjektionen möglicherweise hätte verabreichen können. Voraussetzung ist allerdings, dass ihm diese Pflege zumutbar war. Bei Familienangehörigen ist eine selbstverantwortliche Eigenleistung der Familie zu fordern; die Familienmitglieder müssen im Grundsatz alles in ihren Kräften Stehende tun, um neben den vorhandenen Leistungen der Krankenkasse zur Behebung des Krankheitszustands ihrer Angehörigen beizutragen.

Hinweis:
Vgl. hierzu BSG v. 30.3.2000 – B 3 KR 23/99 R, Rn. 16: „Das Gesetz knüpft hierbei an familienrechtliche Fürsorge- und Unterhaltspflichten sowie an sittliche Beistandspflichten unter zusammenlebenden Haushaltsangehörigen außerhalb des Familienverbundes im engeren Sinne an."

Dieser Grundsatz wird jedoch dadurch ergänzt, dass sich die Zumutbarkeit für die Haushaltsangehörigen nach ihrer persönlichen Situation richtet – die Unterstützungspflicht reicht nicht weiter als das in den Kräften des Familienangehörigen Stehende. Die im Haushalt lebende Person muss in der Lage sein, die Krankenpflege zu übernehmen; und es dürfen der Pflege keine anderweitigen Verpflichtungen entgegenstehen. Das bedeutet zunächst, dass sie die persönlichen Voraussetzungen mitbringt, um die mit der Krankenpflege verbundenen Aufgaben ordnungsgemäß wahrzunehmen, ohne dass es darauf ankommt, ob eine entsprechende berufliche Qualifikation gegeben ist. M war aufgrund einer Spritzenphobie mit der Verabreichung der Insulininjektionen überfordert. Ihm wird sofort schlecht, wenn er Spritzen nur sieht. Er war demnach nicht in der Lage, die Krankenpflege durchzuführen. Folglich war er aufgrund seiner persönlichen Situation nicht geeignet, die Krankenpflege zu übernehmen. Es liegt kein Ausschlussgrund nach § 37 Abs. 3 SGB V vor.

Im Ergebnis sind die Anspruchsvoraussetzungen des § 37 Abs. 2 SGB V damit erfüllt. G hatte als Betreuerin der I auch einen nach § 19 SGB IV erforderlichen Antrag gestellt.

2. Unaufschiebbarkeit der Leistung

Die Behandlungssicherungspflege hätte zudem unaufschiebbar im Sinne von § 13 Abs. 1 Satz 1 Alt. 1 SGB V sein müssen. Unaufschiebbar ist eine Leistung, wenn sie im Zeitpunkt ihrer tatsächlichen Erbringung so dringlich ist, dass aus medizinischer Sicht keine Möglichkeit eines nennenswerten Aufschubs mehr besteht, um vor der Beschaffung die Entscheidung der Krankenkasse abzuwarten. Die Insulininjektionen wurden krankheitsspezifisch zur Stabilisierung des Gesundheitszustands verabreicht und waren unmittelbar nach der Entlassung aus dem Krankenhaus medizinisch notwendig. G hatte für I auch offenbar unverzüglich den entsprechenden Antrag bei der Krankenkasse gestellt, denn dieser ist nach den Angaben im Sachverhalt schon am 20.2.2019 bei dieser eingegangen. Angesichts der medizinischen Dringlichkeit war es daher nicht möglich, die Entscheidung der Krankenkasse abzuwarten. Die Sicherungspflege war mithin eine unaufschiebbare Leistung.

Hinweis:
Früher hat das Bundessozialgericht einen Kostenerstattungsanspruch nach § 13 Abs. 3 Satz 1 Alt. 1 GG und das hier erforderliche Unvermögen der Krankenkassen zur rechtzeitigen Leistungserbringung nur bejaht, wenn es dem Versicherten nicht möglich oder zumutbar war, vor der Beschaffung die Krankenkasse einzuschalten; das wird von der jüngeren Rechtsprechung als zu eng angesehen (hierzu BSG v. 30.3.2000 – B 3 KR 23/99 R, Rn. 15 m.w.N.). Es geht bei § 13 Abs. 1 Satz 1 Alt. 1 SGB V um Eilsituationen, in denen der Versicherte die Entscheidung seiner Krankenkasse nicht abwarten kann. Vorliegend hatte G wegen der zeitlichen Dringlichkeit offenbar unverzüglich die Behandlungspflege beauftragt und zugleich einen Antrag an die Krankenkasse gestellt.

3. Zwischenergebnis

I hatte im Zeitraum ab erstmaliger Inanspruchnahme der Leistung bis zum Eingang des Ablehnungsbescheids (22.2.2019) einen Anspruch auf Sicherungspflege nach § 37 Abs. 2 SGB V, der trotz Unaufschiebbarkeit nicht erbracht wurde.

II. Zu Unrecht abgelehnte Leistung, § 13 Abs. 3 Satz 1 Alt. 2 SGB V

I könnte auch für den Zeitraum ab dem Eingang des Ablehnungsbescheids der TK Hamburg (22.2.2019) einen Anspruch auf Erstattung der für die Injektionsverabreichung angefallenen Kosten gehabt haben. Dies wäre der Fall, wenn die TK Hamburg eine vom Versicherten beantragte und ihm rechtlich zustehende Leistung objektiv rechtswidrig verweigert hat. Wie oben geprüft, erfüllte I die erforderliche Versicherteneigenschaft. Der Anspruch auf Behandlungssicherungspflege bestand auch nach dem Eingang des Ablehnungsbescheids der TK Hamburg (22.2.2019).

Hinweis:
§ 13 Abs. 3 Satz 1 SGB V ist hier damit in beiden Fallkonstellationen erfüllt.

III. Durch Selbstbeschaffung entstandene Kosten

I müssten durch eine Selbstbeschaffung der Leistung Kosten entstanden sein. Der Versicherte hat sich eine Leistung im erstattungsrechtlichen Sinne „selbst beschafft", wenn zwischen ihm und dem Leistungserbringer ein unbedingtes Verpflichtungsgeschäft zustande gekommen ist und er sich damit einer endgültigen rechtlichen Zahlungsverpflichtung ausgesetzt hat. Am 18.2.2019 wurde mit einem Pflegedienst ein Pflegevertrag geschlossen, in dem pro Einsatz entsprechend der mit der Krankenkasse für vergleichbare Leistungen getroffenen Vergütungsvereinbarung 5,73 € vereinbart worden sind. Eine Selbstbeschaffung der Behandlungspflege in Form der Sicherungspflege ist hiermit erfolgt.

Der Begriff „dadurch" in § 13 Abs. 3 SGB V macht ferner einen Ursachenzusammenhang zwischen Ablehnungsbescheid der Krankenkasse und dem für die Leistungsbeschaffung entstandenen Kostenaufwand erforderlich. Ein solcher ist möglicherweise nicht gegeben, weil der Pflegevertrag schon am 18.2.2019, also vor dem Ablehnungsbescheid, geschlossen wurde. Jedoch entstehen Vergütungsansprüche des Pflegedienstes mit der tatsächlichen Leistungserbringung gemäß § 614 BGB. Tag für Tag sind auf diese Weise zwei neue Vergütungsansprüche (in Höhe von jeweils 5,73 € pro Einsatz) entstanden, die sich schließlich im gesamten auf 1000 € summiert haben. Zum Teil sind die Vergütungsansprüche bereits vor dem am 22.2.2019 ergangenen Ablehnungsbescheid entstanden. Zu beachten ist jedoch Folgendes: Haftungsbegründender Umstand ist bei § 13 Abs. 3 Satz 1 Alt. 1 SGB V – also im Fall der nicht rechtzeitigen Erbringung einer unaufschiebbaren Leistung – das Unvermögen zur rechtzeitigen Leistung. Bei § 13 Abs. 3 Satz 1 Alt. 2 SGB V – also in der Konstellation einer zu Unrecht nicht erbrachten Leistung – ist der haftungsbegründende Umstand deren rechtswidrige Ablehnung. In dem fraglichen Zeitraum zwischen dem erstmaligen Pflegediensteinsatz am 18.2.2019 und dem Erlass des Ablehnungsbescheids am 22.2.2019 ist der Kausalzusammenhang zu den infolge Selbstbeschaffung entstandenen Kosten aufgrund des Unvermögens zur rechtzeitigen Leistung gegeben. Der ursächliche Zusammenhang zwischen Leistungsablehnung und Kostenaufwand ist damit gewahrt.

Hinweis:
Nur im Anwendungsbereich von § 13 Abs. 3 Satz 1 Alt. 2 SGB V formuliert das Bundessozialgericht für den Fall der Kostenerstattung für die Zeit vor der Leistungsablehnung: „Ein Kausalzusammenhang und damit eine Kostenerstattung scheiden aus, wenn der Versicherte sich die streitige Behandlung außerhalb des vorgeschriebenen Beschaffungsweges selbst besorgt, ohne sich vorher mit seiner Krankenkasse ins Benehmen zu setzen und deren Entscheidung abzuwarten." (BSG v. 15.04.1997 – 1 BK 31/96, Rn. 5).

C. Rechtsfolge

Die TK Hamburg hat die durch die Selbstbeschaffung entstandenen Kosten zu erstatten, soweit die Insulininjektionen notwendig waren. Aus den oben genannten Gründen handelt es sich um medizinisch notwendige Maßnahmen der Behandlungspflege. Die TK Hamburg hat die Kosten in Höhe von 1000 € daher vollständig zu erstatten, da § 13 Abs. 3 SGB V eine Kostenerstattung in der entstandenen Höhe vorsieht.

Hinweis:
Hier bedeutet die Erstattung der Kosten für die Krankenkasse letztlich keine zusätzliche finanzielle Belastung, weil der Vertrag eine Vergütung vorsieht, die auch von der Krankenkasse bei laufender Erbringung geleistet würde.

D. Aktivlegitimation von G und M

I ist nach den Angaben im Sachverhalt mittlerweile verstorben. Ihr Anspruch gegen die TK Hamburg könnte nunmehr ihren Kindern zustehen. Der Kostenerstattungsanspruch könnte mit dem Tod der I auf G und M übergegangen sein. Dies könnte im Wege der Sonderrechtsnachfolge nach § 56 SGB I oder – nachrangig –gemäß § 58 SGB I nach Maßgabe der allgemeinen Rechtsnachfolgenormen des BGB erfolgt sein.

I. Sonderrechtsnachfolge, § 56 SGB I

G und M könnten Sonderrechtsnachfolger der I sein; in diesem Fall wäre das zivilrechtliche Erbrecht ausgeschlossen.

Ein Übergang nach § 56 SGB I würde zunächst voraussetzen, dass die Rechtsnachfolge nicht nach § 59 SGB I ausgeschlossen ist. Fraglich ist, ob es vorliegend um einen Anspruch auf Dienst- oder Sachleistungen oder um einen Anspruch auf eine Geldleistung geht. Die Behandlungssicherungspflege selbst wäre zwar als Dienstleistung erbracht worden; nunmehr geht es aber um einen Erstattungsanspruch nach § 13 Abs. 3 SGB V, der auf eine Geldzahlung gerichtet ist.

Hinweis:
Hierzu BSG v. 27.8.1998 – B 10 KR 5/97 R, Rn. 19.

Dieser Anspruch ist daher nicht nach § 59 Satz 1 SGB I mit dem Tod der I erloschen. Ein Anspruch auf eine Geldleistung erlischt nach § 59 Satz 2 SGB I nur dann, wenn sie im Zeitpunkt des Todes des Berechtigten weder festgestellt ist noch ein Verwaltungsverfahren über sie anhängig ist. Festgestellt war der Anspruch der I zum Zeitpunkt ihres Todes noch nicht; allerdings könnte ein Verwaltungsverfahren anhängig gewesen sein. Die zuständige Behörde war zum Todeszeitpunkt noch mit der Entscheidung über den von I erhobenen Widerspruch befasst; insoweit jedenfalls war ein Verwaltungsverfahren anhängig. Bereits dieses betraf – soweit es um bereits abgelaufene Zeiträume ging – die Frage der Erstattung bereits angefallener Kosten. I hatte somit zeitgleich mit dem Widerspruch gegen die ablehnende Entscheidung auch ausdrücklich eine Kostenerstattung beantragt.

Hinweis:
Selbst wenn sie die Erstattung nicht ausdrücklich beantragt hätte, müsste man von der Anwendbarkeit des § 59 Satz 2 SGB I ausgehen, obwohl im Widerspruchsverfahren eigentlich über den Dienstleistungsanspruch gestritten wird. Lehnt die Krankenkasse die Übernahme der Kosten ab, geht es letztlich zwangsläufig um Geldleistungen, weil eine Nachholung der Injektionen keinen Sinn macht.

Die in § 56 SGB I geregelte Sonderrechtsnachfolge betrifft nach dem Gesetzeswortlaut ausschließlich fällige Ansprüche auf laufende Geldleistungen. Zu klären ist daher, ob der Kostenerstattungsanspruch nach § 13 Abs. 3 Satz 1 SGB V i.V.m. § 37 Abs. 2 SGB V diese Voraussetzungen erfüllt. Zudem müssten die in § 56 Abs. 1 Satz 1 Nr. 1

bis 4 SGB I genannten Berechtigten nach Satz 2 entweder mit I in einem gemeinsamen Haushalt gelebt haben oder von ihr wesentlich unterhalten worden sein.

G und M sind die Kinder der I und demnach Rechtsnachfolger gemäß § 56 Abs. 1 Nr. 2 SGB I. Allerdings hat nur M mit ihr in einem gemeinsamen Haushalt gelebt; er könnte damit alleiniger Rechtsnachfolger mit Blick auf den Kostenerstattungsanspruch sein.

Es erscheint allerdings fraglich, ob es sich bei dem Kostenerstattungsanspruch um einen fälligen Anspruch auf laufende Geldleistungen handelt. Die Fälligkeit von Sozialleistungen – und dazu gehört auch der Kostenerstattungsanspruch – ist in § 41 SGB I bestimmt. Danach werden Ansprüche auf Sozialleistungen grundsätzlich mit ihrem Entstehen fällig. Das Entstehen wiederum ist in § 40 SGB I geregelt; da es sich beim Anspruch nach § 13 Abs. 3 Satz 1 SGB I um einen Anspruch im Rahmen gebundener Verwaltungstätigkeit handelt, die Krankenkasse insoweit also kein Ermessen hat, entsteht dieser Anspruch, sobald die im Gesetz bestimmten Voraussetzungen vorliegen. Der Anspruch auf Erstattung, der ursprünglich I zustand und bereits zu ihren Lebzeiten entstanden war, war damit zum Zeitpunkt ihres Todes fällig.

Mit laufenden Geldleistungen sind solche Sozialleistungen im Sinne von § 11 Satz 1 SGB I gemeint, die regelmäßig wiederkehrend für bestimmte Zeitabschnitte gezahlt werden, unabhängig davon, in welcher Frequenz die Leistung ausgezahlt wird. Bei Geldleistungen handelt es sich um in Geld bezifferte Leistungen, die durch Zahlung an den Berechtigten oder – soweit gesetzlich vorgesehen – an einen Dritten erfolgen. Bei der Kostenerstattung nach § 13 Abs. 3 Satz 1 SGB V i.V.m. § 37 Abs. 2 SGB V handelt es sich um einen Aufwendungsersatzanspruch, der in der Praxis durch die einmalige Zahlung einer Summe – hier: 1000 € – erfüllt wird. Insofern könnte man angesichts des einmaligen Auszahlungsvorgangs von einer einmaligen Geldleistung ausgehen mit der Folge, dass § 56 SGB I nicht einschlägig wäre. Allerdings sind Gegenstand der Kostenerstattung Leistungen, die regelmäßig wiederkehrend für bestimmte Zeitabschnitte geleistet werden; sie verlieren ihren Charakter nicht dadurch, dass sie nun verspätet als zusammenfassende Zahlung für mehrere Zeitabschnitte geleistet werden.

Hinweis:
Ausführlich zu dieser heute überwiegend vertretenen Auffassung *Groth* in: jurisPK-SGB I, Stand 15.3.2021, § 56 Rn. 17 m.w.N. Vgl. zu den Divergenzen in der Rechtsprechung BSG v. 8.11.2011 – B 1 KR 6/11 R. Anderer Ansicht war der 3. Senat des

Bundessozialgerichts in der Entscheidung, der dieser Fall nachgebildet ist (BSG v. 3.8.2006 – B 3 KR 24/05 R, Rn. 15).

Eine Sonderrechtsnachfolge nach § 56 Abs. 1 SGB I ist damit nicht ausgeschlossen.

II. Ergebnis

M kann als alleiniger Sonderrechtsnachfolger der I die 1000 € von der Krankenkasse beanspruchen; eine Rechtsnachfolge nach § 58 SGB I ist damit ausgeschlossen.

E. Gesamtergebnis

M hat gegen die TK Hamburg Anspruch auf Erstattung der Kosten, die durch die Beauftragung eines Pflegedienstes zur Durchführung von Insulininjektionen bei I in Höhe von 1000 € entstanden sind.

Frage 2

Zu prüfen ist, ob die Zusatzklausel im Vertrag zwischen I und X wirksam war.

Diese Vertragsklausel könnte aufgrund des Verbots nachteiliger Vereinbarungen gemäß § 32 SGB I nichtig sein. Dies setzt voraus, dass es sich um eine für den Sozialleistungsberechtigten nachteilige, von den Vorschriften des Gesetzbuchs abweichende, privatrechtliche Vereinbarung handelt.

Hinweis:
§ 32 SGB I stellt keine Verbotsvorschrift im Sinne des § 134 BGB dar. Die Vorschrift ordnet selbst die Nichtigkeit an und geht damit über § 134 BGB hinaus. Bezüglich privatrechtlicher Vereinbarungen, die gegen ein gesetzliches Verbot verstoßen, hat § 32 SGB I im Hinblick auf den dann nämlich eingreifenden § 134 BGB lediglich klarstellenden Charakter. Bei Abweichungen von Vorschriften dieses Gesetzbuches zum Nachteil des Sozialleistungsberechtigten durch privatrechtliche Vereinbarungen, die nicht gleichzeitig gegen ein gesetzliches Verbot verstoßen, ergänzt die Vorschrift allerdings die Regelung des § 134 BGB (hierzu auch *Weselski* in: jurisPK-SGB I, Stand 15.3.2018, § 32 Rn. 6.

I ist Sozialleistungsberechtigte im Sinne der Norm. Hierfür genügt es, dass sie zum anspruchsberechtigten Personenkreis des SGB V gehört, also zu denjenigen, die potentiell zukünftig die Voraussetzungen für einen sozialrechtlichen Leistungsanspruch erfüllen.

Weiterhin müssten I, vertreten durch ihre Betreuerin G, und X eine privatrechtliche Vereinbarung getroffen haben. Dies ist der Fall, wenn es sich um ein zweiseitiges Rechtsgeschäft handelt, dessen Vertragsgegenstand dem Privatrecht zuzuordnen ist. Öffentlich-rechtliche Verträge nach § 53 SGB X oder § 54 VwVfG sind demnach nicht von der Norm erfasst. Bei dem zwischen I und X am 19.2.2019 nach § 120 SGB XI geschlossenen Pflegevertrag könnte es sich um einen Dienstvertrag gemäß § 611 BGB handeln. I nimmt bereits am 18.2.2019 Leistungen der Behandlungspflege in Anspruch; spätestens zu diesem Zeitpunkt wird nach § 120 Abs. 1 Satz 1 SGB XI ein Pflegevertrag begründet.

Hinweis:
§ 120 SGB XI stellt für den Bereich der häuslichen Pflege klar, dass ein Pflegedienst, der die Betreuung eines Pflegebedürftigen übernimmt, neben seiner Leistungsverpflichtung gegenüber der Pflegekasse zugleich eine individualrechtliche Verpflichtung gegenüber dem Pflegebedürftigen eingeht (siehe hierzu *Dahm* in: jurisPK-SGB XI, Stand 4.9.2019, § 120 Rn. 7.

Es kommt folglich darauf an, ob es sich bei der Vertragsklausel um eine nachteilige, von den sozialrechtlichen Vorschriften abweichende Regelung handelt. Nachteilig ist die Vereinbarung, wenn sie bestehende oder künftige Ansprüche des Sozialleistungsberechtigten zu seinen Lasten beeinflusst oder Pflichten, die er im Hinblick auf den Anspruch hat, verschärft. Dabei muss es sich nicht um einen Anspruch auf eine Sozialleistung handeln, sondern es reicht im Hinblick auf den Wortlaut „von Vorschriften dieses Gesetzbuchs" das Abweichen von irgendeiner Rechtsposition in diesem Sinn aus.

I verpflichtet sich im Pflegevertrag vom 19.2.2019, die Kosten der Behandlungspflege zu übernehmen, wenn die Krankenkasse die Kostenübernahme ablehnt oder zu einem späteren Zeitpunkt genehmigt. Grundsätzlich trägt das Risiko der Erfüllung aller sachlichen und persönlichen Voraussetzungen eines Sozialleistungsanspruchs der Versicherte als Anspruchsteller. Durch diese Vereinbarung sichert sich der Pflegedienst als nichtärztlicher Leistungserbringer die Sekundärhaftung des Versicherten für den Fall der Ablehnung des vorrangigen, zur Kostenpflicht der Krankenkasse führenden Sachleistungsanspruchs. Dabei handelt es sich um ein berechtigtes Interesse des X. Die Regelung der Frage, wer im Falle der Ablehnung einer beantragten Sachleistung durch die Krankenkasse für die Vergütung einer erbrachten Leistung einzustehen hat, bedeutet keine nachteilige, von den sozialrechtlichen Vorschriften abweichende Regelung. Der Schutzzweck des § 32 SGB I wäre erst berührt, wenn ein Leistungserbringer bei einem Sachleistungsverhältnis auch dann vertraglich auf den Versicherten zurückgreifen wollte, wenn die Krankenkasse die Vergütung einer von ihr schon genehmigten Leistung aus Gründen verweigert, die in die Risikosphäre des Leistungserbringers fallen und von ihm zu vertreten sind, z.B. bei der Leistung auf Grund einer nicht mehr gültigen Verordnung. Eine solche Konstellation ist nicht gegeben.

Hinweis:
Ausführlich hierzu auch BSG v. 3.8.2006 – B 3 KR 24/05 R, Rn. 21.

Der Pflegedienstvertrag vom 19.2.2019 und die darin enthaltene Vereinbarung sind folglich wirksam.

Teil 2

Frage 1

Die teleologische Reduktion gehört zu den anerkannten und auch verfassungsrechtlich nicht zu beanstandenden Auslegungsgrundsätzen. Sie ist dadurch gekennzeichnet, dass sie die auszulegende Vorschrift entgegen ihrem Wortlaut hinsichtlich eines Teils der von ihr erfassten Fälle für unanwendbar hält, weil deren Sinn und Zweck, die Entstehungsgeschichte und der Gesamtzusammenhang der einschlägigen Regelungen gegen eine uneingeschränkte Anwendung sprechen.

Droht bei wörtlicher Auslegung der Norm ein Grundrechtsverstoß, kann eine teleologische Reduktion als verfassungskonforme Auslegung sogar geboten sein, um die Gültigkeit einer Norm zu erhalten.

Hinweis:
Vgl. BSG v. 4.12.2014 – B 2 U 18/13 R, Rn. 27.

Frage 2

Seinem Wortlaut nach stellt § 101 Abs. 1 SGB VII lediglich auf den Vorsatz des Handelnden ab („vorsätzlich herbeigeführt hat“). Mitunter wird gefordert, dass die Norm nur dann anwendbar sei, wenn die todbringende vorsätzliche Handlung auch rechtswidrig und schuldhaft gewesen sein muss. Dies hätte zur Folge, dass etwa ein in Notwehr Handelnder Sozialleistungen beanspruchen könnte. Entsprechendes gälte für einen im Zustand der Schuldunfähigkeit handelnden Täter. Wer § 101 Abs. 1 SGB VII als eine Art „Bestrafung“ des Handelnden ansieht, mag das so sehen.

Allerdings ist der Wortlaut der Norm – gerade in Abgrenzung zu § 101 Abs. 2 SGB VII, der ein rechtskräftiges strafgerichtliches Urteil fordert – eindeutig. Insofern lässt sich § 101 Abs. 1 SGB V auch als Ausfluss des allgemeinen zivilrechtlichen Grundsatzes des *venire contra factum proprium* ansehen – danach darf aus einem Schaden, der durch eigenes vorsätzliches Tun herbeigeführt wurde, niemand einen Vorteil ziehen. Insofern würde dem Wortlaut der Norm entsprechend der bloße Vorsatz ausreichen.

Hinweis:
Hierzu BSG v. 4.12.2014 – B 2 U 18/13 R, Rn. 26. A.A. bei entsprechender Begründung gut vertretbar.

Gliederung zu Fall 13

Teil 1

Frage 1

A. Anspruchsgrundlage
B. Anspruchsvoraussetzungen von § 13 Abs. 3 Satz 1 Alt. 1 und 2 SGB V i.V.m. § 37 Abs. 2 SGB V
   I. Unaufschiebbare Leistung, § 13 Abs. 3 Satz 1 Alt. 1 SGB V
      1. Anspruch auf Behandlungssicherungspflege nach § 37 Abs. 2 SGB V
      2. Unaufschiebbarkeit der Leistung
      3. Zwischenergebnis
   II. Zu Unrecht abgelehnte Leistung, § 13 Abs. 3 Satz 1 Alt. 2 SGB V
   III. Durch Selbstbeschaffung entstandene Kosten
C. Rechtsfolge
D. Aktivlegitimation von G und M
   I. Sonderrechtsnachfolge, § 56 SGB I
   II. Ergebnis
E. Gesamtergebnis

Frage 2

Teil 2

Frage 1

Frage 2

Fall 14

Teil 1

Der im Jahr 1966 geborene Matthias Maier (M) hat nie einen Beruf erlernt. Er war über zwanzig Jahre hinweg in verschiedenen Unternehmen jeweils in Vollzeit als Maschinenführer und als Wachmann beschäftigt. Zuletzt hatte er sich direkt im Anschluss daran mit Unterstützung seiner Schwester im Januar 2016 mit einer Autovermietung selbständig gemacht und dabei zugleich einen Antrag auf Versicherungspflicht in der gesetzlichen Rentenversicherung gestellt.

Nach einem schweren Schlaganfall im Sommer 2016 hatte ihm die DRV Nord für die Zeit vom 1.10.2016 bis zum 1.11.2019 Rente wegen voller Erwerbsminderung bewilligt. In dieser Zeit wurde der Betrieb von seinem Geschäftsführer geleitet. Eine Weitergewährung der Rente wurde unter Hinweis darauf abgelehnt, dass M nach den medizinischen Gutachten mittlerweile über ein Leistungsvermögen von mindestens sechs Stunden täglich für leichte sitzende Arbeiten auf dem Arbeitsmarkt verfüge. M ist empört: Sein körperlicher Zustand lasse zwar sogar eine Ganztagstätigkeit zu; allerdings hätten die Gutachter nicht berücksichtigt, dass er aufgrund verbliebener Lähmungen zu Fuß nicht einmal 100 Meter zurücklegen könne. Nachdem er vor wenigen Wochen sein Auto verkauft habe, sei es ihm daher nicht möglich, zu irgendeiner Arbeitsstätte zu gelangen. Er begehrt eine volle Erwerbsminderungsrente.

Bearbeitungsvermerk:

Unterstellt, die Aussagen des M wären zutreffend – besteht Anspruch auf eine volle Erwerbsminderungsrente?

Teil 2

Seit Januar 2021 lebt M als Obdachloser auf der Straße, nachdem ihm sein Vermieter wegen wiederholter Nichtzahlung der Miete den Mietvertrag über sein Apartment in Eimsbüttel gekündigt hatte. Im März 2021 wird er auf die Obdachlosenunterkunft des privatrechtlichen Vereins „Straßenhilfe HH" aufmerksam, die ihm die Unterbringung in einem Zweibettzimmer zum Preis von 300 € monatlich anbietet. M, der „unter gar keinen Umständen mit Sozialhilfe und ähnlichen Leistungen zu tun haben will," bezieht nach einem erfolgreichen Widerspruch gegen die Weigerung der DRV Nord, ihm weiterhin Erwerbsminderungsrente zu gewähren, nach wie vor eine monatliche Erwerbsminderungsrente in Höhe von 650 €. Von diesen 650 € soll er nunmehr – so möchte es der Verein „Straßenhilfe HH“ – ab dem kommenden Monat zur Sicherung der Mietkosten 300 € an sie abtreten. M ist sofort einverstanden; nach einigen Wochen „auf der Straße“ ist er froh, wieder ein Dach über dem Kopf zu haben.

Bearbeitungsvermerk:

Unter welchen Voraussetzungen kann M den geforderten Betrag an den Verein abtreten?

Teil 3

In der Obdachlosenunterkunft lernt M den 67 Jahre alten Ben Baier (B) kennen. Dieser lebt von dem geringen Unterhalt, den ihm seine getrenntlebende Ehefrau Sezgi Baier (S) zukommen lässt. Er hat sonst keinerlei Einkünfte. Die ihm zustehende Altersrente hat B nicht beantragt; er gedenkt dies auch nicht zu tun, um sich „an S zu rächen.“

S, die nicht länger gewillt ist, ihrem Mann Unterhalt zu gewähren, fragt sich, ob sie B nicht zur Antragstellung zwingen könne. B könne doch nicht einfach auf die ihm zustehenden Sozialleistungen verzichten und dadurch letztlich ihr schaden.

Bearbeitungsvermerk:

S wendet sich an einen Rechtsanwalt und möchte wissen, ob man die ihm zustehende Altersrente dem B mit sozialrechtlichen Mitteln „aufzwingen“ könnte. Welche Auskunft würde ein kundiger Rechtsanwalt ihr geben?

Teil 1:	*Gesetzliche Rentenversicherung; Erwerbsminderungsrente wegen voller Erwerbsminderung; Katalogfall Wegeunfähigkeit; absichtliche Minderung der Erwerbsfähigkeit*
Teil 2:	*Abtretung von Geldleistungen bei wohlverstandenem Interesse des Berechtigten*
Teil 3:	*Verzicht auf Sozialleistungsansprüche; Verhältnis von Renten- und Unterhaltsansprüchen*

Unverbindliche Lösungshinweise

Teil 1

Zu prüfen ist, ob M einen Anspruch auf Rente wegen voller Erwerbsminderung hat. Dazu müssten die Voraussetzungen des § 43 Abs. 2 Satz 1 SGB VI vorliegen.

A. Versicherter Personenkreis

Zunächst müsste M zum versicherten Personenkreis gehören. M war über zwanzig Jahre hinweg in verschiedenen Unternehmen jeweils in Vollzeit als Maschinenführer und als Wachmann beschäftigt. Zuletzt hatte er sich mit einer Autovermietung selbständig gemacht. Es ist davon auszugehen, dass M zunächst als Beschäftigter nach § 1 Satz 1 Nr. 1 SGB VI versicherungspflichtig war. Mit Beginn seiner selbständigen Tätigkeit hatte M einen Antrag auf Versicherungspflicht nach § 4 Abs. 2 SGB VI gestellt. M gehört zum versicherten Personenkreis.

Hinweis:
Anders als in den übrigen Zweigen der Sozialversicherung ist der Leistungsanspruch einer Person in der gesetzlichen Rentenversicherung nicht davon abhängig, dass diese zum Beginn des Leistungszeitraums noch versichert ist. Die Frage der Zugehörigkeit zur Solidargemeinschaft wird hier über die Vorversicherungszeiten bei den einzelnen Leistungen geprüft (vgl. etwa § 43 Abs. 2 Satz 1 Nr. 2 SGB V). Insofern muss der klassische, dreigeteilte Prüfungsaufbau im Rentenversicherungsrecht nicht zwingend gewählt werden. Es ist aber auch nicht falsch, so zu verfahren. Falsch wäre es allerdings, einer seit Jahrzehnten selbständig tätigen und nicht in der GRV versicherten Person die Altersrente allein deshalb abzusprechen, weil sie aktuell nicht versichert ist.

Wenn die in § 35 SGB VI genannten Voraussetzungen erfüllt sind, besteht der Anspruch unabhängig vom aktuellen Versichertenstatus.

B. Versicherungsfall: Volle Erwerbsminderung, § 43 Abs. 2 Satz 1 SGB VI

Des Weiteren setzt § 43 Abs. 2 Satz 1 SGB VI eine volle Erwerbsminderung der versicherten Person voraus. Voll erwerbsgemindert sind nach § 43 Abs. 2 Satz 2 SGB VI Versicherte, die wegen Krankheit oder Behinderung auf nicht absehbare Zeit außerstande sind, unter den üblichen Bedingungen des allgemeinen Arbeitsmarktes mindestens drei Stunden täglich erwerbstätig zu sein.

Hinweis:
Maßstab für die Erwerbsminderung ist somit das Leistungsvermögen auf dem allgemeinen Arbeitsmarkt. Die Abgrenzung zur Arbeitsunfähigkeit im Sinne des § 44 SGB V liegt darin, dass § 44 SGB V an die zuletzt ausgeübte, konkrete Erwerbstätigkeit oder eine dieser Erwerbstätigkeit ähnlichen Tätigkeit anknüpft, die der Versicherte nicht mehr oder nur auf die Gefahr hin, seinen Zustand zu verschlimmern, ausüben kann. Bei § 43 SGB VI kommt es ebenso wenig auf die erworbenen beruflichen Qualifikationen an wie auf den Wert der zuletzt ausgeübten Beschäftigung oder Tätigkeit bzw. das hierbei erzielte Arbeitsentgelt. Vgl. zur Vertiefung von Abgrenzung und Schnittstellen von Arbeits- und Erwerbsfähigkeit *Wergin*, ArbRAktuell 2013, S. 488 ff. sowie umfassend *Reil*, Geldleistungen im gegliederten Sozialsystem, 2018.

I. Persönliche Voraussetzungen

Der Anspruch auf eine Rente wegen voller Erwerbsminderung setzt in persönlicher Hinsicht zunächst voraus, dass M voll erwerbsgemindert ist. Voll erwerbsgemindert sind nach § 43 Abs. 2 Satz 2 SGB VI Versicherte, die wegen Krankheit oder Behinderung auf nicht absehbare Zeit außerstande sind, unter den üblichen Bedingungen des allgemeinen Arbeitsmarktes mindestens drei Stunden täglich erwerbstätig zu sein.

1. Leistungsvermögen des M

Zunächst ist das Leistungsvermögen des M festzustellen und zu prüfen, ob die Beschränkung dieses Leistungsvermögens auf eine Krankheit oder Behinderung zurückzuführen ist. Unterschreitet die Leistungsfähigkeit drei Stunden täglich, liegt – neben den in § 43 Abs. 2 Satz 3 SGB VI gesondert genannten Fällen – eine volle Erwerbsminderung vor.

M erlitt im Jahr 2016 einen schweren Schlaganfall, infolgedessen er an verbliebenen Lähmungen leidet. Dabei handelt es sich um einen regelwidrigen körperlichen Zustand, der geeignet ist, die Erwerbsfähigkeit des M herabzusetzen, mithin um eine Krankheit im Sinne des Rentenversicherungsrechts.

Hinweis:
Anders als in der gesetzlichen Krankenversicherung kommt es dabei nicht darauf an, dass Behandlungsbedürftigkeit und/oder Arbeitsunfähigkeit besteht – entscheidend ist der Einfluss der Krankheit auf die Erwerbsfähigkeit. Auch der Behinderungsbegriff des § 43 Abs. 2 Satz 2 SGB VI wird entgegen der Definition des § 2 Abs. 1 Satz 1 SGB IX in diesem Sinne krankheitsbedingt ausgelegt (BSG v. 9.5.2012 – B 5 R 68/11 R, Rn. 14).

Aufgrund dieser Krankheit ist M ist seiner Leistungsfähigkeit in qualitativer Hinsicht jedenfalls insoweit eingeschränkt, als er nur leichte Tätigkeiten im Sitzen ausüben kann.

Folglich leidet M unter einer Leistungseinschränkung, die auf eine Krankheit zurückzuführen ist.

2. Auf nicht absehbare Zeit

Die Erwerbsminderung müsste weiterhin auf nicht absehbare Zeit bestehen. Diese Voraussetzung ist erfüllt, wenn sich die Erwerbsminderung über einen Zeitraum von mindestens sechs Monaten erstreckt. Dies ist rückschauend für die Zeit seit Beginn der Erwerbsminderung zu beurteilen (vgl. § 101 Abs. 1 SGB VI). M war für die Zeit vom 1.10.2016 bis zum 31.1.2019 bereits Rente wegen voller Erwerbsminderung bewilligt worden. Es ist davon auszugehen, dass seine Erwerbsminderung auf nicht absehbare Zeit besteht.

3. Zum Grad der Beeinträchtigung

Ein Anspruch auf Rente wegen voller Erwerbsminderung setzt allerdings einen gewissen Grad von Beeinträchtigung voraus. Entscheidend ist, ob der Versicherte mit seinem Restleistungsvermögen außerstande ist, „unter den üblichen Bedingungen des allgemeinen Arbeitsmarktes“ mindestens drei Stunden täglich erwerbstätig zu sein.

Der allgemeine Arbeitsmarkt meint alle Tätigkeiten, für die es ein Angebot und eine Nachfrage gibt, jedoch nicht solche, die öffentlich gefördert sind, zu dem nur Leistungsempfänger nach dem SGB II und SGB XII Zugang haben (zweiter Arbeitsmarkt) sowie Sonderbereiche, wie beispielsweise Werkstätten für behinderte Menschen und andere geschützte Einrichtungen. Unter den üblichen Bedingungen sind alle Faktoren, die wesentliche Grundlagen des Arbeitsverhältnisses darstellen, gemeint, wozu vor allem der gesetzliche Normrahmen und die vertraglichen Vereinbarungen zählen. Zuletzt ist die allgemeine Arbeitsmarktlage entscheidend, sodass grundsätzlich keine konkrete Verweisungstätigkeit benannt werden muss. Bei einer Erwerbsfähigkeit von unter sechs Stunden soll es allerdings auf die tatsächliche Arbeitsmarktlage ankommen. Dies ergibt sich aus einem Umkehrschluss der §§ 43 Abs. 3, 102 Abs. 2 Satz 5, 112 Satz 1 SGB VI.

Das Leistungsvermögen des M erlaubt ihm, leichte Tätigkeiten im Sitzen auszuführen und dies sogar ganztägig. Damit könnte M Verrichtungen und Tätigkeiten nachgehen, wie Zureichen, Abnehmen, Transportieren, Reinigen, Bedienen von Maschinen, Kleben, Sortieren, Verpacken, Zusammensetzen von Teilen etc. Diese Tätigkeiten sind auf dem allgemeinen Arbeitsmarkt verfügbar. Demnach wäre M nicht hinreichend in seiner Erwerbsfähigkeit gemindert.

Hinweis:
Siehe hierzu auch die Gesetzgebungsmaterialien, BT-Drs. 14/4230, S. 25.

Jedoch könnte hier eine andere Bewertung des Falles geboten sein. M leidet an Lähmungen, die Spätfolgen des schweren Schlaganfalls sind und die es ihm nicht erlauben, 100 Meter zu Fuß zurückzulegen. Sein Auto hat M kürzlich verkauft, sodass es ihm auch nicht möglich ist, den Weg zu einer Arbeitsstelle auf diese Weise zurückzulegen. Hier könnte ein sogenannter Katalogfall der Wegeunfähigkeit vorliegen, sodass der Arbeitsmarkt für M doch als verschlossen anzusehen ist.

Hinweis:
Unter der bis Ende 2000 geltenden Fassung des § 44 SGB VI hatte die Rechtsprechung insgesamt sieben sogenannte Katalogfälle gebildet, bei deren Vorliegen der Arbeitsmarkt als verschlossen anzusehen ist (sogenannte Katalogrechtsprechung). Zu diesen Fallgestaltungen gehörte auch die sogenannte Wegeunfähigkeit, um die es hier geht (vgl. zur hierzu *Freudenberg* in: jurisPK-SGB VI, Stand 1.4.2021, § 43 Rn. 161). Die Katalogrechtsprechung gilt auch für den heute aktuellen § 43 SGBVI (*Freudenberg* aaO., Rn. 161 ff.). Das Vorhandensein eines Minimums an Mobilität wird damit als Teil des von § 43 SGB V versicherten Risikos erachtet (so auch BSG v. 12.12.2011 – B 13 R 21/10 R, Rn. 21).

Dies wäre der Fall, wenn M unter Zugrundelegung eines generalisierenden Maßstabs – dieser gilt jedenfalls dann, wenn der Versicherte keinen Arbeitsplatz innehat – den Weg zu einer Arbeitsstelle nicht zurücklegen kann, sodass er nicht in der Lage ist, trotz seines vollschichtigen Leistungsvermögens mit diesem Erwerbseinkommen zu erzielen.

Hinweis:
Zur Wegeunfähigkeit vgl. *Gürtner* in: Kasseler Kommentar Sozialversicherungsrecht, Werkstand 112. EL September 2020, § 43 SGB VI Rn. 42 ff. und *Freudenberg* in: jurisPK-SGB VI, Stand 1.4.2021, § 43 Rn. 253 ff. jeweils m.w.N.

Maßgebend ist nicht der konkrete Weg des Betroffenen zu seiner Arbeitsstelle; vielmehr arbeitet die Rechtsprechung mit einem generalisierenden Maßstab. Der Versicherte muss täglich viermal eine Wegstrecke von etwas mehr als 500 Metern innerhalb von 20 Minuten zu Fuß zurücklegen und öffentliche Verkehrsmittel während der Hauptverkehrszeit benutzen können. Bei dieser Beurteilung sind alle dem Versicherten tatsächlichen zur Verfügung stehenden Hilfsmittel wie etwa Gehstützen und Beförderungsmöglichkeiten zu berücksichtigen; Letzteres gilt auch für die Möglichkeit der Benutzung eines Kraftfahrzeugs.

Hinweis:
Vertiefend zu diesen Grundsätzen etwa BSG v. 12.12.2011 – B 13 R 21/10 R, Rn. 21 ff. Bei der Bestimmung der Wegstrecke war die Erfahrung maßgeblich, dass auch in Ballungsgebieten durchschnittlich mindestens 500 Meter zurückzulegen sind, um eine Arbeitsstelle oder eine Haltestelle für öffentliche Verkehrsmittel zu erreichen.

M könnte einen Arbeitsweg nicht zu Fuß oder mit öffentlichen Verkehrsmitteln zurücklegen, weil er nicht einmal 100 Meter gehen kann. Über ein Auto verfügt M nicht; welche Konsequenzen sich daraus ergeben, dass er dieses verkauft hat und damit gleichsam eine Ursache für seine Wegeunfähigkeit gesetzt hat, wird noch zu prüfen sein. Der Arbeitsmarkt ist für M aufgrund seiner Wegeunfähigkeit jedenfalls trotz seiner Leistungsfähigkeit verschlossen.

4. Zwischenergebnis

M ist voll erwerbsgemindert.

II. Versicherungsrechtliche Voraussetzungen

Weiterhin müsste M die in § 43 Abs. 2 Satz 1 Nr. 2 und 3 SGB VI genannten Voraussetzungen erfüllen.

1. Drei Jahre Pflichtbeitragszeiten

Nach § 43 Abs. 2 Satz 1 Nr. 2 SGB VI müsste M in den letzten fünf Jahren vor Eintritt der Erwerbsminderung drei Jahre Pflichtbeiträge für eine versicherte Beschäftigung oder Tätigkeit darlegen können. M war nach den Angaben im Sachverhalt durchgehend versichert, zunächst als Beschäftigter und später auf seinen Antrag hin auch als Selbständiger. Dass diese Voraussetzung erfüllt ist, zeigt sich im Übrigen auch daran, dass ihm zuvor schon eine Rente wegen Erwerbsminderung bewilligt worden war.

2. Erfüllung der allgemeinen Wartezeit

M müsste des Weiteren die allgemeine Wartezeit erfüllt haben. Diese beträgt gemäß § 50 Abs. 1 Nr. 2 SGB VI fünf Jahre. Da M bereits Erwerbsminderungsrente erhalten hat, ist davon auszugehen, dass auch die allgemeine Wartezeit erfüllt wurde.

III. Zwischenergebnis

M hat danach nach Maßgabe von § 43 Abs. 2 SGB VI Anspruch auf eine Erwerbsminderungsrente wegen voller Erwerbsminderung.

C. Kein Ausschluss nach § 103 SGB VI

Allerdings könnte der Anspruch des M auf Erwerbsminderungsrente nach § 103 SGB VI ausgeschlossen sein. Danach besteht kein Anspruch auf Rente wegen verminderter Erwerbsfähigkeit für Personen, die die für die Rentenleistung erforderliche gesundheitliche Beeinträchtigung absichtlich herbeigeführt hat. Der Gesetzgeber sanktioniert hier einen groben Verstoß gegen das das gesetzliche Rentenversicherungsrecht beherrschende Solidaritätsprinzip.

M kann aufgrund seiner verbliebenen Lähmungen keine 100 Meter zu Fuß zurücklegen. Obwohl er leichte Arbeiten sogar in Vollzeit verrichten könnte, führt diese Wegeunfähigkeit dazu, dass der Arbeitsmarkt für ihn als verschlossen anzusehen ist, weil er nicht mehr zu einer potentiellen Arbeitsstelle gelangen und damit sein Leistungsvermögen nicht am Arbeitsmarkt anbieten und kein Erwerbseinkommen erzielen kann. Wie oben dargelegt, sind bei der Ermittlung der Wegefähigkeit alle dem Versicherten offenstehenden Möglichkeiten zu berücksichtigen – und das gilt auch für eine

Fortbewegung mittels eines Kraftfahrzeugs. Insofern ist zu prüfen, ob der durch M erfolgte Verkauf seines Autos als absichtliche Herbeiführung der gesetzlichen Anspruchsvoraussetzungen zu werten ist und zum Wegfall seines Anspruchs führen könnte.

Allerdings stellt § 103 SGB VI seinem eindeutigen Wortlaut nach nur auf absichtlich herbeigeführte Gesundheitsstörungen und nicht auf die Anspruchsvoraussetzungen im Allgemeinen ab. Dies entspricht auch dem Sinn und Zweck der Norm, die verhindern will, dass die Versichertengemeinschaft mit einem Rentenanspruch belastet wird, obwohl die einem solchen Anspruch zugrunde liegende gesundheitliche Beeinträchtigung absichtlich herbeigeführt wurde.

Die Gesundheitsstörung hat M nicht absichtlich herbeigeführt. Da § 103 SGB VI als Sanktionsregelung Ausnahmecharakter hat, ist eine erweiternde Auslegung nicht möglich; auch für eine analoge Anwendung bleibt kein Raum. Insofern führt der Verkauf des Autos nicht zum Ausschluss des Anspruchs auf Erwerbsminderungsrente.

Hinweis:
Hierzu BSG v. 30.6.1997 – 8 RKn 21/96, Rn. 29.

Der Rentenversicherungsträger hat im Übrigen keine Möglichkeit, M zur Neuanschaffung eines Fahrzeugs zu zwingen.

D. Art und Umfang der Leistung

Der Rentenversicherungsträger muss M – wiederum befristet gemäß § 102 Abs. 2 SGB VI – eine Rente wegen Erwerbsminderung bewilligen.

Hinweis:
§ 102 Abs. 2 SGB VI ist eine Rechtsvorschrift im Sinne des § 32 Abs. 1 SGB X, die erforderlich ist, um einen Verwaltungsakt im Rahmen gebundener Verwaltungstätigkeit mit einer Nebenbestimmung zu versehen.

Der Monatsbetrag der Rente ergibt sich gemäß § 64 SGB VI aus der Multiplikation der unter Berücksichtigung des Zugangsfaktors ermittelten persönlichen Entgeltpunkte, dem Rentenartfaktor und dem aktuellen Rentenwert.

E. Gesamtergebnis

M hat weiterhin Anspruch auf Erwerbsminderungsrente wegen voller Erwerbsminderung nach § 43 Abs. 2 Satz 1 SGB VI. Der Rentenversicherungsträger muss einen neuen Bewilligungsbescheid für den Zeitraum ab dem 1.11.2019 erlassen.

Hinweis:
Der erste Bewilligungsbescheid hatte sich infolge der Befristung nach Maßgabe von § 32 Abs. 1 i.V.m. Abs. 2 Nr. 1 SGB X bereits im Sinne von § 39 Abs. 2 SGB X durch Zeitablauf erledigt.

Teil 2

Zu prüfen ist, unter welchen Voraussetzungen M den geforderten Betrag in Höhe von 300 € an den Verein „Straßenhilfe HH" abtreten kann.

Die Möglichkeit einer Abtretung von Sozialleistungen ist in § 53 SGB I bestimmt.

Hinweis:
Mit § 53 SGB I hat der Gesetzgeber die Verkehrsfähigkeit von Ansprüchen auf Sozialleistungen abschließend und im Übrigen unabdingbar – vgl. insoweit § 32 SGB X – geregelt.

Da M einen Anspruch auf Geldleistung übertragen will, ist die Abtretung jedenfalls nicht nach § 53 Abs. 1 SGB I ausgeschlossen. Eine Übertragung könnte nach § 53 Abs. 2 SGB I i.V.m. §§ 398 ff. BGB zulässig sein, ohne dass es eine betragsmäßige Begrenzung gäbe. § 53 Abs. 2 SGB I ist auf die Übertragung sowohl von einmaligen wie auch von laufenden Geldleistungen anwendbar. Denkbar wäre aber auch eine Übertragung nach Maßgabe von § 53 Abs. 3 SGB I, der die Abtretung von laufenden Geldleistungen, die der Sicherung des Lebensunterhalts zu dienen bestimmt sind, regelt.

A. Übertragungsvertrag

Zunächst müssten M und der Verein „Straßenhilfe HH" einen Vertrag nach § 53 SGB I i.V. m. §§ 398 ff. BGB schließen. Dafür ist erforderlich, dass sich die geschäftsfähigen Vertragsparteien über den Forderungsübergang einigen, die betreffende Forderung hinreichend bestimmen und keine sonstigen Nichtigkeitsgründe vorliegen.

M ist als volljährige natürliche Person geschäftsfähig i.S.d. § 104 BGB. Der Verein „Straßenhilfe HH“ ist eine juristische Person des Privatrechts und damit rechtsfähig nach den §§ 21 ff. BGB. Darüber hinaus ist die betreffende Forderung – die Mietkosten für das Zweibettzimmer zu einem Preis von 300 € – auch hinreichend bestimmt. Sonstige Nichtigkeitsgründe sind nicht ersichtlich.

Hinweis:
Nach Ansicht des Bundessozialgerichts schließen die Vertragsparteien bei der Abtretung von Sozialleistungsansprüchen einen öffentlich-rechtlichen Vertrag im Sinne von § 53 Abs. 1 Satz 1 SGB X (hierzu BSG v. 15.6.2010 – B 2 U 26/09 R, Rn. 21 f.). Folgt man dieser Einschätzung (zur Zustimmung der Kommentarliteratur *Pflüger* in: jurisPK-SGB I, Stand 15.3.2018, § 53 Rn. 29), handelt es sich um den eher seltenen Fall eines öffentlich-rechtlichen Vertrags, der zwischen zwei Privatrechtssubjekten geschlossen würde.

B. Übertragung nach § 53 Abs. 3 SGB I

Bei der Erwerbsminderungsrente des M handelt es sich um eine laufende Geldleistung, die der Sicherung des Lebensunterhalts zu dienen bestimmt ist. M könnte seinen Anspruch in Höhe von 300 € daher übertragen, ohne dass weitere Voraussetzungen erfüllt sein müssten. Maßgeblich ist allein, ob sein Anspruch den für Arbeitseinkommen geltenden unpfändbaren Betrag übersteigt.

Hinweis:
Dem Berechtigten wird damit bei laufenden Leistungen derselbe Verfügungsschutz eingeräumt wie beim Arbeitseinkommen.

Zu prüfen sind deshalb die Vorgaben der §§ 850 ff. ZPO. Vorliegend ist die Pfändungsgrenze für Arbeitseinkommen nach § 850c ZPO maßgeblich. Arbeitseinkommen ist nach § 850c Abs. 1 ZPO unpfändbar, wenn es nicht mehr 930 € beträgt; dieser Betrag erhöht sich bei Bestehen gesetzlicher Unterhaltsverpflichtungen auf bis zu 2060 € monatlich. M bezieht eine Erwerbsminderungsrente in Höhe von nur 650 €; dieser Betrag wäre als Arbeitseinkommen nicht pfändbar und übersteigt damit auch nicht den im Sinne von § 53 Abs. 3 SGB I unpfändbaren Betrag.

Eine teilweise Übertragung des Anspruchs auf Erwerbsminderungsrente ist daher nach § 53 Abs. 3 SGB I nicht möglich.

C. Übertragung nach § 53 Abs. 2 SGB I

Ansprüche auf Geldleistungen können – ohne dass es Beschränkungen hinsichtlich der Höhe der Übertragung gäbe – auch unter den Voraussetzungen des § 53 Abs. 2 SGB I übertragen werden.

Da es im Fall des M nicht um die Erfüllung oder Sicherung von Ansprüchen auf Rückzahlung von Darlehen und auf Erstattung von Aufwendungen geht, die im Vorgriff auf fällig gewordene Sozialleistungen zu einer angemessenen Lebensführung gegeben oder gemacht worden sind, kommt nur eine Übertragung nach § 53 Abs. 2 Nr. 2 SGB I in Betracht.

Hinweis:
§ 53 Abs. 2 Nr. 1 SGB I wäre etwa einschlägig, wenn ein Vermieter seine Mietwohnung dem M kostenlos zur Verfügung gestellt hat, weil beide sicher davon ausgegangen sind, dass die Erwerbsminderungsrente bewilligt wird (ausführlich hierzu *Pflüger* in: jurisPK-SGB I, Stand 15.3.2018, § 53 Rn. 57 ff.).

Danach ist eine Übertragung zulässig, wenn der zuständige Leistungsträger feststellt, dass die Übertragung im wohlverstandenen Interesse des Berechtigten liegt. Dabei kann dieses Interesse auch zu bejahen sein, wenn laufende Geldleistungen über den nach § 53 Abs. 3 SGB I zulässigen Rahmen abgetreten werden.

Hinweis:
In verfahrensrechtlicher Hinsicht wird das wohlverstandene Interesse vom Leistungsträger durch einen Verwaltungsakt mit privatrechtsgestaltender Wirkung festgestellt. Beide Vertragsparteien haben unter den gesetzlichen Voraussetzungen einen Anspruch auf die Feststellung und könnten diese gegebenenfalls im Wege der kombinierten Anfechtungs- und Leistungsklage einklagen. Bis zur Feststellung des wohlverstandenen Interesses ist die Übertragung nach § 53 Abs. 2 SGB I schwebend unwirksam (hierzu *Pflüger* in: jurisPK-SGB I, Stand 15.3.2018, § 53 Rn. 75).

Es ist daher zu klären, ob die Übertragung von 300 € monatlich an den Verein „Straßenhilfe HH" im wohlverstandenen Interesse des M liegt. Es handelt sich hierbei um einen unbestimmten Rechtsbegriff, der voller gerichtlicher Kontrolle unterliegt. Eine Übertragung im wohlverstandenen Interesse des Leistungsberechtigten setzt grundsätzlich voraus, dass dem vom Sozialleistungsberechtigten übertragenen Leistungsanspruch ein zumindest gleichwertiger Vermögensvorteil als Gegenleistung gegenübersteht.

Hinweis:
Ausführlich hierzu *Pflüger* in: jurisPK-SGB I, Stand 15.3.2018, § 53 Rn. 65 ff.

M möchte durch die Übertragung seines Sozialleistungsanspruchs gegen die DRV Nord die Mietkosten für ein Zweibettzimmer in einer Obdachlosenunterkunft sichern. Seiner Übertragung steht insoweit ein gleichwertiger Vermögensvorteil in Form der Nutzung einer Unterkunft gegenüber. Aus dem Sachverhalt lässt sich entnehmen, dass M finanzielle Probleme hat und für einige Zeit auf der Straße gelebt hat. Die Unterbringung in der Obdachlosenunterkunft sichert für ein geringes Entgelt eine Unterkunft und damit eine Verbesserung der Lebenssituation des M. M spart damit nicht nur die Differenz zu Wohnkosten auf dem allgemeinen Wohnungsmarkt; vielmehr sichert die Übertragung der Erwerbsminderungsrente in Höhe von 300 € M eine angemessene Wohnsituation und erhöht damit die Chance für eine bessere Zukunft.

Ein besonderer Zweck der Erwerbsminderungsrente steht der Annahme eines wohlverstandenen Interesses nicht entgegen. Die Erwerbsminderungsrente dient als Entgeltersatzleistung der Bestreitung des Lebensunterhalts, wozu gerade auch die Wohnkosten gehören.

Hinweis:
Die Konkretisierung des unbestimmten Rechtsbegriffs „wohlverstandenes Interesse" hängt insoweit auch vom Zweck der konkreten Sozialleistung ab (BSG v. 6.4.2000 – B 11 AL 47/99 R, Rn. 23 m.w.N.)

Mit der Übertragung von 300 € stellt M sicher, dass er die Obdachlosenunterkunft nicht verlassen muss; neben dem wirtschaftlichen Bezug geht es hier auch um den ideellen Vorteil, selbst für seinen Wohnbedarf aufzukommen und damit zur eigenen Verbesserung der Lebenssituation beizutragen. Das wohlverstandene Interesse an der Übertragung ist daher zu bejahen.

D. Ergebnis

Die Voraussetzungen einer Übertragung von 300 € von M an die „Straßenhilfe HH" nach § 53 Abs. 2 Nr. 2 SGB I liegen vor. Die DRV wird daher einen entsprechenden feststellenden Verwaltungsakt erlassen, der die Wirksamkeit einer solchen Übertragung herbeiführt.

Teil 3

Zu prüfen ist, wie sich das Unterlassen des Rentenantrags durch B auf die Unterhaltszahlung der S auswirkt und ob S etwas gegen die Untätigkeit des B unternehmen kann.

Ausgangspunkt der folgenden Überlegungen ist das Recht der gesetzlichen Rentenversicherung. Der Anspruch des B auf Altersrente entsteht nach § 40 Abs. 1 SGB I, sobald seine im Gesetz bestimmten Voraussetzungen vorliegen. Diese Voraussetzungen sind in § 35 SGB VI geregelt. Der nach §§ 19 SGB IV, 115 Abs. 1 SGB VI erforderliche Antrag hat im Rentenrecht keine Bedeutung für die Entstehung des Anspruchs, ist aber erforderlich für den Leistungsbeginn. B hat also bereits Anspruch auf Altersrente; diese wird in Ermangelung eines Antrags aber nicht festgestellt und ausgezahlt.

Hinweis:
Zur Bedeutung des Antrags *Groth* in: jurisPK-SGB I, Stand 15.3.2021, § 40 Rn. 20 ff. und 31 ff. speziell zu Leistungen der Rentenversicherung.

Vereinzelte gesetzliche Normen, die ein eigenes Antragsrecht für Leistungen anderer einräumen, adressieren im Sozialrecht lediglich den Leistungsträger; zu denken ist hier etwa an § 5 Abs. 3 SGB II.

Möglicherweise ist die unterbliebene Antragstellung durch B mit Blick auf § 46 SGB I rechtswidrig. Auf Ansprüche kann nach § 46 Abs. 1 SGB I durch schriftliche Erklärung gegenüber dem Leistungsträger verzichtet werden; dieser Verzicht ist für die Zukunft jederzeit widerruflich. Allerdings ist der Verzicht nach § 46 Abs. 2 SGB I unwirksam, soweit durch ihn andere Personen oder Leistungsträger belastet werden. Zu den „anderen Personen" in diesem Sinne gehören in erster Linie unterhaltspflichtige Angehörige, die infolge der sozialrechtlichen Versorgungslücke und dem dadurch steigenden Unterhaltsbedarf mehr Unterhalt leisten müssen.

In der vorliegenden Konstellation allerdings hilft § 46 Abs. 2 SGB I nicht weiter; denn B hat nicht im Sinne der Norm auf den Unterhaltsanspruch verzichtet. Dabei kommt es nicht darauf an, dass es bereits an einer entsprechenden schriftlichen Erklärung gegenüber dem Rentenversicherungsträger fehlt; vielmehr ist § 46 Abs. 2 SGB I auf die hier vorliegende Fallkonstellation der unterbliebenen Antragstellung nicht anwendbar. Das Unterlassen der Antragstellung entspringt dem Grundrecht auf freie Persönlichkeitsentfaltung ad Art. 2 Abs. 1 GG und ist auch dann geschützt, wenn dies wirtschaftliche Nachteile für andere bedeutet. Entsprechende Sachverhalte sind deshalb nicht an § 46

Abs. 2 SGB I zu messen; sie werden allenfalls von spezialgesetzlichen Normen wie etwa § 5 Abs. 3 SGB II erfasst.

Hinweis:
Selbst die Rücknahme eines Leistungsantrags wird nicht an § 46 Abs. 2 SGB I gemessen (*Groth* in: jurisPK-SGB I, Stand 14.4.2020, § 46 Rn. 50). Man mag das unbefriedigend finden, weil das wirtschaftliche Ergebnis letztlich das Gleiche ist; hätte B nach Bezugsbeginn der Rente auf seinen Anspruch verzichtet, wäre dieser Verzicht unwirksam gewesen.

Das Sozialrecht steht dem Verhalten des B damit nicht entgegen; S kann B auf diesem Wege nicht zur Antragstellung zwingen.

Hinweis:
Es wäre allerdings zu prüfen, ob eine unterhaltsrechtliche Obliegenheitsverletzung vorliegt, die zur Anrechnung fiktiver Einkünfte führen könnte (hierzu im Kontext entgangener Grundsicherung etwa BGH v. 8.7.2015 – XII ZB 56/14, Rn. 11 m.w.N.). Vgl. hierzu auch *Viefhus* in: jurisPK-BGB, Stand 13.4.2021, § 1602 Rn. 130 ff. Dieser Aspekt ist aber von der Fragestellung nicht umfasst.

Gliederung zu Fall 14

Teil 1

A. Versicherter Personenkreis
B. Versicherungsfall: Volle Erwerbsminderung, § 43 Abs. 2 Satz 1 SGB VI
   I. Persönliche Voraussetzungen
      1. Leistungsvermögen des M
      2. Auf nicht absehbare Zeit
      3. Zum Grad der Beeinträchtigung
      4. Zwischenergebnis
   II. Versicherungsrechtliche Voraussetzungen
      1. Drei Jahre Pflichtbeitragszeiten
      2. Erfüllung der allgemeinen Wartezeit
   III. Zwischenergebnis
C. Kein Ausschluss nach § 103 SGB VI
D. Art und Umfang der Leistung
E. Gesamtergebnis

Teil 2

A. Übertragungsvertrag
B. Übertragung nach § 53 Abs. 3 SGB I
C. Übertragung nach § 53 Abs. 2 SGB I
D. Ergebnis

Teil 3

Fall 15

Die A-GmbH bietet ein System zur sogenannten synchronen Behandlung von Patienten mit Psoriasis (Schuppenflechte) an. Sie hat hierfür das TOMESA-Therapie-System entwickelt und vertreibt dieses auch in Deutschland. Die von der A-GmbH angebotene synchrone Therapie besteht aus dem gleichzeitigen Bad eines Patienten in einer 10-prozentigen Tote-Meer-Salzlösung (TOMESA) und einer Bestrahlung mit UV-B-Schmalbandspektrum (UV-B 311 nm) unter Verwendung von dafür nach der Medizinprodukte-Betreiberverordnung (MPBetreibV) zugelassenen Behandlungssystemen, bestehend aus einer Badewanne, über der ein Lichthimmel mit UV-Strahlern angebracht ist.

Nach einem längeren Verfahren wurde diese synchrone Therapie in die Richtlinie zu Untersuchungs- und Behandlungsmethoden der vertragsärztlichen Versorgung (Richtlinie Methoden vertragsärztliche Versorgung; RL Methoden) aufgenommen: der Gemeinsame Bundesausschuss (G-BA) fügte dort in der Anlage I "Anerkannte Untersuchungs- oder Behandlungsmethoden" die „synchrone Balneophototherapie" ein. Seither konnte die von der A-GmbH angebotene Balneophototherapie bei Patienten mit mittelschwerer bis schwerer Psoriasis vulgaris zu Lasten der Gesetzlichen Krankenversicherung als vertragsärztliche Leistung erbracht werden.

Zwei Jahre später wird auch die sogenannte asynchrone Photosoletherapie, die von der B-GmbH angeboten und vertrieben wird, als neue Untersuchungs- und Behandlungsmethode in die RL Methoden aufgenommen. Bei der asynchronen Photosoletherapie erhält der Patient zuerst ein 20-minütiges Folien- oder Wannenvollbad und anschließend eine Lichtbehandlung. Die A-GmbH, die die Konkurrenz fürchtet, erhebt gegen diese Aufnahme der asynchronen Photosoletherapie in die RL Methoden Klage.

Bearbeitungsvermerk:

In einem umfassenden Gutachten ist auf die Erfolgsaussichten der Klage von A einzugehen.

Neue Untersuchungs- und Behandlungsmethoden in der vertragsärztlichen Versorgung; Rechtsschutz gegen Richtlinien des Gemeinsamen Bundesausschusses; Schutz vor Konkurrenz; Erfolgsaussichten einer Feststellungsklage; Berufsfreiheit

Unverbindliche Lösungshinweise

Die Klage der A-GmbH hat Aussicht auf Erfolg, wenn sie zulässig und soweit sie begründet ist.

A. Zulässigkeit der Klage

Zulässig ist die Klage der A-GmbH, wenn die allgemeinen und besonderen Sachentscheidungsvoraussetzungen gegeben sind.

I. Eröffnung des Sozialrechtsweges

Die Eröffnung des Sozialrechtswegs beurteilt sich insbesondere nach § 51 Abs. 1 SGG als abdrängende Sonderzuweisung im Sinne des § 40 Abs. 1 Satz 1 VwGO. Nach § 51 Abs. 1 SGG ist der Sozialrechtsweg für alle öffentlich-rechtlichen Streitigkeiten nicht verfassungsrechtlicher Art (§ 39 Abs. 2 SGG) eröffnet, sofern die Streitigkeit einem der in den Nr. 1 bis 10 des § 51 SGG abschließend aufgezählten Bereiche unterfällt.

Die A-GmbH wendet sich vorliegend gegen die Anerkennung der asynchronen Photosoletherapie durch den Gemeinsamen Bundesausschuss als vertragsärztliche Leistung der Gesetzlichen Krankenversicherung nach § 135 Abs. 1 SGB V, es handelt sich mithin um eine Streitigkeit in Angelegenheiten der gesetzlichen Krankenversicherung im Sinne des § 51 Abs. 1 Nr. 2 Alt. 1 SGG.

Öffentlich-rechtlich ist eine Streitigkeit insbesondere dann, wenn die streitentscheidenden Normen gerade einen Hoheitsträger berechtigen und verpflichten. Die Aufnahme der asynchronen Photosoletherapie in die RL Methoden beurteilt sich nach § 135 Abs. 1 SGB V, der den G-BA – eine rechtsfähige juristische Person des öffentlichen Rechts sui generis, vgl. § 91 Satz 2 SGB V – als solchen zur Entscheidung über die Aufnahme von neuen Behandlungsmethoden in die vertragsärztliche Versorgung berechtigt und verpflichtet, sodass eine öffentlich-rechtliche Streitigkeit gegeben ist.

Die Streitigkeit ist auch nicht verfassungsrechtlicher Art, da weder die A-GmbH noch der G-BA Verfassungsorgane sind.

Der Sozialrechtsweg ist eröffnet.

Hinweis:
Es ist umstritten, ob der G-BA sich einer der anerkannten Organisationsformen des öffentlichen Rechts – Körperschaften, Anstalten oder Stiftungen – zuordnen lässt, oder ob es sich um eine juristische Person des öffentlichen Rechts sui generis handelt, wobei letzteres wohl der überwiegenden Meinung entspricht, zum Ganzen *Roters* in: Kasseler-Kommentar Sozialversicherungsrecht, Werkstand 112. EL Dezember 2020, § 91 SGB V Rn. 3a. Da es sich aber jedenfalls um eine – nach § 91 Satz 2 SGB V explizit rechtsfähige – juristische Person des öffentlichen Rechts handelt, muss an dieser Stelle eine exakte Zuordnung nicht vorgenommen oder begründet werden, es genügt die Feststellung, dass es sich um einen Hoheitsträger handelt.

II. Statthafte Klageart

Die statthafte Klageart richtet sich gemäß § 123 SGG nach dem klägerischen Begehren. Die A-GmbH möchte gegen die durch den G-BA vorgenommene Aufnahme der asynchronen Photosoletherapie in die RL Methoden vorgehen.

Die statthafte Klageart ist maßgeblich abhängig von der Rechtsnatur der RL Methoden beziehungsweise der Rechtsnatur ihrer Änderung. Sofern es sich dabei um Verwaltungsakte im Sinne des § 31 SGB X handelt, käme eine Anfechtungsklage nach § 54 Abs. 1 Satz 1 Var. 1 SGG in Betracht. Die Richtlinien des G-BA über die ärztliche Behandlung, die nach §§ 92 Abs. 1 Satz 1, Satz 2 Nr. 1 SGB V durch Beschluss erlassen und geändert werden, enthalten allerdings abstrakt-generelle, gerade nicht einzelfallbezogene Vorgaben zur Erbringbarkeit von Untersuchungs- und Behandlungsmethoden zu Lasten der Gesetzlichen Krankenversicherung, sodass sie nicht die Tatbestandsvoraussetzungen des § 31 SGB X erfüllen. Es handelt sich vielmehr um untergesetzliche Rechtsnormen, die gemäß § 91 Abs. 6 SGB V für die Träger des G-BA nach § 91 Abs. 1 SGB V, deren Mitglieder und Mitgliedskassen sowie für die Versicherten und die Leistungserbringer verbindlich sind. Folglich ist eine Anfechtungsklage gemäß § 54 Abs. 1 Satz 1 Var. 1 SGG nicht statthaft.

Hinweis:
Die besondere Form der untergesetzlichen Rechtsetzung durch G-BA-Richtlinien wird jedenfalls vom Bundessozialgericht – auch hinsichtlich der verfassungsrechtlichen Dimension – nicht mehr grundlegend in Zweifel gezogen (vgl. etwa BSG v. 24.4.2018 – B 1 KR 13/16 R, Rn. 48 ff; kritisch zur Legitimation aber etwa *Kingreen*, MedR 2017, 8 ff.).

Klärungsbedürftig ist folglich, welche Klageart bei einer Klage gegen die Änderung einer untergesetzlichen Rechtsnorm statthaft ist. Das SGG enthält keine § 47 VwGO vergleichbare Vorschrift, die ein Normenkontrollverfahren in einem umfassenden Sinne ermöglicht; der Anwendungsbereich von § 55a SGG ist spezifisch auf untergesetzliche Regelungen nach § 22a Abs. 1 SGB II beschränkt. Da Rechtsschutz gegen untergesetzliche Normen vor dem Hintergrund von Art. 19 Abs. 4 GG aber nicht vollständig verwehrt werden kann, ist die sogenannte Normfeststellungsklage als allgemeine Feststellungsklage nach § 55 Abs. 1 Nr. 1 SGG anerkannt. Diese ermöglicht sowohl die Feststellung der Unwirksamkeit einer Rechtsnorm als auch die Feststellung ihrer fehlerhaften Auslegung oder Anwendung sowie die Geltendmachung eines Anspruchs auf Änderung einer Rechtsnorm. Dass es eine Möglichkeit des gerichtlichen Rechtsschutzes gegen Richtlinien des G-BA geben muss, wird auch von § 29 Abs. 4 Nr. 3 SGG vorausgesetzt, der die erstinstanzliche Zuständigkeit des LSG-Berlin-Brandenburg für derartige Klagen festlegt. Vorliegend wendet sich die A-GmbH gegen die Aufnahme der asynchronen Photosoletherapie in die RL Methoden, es geht ihr mithin konkret um die Feststellung der Unwirksamkeit dieser Aufnahme, sodass eine Normfeststellungsklage im dargelegten Sinne in Betracht kommt.

Der Statthaftigkeit einer allgemeinen Feststellungsklage nach § 55 Abs. 1 Nr. 1 SGG könnte jedoch deren Subsidiarität entgegenzuhalten sein. Konkret könnte die A-GmbH darauf zu verweisen sein, zunächst einen Vollzugsakt der Richtlinie abzuwarten, um sodann gegen diesen mit einer Anfechtungsklage oder gegebenenfalls in Form einer vorbeugenden Unterlassungsklage als allgemeiner Leistungsklage vorzugehen. Unabhängig von der Frage, ob und in welchem Umfang die im SGG nicht explizit geregelte Subsidiarität der Feststellungsklage überhaupt gilt, existiert für die RL Methoden des G-BA aber kein weiterer Vollzugsakt; sie sind unmittelbar verbindlich und anwendbar.

Statthaft ist folglich eine allgemeine Feststellungsklage nach § 55 Abs. 1 Nr. 1 SGG, die auf die Feststellung der Unwirksamkeit der Aufnahme der asynchronen Photosoletherapie in die Richtline Methoden des G-BA gerichtet ist.

Hinweis:
Zur Herleitung und Umfang der Normfeststellungsklage ausführlich BSG v. 14.5.2014 – B 6 KA 28/13 R, Rn. 22 ff. Das Gericht geht im Übrigen davon aus, dass die Subsidiarität der Feststellungsklage dann keine Rolle spielt, wenn sich die Klage gegen eine juristische Person des öffentlichen Rechts richtet, da anzunehmen sei, dass sich diese aufgrund ihrer verfassungsrechtlichen Bindung an Recht und Gesetz auch ohne Vollstreckungstitel dem Urteil gemäß verhalten wird (dazu BSG v. 22.10.2014 – B 6 KA 34/13 R, Rn. 25). Wenn man dem folgt, entfällt das für die Subsidiarität der allgemeinen Feststellungsklage regelmäßig angeführte Argument der fehlenden Vollstreckbarkeit eines Feststellungsurteils.

III. Klagebefugnis

Gemäß § 54 Abs. 1 Satz 2 SGG ist eine Klage, soweit gesetzlich nichts anderes bestimmt ist, nur zulässig, wenn der Kläger behauptet durch den Verwaltungsakt oder durch die Ablehnung oder Unterlassung eines Verwaltungsaktes beschwert zu sein. Fraglich ist, ob eine Klagebefugnis analog § 54 Abs. 1 Satz 2 SGG auch bei einer allgemeinen Feststellungsklage gegeben sein muss. Dagegen wird angeführt, dass die in § 55 Abs. 1 Nr. 1 letzter HS SGG normierte Voraussetzung eines berechtigten Feststellungsinteresses an die Stelle der Klagebefugnis treten könne und damit die für eine Analogie notwendige Regelunglücke entfiele. Allerdings ist das allgemeine Feststellungsinteresse – mit jedem schutzwürdigen rechtlichen, wirtschaftlichen oder ideellen Interesse – sehr weit gefasst und insbesondere aufgrund des fehlenden Bezugs zur subjektiven Rechtverletzung, nicht im gleichen Maße geeignet, Popularklagen vorzubeugen, wie die Klagebefugnis. Insbesondere bei Normfeststellungsklagen besteht aber die Notwendigkeit, Popularklagen von Personen, die von der angegriffenen Norm gar nicht in geschützten Rechtspositionen tangiert sind, zu vermeiden. Folglich ist jedenfalls in dieser Konstellation eine Klagebefugnis analog § 54 Abs. 1 Satz 2 SGG erforderlich.

Die A-GmbH ist klagebefugt, wenn nicht von vornherein ausgeschlossen ist, dass sie durch die Entscheidung des G-BA zur Aufnahme der asynchronen Photosoletherapie in die RL Methoden in ihren subjektiven Rechten betroffen ist. Das SGB V enthält keine Vorschriften, die den Herstellern und Anbietern von Medizinsystemen subjektive Rechte gewähren. Insbesondere sind diese nicht nach § 135 Abs. 1 Satz 1 SGB V berechtigt, Anträge auf Aufnahme einer Methode in die RL Methoden zu stellen. Hinzu kommt, dass die RL Methoden nach § 91 Abs. 6 SGB V die Träger des G-BA nach § 91 Abs. 1 SGB V, deren Mitglieder und Mitgliedskassen sowie die Versicherten und die Leistungserbringer bindet. Die A-GmbH ist als Herstellerin und Anbieterin eines Medizinsystems jedoch keine Leistungserbringerin im Sinne der Vorschriften des SGB V und folglich gar nicht Adressatin der RL Methoden. In Betracht kommt jedoch eine Betroffenheit der A-GmbH in ihrem Grundrecht aus Art. 12 Abs. 1 GG in Verbindung mit Art. 3 Abs. 1 GG. Die Berufsfreiheit aus Art. 12 Abs. 1 GG ist ihrem Wesen nach gemäß Art. 19 Abs. 3 GG auch auf juristische Personen anwendbar, sodass die A jedenfalls grundrechtsberechtigt ist. Das Grundrecht aus Art. 12 Abs. 1 GG schützt in Verbindung mit Art. 3 Abs. 1 GG insbesondere auch vor willkürlicher Benachteiligung von Marktteilnehmern gegenüber anderen Marktteilnehmern durch Hoheitsträger. Im System der Gesetzlichen Krankenversicherung kommt eine solche Benachteiligung jedenfalls dann in Betracht, wenn Anbieter einer dem Grunde nach bereits erbringbaren Leistung möglicherweise gegenüber Marktkonkurrenten benachteiligt werden. Die A-GmbH bietet eine Behandlung an, die in die RL Methoden des G-BA aufgenommen ist, sie verfügt also bereits über Zugang zum Markt der gesetzlichen Krankenversicherung. Folglich ist eine Betroffenheit in Form einer wettbewerbsverfälschenden Ungleichbehandlung – hier durch eine denkbare Schlechterstellung gegenüber den Anbietern der neu aufgenommenen asynchronen Photosoletherapie – nicht von vornherein ausgeschlossen. Die A-GmbH ist daher klagebefugt.

Hinweis:
Unterschieden werden die sogenannte offensive Konkurrentenklage und die hier gegebene defensive Konkurrentenklage. Bei der offensiven Konkurrentenklage streiten mehrere Bewerber um die Zuerkennung einer nur einmal zu vergebenden Berechtigung, sie wird auch als Mitbewerberklage bezeichnet. In dieser Konstellation ist die potentielle Grundrechtsbetroffenheit jedes Bewerbers, also die Klagebefugnis, regelmäßig unproblematisch gegeben. Bei der defensiven Konkurrentenklage, die auf die Abwehr eines zusätzlichen Konkurrenten gerichtet ist, ohne dass dem Kläger der Verlust seiner eigenen Berechtigung droht, ist hingegen höchst strittig, ob überhaupt Grundrechte betroffen sein können, da Art. 12 Abs. 1 GG – dazu ausführlich in der Begründetheit – grundsätzlich keinen Schutz vor Konkurrenz vermittelt (zur Unterscheidung vgl. BSG v. 7.2.2007 – B 6 KA 8/06 R, Rn. 16).

Hinzu kommt hier noch eine Besonderheit der Rechtsprechung zum Krankenversicherungsrecht: Das Bundessozialgericht geht davon aus, dass Art. 12 Abs. 1 GG in Konstellationen, in denen Hersteller/Anbieter einer Leistung, die bislang nicht zum System der Gesetzlichen Krankenversicherung gehört, Zugang zu diesem System begehren, von vornherein nicht tangiert ist. So hat es die Klagebefugnis eines Betreibers von

Druckkammerzentren auf Änderung der RL Methoden durch Aufnahme der entsprechenden Behandlungsmethode durch den G-BA verneint (BSG v. 21.3.2012 – B 6 KA 16/11 R, Rn. 35 ff.). Ebenso hat es die Befugnis des Herstellers eines neuen Tests zur Erkennung nephrologischer Erkrankungen verneint, auf eine Änderung der RL Methoden durch Aufnahme der dem Test zugrundeliegenden Methode zu klagen (BSG v. 11.9.2019 – B 6 KA 17/18 R, Rn. 30 ff.) Dies wird mit der Erwägung begründet, Art. 12 Abs. 1 GG vermittle keine Rechtsposition, kraft derer Hersteller oder Anbieter von Medizinprodukten – die keine Leistungserbringer im System der gesetzlichen Krankenversicherung sind – den Leistungsumfang der gesetzlichen Krankenversicherung überprüfen lassen können. Auch eine Wettbewerbsverzerrung durch unterbliebene Aufnahme einer bestimmten Methode sei nicht denkbar, der bestehende Status quo werde durch eine Nicht-Aufnahme gerade nicht verändert. Anders wird hingegen die hier einschlägige Konstellation einer defensiven Konkurrentenklage beurteilt. Bei Anbietern einer Leistung, die bereits zum Leistungsumfang der gesetzlichen Krankenversicherung gehört, kommt nach der Rechtsprechung des Bundessozialgerichts eine grundrechtsrelevante Benachteiligung gegenüber Konkurrenten zumindest möglicherweise in Betracht. Zur Problematik im Einzelnen vgl. ausführlich in der Prüfung der Begründetheit.

Zusammengefasst kann nach dem Verständnis des Bundessozialgerichts der Zugang zum Markt der Gesetzlichen Krankenversicherung nicht auf Art. 12 Abs. 1 GG gestützt werden, wohl aber eine Abwehr der Ungleichbehandlung gegenüber Konkurrenten, wenn bereits Marktzugang besteht. Sofern Hersteller/Anbieter die Erprobung einer Methode begehren, besteht hingegen ein subjektives Recht direkt aus § 137e Abs. 7 SGB V (vgl. v. 11.9.2019 – B 6 KA 17/18 R, Rn. 38 ff.).

IV. Beteiligte; Partei- und Prozessfähigkeit

Die A-GmbH ist als Klägerin nach § 69 Nr. 1 SGG beteiligt. Ihre Parteifähigkeit als juristische Person nach § 13 GmbHG ergibt sich aus § 70 Abs. 1 Nr. 1 Var. 2 SGG; sie wird im Prozess durch ihren Geschäftsführer vertreten, § 71 Abs. 3 SGG i.V.m. § 35 Abs. 1 GmbHG. Der G-BA ist als Beklagter beteiligt nach § 69 Nr. 2 SGG. Es handelt sich beim G-BA um ein gemeinsames Entscheidungsgremium von Leistungserbringern und Krankenkassen, die Parteifähigkeit ergibt sich folglich aus § 70 Nr. 4 SGG. Im Prozess handelt dessen Vorsitzender für den G-BA, § 71 Abs. 4 SGG.

V. Zuständiges Gericht

Bei Klagen gegen Richtlinien des G-BA ist erstinstanzlich gemäß § 29 Abs. 4 Nr. 3 SGG das Landessozialgericht Berlin-Brandenburg zuständig.

VI. Feststellungsinteresse

Gemäß § 55 Abs. 1 letzter HS SGG ist ferner ein berechtigtes Interesse an der begehrten Feststellung notwendig. Ein berechtigtes Interesse in diesem Sinne stellt jedes als schutzwürdigt anzuerkennende Interesse rechtlicher, wirtschaftlicher oder ideeller Art dar. Hier besteht jedenfalls ein erhebliches wirtschaftliches Interesse der A-GmbH, feststellen zu lassen, dass die Aufnahme der Konkurrenzmethode in die RL Methoden unwirksam war. Ein Feststellungsinteresse ist gegeben.

VII. Sonstiges

Da auch die übrigen Sachentscheidungsvoraussetzungen vorliegen, ist die Klage zulässig.

B. Beiladung

Fraglich ist, ob die B-GmbH nach § 75 Abs. 2 SGG beizuladen ist. Dies setzt voraus, dass die B-GmbH an dem Verfahren dergestalt beteiligt ist, dass die Entscheidung auch ihr gegenüber nur einheitlich ergehen kann. Dies ist wiederum der Fall, wenn der Inhalt der Urteilsentscheidung, der in Rechtskraft erwächst, unmittelbar in die Rechtssphäre der B-GmbH eingreift. Auch die B-GmbH ist als Anbieterin von Medizinsystemen nicht unmittelbar Adressatin der RL Methoden nach § 91 Abs. 6 SGB V, diese betrifft sie rechtlich mithin allenfalls mittelbar. Da es sich vorliegend um die Klage gegen eine Rechtsnorm handelt, ist der Kreis der von ihrer Unwirksamkeit zumindest mittelbar Betroffenen darüber hinaus potentiell sehr groß. Alle mittelbar Betroffenen beizuladen, würde der prozessökonomischen Funktion der Beiladung zuwiderlaufen. Im Ergebnis ist die B-GmbH daher nicht beizuladen.

Hinweis:
Anders stellt sich dies bei Konkurrentenklagen von Vertragsärzten gegen Verwaltungsakte, die andere Vertragsärzte begünstigen, dar. Denn hier werden die genehmigenden Verwaltungsakte, die unmittelbar einen Dritten adressieren und dessen Rechte gestalten, angefochten, sodass dieser Dritte notwendig beizuladen ist.

C. Begründetheit der Klage

Die Klage ist begründet, wenn die A-GmbH durch die Aufnahme der asynchronen Photosoletherapie in die RL Methoden in ihren subjektiven Rechten verletzt ist und daher die Unwirksamkeit dieser Aufnahme in die RL Methoden festzustellen ist.

Der G-BA ist passivlegitimiert.

Hinweis:
Der Obersatz weicht in dieser Konstellation der defensiven Konkurrentenklage in Form einer Normfeststellungsklage von dem üblichen Obersatz einer Feststellungsklage ab, da auch die folgende Prüfung der Begründetheit anders aufzubauen ist. Für gewöhnlich genügt es für die Begründetheit einer allgemeinen Feststellungsklage nach § 55 Abs. 1 Nr. 1 SGG, dass das behauptete Rechtsverhältnis besteht bzw. das behauptete Nichtbestehen eines Rechtsverhältnisses zutreffend ist. Der Obersatz würde dann vorliegend lauten: „Die Klage ist begründet, wenn festzustellen ist, dass die Aufnahme der asynchronen Photosoletherapie in die RL Methoden rechtswidrig/unwirksam ist." Dies allein würde in der Konstellation einer defensiven Konkurrentenklage aber gerade nicht genügen: Vielmehr muss die A-GmbH durch die festzustellende Rechtswidrigkeit auch unmittelbar in ihren subjektiven Rechten verletzt sein. Das Bundessozialgericht spricht insoweit von einer „Anfechtungsberechtigung" der Klägerin, auch wenn es streng genommen in der Konstellation nicht um Anfechtung, sondern um Feststellung geht (BSG v. 14.5.2014 – B 6 KA 28/13 R, Rn. 38 ff.). Im Rahmen der Klagebefugnis ist lediglich geprüft worden, ob die A-GmbH möglicherweise in einem subjektiven Recht betroffen ist. Nun ist zu untersuchen, ob tatsächlich eine Rechtsverletzung vorliegt. Dies prüft das Bundessozialgericht zweistufig: In einem ersten Schritt ist die „Anfechtungsberechtigung" zu untersuchen, die das Gericht mit einer subjektiven Rechtsverletzung gleichsetzt. Nur wenn eine Anfechtungsberechtigung zu bejahen ist, wird in einem zweiten Schritt geprüft, ob die den Dritten begünstigende Entscheidung oder Norm tatsächlich rechtswidrig ist. Der Prüfungsaufbau des Bundessozialgerichts ist allerdings insoweit auch nicht ganz widerspruchsfrei, als dass die Anfechtungsberechtigung auf der ersten Prüfungsstufe mit einer tatsächlichen Rechtsverletzung gleichgesetzt wird. Bei einer rechtmäßigen Änderung der RL Methoden kommt aber streng genommen eine Rechtsverletzung nicht in Betracht, da dann zwar möglicherweise ein Eingriff in eine Rechtsposition vorläge, dieser aber gerechtfertigt wäre. Streng genommen passt der vom Bundessozialgericht gewählte Aufbau daher nicht zu einer aus einer Grundrechtsverletzung hergeleiteten Anfechtungsberechtigung – ist eine Grundrechtsverletzung zu bejahen, wäre die Klage zwingend begründet, da dies

die Rechtswidrigkeit der Entscheidung impliziert. Die subjektive Rechtsverletzung genügt für eine Begründetheit der Klage, weiterer Prüfungspunkte bedarf es streng genommen nicht. Insoweit wird vom Prüfungsaufbau, den das Bundessozialgericht anwendet, abgewichen; wie hier hat die Vorinstanz die Prüfung aufgebaut LSG Berlin-Brandenburg v. 19.12.2012 – L 7 KA 74/09 R.

I. Verletzung von Art. 12 Abs. 1 GG

Die A-GmbH könnte durch die Aufnahme der asynchronen Photosoletherapie in die RL Methoden in ihrem Grundrecht auf Berufsfreiheit aus Art. 12 Abs. 1 GG verletzt sein.

Zunächst müsste der Schutzbereich des einheitlichen Grundrechts auf Berufsfreiheit aus Art. 12 Abs. 1 GG betroffen sein. In persönlicher Hinsicht ist dies unproblematisch, die Berufsfreiheit ist wesensmäßig auf die A als GmbH im Sinne des Art. 19 Abs. 3 GG anwendbar.

In sachlicher Hinsicht schützt Art. 12 Abs. 1 GG das Recht, jede Tätigkeit, die eine Person als geeignet einschätzt, als Beruf zu ergreifen und zur Grundlage der eigenen Lebensführung zu machen. Das Anbieten bzw. Herstellen von Medizinsystemen zu kommerziellen Zwecken ist zweifellos ein Beruf in diesem Sinne. Die hier möglicherweise betroffene Berufsausübungsfreiheit schützt die freie Bestimmung der den Beruf ausübenden Person über Form, Mittel und Umfang sowie Inhalt der beruflichen Tätigkeit. Vorliegend geht es jedoch nicht um eine unmittelbare Beschränkung der A-GmbH in ihrer beruflichen Tätigkeit, sondern um eine Erweiterung der Betätigungsmöglichkeiten von Konkurrenten der A-GmbH auf dem Markt der Gesetzlichen Krankenversicherung, die wiederum wirtschaftlich unvorteilhafte Folgen für die Tätigkeit der A-GmbH haben kann. Fraglich ist dahingehend, inwieweit das Grundrecht auf Berufsfreiheit auch vor dem Hinzutreten weiterer Wettbewerber schützt. Grundsätzlich gilt, dass Art. 12 Abs. 1 GG keinen grundrechtlichen Schutz vor Konkurrenz durch andere Marktteilnehmer gewährt. Die Teilnahme am Wettbewerb ist durch Art. 12 Abs. 1 GG vielmehr nur nach Maßgabe seiner Funktionsbedingungen geschützt. Die Reichweite des Freiheitsschutzes wird insoweit auch durch die rechtlichen Regelungen, die den Wettbewerb ermöglichen und begrenzen, mitbestimmt. Ein Anspruch auf gleichbleibende Konkurrenzbedingungen oder gar gleichbleibenden Erfolg im Wettbewerb wird über das Grundrecht auf Berufsfreiheit gerade nicht vermittelt. Das Hinzutreten weiterer Konkurrenten gehört dementsprechend zu den von einem Wettbewerber hinzunehmenden marktüblichen Bedingungen; gleiches gilt auch für die damit möglicherweise verbundenen wirtschaftlichen Nachteile. Hinzu kommt in der vorliegenden Situation, dass die A-GmbH als Dritter, der selbst nicht Leistungserbringer im System der Gesetzlichen Krankenversicherung ist, eine Überprüfung von deren Leistungsumfang begehrt. Dieser Leistungsumfang betrifft allerdings nur die Rahmenbedingungen wirtschaftlicher Tätigkeit der Anbieter und Hersteller, auf deren unveränderten Bestand kein grundrechtlicher Anspruch besteht. Die Ausgestaltung des Leistungsumfangs ist lediglich an den Grundrechten der unmittelbar davon betroffenen Versicherten und Leistungserbringer zu messen. Das Grundrecht auf Art. 12 Abs. 1 GG vermittelt somit keinen Anspruch auf Überprüfung des für alle Marktteilnehmer gleich ausgestalten Leistungsumfangs der Gesetzlichen Krankenversicherung. Eine Verletzung in Art. 12 Abs. 1 GG ist damit nicht gegeben, da bereits der Schutzbereich nicht betroffen ist.

Hinweis:
Dies entspricht ständiger Rechtsprechung des Bundessozialgerichts, (vgl. etwa v. 14.5.2014 – B 6 KA 28/13 R, Rn. 51 ff. m.w.N. auf frühere Entscheidungen). Diese Rechtsprechung basiert wiederum wesentlich auf einem Urteil des Bundesverfassungsgerichts zu Arzneimittelfestbeträgen vom 17.12.2002 – 1 BvL 28/95. In dieser Entscheidung hat das Gericht wie oben dargestellt argumentiert und ausgeführt, die möglichen faktischen Auswirkungen von Festbeträgen für Arzneimittel auf die wirtschaftliche Tätigkeit der Arzneimittelhersteller seien lediglich bloßer Reflex der auf das System der gesetzlichen Krankenversicherung bezogenen Regelungen, weshalb der Schutzbereich des Grundrechts nicht betroffen sei (aaO., Rn. 102 ff; bestätigt durch BVerfG v.1.11.2010 – 1 BvR 261/10, Rn. 11 f.). Daraus folgert das Bundessozialgericht den dargelegten Grundsatz, dass Dritte keinen grundrechtlichen Anspruch auf Überprüfung der Rechtmäßigkeit des Leistungsumfanges der Gesetzlichen Krankenversicherung haben. Eine andere Ansicht ist mit entsprechender Argumentation gut vertretbar. Die Diskussion wird auch unter dem Stichwort der „berufsregelnden Tendenz“ geführt, wobei Reichweite und Bedeutung dieser Rechtsfigur weitgehend im Unklaren bleiben.

II. Verletzung von Art. 12 Abs. 1 GG i.V.m. Art. 3 Abs. 1 GG

In Betracht kommt jedoch eine Verletzung in Art. 12 Abs. 1 GG i.V.m. Art. 3 Abs. 1 GG durch wettbewerbsverfälschende hoheitliche Maßnahmen. Art. 12 Abs. 1 GG schützt in Verbindung mit Art. 3 Abs. 1 GG vor hoheitlichen wettbewerbsverändernden Maßnahmen, die im Zusammenhang mit staatlicher Planung und der Verteilung staatlicher Mittel stehen, einen regulierten Markt betreffen und zu erheblichen Konkurrenznachteilen führen. Davon erfasst ist auch der Schutz vor ungerechtfertigter staatlicher Begünstigung von Konkurrenten.

1. Durch die Aufnahme der Konkurrenzmethode

Die vertragsärztliche Teilnahme an der Versorgung im System der Gesetzlichen Krankenversicherung findet in einem staatlich regulierten Markt statt. Allerdings ist fraglich, ob die Anerkennung einer Methode durch den G-BA – also eine positive Entscheidung über das „Ob" der Erbringbarkeit einer Methode zu Gunsten aller, die diese Methode erbringen wollen – überhaupt potentiell wettbewerbsverfälschend sein kann. Dafür ließe sich anführen, dass die nach abweichenden Kriterien getroffene Entscheidung, die zur Anerkennung der einen und Ablehnung der anderen Methode führt, einen faktischen Wettbewerbsvorteil für denjenigen Anbieter zeitigt, der die bevorzugte Methode im Angebot hat. Diese möglicherweise wettbewerbsverfälschende Wirkung setzt dann allerdings eine Situation voraus, in der die Methode der möglicherweise grundrechtsbetroffenen Person nicht erbracht werden kann, während eine Konkurrenzmethode – aus sachwidrigen Gründen – erbracht werden kann. In der vorliegenden Situation, in der die „eigene Methode" bereits vom G-BA anerkannt ist und erbracht werden kann, führt die Anerkennung einer Konkurrenzmethode hingegen lediglich zu demselben Zustand, der bestünde, wenn es der Anerkennung nach § 135 Abs. 1 SGB V überhaupt nicht bedürfte. Beide Methoden können schlicht von allen Marktteilnehmern, die dies wünschen, erbracht werden. Die möglicherweise ungerechtfertigte Zulassung einer „nutzlosen" Methode betrifft daher nicht die A-GmbH in ihren Grundrechten, sondern lediglich die Rechtspositionen von Leistungserbringern und Versicherten sowie die Funktionsfähigkeit der Gesetzlichen Krankenversicherung. Im Übrigen hätte eine Überprüfbarkeit des „Ob" der Anerkennung einer Konkurrenzmethode schließlich doch zur Folge, dass Dritte den Leistungsumfang der Gesetzlichen Krankenversicherung gerichtlich klären lassen könnten, was nach dem bereits Dargelegten verfassungsrechtlich nicht geboten ist.

Hinweis:
Die Lösung folgt hier der Entscheidung des BSG v. 14.5.2014 – B 6 KA 28/13 R, Rn. 55 f., in dem erneut bereits die Betroffenheit des Schutzbereiches verneint wird. Eine andere Auffassung ist wiederum gut vertretbar.

2. Durch unterschiedliche Anforderungen an die Erbringbarkeit

Fraglich ist allerdings, ob Art. 12 Abs. 1 i.V.m. Art. 3 Abs. 1 GG vor hoheitlichen Vorgaben schützt, die die konkrete Erbringbarkeit („Wie") von zugelassenen Methoden an unterschiedliche Anforderungen knüpfen, ohne dass dafür sachliche Gründe bestünden. Dafür spricht, dass diese Situation nicht derjenigen gleichkäme, in der überhaupt keine Zulassungsbegrenzung bestünde. Vielmehr wäre eine konkrete Benachteiligung des Anbieters, dessen Methode strengeren Erbringungsanforderungen unterworfen wird, gegenüber demjenigen, dessen Methode ohne diese Anforderungen erbringbar ist, gegeben. Darin wäre ein wettbewerbsverfälschender hoheitlicher Eingriff zu sehen. In dieser Situation ließe sich mithin tatsächlich von einer ungerechtfertigten hoheitlichen Begünstigung eines Konkurrenten sprechen. Allerdings sind vorliegend keine unterschiedlichen Anforderungen, die der G-BA an die konkrete Erbringung der jeweiligen Methoden formuliert hat, ersichtlich. Ein derartiger Grundrechtseingriff liegt also – wenngleich theoretisch möglich – tatsächlich nicht vor.

Hinweis:
Die dargelegte Rechtsprechung des Bundessozialgerichts folgt erkennbar der allem anderen übergeordneten Maxime, dass es Dritten, die nicht Leistungserbringer oder Versicherte sind, von vornherein nicht möglich sein soll, den Leistungsumfang der Gesetzlichen Krankenversicherung und dessen rechtmäßige Ausgestaltung durch eine Berufung auf ihre Berufsfreiheit gerichtlich klären zu lassen. Das „Ob" der Erbringung von Methoden/Medizinsystemen und anderen Leistungen ist daher nach dieser Rechtsprechungslinie für Dritte im Leistungssystem nie grundrechtlich geschützt; durchaus möglich ist aber ein wettbewerbsverfälschender Grundrechtseingriff durch unsachgemäße unterschiedliche Anforderungen an das „Wie" der Erbringbarkeit verschiedener Methoden.

III. Rechtsverletzung aufgrund eines Vorrangverhältnisses

Eine zum Vorgehen gegen einen Konkurrenten berechtigende Rechtsposition der A-GmbH könnte analog derjenigen Grundsätze bestehen, die für die defensive Konkurrentenklage zwischen Vertragsärzten anerkannt sind. Danach ist die „Anfechtungsberechtigung" eines Vertragsarztes gegen die einem Dritten erteilte Befugnis dann gegeben, wenn erstens der Kläger und der Konkurrent im selben räumlichen Bereich die gleichen Leistungen anbieten, zweitens dem Konkurrenten die Teilnahme an der vertragsärztlichen Versorgung eröffnet oder erweitert wird und nicht nur ein weiterer Leistungsbereich genehmigt wird und drittens der dem Konkurrenten eingeräumte Status gegenüber demjenigen des Anfechtenden nachrangig ist. Ein solches „Vorrang-Nachrang-Verhältnis" besteht, wenn die Einräumung des Status an den Konkurrenten vom Vorliegen eines Versorgungsbedarfs abhängt, der von den bereits zugelassenen Ärzten nicht abgedeckt wird.

Hinweis:
Zu diesen Voraussetzungen BSG v. 14.5.2014 – B 6 KA 28/13 R, Rn. 40 ff. Diese Rechtsprechung, die Vertragsärzten unter bestimmten Umständen die Überprüfung einer einem Konkurrenten erteilten Genehmigung/Befugnis ermöglicht, geht zurück auf eine Entscheidung des BVerfG v. 17.8.2004 – 1 BvR 378/00; es handelt sich dennoch nach der Konzeption des Bundessozialgerichts um ein subjektives Recht, das seine Verankerung in einem durch das SGB V begründeten Vorrangverhältnis findet, also eine einfach-rechtliche Rechtsposition voraussetzt.

Vorliegend besteht ein Konkurrenzverhältnis zwischen der A-GmbH und der B-GmbH; auch wird der B-GmbH durch die Aufnahme der asynchronen Photosolotherapie in die RL Methoden als Herstellerin und Anbieterin der Zugang zum GKV Markt eröffnet. Allerdings geht es bei der Zulassung einer Behandlungsmethode nach § 135 Abs. 1 SGB V allein um den Beleg von Wirksamkeit und Nutzen dieser Methode. Bedarfsgesichtspunkte im Sinne einer vorrangigen Berechtigung von Anbietern, die bereits am Markt tätig sind, spielen hingegen bei der Entscheidung über die Aufnahme einer Methode keine Rolle. Es existiert deshalb kein Vorrang-Nachrang-Verhältnis im Sinne der dargelegten vertragsärztlichen Konzeption: alle Methoden sind nach denselben Kriterien gleichrangig und allein hinsichtlich ihres Nutzens zu beurteilen.

IV. Ergebnis zur Begründetheit der Klage

Es liegt keine Verletzung der A-GmbH in ihren subjektiven Rechten vor, die Klage ist unbegründet.

D. Gesamtergebnis

Die Klage hat keine Aussicht auf Erfolg. Sie ist zulässig, aber unbegründet.

Gliederung zu Fall 15

A. Zulässigkeit der Klage
   I. Eröffnung des Sozialrechtsweges
   II. Statthafte Klageart
   III. Klagebefugnis
   IV. Beteiligte; Partei- und Prozessfähigkeit
   V. Zuständiges Gericht
   VI. Feststellungsinteresse
   VII. Sonstiges
B. Beiladung
C. Begründetheit der Klage
   I. Verletzung von Art. 12 Abs. 1 GG
   II. Verletzung von Art. 12 Abs. 1 GG i.V.m. Art. 3 Abs. 1 GG
      1. Durch die Aufnahme der Konkurrenzmethode
      2. Durch unterschiedliche Anforderungen an die Erbringbarkeit
   III. Rechtsverletzung aufgrund eines Vorrangverhältnisses
   IV. Ergebnis zur Begründetheit der Klage
D. Gesamtergebnis

Fall 16

Teil 1

Die Hausfrau Hannelore Henz (H) ist seit dem Frühjahr 2007 verwitwet. Sie bezieht seit dem 1.5.2007 eine – rechtmäßig bewilligte – große Witwenrente nach dem SGB VI. Im damaligen Verfahren war sie vom zuständigen Sachbearbeiter nicht nach ihrem eigenen Einkommen befragt worden; dieser hatte ohne Rücksprache mit H die entsprechende Stelle im Formular mit „keines“ angekreuzt. Auf eigene Nachfrage der H in einem Beratungstermin hatte der Sachbearbeiter ihr zudem fälschlicherweise mitgeteilt, dass es darauf in ihrem Alter – H war schon damals 67 Jahre alt – ohnehin nicht ankomme. Im Herbst 2007 erbt H, die bis dahin über keinerlei eigenes Einkommen verfügt hatte, von einem Großonkel ein stattliches Aktienpaket; seither erzielt sie Einkommen aus Vermögen in einer Höhe, die zu deutlich geringeren Witwenrentenzahlung hätte führen müssen.

Im Laufe der Jahre wurde der Witwenrentenbescheid bezüglich der Höhe der Rente mehrfach an neue gesetzliche Vorgaben angepasst; zuletzt war dies im Jahr 2017 geschehen.

Im Sommer 2018 erfährt die für die Rentenzahlung zuständige DRV Nord von dem Einkommen der H aus Vermögen. Der nunmehr zuständige Sachbearbeiter Thomas Tress (T) möchte den Bewilligungsbescheid zugunsten der H aufheben, fragt sich aber zugleich, ob das nach über zehn Jahren des Witwenrentenbezugs überhaupt noch möglich ist und wenn ja, ob eine Korrektur für die Vergangenheit möglich wäre. Vielleicht sei es hilfreich, dass der letzte Verwaltungsakt gegenüber H erst im Jahr 2017 ergangen sei. T wendet sich daher unverzüglich an die Justitiarin in seiner Behörde und erbittet einen Rechtsrat.

Bearbeitungsvermerk:

Was wird diese T antworten? Gehen Sie bei der Beantwortung der Frage davon aus, dass die einschlägigen rentenversicherungsrechtlichen Normen im Jahr 2007 denselben Regelungsgehalt hatten wie die aktuellen Vorschriften.

Teil 2

Der Sohn der H, Fritz Henz (F) hat über viele Jahre als angestellter Friseur in einem angesagten Friseursalon gearbeitet. Seit einigen Jahren leidet er aber aufgrund der chemischen Präparate, mit denen er täglich zu tun hat, an heftig juckenden und blutenden Hautekzemen, die Anfang 2019 von der zuständigen Berufsgenossenschaft als Berufskrankheit (Nr. 5101 Anlage 1 der BKV) anerkannt worden war. Der zuständige Sachbearbeiter hatte F zudem davon überzeugt, dass er die gefährdende Tätigkeit unterlassen muss. F hatte seine Beschäftigung daher mit Wirkung zum 31.3.2019 gekündigt. Ehe der zuständige Sachbearbeiter die F unstreitig zustehende Übergangsleistung nach § 3 Abs. 2 BKV konkret festsetzen konnte, verstirbt F im September 2019 an den Folgen eines Herzinfarkts.

Im November 2019 meldet sich die Schwägerin Sieglinde (S) des F bei der Berufsgenossenschaft und bittet um Auszahlung der Übergangsleistung an sie. Sie sei vor zwei Jahren nach dem Tod ihrer Schwester, der Ehefrau des F, bei ihrem Schwager eingezogen, weil dieser nicht habe allein leben wollen und auch mit der Hausarbeit überfordert war. Im Gegenzug hatte F den Lebensunterhalt der S finanziert und sie kostenlos in seiner Wohnung wohnen lassen.

Die Berufsgenossenschaft lehnt das ab; da diese Leistung noch nicht bewilligt worden sei, sei sie noch gar nicht entstanden und könne daher auch nicht vererbt werden. Sollte das anders sein, so wäre nicht S, sondern die Mutter des F, also die H, die von F finanziell nicht unterstützt wurde, aber nach Maßgabe des BGB seine Alleinerbin ist, anspruchsberechtigt, weil das Übergangsgeld jedenfalls noch nicht fällig gewesen sei.

S erhebt unverzüglich und schriftlich gegen die ablehnende Entscheidung bei der Berufsgenossenschaft Widerspruch.

Bearbeitungsvermerk:

Wird S mit ihrem Widerspruch Erfolg haben?

Teil 1:	*Witwenrente; Anrechnung von Einkommen nach § 97 SGB VI; zeitliche Restriktionen bei der Korrektur nach Maßgabe von § 48 Abs. 1 SGB X*
Teil 2:	*Übergangsgeld nach § 3 Abs. 2 BKV; Sonderrechtsnachfolge nach § 56 SGB I; Erfolgsaussichten eines Widerspruchs*

Unverbindliche Lösungshinweise

Teil 1

A. Zur möglichen Aufhebung der Witwenrentenbewilligung

Bei der Witwenrentenbewilligung zugunsten der H handelt es sich um einen Verwaltungsakt, weil alle Tatbestandsmerkmale des § 31 SGB X vorliegen.

> **Hinweis:**
> In Klausuren gilt es, die Bearbeitungszeit nicht mit langen Ausführungen zu rechtlichen Fragen zu vergeuden, deren Beantwortung keinerlei Probleme aufwirft. Eine Erörterung im Gutachtenstil zur Frage der Verwaltungsaktqualität der Witwenrentenbewilligung ist daher jedenfalls entbehrlich.

Die behördliche Aufhebung von Verwaltungsakten ist in den §§ 44 ff. SGB X normiert. Um die denkbaren Ermächtigungsgrundlagen für eine Aufhebung ermitteln zu können, bedarf es zunächst der Beurteilung des Verwaltungsakts nach den Kategorien rechtmäßig/rechtswidrig bzw. begünstigend/nicht begünstigend.

I. Rechtmäßigkeit der Witwenrentenbewilligung

Ermächtigungsgrundlage für den vom Rentenversicherungsträger im Jahr 2007 erlassenen Witwenrentenbescheid zugunsten der H ist § 46 SGB VI. Unter den in § 46 Abs. 2 SGB VI genannten Voraussetzungen haben Witwen und Witwer, die nicht wieder geheiratet haben, nach dem Tod des versicherten Ehegatten, der die allgemeine Wartezeit erfüllt hat, Anspruch auf große Witwen- bzw. Witwerrente. H war zum Bewilligungszeitpunkt bereits 67 Jahre alt, sodass sie Anspruch auf eine große Witwenrente nach § 46 Abs. 2 Nr. 2 SGB VI hatte. Da der Bewilligungsbescheid nach den Angaben im Sachverhalt rechtmäßig erlassen wurde, waren auch alle übrigen gesetzlichen Voraussetzungen für den Witwenrentenbezug gegeben. Insbesondere die Frage einer Anrechnung von eigenem Einkommen der H stellte sich zum damaligen Zeitpunkt nicht, da sie kein solches hatte.

Hinweis:
In einer solchen Konstellation, in der der Sachverhalt klare Vorgaben macht, ist eine zu ausführliche Prüfung nicht nur entbehrlich, sondern überflüssig. Jedenfalls die maßgeblichen Normen sollten allerdings kurz benannt werden.

II. Begünstigender Verwaltungsakt

Dieser Verwaltungsakt hat begünstigende Wirkung im Sinne der in § 45 Abs. 1 Satz 1 SGB X enthaltenen Legaldefinition, denn er hat einen gesetzlichen Anspruch der H und damit ihr Recht bestätigt.

Hinweis:
Bei der Begünstigung ist auf den jeweiligen Adressaten abzustellen. Die in § 45 Abs. 1 SGB X enthaltene Differenzierung zwischen „Recht" und „rechtlich erheblicher Vorteil" hat keine rechtlichen Konsequenzen, weil beide Konstellationen rechtlich gleichgestellt sind. Unter „Recht" soll jede Rechtsposition des Einzelnen zu verstehen sein, die nach § 2 SGB I in den Geltungsbereich des SGB einbezogen ist und zu einer Erweiterung des Rechtskreises führt, während über den „rechtlich erheblichen Vorteil" auch jede tatsächlich günstige Wirkung eines Verwaltungsakts in den Bestandsschutz des § 45 SGB X einbezogen wird (so *Schütze* in: Schütze, SGB X, 9. Aufl. 2020, § 45 Rn. 24). Da die Bewilligung einer Witwenrente nicht im Ermessen des Leistungsträgers steht („haben Anspruch…"), hat der insoweit feststellende Bescheid das gesetzlich bestehende Recht der H lediglich bestätigt. Diese Konstellation stellt im Sozialrecht den Regelfall dar.

III. Kein Widerruf nach § 47 SGB X

Da der Verwaltungsakt rechtmäßig erlassen worden ist, kommen als Ermächtigungsgrundlagen für seine Aufhebung somit lediglich die §§ 47 und 48 SGB X in Betracht. Die Tatbestandsvoraussetzungen für einen Widerruf des rechtmäßigen begünstigenden Witwenrentenbescheids nach § 47 SGB X liegen nicht vor. Gesetzlich zugelassen im Sinne des § 47 Abs. 1 Nr. 1 SGB X ist ein Widerruf in der vorliegenden Konstellation nicht; ein Widerruf wurde auch nicht im Verwaltungsakt vorbehalten. Auch eine Auflage nach § 47 Abs. 1 Nr. 2 SGB X wurde nicht erteilt. Schließlich geht es bei der Bewilligung der Witwenrente auch nicht um eine Geldleistung, die im Sinne von § 47 Abs. 2 SGB X eine besondere Zweckbestimmung hat.

Hinweis:
§ 47 SGB X kommt im Sozialrecht äußerst geringe Bedeutung zu, weil für die Aufhebung eines rechtmäßig begünstigenden Verwaltungsakts in der Regel weder auf Seiten der Verwaltung noch des Begünstigten ein Interesse besteht (hierzu *Schütze* in: Schütze, SGB X, 9. Aufl. 2020, § 47 Rn. 2). Zum streitigen Verhältnis von § 47 und § 48 SGB X zueinander vgl. *Prange* in: jurisPK-SGB X, Stand 6.5.2021, § 47 Rn. 13 f.).

IV. Aufhebung nach § 48 SGB X

In Betracht kommt damit lediglich eine Korrektur der Witwenrentenbewilligung nach § 48 SGB X, die eigenen Regeln folgt.

Hinweis:
Im Rahmen von § 48 SGB X kommt es nicht darauf an, ob der Verwaltungsakt zum Erlasszeitpunkt rechtmäßig oder rechtswidrig war; auch die Frage der Begünstigung ist für die Anwendung der Norm ohne Belang. Maßgeblich ist allein der Eintritt einer wesentlichen Änderung (hierzu sogleich unter 2).

1. Verwaltungsakt mit Dauerwirkung

Die Regelung des § 48 SGB X findet Anwendung, wenn es um die Abänderung eines Verwaltungsakts mit Dauerwirkung geht. Dieser Begriff ist im Gesetz nicht definiert; er liegt nach allgemeinem Verständnis vor, wenn der Verwaltungsakt in rechtlicher Hinsicht über den Zeitpunkt seiner Bekanntgabe hinaus Wirkungen erzeugt, d.h. wenn er nicht nur ein einmaliges Ge- oder Verbot oder eine einmalige Gestaltung der Rechtslage regelt, sondern ein auf Dauer berechnetes oder in seinem Bestand vom Verwaltungsakt abhängiges Rechtsverhältnis begründet oder inhaltlich verändert. Letztlich muss es um einen Verwaltungsakt gehen, der durch eine Änderung in den Verhältnissen rechtswidrig werden kann.

Hinweis:
Vgl. hierzu etwa BSG v. 28.9.1999 – B 2 U 32/98 R, Rn. 35.

Vorliegend geht es um die Bewilligung einer Witwenrente, die monatlich gewährt wird und damit ein auf Dauer berechnetes Rechtsverhältnis zum Rentenversicherungsträger begründet.

2. Wesentliche Änderung in den Verhältnissen

§ 48 Abs. 1 Satz 1 SGB X setzt voraus, dass in den tatsächlichen oder rechtlichen Verhältnissen, die beim Erlass des Verwaltungsakts mit Dauerwirkung vorgelegen haben, eine wesentliche Änderung eingetreten ist. Vorliegend haben sich nach Erlass der Witwenrentenbewilligung zugunsten der H deren Einkommensverhältnisse geändert. Zum Erlasszeitpunkt verfügte H über keinerlei eigenes Einkommen. Eine Anrechnung von eigenem Einkommen nach Maßgabe von § 97 SGB VI stand daher nicht zur Diskussion. Schon wenige Monate später allerdings hat sie erhebliches Einkommen aus Vermögen, das nach § 97 Abs. 1 i.V.m. § 18a Abs. 1 Nr. 3 SGB IV bei Renten wegen Todes zu berücksichtigen wäre. § 97 Abs. 1 Satz 2 SGB VI steht einer Anrechnung ab dem Herbst 2009 nicht entgegen, denn nach § 67 Nr. 6 SGB VI beträgt der Rentenartfaktor bei einer großen Witwenrente lediglich bis zum Ende des dritten Kalendermonats, in dem der Ehegatte verstorben ist, 1,0. Anschließend beträgt der Rentenartfaktor 0,55.

Die zum Herbst 2007 eingetretene Veränderung ist auch wesentlich im Sinne des § 48 SGB X. Nach den Angaben im Sachverhalt erzielt H Einkommen in einer Höhe, die zu einer deutlich niedrigen Witwenrente geführt hätte. Damit wäre die Witwenrentenbewilligung vom Rentenversicherungsträger unter den seit Herbst 2007 vorliegenden Verhältnissen nicht mehr so erlassen worden wie im Frühjahr 2007.

Hinweis:
Detailkenntnisse zu den Anrechnungsnormen werden in der Regel nicht erwartet.

3. Zum Zeitpunkt der Aufhebung

Gemäß § 48 Abs. 1 Satz 1 SGB X ist der Verwaltungsakt mit Wirkung für die Zukunft aufzuheben. Eine Sonderregelung enthält insoweit aber § 48 Abs. 1 Satz 2 SGB X: Unter den in den Nr. 1 bis 4 genannten Voraussetzungen soll der Verwaltungsakt mit Wirkung vom Zeitpunkt der Änderung der Verhältnisse aufgehoben werden. Vorliegend geht es nicht um eine Änderung zugunsten der H (Nr. 1). Es kann auch nicht davon ausgegangen werden, dass H ihrer Pflicht zur Mitteilung wesentlicher für sie nachteiliger Änderung der Verhältnisse im Sinne der Nr. 2 „vorsätzlich oder fahrlässig nicht nachgekommen ist“ (Nr. 2). Der damals zuständige Sachbearbeiter hatte sie von sich aus gar nicht nach ihrem Einkommen befragt; und auf ihre explizite Nachfrage hin hatte er sogar mitgeteilt, dass es in ihrem Alter auf eigenes Einkommen nicht ankomme. Als juristischer Laie durfte H dieser Auskunft vertrauen; ein Verschuldensvorwurf ist ihr daher nicht zu machen. Insofern wusste H nicht und musste auch nicht wissen, dass ihr Anspruch infolge der Anrechnung eigenen Einkommens materiellrechtlich teilweise weggefallen bzw. zum Ruhen gekommen ist (Nr. 4). Einschlägig ist allerdings § 48 Abs. 1 S. 2 Nr. 3 SGB X: H hat nach Erlass des Verwaltungsakts Einkommen erzielt, das zur Minderung des Anspruchs geführt haben würde. Diese Variante des § 48 Abs. 1 Satz 2 SGB X stellt außer der tatsächlichen Erzielung solchen Einkommens keine weiteren Anforderungen auf.

Hinweis:
Die gesetzliche Formulierung „nach Antragstellung" ist dagegen ungenau; wenn H bereits vor Erlass des Verwaltungsakts Einkommen bezogen hätte, wäre dieser rechtswidrig nach § 45 SGB X gewesen (hierzu *Brandenburg* in: jurisPK-SGB X, Stand 1.12.2017, § 48 Rn. 135).

Angesichts der Formulierung „soll" ist der Verwaltungsakt in der Regel ab dem Zeitpunkt der Änderung der Verhältnisse, also rückwirkend, zu korrigieren. Nur bei Vorliegen eines besonderen Ausnahmefalls bestünde ein Ermessen des Rentenversicherungsträgers dahingehend, ob er ausnahmsweise eine Korrektur für die Zukunft als sachgerecht ansieht. Anhaltspunkte für eine Ausnahmekonstellation sind nicht ersichtlich; insbesondere die falsche Auskunft des damaligen Sachbearbeiters ist bereits bei der Prüfung der Anwendung der Nr. 2 und 4 des Satzes 2 berücksichtigt worden.

4. Restriktionen in zeitlicher Hinsicht

Zu Recht allerdings ist der jetzt zuständige Sachbearbeiter unsicher, ob er den die H begünstigenden Verwaltungsakt aus dem Jahr 2007 im Jahr 2018, also über zehn Jahre nach der Bekanntgabe überhaupt noch – und wenn ja auch für die Vergangenheit – korrigieren kann. Bedenken ergeben sich insoweit aus § 48 Abs. 4 SGB X, der auf § 45 Abs. 3 Satz 3 bis 5 und – soweit es nicht um eine Änderung zugunsten des Betroffenen geht – auf § 45 Abs. 4 Satz 2 SGB X verweist.

a. Jahresfrist

Die in § 45 Abs. 4 Satz 2 SGB X normierte Jahresfrist erweist sich vorliegend als unproblematisch, weil der zuständige Sachbearbeiter gerade erst Kenntnis von den Vermögenseinkünften der H erhalten hat und sich „unverzüglich" an die Justitiarin seiner Behörde wendet. Sollte eine Korrektur des Bescheids möglich sein, wird diese Frist allerdings zu beachten sein, wobei die Jahresfrist wegen des Erfordernisses der Aufklärung der Voraussetzungen des subjektiven Tatbestands nach überwiegender Ansicht regelmäßig erst nach erfolgter Anhörung des Betroffenen zu laufen beginnt.

Hinweis:
Zu diesem auch aus dem allgemeinen Verwaltungsverfahrensrecht bekannten „Klausurklassiker" vgl. *Padé* in: jurisPK-SGB X, Stand 16.4.2021, § 45 Rn. 110 ff.

b. Die entsprechende Anwendung von § 45 Abs. 3 Satz 3 bis 5 SGB X

Eine Korrektur des Verwaltungsakts könnte allerdings an § 45 Abs. 3 Satz 3 bis 5 SGB X scheitern, der nach § 48 Abs. 4 SGB X entsprechend gilt.

Nach § 45 Abs. 3 Satz 3 SGB X gilt unter bestimmten Voraussetzungen statt der hier sonst maßgeblichen Korrekturfrist von zwei Jahren nach Maßgabe von § 45 Abs. 3 Satz 1 SGB X – diese wird in § 48 Abs. 4 SGB X gar nicht in Bezug genommen – eine Zehn-Jahres-Frist für die Rücknahme rechtswidrig begünstigender Verwaltungsakte. Das Bundessozialgericht hält den Verweis auf § 45 Abs. 3 Satz 3 SGB X für eine Rechtsfolgenverweisung, d.h. das Gesetz ermöglicht danach eine Korrektur des Verwaltungsakts gemäß § 48 SGB X bis zum Ablauf von zehn Jahren, ohne dass die im „Wenn-Satz" des § 45 Abs. 3 Satz 2 SGB X enthaltenen Voraussetzungen erfüllt sein müssten.

Hinweis:
Vgl. hierzu ausführlich BSG v. 11.12.1992 – 9a RV 20/90, Rn. 20: „Die entsprechende Anwendung der in Abs 3 Satz 3 enthaltenen Regelung auf die Aufhebung wegen geänderter Verhältnisse betrifft allerdings nur die darin bestimmte Rechtsfolge (Stärkung der Rechtsstellung des Begünstigten nach Ablauf von 10 Jahren), nicht auch die in dem „Wennsatz" dieser Bestimmung enthaltenen Voraussetzungen für den Eintritt dieser Rechtsfolge ...". Im Ergebnis gilt damit als zeitliche Grenze für eine Korrektur nach § 48 SGB X eine Frist von zehn Jahren.

Für die Aufhebung wegen nachträglicher wesentlicher Änderung infolge Einkommensbezug gilt im Fall der H damit eine zeitliche Korrekturgrenze von zehn Jahren. Da die Änderung in den Verhältnissen bereits im Herbst 2007 eingetreten ist, der Sachbearbeiter von dem Einkommen der H aber erst im Jahr 2018 Kenntnis erhält, war die Zehn-Jahres-Frist bereits überschritten.

Hinweis:
Anders als im Rahmen des § 45 SGB X kommt es für den Fristbeginn nicht auf den Erlass eines rechtswidrigen Verwaltungsakts an; maßgeblich ist vielmehr der Zeitpunkt der wesentlichen Änderung, der den Verwaltungsakt gleichsam hat rechtswidrig werden lassen.

Fraglich ist, ob es bei der Fristberechnung auf spätere Verwaltungsakte ankommen kann, durch welche die ursprüngliche Bewilligung an die geltende Rechtslage angepasst wird. Vorliegend wurde die Witwenrente der H zuletzt im Jahre 2017 angepasst; dieser Zeitpunkt liegt nur ein Jahr zurück und damit innerhalb der Jahresgrenze. Das allerdings würde der Verwaltung weitgehende Korrekturmöglichkeiten an die Hand geben; der Zehn-Jahres-Frist käme aufgrund stetiger Anpassungen in der Praxis faktisch keine Bedeutung zu.

Hinweis:
Entsprechende anpassende Verwaltungsakte begründen keine neuen Fristen (hierzu BSG v. 13.7.1988 – 9/9a RV 34/86; vgl. auch *Steinwedel* in: Kasseler Kommentar Sozialversicherungsrecht, Werkstand 112. EL September 2020, § 45 SGB X Rn. 35 m.w.N.).

Allerdings enthält § 45 Abs. 3 SGB X mit den Sätzen 4 und 5 Regelungen, die eine Korrektur von Dauerverwaltungsakten auch nach Ablauf der Zehn-Jahres-Frist eröffnen – und auch diese werden in § 48 Abs. 4 SGB X in Bezug genommen. In den Fällen des § 45 Abs. 3 Satz 4 SGB X kann ein Verwaltungsakt über eine laufende Geldleistung auch nach Ablauf der Frist von zehn Jahren zurückgenommen werden, wenn diese Geldleistung mindestens bis zum Beginn des Verwaltungsverfahrens über die Rücknahme gezahlt wurde. Diese Voraussetzungen sind vorliegend erfüllt: Bei der Witwenrente handelt es sich um eine laufende, d.h. regelmäßig wiederkehrende Geldleistung, und H bezieht diese Leistung aktuell noch immer. Ein Verwaltungsverfahren im Sinne des § 8 SGB X war mit dem Tätigwerden des jetzt zuständigen Sachbearbeiters eröffnet, denn sein Handeln dient der Prüfung der Voraussetzungen eines Verwaltungsakts.

Nach § 48 Abs. 4 SGB X gilt aber auch diese Regelung lediglich entsprechend. Fraglich ist, ob es sich auch bei dem Verweis auf § 45 Abs. 3 Satz 4 SGB X um eine Rechtsfolgenverweisung handelt. In diesem Fall käme es vorliegend auf die Überschreitung der Frist von zehn Jahren nicht an, weil diese bei noch laufenden Geldleistungen schlicht durch Satz 4 verlängert würde.

Gegen eine solche Sichtweise spricht allerdings der Ausnahmecharakter des § 45 Abs. 3 SGB X. Schon die in § 45 Abs. 3 Satz 3 SGB X enthaltene Zehn-Jahres-Frist ist im Rahmen der Korrektur rechtswidriger Verwaltungsakte als Ausnahmeregelung ausgestaltet, der ein vom Gesetzgeber missbilligtes Verhalten des Begünstigten sanktioniert. Das gilt umso mehr mit Blick auf § 45 Abs. 3 Satz 4 SGB X, der die Frist noch einmal erweitert. Eine entsprechende Anwendung der Regelung im Rahmen des § 48 SGB X könnte daher auch als Rechtsgrundverweisung in dem Sinne verstanden werden, dass eine über die Frist von zehn Jahren hinausgehende Korrektur des Verwaltungsakts nur in Betracht kommt, wenn dem Betroffenen ein Fehlverhalten vorgeworfen werden kann, das den in § 45 Abs. 2 Satz 3 Nr. 2 und 3 SGB X genannten Fallgestaltungen vergleichbar ist. Bei der unmittelbaren Anwendung des § 45 SGB X verlängert sich bereits die Zwei-Jahres-Frist des § 45 Abs. 3 Satz 1 SGB X nur in Fallgestaltungen des Satzes 3, also bei Bösgläubigkeit des Betroffenen. Im Rahmen von § 48 SGB X gilt nach dem bisher Gesagten ohne jegliche Bösgläubigkeit des Berechtigten eine Zehn-Jahres-Frist gelten. Wollte man diese über Satz 4 noch einmal erweitern, würde dies eine erhebliche Schlechterstellung der Adressaten von Dauerverwaltungsakten, bei denen eine wesentliche Änderung eingetreten ist, bedeuten. Es lässt sich daher gut begründen, dass die Frist von zehn Jahren über Satz 4 des § 45 Abs. 3 SGB X nur dann verlängert wird, wenn dem Betroffenen ein Fehlverhalten vorgeworfen werden kann, das dem in § 45 Abs. 2 Satz 3 Nr. 2 und 3 SGB X vergleichbar ist.

Hinweis:
Ausführlich hierzu BSG v. 1.7.2010 – B 13 R 77/09 R, Rn. 42 ff. Eine über die Zehn-Jahres-Frist hinausgehende Korrektur von Dauerverwaltungsakten nach § 48 SGB X kommt dann nur in Betracht, wenn die Korrektur auf Grundlage von § 48 Abs. 1 Satz 2 Nr. 2 oder Nr. 4 SGB X erfolgen soll, weil hier ein Fehlverhalten gegeben ist.

Man mag sich fragen, ob nicht auch schon der Verweis auf den Satz 3 des § 45 Abs. 3 SGB X als Rechtsgrundverweisung anzusehen wäre mit der Folge, dass die Zehn-Jahres-Frist des Satzes 3 überhaupt nur gälte, wenn auch hier eine Bösgläubigkeit des Betroffenen gegeben ist. In diesem Kontext ist allerdings zu beachten, dass es bei dieser Lesart für die nicht bösgläubigen Betroffenen letztlich gar keine Korrekturfrist für Korrekturen nach § 48 SGB X gäbe – denn die Norm verweist nicht auf § 45 Abs. 3 Satz 1 SGB X.

Insgesamt muss man schlicht feststellen, dass der Verweis in § 48 SGB X deutlich klarer formuliert werden könnte (hierzu und zu den zeitlichen Restriktionen der Korrektur von Verwaltungsakten im Sozialrecht auch *Felix*, SGb 2018, 729).

Im Fall der H geht es aufgrund der bereits oben im Kontext des § 48 Abs. 1 Satz 2 SGB X angestellten Überlegungen nicht um ein vorwerfbares Verhalten, das sich unter § 48 Abs. 4 SGB X i.V.m. § 45 Abs. 2 Satz 3 Nr. 2 oder 3 SGB X subsumieren ließe.

Hinweis:
Die in § 45 Abs. 2 Satz 3 Nr. 1 SGB X geregelte Fallgestaltung wird von der Variante „Wiederaufnahmegründe entsprechend § 580 ZPO" erfasst, wobei hier zusätzlich ein Verschulden des Betroffenen gefordert wird (hierzu *Schütze* in: Schütze, SGB X, 9. Aufl. 2020, § 45 Rn. 85 m.w.N.). Da § 48 Abs. 4 SGB X diese Regelung nicht in Bezug nimmt, ist sie vorliegend ohne Bedeutung.

H hat weder falsche Angaben gemacht noch konnte sie wissen, dass der Verwaltungsakt mit dem Bezug eigenen Einkommens rechtswidrig geworden war. Vielmehr geht es vorliegend um die Konstellation des § 48 Abs. 1 Satz 2 Nr. 3 SGB X, die nicht an ein Fehlverhalten des Betroffenen anknüpft: H hat lediglich nach Bekanntgabe des Verwaltungsakts Einkommen erzielt, das sich negativ auf ihren Witwenrentenanspruch ausgewirkt hat. In Konsequenz dessen käme § 48 Abs. 4 SGB X i.V.m. § 45 Abs. 3 Satz 4 SGB X vorliegend nicht zur Anwendung. Es bleibt bei der Zehn-Jahres-Frist, die wie dargelegt bereits abgelaufen ist.

5. Konsequenzen des Fristablaufs

Aufgrund der bisherigen Überlegungen steht lediglich fest, dass die Zehn-Jahres-Frist bereits überschritten ist. Nicht geklärt ist aber, was daraus konkret folgt. Unstreitig soll lediglich eine rückwirkende Korrektur der Witwenrentenbewilligung ausgeschlossen sein; nach Ablauf der zehn Jahre soll ein gutgläubiger Betroffener keine Korrektur für die Vergangenheit und eine entsprechende Erstattung dann rechtsgrundlos gewährter Leistungen nach § 50 Abs. 1 SGB X fürchten müssen. Dagegen ist eine Überschreitung der Zehn-Jahres-Frist bei einer Aufhebung für die Zukunft nicht ausgeschlossen; schließlich hat die Behörde in den Fällen des § 48 SGB X keine Verwaltungsentscheidung getroffen, die Anlass für Vertrauen in den Fortbestand des rechtswidrig gewordenen Dauerverwaltungsakts geben könnte.

Hinweis:
Auch hier soll die Anordnung der nur „entsprechenden" Geltung des § 45 Abs. 3 Satz 3 SGB X in § 48 Abs. 4 SGB X maßgeblich sein (hierzu BSG v. 11.12.1992 – 9a RV 20/90, Rn. 19 ff.). Zehn Jahre nach einer wesentlichen Änderung der Verhältnisse zuungunsten des Betroffenen ist damit nur die rückwirkende Aufhebung eines Verwal-

tungsakts ausgeschlossen, nicht auch die Aufhebung mit Wirkung für die Zukunft. Ob sich das aus § 48 Abs. 4 SGB X entnehmen lässt, ist mehr als zweifelhaft. Im Rahmen des § 45 SGB X führt die Fristüberschreitung zum vollständigen Ausschluss jeglicher Korrektur.

Folgt man dieser Ansicht, so könnte der Sachbearbeiter die Witwenrentenbewilligung bezogen auf die Zukunft nach Maßgabe von § 97 SGB VI an das Einkommen der H anpassen.

Hinweis:
Zwingend ist die Auslegung des Gesetzes durch das Bundessozialgericht hier ebenfalls nicht (vgl. *Schütze* in: Schütze, SGB X. 9. Aufl. 2020, § 48 Rn. 40).

Dem steht auch nicht entgegen, dass der damals zuständige Sachbearbeiter der H im Jahr 2007 mitgeteilt hatte, dass es auf ihr eigenes Einkommen nicht ankäme. Diese fehlerhafte Beratung hat nur zu einer rechtswidrigen Begünstigung der H, aber nicht zu einem Schaden geführt, den es etwa über den sozialrechtlichen Herstellungsanspruch auszugleichen gälte.

Hinweis:
Rechtsfolge des sozialrechtlichen Herstellungsanspruchs ist die Herstellung des Zustandes, der bestehen würde, wenn sich der Sachbearbeiter richtig verhalten hätte. Dass dieser Zustand nicht das ist, auf das H abzielt, ist offenkundig.

B. Gesamtergebnis

Die Justitiarin des Rentenversicherungsträgers wird dem Sachbearbeiter T daher raten, die Witwenrentenbewilligung der HT nach § 48 Abs. 1 Satz 2 Nr. 3 SGB X – allerdings wegen Überschreitung der Zehn-Jahres-Frist nur mit Wirkung für die Zukunft – zu korrigieren. H ist dabei vorher anzuhören. Eine Erstattung überzahlter Leistungen durch H steht nicht im Raum.

Teil 2

S wird mit dem Widerspruch Erfolg haben, wenn dieser zulässig und soweit er begründet ist.

A. Zulässigkeit des Widerspruchs

Der Widerspruch von S ist zulässig, wenn alle Sachentscheidungsvoraussetzungen vorliegen.

I. Eröffnung des Sozialrechtswegs

Mit Blick auf § 62 SGB X ist zu klären, ob vorliegend der Sozialrechtsweg eröffnet wäre. Nach § 51 Abs. 1 SGG als abdrängender Sonderregelung im Sinne von § 40 Abs. 1 Satz 1 VwGO entscheiden die Gerichte der Sozialgerichtsbarkeit über die in den Nr. 1 bis 10 abschließend aufgezählten Angelegenheiten, wenn es sich um eine Streitigkeit öffentlich-rechtlicher und zugleich nicht verfassungsrechtlicher Natur handelt.

S wehrt sich mit ihrem Widerspruch gegen die Entscheidung der Berufsgenossenschaft, das Übergangsgeld, das ihr verstorbener Schwager F nach Maßgabe von § 3 BVO hätte beanspruchen können, an sie auszuzahlen. Die Streitigkeit zwischen S und der Berufsgenossenschaft betrifft damit Angelegenheiten der gesetzlichen Unfallversicherung im Sinne von § 51 Abs. 1 Nr. 3 SGG.

Die Vorschriften des SGB VII berechtigen bzw. verpflichten den Unfallversicherungsträger als öffentlich-rechtliche Körperschaft gemäß § 29 Abs. 1 SGB IV, § 114 Abs. 1 SGB VII und als Hoheitsträger einseitig, sodass es sich um öffentliches Sonderrecht und damit um eine öffentlich-rechtliche Streitigkeit handelt.

Die Streitigkeit ist auch mangels doppelter Verfassungsunmittelbarkeit nicht verfassungsrechtlicher Art (vgl. § 39 Abs. 2 SGG).

Der Sozialrechtsweg wäre damit gemäß § 51 Abs. 1 Nr. 3 SGG eröffnet.

II. Statthaftigkeit des Widerspruchs

Gemäß § 78 Abs. 1 Satz 1 und Abs. 3 SGG sind vor Erhebung der Anfechtungsklage und der Verpflichtungsklage Rechtmäßigkeit und Zweckmäßigkeit des Verwaltungsakts in einem Vorverfahren nachzuprüfen. Der Widerspruch ist also statthaft, wenn das Begehren der S im gerichtlichen Verfahren mit einer Anfechtungsklage oder Verpflichtungsklage bzw. mit einer mit dieser verbundenen Klageart zu verfolgen wäre.

S wendet sich gegen die Weigerung der Auszahlung des Übergangsgeldes an sie. Mit der Weigerung hat die Berufsgenossenschaft als Behörde im Sinne von § 1 Abs. 2

SGB X die Rechtslage hoheitlich auf dem Gebiet des öffentlichen Rechts bezogen auf den Einzelfall geregelt und mithin einen Verwaltungsakt im Sinne des § 31 Satz 1 SGB X gegenüber S erlassen. Um ihr Begehren zu erreichen, müsste S in einem folgenden gerichtlichen Verfahren eine kombinierte Anfechtungs- und Leistungsklage nach § 54 Abs. 1 und 4 SGG erheben. Es geht um eine Leistung, auf die ein Anspruch besteht. Nach § 3 Abs. 2 S. 1 BKV haben Versicherte, die die gefährdende Leistung unterlassen, weil die Gefahr fortbesteht, zum Ausgleich hierdurch verursachter Minderungen des Verdienstes oder sonstiger wirtschaftlicher Nachteile Anspruch auf Unterhaltsleistungen. Bezüglich des „ob“ der Leistung hat der Unfallversicherungsträger damit kein Ermessen, auch wenn über das „wie“ von der Behörde zu entscheiden ist.

Hinweis:
Es geht um eine Geldleistung; hier muss der Klageantrag nicht konkret beziffert werden, da § 130 SGG eine Verurteilung „nur dem Grunde nach“ ermöglicht.

Dass der Anspruch des F möglicherweise auf S übergegangen ist, ändert an der Tatsache, dass es um eine gebundene Verwaltungstätigkeit geht, nichts. Statthafte Klageart wäre damit im gerichtlichen Verfahren die kombinierte Anfechtungs- und Leistungsklage gemäß § 54 Abs. 1 und 4 SGG, sodass nach § 78 Abs. 1 Satz 1 SGG ein Vorverfahren durchzuführen ist. Dieses ist vorliegend auch nicht nach § 78 Abs. 1 Satz 2 SGG entbehrlich, sodass der Widerspruch der S statthaft ist.

III. Widerspruchsbefugnis

S müsste analog § 54 Abs. 1 Satz 2 SGG widerspruchsbefugt sein. Das ist sie dann, wenn sie schlüssig behauptet, durch den angefochtenen Verwaltungsakt beschwert zu sein, weil das Übergangsgeld nunmehr ihr zusteht und der Leistungsträger ihre Berechtigung nicht anerkennt. Eine Rechtsverletzung der S ist jedenfalls nicht ausgeschlossen, weil der ursprünglich F zustehende Anspruch auf sie übergegangen sein könnte.

IV. Ordnungsgemäße Widerspruchserhebung

S hat nach den Angaben im Sachverhalt „unverzüglich“ nach der Bekanntgabe des ablehnenden Bescheids bei der zuständigen Stelle schriftlich Widerspruch erhoben und damit sowohl die Form- als auch die Fristanforderungen des § 84 Abs. 1 SGG eingehalten.

V. Beteiligten- und Handlungsfähigkeit

S ist als natürliche Person gemäß §§ 10 Nr. 1 Alt. 1, 12 Abs. 1 Nr. 2 Alt. 2 SGB X beteiligtenfähig und gemäß § 11 Abs. 1 Nr. 1 SGB X als geschäftsfähige Person handlungsfähig.

Die Berufsgenossenschaft ist nicht Beteiligte an dem von ihr durchgeführten Widerspruchsverfahren.

Hinweis:
Das Vorverfahren ist Verwaltungs-, nicht Gerichtsverfahren. Der Leistungsträger als Behörde ist dabei nicht Beteiligte, sondern führt das Widerspruchsverfahren durch.

VI. Allgemeines Rechtsschutzbedürfnis

Das allgemeine Rechtschutzbedürfnis ist gegeben; S hat keine einfachere oder effektivere Möglichkeit, um ihr Begehren durchzusetzen.

VII. Sonstiges

Die sonstigen Zulässigkeitsvoraussetzungen sind erfüllt.

VIII. Ergebnis zur Zulässigkeit

Der Widerspruch der S ist zulässig.

B. Begründetheit des Widerspruchs

Der Widerspruch der S ist begründet, wenn der Bescheid der Berufsgenossenschaft, mit dem sie die Auszahlung des Übergangsgeldes an S verweigert hat, rechtswidrig und S dadurch in ihren Rechten verletzt ist. Eine Prüfung der Zweckmäßigkeit des Verwaltungsakts hat vorliegend nicht zu erfolgen, weil es insoweit nicht um eine Ermessensentscheidung geht.

I. Rechtswidrigkeit des Bescheids der Berufsgenossenschaft

Fraglich ist, ob der Bescheid der Berufsgenossenschaft rechtswidrig ist. Das wäre er dann, wenn S das ursprünglich F zustehende Übergangsgeld beanspruchen könnte.

Hinweis:
Zum Aufbau der Begründetheitsprüfung bei der kombinierten Anfechtungs- und Leistungsklage vgl. im Allgemeinen Teil. Letztlich interessiert S weniger die Rechtmäßigkeit des Ablehnungsbescheids, sondern sie begehrt die Leistung als solche. Damit ist ihre Anspruchsberechtigung auch die entscheidende Frage. Im Übrigen gäbe es vorliegend zur formellen Rechtmäßigkeit des Ablehnungsbescheids nicht viel zu sagen. Selbst eine Anhörung ist bei der Ablehnung einer beantragten Leistung entbehrlich, weil nach überwiegendem Verständnis nicht in Rechte der Betroffenen eingegriffen wird (hierzu *Weber* in: BeckOK Sozialrecht, Stand 1.3.2021, § 24 SGB X Rn. 7 m.w.N.).

1. Anspruch des F auf eine Übergangsleistung

Materiell-rechtlich bestand zum Zeitpunkt seines Todes ein Anspruch auf Übergangsgeld zugunsten des F. Das wird von der Berufsgenossenschaft auch nicht in Frage gestellt. F als Versicherter nach Maßgabe von § 2 Abs. 1 Nr. 1 SGB VII litt an einer von der Berufsgenossenschaft bereits anerkannten Berufskrankheit in Sinne des § 9 SGB VII und hatte auf Anregung der Berufsgenossenschaft die gefährdende Tätigkeit als Friseur aufgegeben, sodass ein Anspruch nach § 3 Abs. 2 Satz 1 BKV bestand. Ein entsprechender Antrag musste nicht gestellt werden, da Leistungen der gesetzlichen Unfallversicherung nach § 19 Abs. 1 Satz 2 SGB IV grundsätzlich von Amts wegen erbracht werden und eine abweichende Regelung nicht ersichtlich ist.

2. Übergang des Anspruchs auf S

Fraglich ist allerdings, ob dieser Anspruch des F auf seine Schwägerin S übergegangen ist, sodass nunmehr sie die Gewährung des Übergangsgeldes beanspruchen könnte. Ein Übergang auf S käme nur in Betracht, wenn die Leistung überhaupt auf einen Nachfolger übergehen konnte und die sozialrechtliche Sonderrechtsnachfolge eingetreten ist.

a. Kein Ausschluss der Rechtsnachfolge

Die Rechtsnachfolge ist vorliegend nicht nach § 59 Satz 1 SGB I ausgeschlossen, denn es geht nicht um eine Dienst- oder Sachleistung, sondern um eine Geldleistung. Dass die Ausgestaltung des Übergangsgeldes im Einzelfall nach § 3 Abs. 2 Satz 2 BKV im Ermessen des Unfallversicherungsträgers liegt, ändert am Charakter der Geldleistung nichts.

Hinweis:
Zu diesem letztlich unproblematischen Aspekt vgl. BSG v. 5.2.2008 – B 2 U 17/06 R, Rn. 18.

Ansprüche auf Geldleistungen erlöschen nur, wenn sie im Zeitpunkt des Berechtigten weder festgestellt sind noch ein Verwaltungsverfahren über sie anhängig ist. Zwar hatte der zuständige Sachbearbeiter im vorliegenden Fall noch keine konkrete Übergangsleistung festgestellt; er war jedoch nach den Angaben im Sachverhalt mit der Festsetzung befasst. Damit war über diese Sozialleistung ein Verwaltungsverfahren im Sinne von § 8 SGB X anhängig.

b. Eintritt der Sonderrechtsnachfolge

Nach den Angaben im Sachverhalt wäre die Mutter des F nach Maßgabe der Vorschriften des Bürgerlichen Gesetzbuchs Alleinerbin des F. Das bedeutet, dass er keine Kinder hatte, zum Zeitpunkt des Todes nicht verheiratet war und sein Vater nicht mehr lebt.

Hinweis:
Vgl. hierzu §§ 1922 ff. BGB, insbesondere § 1925 Abs. 1 BGB und § 1930 BGB. Diese Detailkenntnisse sind nicht zwingend erforderlich, weil die Angaben im Sachverhalt eindeutig sind.

Fällige Geldleistungen werden aber nur dann nach den Vorschriften des Bürgerlichen Gesetzbuchses vererbt, wenn sie nicht nach den §§ 56 und 57 SGB I einem Sonderrechtsnachfolger zustehen.

Fraglich ist daher, ob S nach dem Tod des F die Sonderrechtsnachfolge angetreten hat. Dies würde voraussetzen, dass es sich bei dem Anspruch auf Übergangsgeld um einen fälligen Anspruch auf eine laufende Geldleistung im Sinne des § 56 Abs. 1 Satz 1 SGB I handelt. Zudem müsste S, die nicht zu den in Absatz 1 Nr. 1 bis 3 der Norm genannten Personen gehört, als Haushaltsführerin mit F zur Zeit seines Todes in einem gemeinsamen Haushalt gelebt haben.

aa. Vorliegen einer Geldleistung

Das Übergangsgeld stellt, wie bereits dargelegt, eine Geldleistung dar.

bb. Laufende Geldleistung

Fraglich ist aber, ob es sich um eine laufende Geldleistung handelt. Der Begriff der laufenden Geldleistung ist von dem der einmaligen Geldleistung zu unterscheiden. Eine Legaldefinition des Begriffs existiert nicht; man versteht darunter Leistungen, die regelmäßig wiederkehrend für bestimmte Zeitabschnitte gezahlt werden. Dabei verlieren sie diesen Charakter als „regelmäßig wiederkehrend" nicht dadurch, dass sie verspätet oder als zusammenfassende Zahlung für mehrere Zeitabschnitte geleistet werden.

Hinweis:
Hierzu BSG v. 30.7.2012 – B 1 KR 6/11 R

Als problematisch erweist sich vorliegend die gesetzliche Regelung in § 3 Abs. 2 Satz 2 BKV. Der dem Grunde nach bestehende Anspruch auf Übergangsleistungen wird entweder in Form der Zahlung eines einmaligen Betrags bis zur Höhe der Vollrente oder durch eine monatlich wiederkehrende Zahlung bis zu Höhe eines Zwölftels der Vollrente längstens für die Dauer von fünf Jahren realisiert. Insofern könnten sowohl laufende als auch einmalige Geldleistungen gewährt werden; die Entscheidung hat die Berufsgenossenschaft wegen des Todes des F nicht mehr getroffen. Es wäre jedenfalls verfehlt, der Behörde im Kontext der hier zu beantwortenden Frage die Letztentscheidungsbefugnis in dem Sinne zu übertragen, dass sie zum jetzigen Zeitpunkt eine einmalige Zahlung festsetzen könnte mit der Folge, dass S keine Rechtsnachfolgerin wäre. Vielmehr erscheint eine großzügige Auslegung der Norm mit Blick auf § 56 SGB I dahingehend vertretbar, dass die Gewährung einer laufenden Geldleistung jedenfalls eine der denkbaren Handlungsoptionen ist. Anders wäre nur zu entscheiden, wenn im konkreten Einzelfall eine Ermessensreduzierung in Richtung einer Einmalzahlung gegeben wäre. Dafür finden sich vorliegend allerdings keine Anhaltspunkte.

Hinweis:
So BSG v. 5.2.2008 – B 2 U 18/06 R, Rn. 23. Diese Sichtweise ist jedenfalls gut vertretbar, wenn auch sicherlich nicht zwingend.

cc. Fälligkeit der Geldleistung

Bedenken bestehen auch hinsichtlich der Fälligkeit des Übergangsgeldes. Diese Bedenken resultieren wiederum aus der Erkenntnis, dass der Anspruch auf das Übergangsgeld nach § 3 Abs. 2 BKV gleichsam gespalten ist: Der Anspruch besteht dem

Grunde nach kraft Gesetzes, weil § 3 Abs. 2 Satz 1 BKV kein Ermessen eröffnet. Die Ausgestaltung der Leistung im Einzelfall liegt allerdings nach § 3 Abs. 2 Satz 2 BKV im Ermessen des Unfallversicherungsträgers. Diese besondere Ausgestaltung der Norm hat Konsequenzen für die Fälligkeit der Leistung, denn diese ist durch die §§ 40 und 41 SGB I für die gebundene Verwaltungstätigkeit einerseits und die Ermessensverwaltung andererseits unterschiedlich ausgestaltet. Ansprüche auf Sozialleistungen entstehen nach § 40 Abs. 1 SGB I, sobald ihre im Gesetz oder aufgrund eines Gesetzes bestimmten Voraussetzungen vorliegen; bei Ermessensentscheidungen ist nach § 40 Abs. 2 SGB I grundsätzlich die Bekanntgabe der behördlichen Entscheidung maßgeblich. Diese Entstehung des Anspruchs ist nach § 41 SGB I grundsätzlich zugleich der Zeitpunkt des Eintritts seiner Fälligkeit. Die Entscheidung über das „Wie" der Gewährung des Übergangsgeldes ist infolge des Todes des F nicht mehr getroffen und damit auch nicht bekanntgegeben worden; insofern würde es also sowohl an der Entstehung des Anspruchs als auch an der Fälligkeit fehlen.

Allerdings ist auch die die besondere Struktur des § 3 Abs. 2 BKV zu berücksichtigen, die gerade keine klassische Ermessensleistung abbildet. Der Anspruch entsteht dem Grunde nach gemäß Satz 1 der Norm kraft Gesetzes; erst hinsichtlich der Ausgestaltung der Leistungen handelt es sich um eine Ermessensleistung. Vor diesem Hintergrund erscheint es sachgerecht, von der Fälligkeit des Anspruchs auf Übergangsleistungen nach Maßgabe von §§ 40 Abs. 1, 41 SGB I auszugehen. Dies gilt umso mehr, wenn man sich den Sinn und Zweck der Rechtsnachfolge des § 56 SGB I vor Augen führt – sie soll vor allem dazu dienen, Nachteile auszugleichen, die den mit dem Berechtigten in einem gemeinsamen Haushalt lebenden Personen dadurch erwachsen, dass sie durch die nicht rechtzeitige Erfüllung fälliger Ansprüche auf laufende Geldleistungen zumeist neben dem Berechtigten selbst in ihrer Lebensführung beeinträchtigt sind.

Hinweis:
Ausführlich hierzu BSG v. 5.2.2008 – B 2 U 18/06 R, Rn. 25 f.

dd. Eigenschaft der S als Haushaltsführerin

Die Sonderrechtsnachfolge nach Maßgabe des § 56 SGB I setzt schließlich voraus, dass S als Schwägerin des F zu den in § 56 Abs. 1 SGB I genannten Personen gehört, auf die fällige Ansprüche auf laufende Geldleistungen übergehen können. Da mit dem Berechtigten verschwägerte Personen im Gesetz nicht genannt sind, könnte S allenfalls Haushaltsführerin im Sinne des § 56 Abs. 1 S. 1 Nr. 4 SGB I sein. Der Begriff des

Haushaltsführers ist in § 56 Abs. 4 SGB I legal definiert. Es handelt sich um denjenigen Verwandten oder Verschwägerten, der an Stelle des verstorbenen oder geschiedenen oder an der Führung des Haushalts aus gesundheitlichen Gründen dauernd gehinderten Ehegatten oder Lebenspartner den Haushalt des Berechtigten mindestens ein Jahr lang vor dessen Tod geführt hat und von diesem überwiegend unterhalten worden war.

S war mit F im Sinne von § 1590 BGB verschwägert. S hat zwei Jahre lang vor dem Tod des F dessen Haushalt geführt, nachdem seine Ehefrau, also ihre Schwester, verstorben war. Im Gegenzug hatte F die S finanziell unterstützt und sie kostenlos in seiner Wohnung wohnen lassen. F hat damit mehr als die Hälfte des Gesamtbedarfs des S getragen und sie damit überwiegend im Sinne des Absatzes 4 unterhalten.

Hinweis:
Dass die Regelung des § 56 Abs. 1 Satz 1 Nr. 4 SGB I ein überkommene Rollenverständnis widerspiegelt und Gleichheitsprobleme aufwirft (hierzu Groth in: jurisPK-SGB I, Stand 15.3.2021, § 56 Rn. 42, der de lege ferenda die ersatzlose Streichung der Norm fordert), dürfte kaum bestreitbar sein. Sie ist aber aktuell geltendes Recht und daher anzuwenden.

S war damit die Haushaltsführerin des F. Sie hat zur Zeit seines Todes mit ihm in einem gemeinsamen Haushalt gelebt; zugleich wurde sie von ihm wesentlich unterhalten.

Hinweis:
Der Aspekt der Unterhaltsgewährung ist bezogen auf den Haushaltsführer gleichsam doppelt angesprochen; der überwiegende – gemeint ist damit mehr als die Hälfte des Unterhalts – Unterhalt im Sinne von Absatz 4 umfasst stets auch den wesentlichen Unterhalt im Sinne des Absatzes 1 Satz 1 SGB I.

ee. Zwischenergebnis

Da die vorrangig berechtigten Personen – in Betracht kommt nach den Angaben im Sachverhalt allein die Mutter des F – nicht mit ihm in einem gemeinsamen Haushalt gelebt haben oder von ihm unterhalten wurden, steht der fällige Geldleistungsanspruch der S zu. § 56 SGB I verdrängt die allgemeine Rechtsnachfolge nach Maßgabe der Normen des BGB. Die Berufsgenossenschaft muss das Übergangsgeld an S zahlen.

Hinweis:
In welcher Form das geschieht, ist dabei offen, weil das „wie“ im Ermessen des Leistungsträgers liegt.

3. Ergebnis

Die Berufsgenossenschaft ist verpflichtet, das Übergangsgeld an S auszuzahlen. Der ablehnende Bescheid ist damit rechtswidrig.

II. Rechtsverletzung der S

Durch den rechtswidrigen Bescheid der Berufsgenossenschaft ist S auch in ihren Rechten verletzt. Sie hat einen Anspruch nach § 3 Abs. 2 BKV i.V.m. § 56 Abs. 1 Nr. 4 SGB I, dessen Erfüllung verweigert wird.

C. Gesamtergebnis

Der Widerspruch der S wird Erfolg haben.

Gliederung zu Fall 16

Teil 1

A. Zur möglichen Aufhebung der Witwenrentenbewilligung
   I. Rechtmäßigkeit der Witwenrentenbewilligung
   II. Begünstigender Verwaltungsakt
   III. Kein Widerruf nach § 47 SGB X
   IV. Aufhebung nach § 48 SGB X
      1. Verwaltungsakt mit Dauerwirkung
      2. Wesentliche Änderung in den Verhältnissen
      3. Zum Zeitpunkt der Aufhebung
      4. Restriktionen in zeitlicher Hinsicht
         a. Jahresfrist
         b. Die entsprechende Anwendung von § 45 Abs. 3 Satz 3 bis 5 SGB X
      5. Konsequenzen des Fristablaufs
B. Gesamtergebnis

Teil 2

A. Zulässigkeit des Widerspruchs
   I. Eröffnung des Sozialrechtswegs
   II. Statthaftigkeit des Widerspruchs
   III. Widerspruchsbefugnis
   IV. Ordnungsgemäße Widerspruchserhebung
   V. Beteiligten- und Handlungsfähigkeit
   VI. Allgemeines Rechtsschutzbedürfnis
   VII. Sonstiges
   VIII. Ergebnis zur Zulässigkeit
B. Begründetheit des Widerspruchs
   I. Rechtswidrigkeit des Bescheids der Berufsgenossenschaft
      1. Anspruch des F auf eine Übergangsleistung
      2. Übergang des Anspruchs auf S
         a. Kein Ausschluss der Rechtsnachfolge
         b. Eintritt der Sonderrechtsnachfolge
            aa. Vorliegen einer Geldleistung
            bb. Laufende Geldleistung
            cc. Fälligkeit der Geldleistung

dd. Eigenschaft der S als Haushaltsführerin
ee. Zwischenergebnis
3. Ergebnis
II. Rechtsverletzung der S
C. Gesamtergebnis

Fall 17

Teil 1

Die im Jahr 2004 geborene Katharina Kern (K) lebt zusammen mit ihrer Mutter und bezieht mit dieser vom zuständigen Jobcenter in Niedersachsen Arbeitslosengeld II. Für die Ausstattung mit persönlichem Schulbedarf hatte K, die die 11. Klasse eines Gymnasiums besucht und das Abitur anstrebt, in den Jahren 2018 und 2019 als Leistungen für Bildung und Teilhabe Beträge in Höhe von 70 bzw. 30 € erhalten. Im Januar 2020 beantragt sie unter Vorlage entsprechender Belege die Übernahme der Kosten für die im November und Dezember erfolgte Beschaffung von Schulbüchern in Höhe von 230 €; diese habe sie selbst kaufen müssen, weil, was zutrifft, ab der 11. Klasse in ihrem Gymnasium eine Ausleihe von Schulbüchern nicht mehr möglich sei und die Anschaffung selbst finanziert werden müsse. Das Jobcenter lehnte den Antrag noch im Januar 2020 ab – Schulbücher seien vom Regelbedarf umfasst. Denkbar wäre allenfalls die Gewährung eines Darlehens. Eine sonstige Rechtsgrundlage für das Begehren der K enthalte das SGB II nicht. Anfang Februar 2020 geht ein Schreiben von K und ihrer Mutter ein; es sei „ein Skandal, wie leichtfertig der Staat mit der Bildung der zukünftigen Staatsbürger umgehe;" „das könne man so nicht hinnehmen". Bildung gehöre „zu ihrem Existenzminimum, das nunmehr verletzt sei". Das Schreiben wird von der zuständigen Sachbearbeiterin zur Kenntnis genommen und zu den Akten genommen. Mitte März erhebt K, vertreten durch ihre Mutter, Widerspruch gegen die ablehnende Entscheidung des Jobcenters. Das Widerspruchsverfahren endet im April 2020; der Widerspruch der K wird als verspätet zurückgewiesen. K, dieses Mal nicht vertreten durch ihre Mutter, erhebt am 20.4.2020 Klage vor dem Sozialgericht auf Zahlung von 202,90 €. Diese Summe hatte K aufwenden müssen, um die notwendigen Schulbücher selbst anzuschaffen – und diese Summe soll dauerhaft das Jobcenter übernehmen. Sie habe – und das sieht ihre Mutter genauso – einen Anspruch auf Übernahme der Kosten, weil zur Existenzsicherung auch die Bildung gehören müsse.

Bearbeitungsvermerk:

Wird die Klage der K Erfolg haben?

Gehen Sie bei der Bearbeitung davon aus, dass weder das maßgebliche Regelbedarfs-Ermittlungsgesetz noch die Einkommens- und Verbrauchsstichprobe gesonderte Ausgabenpositionen für Schulbücher enthalten und die vorhandenen allgemeinen Positionen den Bedarf evident nicht abdecken.

Beachten Sie auch den anhängenden Gesetzesauszug aus dem SGB II (bis 31.12.2020 geltende Fassung)

§ 21 Mehrbedarfe

(1) Mehrbedarfe umfassen Bedarfe nach den Absätzen 2 bis 7, die nicht durch den Regelbedarf abgedeckt sind.

(2) Bei werdenden Müttern wird nach der zwölften Schwangerschaftswoche ein Mehrbedarf von 17 Prozent des nach § 20 maßgebenden Regelbedarfs anerkannt.

(3) Bei Personen, die mit einem oder mehreren minderjährigen Kindern zusammenleben und allein für deren Pflege und Erziehung sorgen, ist ein Mehrbedarf anzuerkennen

1.in Höhe von 36 Prozent des nach § 20 Absatz 2 maßgebenden Bedarfs, wenn sie mit einem Kind unter sieben Jahren oder mit zwei oder drei Kindern unter 16 Jahren zusammenleben, oder 2. in Höhe von 12 Prozent des nach § 20 Absatz 2 maßgebenden Bedarfs für jedes Kind, wenn sich dadurch ein höherer Prozentsatz als nach der Nummer 1 ergibt, höchstens jedoch in Höhe von 60 Prozent des nach § 20 Absatz 2 maßgebenden Regelbedarfs.

(4) [1]Bei erwerbsfähigen Leistungsberechtigten mit Behinderungen, denen Leistungen zur Teilhabe am Arbeitsleben nach § 49 des Neunten Buches mit Ausnahme der Leistungen nach § 49 Absatz 3 Nummer 2 und 5 des Neunten Buches sowie sonstige Hilfen zur Erlangung eines geeigneten Platzes im Arbeitsleben oder Eingliederungshilfen nach § 112 des Neunten Buches erbracht werden, wird ein Mehrbedarf von 35 Prozent des nach § 20 maßgebenden Regelbedarfs anerkannt. [2]Satz 1 kann auch nach Beendigung der dort genannten Maßnahmen während einer angemessenen Übergangszeit, vor allem einer Einarbeitungszeit, angewendet werden.

(5) Bei Leistungsberechtigten, die aus medizinischen Gründen einer kostenaufwändigen Ernährung bedürfen, wird ein Mehrbedarf in angemessener Höhe anerkannt.

(6) [1]Bei Leistungsberechtigten wird ein Mehrbedarf anerkannt, soweit im Einzelfall ein unabweisbarer, laufender, nicht nur einmaliger besonderer Bedarf besteht. [2]Der Mehrbedarf ist unabweisbar, wenn er insbesondere nicht durch die Zuwendungen Dritter sowie unter Berücksichtigung von Einsparmöglichkeiten der Leistungsberechtigten

gedeckt ist und seiner Höhe nach erheblich von einem durchschnittlichen Bedarf abweicht.

(7) [1]Bei Leistungsberechtigten wird ein Mehrbedarf anerkannt, soweit Warmwasser durch in der Unterkunft installierte Vorrichtungen erzeugt wird (dezentrale Warmwassererzeugung) und deshalb keine Bedarfe für zentral bereitgestelltes Warmwasser nach § 22 anerkannt werden. [2]Der Mehrbedarf beträgt für jede im Haushalt lebende leistungsberechtigte Person jeweils

1. 2,3 Prozent des für sie geltenden Regelbedarfs nach § 20 Absatz 2 Satz 1 oder Satz 2 Nummer 2, Absatz 3 oder 4,
2. 1,4 Prozent des für sie geltenden Regelbedarfs nach § 20 Absatz 2 Satz 2 Nummer 1 oder § 23 Nummer 1 bei Leistungsberechtigten im 15. Lebensjahr,
3. 1,2 Prozent des Regelbedarfs nach § 23 Nummer 1 bei Leistungsberechtigten vom Beginn des siebten bis zur Vollendung des 14. Lebensjahres oder
4. 0,8 Prozent des Regelbedarfs nach § 23 Nummer 1 bei Leistungsberechtigten bis zur Vollendung des sechsten Lebensjahres,

soweit nicht im Einzelfall ein abweichender Bedarf besteht oder ein Teil des angemessenen Warmwasserbedarfs nach § 22 Absatz 1 anerkannt wird.

(8) Die Summe des insgesamt anerkannten Mehrbedarfs nach den Absätzen 2 bis 5 darf die Höhe des für erwerbsfähige Leistungsberechtigte maßgebenden Regelbedarfs nicht übersteigen.

Teil 2

Erwin Egestorf (E), geboren 1988, ist bei der TK Hamburg als Beschäftigter gesetzlich krankenversichert. Er leidet an Retinitis pigmentosa, einer Netzhauterkrankung, die zu Tunnelblick und in ihrem Endstadium zur Erblindung führt. Eine anerkannte, dem medizinischen Standard entsprechende Behandlung steht für diese Erkrankung nicht zur Verfügung. Im Jahr 2019 beantragte er unter Hinweis auf seine nur noch 3 % bis 5 % betragende Sehfähigkeit bei seiner Kasse die Kostenübernahme für eine ambulante sogenannte Kuba-Therapie bei Prof. Dr. Paulsen (P) in Hamburg; dieser Arzt habe eine Therapie entwickelt, die das weitere Absterben der Netzhaut verhindere und das Sehvermögen verbessern könne. Das zeigten Verlaufsbeobachtungen anhand von über

150 operierten Menschen; auch Parallelbeobachtungen im Rahmen von Tierversuchen stützten das wissenschaftliche Erklärungsmodell von P. Mit Hilfe von P könne E seine Sehfähigkeit für rund zwei weitere Jahre erhalten. Die Krankenkasse lehnte den Antrag umgehend ab, weil diese neue Behandlungsmethode noch nicht im Einheitlichen Bewertungsmaßstab abgebildet ist und der Gemeinsame Bundesausschuss insoweit keine positive Entscheidung getroffen hat. In der Zeit vom 10.1.2020 bis 31.1.2020 ließ sich E mit finanzieller Unterstützung seiner Eltern auf eigene Kosten und mit Erfolg behandeln. Anschließend fordert er sogleich Erstattung der für die Behandlung angefallenen Kosten in Höhe von 11.465 €.

Bearbeitungsvermerk:

1. Muss die Krankenkasse E den genannten Betrag erstatten?
2. Falls ja, ist der Betrag von der Krankenkasse zu verzinsen?
3. Sollte die Krankenkasse die Erstattung verweigern – mit welcher Klage müsste E sein Begehren gerichtlich geltend machen?

Teil 1:	*Mehrbedarf nach § 21 Abs. 6 SGB II für Schulbücher im Jahr 2020; kombinierte Anfechtungs- und Leistungsklage; Verfristung eines Widerspruchs*
Teil 2:	*Neue Untersuchungs- und Behandlungsmethoden in der vertragsärztlichen Versorgung, Erstattungsanspruch nach § 13 Abs. 3 SGB V; Verzinsung nach § 44 SGB I; statthafte Klageart bei Erstattungsanspruch nach § 13 Abs. 3 SGB V*

Unverbindliche Lösungshinweise

Teil 1

Die Klage der K ist erfolgreich, wenn sie zulässig und soweit sie begründet ist.

A. Zulässigkeit der Klage

Zulässig ist die Klage der K dann, wenn die allgemeinen und besonderen Sachentscheidungsvoraussetzungen gegeben sind.

I. Eröffnung des Sozialrechtswegs

Die Eröffnung des Sozialrechtswegs beurteilt sich insbesondere nach § 51 Abs. 1 SGG als abdrängende Sonderzuweisung im Sinne des § 40 Abs. 1 VwGO. Nach dieser Norm ist der Sozialrechtsweg für alle öffentlich-rechtlichen Streitigkeiten nicht verfassungsrechtlicher Art (vgl. § 39 Abs. 2 SGG) eröffnet, sofern die Streitigkeit einem der in den Nr. 1 bis 10 des § 51 SGG abschließend aufgezählten Bereiche unterfällt.

K begehrt vom beklagten Jobcenter die Übernahme der Kosten von Schulbüchern in Höhe von 230 €. Es handelt sich damit um eine Streitigkeit im Sinne des § 51 Abs. 1 Nr. 4a SGG in Angelegenheiten der Grundsicherung für Arbeitsuchende.

Öffentlich-rechtlich ist eine Streitigkeit insbesondere dann, wenn die streitentscheidenden Normen einen Hoheitsträger einseitig berechtigen oder verpflichten. Für den vorliegenden Rechtsstreit sind streitentscheidend die Normen des SGB II; diese adressieren die Träger der Grundsicherung für Arbeitsuchende in ihrer Funktion als Hoheitsträger, sodass diese Voraussetzung erfüllt ist.

Die Streitigkeit ist auch nicht verfassungsrechtlicher Art, da weder K noch das Jobcenter Verfassungsorgane sind und verfassungsrechtliche Fragen allenfalls mittelbar relevant sind.

Der Sozialrechtsweg ist damit eröffnet.

II. Statthafte Klageart

Die statthafte Klageart beurteilt sich nach dem klägerischen Begehren (vgl. § 123 SGG). K begehrt die Übernahme bzw. Erstattung der Kosten für Schulbücher in Höhe von 230 €, die sie selbst angeschafft hatte. Das Jobcenter hat die Erstattung aus Rechtsgründen abgelehnt, weil es keine entsprechende Rechtsgrundlage für das Begehren der K gäbe.

Vor diesem Hintergrund kommt als statthafte Klage die kombinierte Anfechtungs- und Leistungsklage nach § 54 Abs. 1 und 4 SGG in Betracht. Voraussetzung ist, dass es um einen Anspruch im Rahmen gebundener Verwaltungstätigkeit geht, deren Erfüllung der Leistungsträger durch Erlass eines Verwaltungsakts abgelehnt hat. Die in Betracht kommenden Normen des SGB II – insbesondere §§ 24, 28 oder 21 SGB II – räumen dem Jobcenter kein Ermessen ein.

Die kombinierte Anfechtungs- und Leistungsklage ist damit statthaft.

III. Klagebefugnis

K müsste gemäß § 54 Abs. 1 Satz 2 SGG klagebefugt sein. K hat substantiiert dargelegt, durch den Ablehnungsbescheid des Jobcenters beschwert zu sein, weil dieser rechtswidrig sei und sie in ihren Rechten verletze. Die Ablehnung der Kostenübernahme durch das Jobcenter könnte rechtsfehlerhaft sein, wenn K einen Anspruch nach Maßgabe des SGB II hätte. Da das nicht auszuschließen ist, ist K klagebefugt.

IV. Erfolglose Durchführung eines ordnungsgemäßen Vorverfahrens

Gemäß § 78 Abs. 1 Satz 1 SGG sind vor Erhebung der Anfechtungsklage Recht- und Zweckmäßigkeit des Verwaltungsakts in einem Vorverfahren nachzuprüfen. Dies gilt auch, wenn die Anfechtungsklage in Kombination mit einer anderen Klageart erhoben wird.

Vorliegend ist fraglich, ob K ein erfolgsloses Vorverfahren ordnungsgemäß durchgeführt hat. Ihr Widerspruch war erst Mitte März beim Jobcenter eingegangen, obwohl der ablehnende Bescheid vom Januar 2020 stammt. Insoweit wäre ihr Widerspruch tatsächlich als verfristet anzusehen; Anhaltspunkte für eine Wiedereinsetzung in den vorigen Stand nach Maßgabe von § 67 SGG, der nach § 84 Abs. 2 Satz 3 SGG entsprechend gilt, sind nicht ersichtlich.

Hinweis:
Das Widerspruchsverfahren ist zwar ein Verwaltungsverfahren im Sinne von § 8 SGB X, sodass es trotz der Regelung der Widerspruchsfrist im SGG nahe läge, die Regelung des § 27 SGB X anzuwenden. Mit Blick auf § 84 Abs. 2 Satz 3 SGG und § 62 SGB X wird aber § 67 SGG für einschlägig erachtet (vgl. nur *Franz* in: jurisPK-SGB X, Stand 1.12.2017, § 27 Rn. 12; Mutschler in: Kasseler Kommentar Sozialversicherungsrecht, Werkstand 112. EL September 2020, § 27 SGB X Rn. 4.

Allerdings ist zu fragen, ob nicht bereits das Schreiben der K und ihrer Mutter vom Februar 2020 als Widerspruch anzusehen ist. Mit diesem Schreiben habe beide zum Ausdruck gebracht, dass sie mit der ablehnenden Entscheidung nicht einverstanden sind und sie diese nicht „hinnehmen" wollten. Auch wenn das Wort „Widerspruch" in diesem Kontext offenbar nicht gefallen ist, zeigt dieses Schreiben, dass beide gegen die Entscheidung protestieren und eine Überprüfung derselben anstreben. Von juristischen Laien kann die richtige Wortwahl nicht erwartet werden; dass später ein korrekt bezeichnetes Widerspruchsschreiben der K eingegangen ist, steht der Auslegung des Briefs vom Februar als Widerspruch nicht entgegen. Insofern hat K, vertreten durch ihre Mutter, fristgerecht und auch ansonsten ordnungsgemäß Widerspruch erhoben; dieser ist erfolglos geblieben.

V. Klagefrist

Gemäß § 87 Abs. 1 Satz 1 SGG ist die Klage binnen eines Monats nach Bekanntgabe des Verwaltungsakts – hier des Ablehnungsbescheids – zu erheben. Maßgeblich ist bei der Durchführung eines Vorverfahrens die Bekanntgabe des Widerspruchsbescheids (§ 87 Abs. 2 SGG). Nach Zurückweisung des Widerspruchs hat K den Angaben im Sachverhalt nach innerhalb der Monatsfrist Klage beim Sozialgericht erhoben.

VI. Beteiligte; Partei- und Prozessfähigkeit

Beteiligt am Rechtsstreit sind K als Klägerin nach § 69 Nr. 1 SGG und das Jobcenter als Beklagte nach § 69 Nr. 2 SGG.

K ist gemäß § 70 Nr. 1 Alt. 1 SGG parteifähig. Fraglich ist allerdings, ob sie prozessfähig ist, da sie zum Zeitpunkt der Klageerhebung erst 16 Jahre alt ist. § 71 Abs. 1 SGG ist nicht einschlägig, da K sich nach Maßgabe des Bürgerlichen Gesetzbuchs als

Minderjährige nicht durch Verträge verpflichten kann, soweit diese nicht lediglich rechtlich vorteilhaft sind. K könnte allerdings nach § 71 Abs. 2 Satz 1 SGG in eigener Sache prozessfähig sein, weil sie durch eine Vorschrift des öffentlichen Rechts für den Gegenstand des Verfahrens als geschäftsfähig anerkannt ist. Dies ergibt sich aus § 36 Abs. 1 Satz 1 SGB I. Nach dieser öffentlich-rechtlichen Vorschrift sind Minderjährige, wenn sie das 15. Lebensjahr vollendet haben, berechtigt, Anträge auf Sozialleistungen zu stellen und Sozialleistungen entgegenzunehmen. Die Regelung des § 36 SGB I gewährt aber nicht nur das Recht, Anträge auf Sozialleistungen zu stellen, sondern diese auch zu „verfolgen," also im Widerspruchsverfahren bzw. im Gerichtsverfahren durchzusetzen.

Hinweis:
Die sozialrechtliche Handlungsfähigkeit des Minderjährigen verdrängt allerdings in ihrem sachlichen Geltungsbereich nicht die Befugnisse des gesetzlichen Vertreters, sondern tritt ergänzend neben dessen gesetzliche Vertretungsmacht (vgl. BSG v. 28.4.2005 – B 9a/9 VG 1/04 R).

Das Jobcenter als gemeinsame Einrichtung im Sinne der §§ 6d, 44 SGB II, die einer juristischen Person des öffentlichen Rechts gleichsteht, ist beteiligtenfähig nach § 70 Nr. 1 2. Alt. SGG. Es wird nach § 71 Abs. 3 SGG i.V.m. § 44d Abs. 1 Satz 2 SGB II durch den Geschäftsführer vertreten.

Hinweis:
Hierzu *Schmidt* in: Meyer-Ladewig u.a., SGG, 13. Aufl. 2020, § 70 Rn. 2b m.w.N.

VII. Zuständigkeit des Gerichts

Sachlich zuständig ist gemäß § 8 SGG das Sozialgericht. Die örtliche Zuständigkeit ergibt sich aus § 57 Abs. 1 Satz 1 SGG. Maßgeblich ist der Wohnsitz der Klägerin K. Dieser befindet sich in Niedersachsen; sodass in Abhängigkeit vom konkreten Wohnsitz das insoweit örtliche Sozialgericht zuständig ist.

VIII. Ordnungsgemäße Klageerhebung

Von einer ordnungsgemäßen Klageerhebung im Sinne der §§ 90, 92 SGG ist auszugehen.

IX. Allgemeines Rechtsschutzbedürfnis

Auch das für alle Rechtsbehelfe geltende Erfordernis des allgemeinen Rechtsschutzbedürfnisses müsste erfüllt sein. K stehen keine einfacheren oder effektiveren Möglichkeiten zur Durchsetzung ihres Begehrens zur Verfügung.

X. Sonstiges

Auch die sonstigen Sachentscheidungsvoraussetzungen sind erfüllt.

XI. Ergebnis

Die Klage der K ist zulässig.

B. Begründetheit der Klage

Die Klage der K ist begründet, wenn das Jobcenter verpflichtet ist, die Kosten für die Schulbücher zu tragen.

Hinweis:
Zum Prüfungsaufbau bei der kombinierten Anfechtungs- und Verpflichtungsklage vgl. im Allgemeinen Teil.

Streitgegenstand ist der Bescheid des Jobcenters vom Januar 2020 in Gestalt des Widerspruchsbescheides vom April 2020. Inhaltlich geht es um das Begehren auf Übernahme der Kosten für die Beschaffung von Schulbüchern in Höhe von insgesamt 230 €, die K für den Unterricht in der 11. Klasse des Gymnasiums selbst anschaffen musste. Der angefochtene Bescheid in Gestalt des Widerspruchsbescheides regelt bei einer am Rechtsschutzziel orientierten Auslegung die Ablehnung der begehrten Leistungen unter allen rechtlichen Voraussetzungen, sodass im Hinblick auf das klägerische Begehren nicht nur die laufenden Arbeitslosengeld II-Leistungen nach §§ 19 Abs. 1 Satz 1, 20, 21 SGB II, sondern auch alle sonstigen möglichen Ansprüche auf Leistungen zur Sicherung des Lebensunterhaltes, u.a. die daneben gewährten Leistungen für Bildung in den Blick zu nehmen sind.

Hinweis:
Regel- und Mehrbedarf bilden einen einheitlichen Streitgegenstand (vgl. etwa BSG v. 14.2.2013 – B 14 AS 48/12 R); zu Ansprüchen nach § 28 SGB II als isolierte, abtrennbare Streitgegenstände vgl. BSG v. 19.6.2012 – B 4 AS 162/11 R.

Das Jobcenter müsste außerdem passivlegitimiert sein. Grundsätzlich gilt im Rahmen der Sozialgerichtsbarkeit das Rechtsträgerprinzip. Richtiger Klagegegner ist damit regelmäßig der Träger der Sozialleistung und nicht die Behörde, hinter der der Träger steht. Problematisch ist, dass das Jobcenter nicht Rechtsträger der Leistungen der Grundsicherung für Arbeitssuchende ist. Dies sind gemäß § 6 SGB II die Bundesagentur für Arbeit sowie die kommunalen Träger nach Maßgabe von § 6 Abs. 1 Satz 1 Nr. 2 SGB III. Für die Passivlegitimation dieser beiden Rechtsträger – der Bundesagentur für Arbeit und des jeweiligen kommunalen Trägers – spricht, dass sie das Jobcenter zwar als gemeinsame Einrichtung zur Durchführung der Grundsicherung für Arbeitssuchende gebildet haben, § 44b Abs. 1 S. Satz 2 2. HS SGB II jedoch bestimmt, dass die Trägerschaft unberührt bleibt. Gegen eine Passivlegitimation der beiden Rechtsträger spricht jedoch die auf der Grundlage von Art. 91e GG und §§ 44b ff. SGB II den gemeinsamen Einrichtungen zukommende besondere Legitimation. Durch die gemeinsame Einrichtung soll in der Aufgabenwahrnehmung die getrennte Trägerschaft gerade in den Hintergrund treten. Der Gesetzgeber hat das Jobcenter deshalb nach § 44b Abs. 1 Satz 2, 1. HS, Satz 3 und Abs. 4 SGB II mit einer umfassenden Wahrnehmungskompetenz für die Durchführung des SGB II betraut. Außerdem wurde dem Geschäftsführer nach § 44d Abs. 1 Satz 2 SGB II die gerichtliche Vertretung zugestanden. Es würde dieser Intention des Gesetzgebers zuwiderlaufen, wenn im gerichtlichen Verfahren wiederum beide Rechtsträger Klagegegner wären.

Im Ergebnis ist abweichend vom Rechtsträgerprinzip das Jobcenter passivlegitimiert.

Hinweis:
Hierzu BSG v. 7.11.2006 – B 7b AS 8/06 R, Rn. 30. Die Frage der Verfassungswidrigkeit der Mischverwaltung wegen Verletzung der Art. 28 Abs. 2 Satz 1 und 2 in Verbindung mit Art. 83 GG (BVerfG v. 20.12.2017 – 2 BvR 2433/04) bedarf seit der Einfügung des Art. 91e GG keiner Erörterung mehr.

I. Anspruchsberechtigung der K nach Maßgabe des SGB II

K war nach den Angaben im Sachverhalt nach dem SGB II leistungsberechtigt. Sie erfüllte die Leistungsvoraussetzungen nach § 7 Abs. 1 SGB II. Die insoweit ergangenen Leistungsbewilligungen unterliegen keinen rechtlichen Bedenken. K bildet zusammen mit ihrer Mutter eine Bedarfsgemeinschaft nach § 7 Abs. 3 Nr. 4 SGB II. K war damit auch im Zeitpunkt der Anschaffung der mit Blick auf die Kostentragung streitigen Schulbücher hilfebedürftig.

II. Anspruch aus § 28 SGB II

Nach der Konzeption des SGB II werden bei Kindern, Jugendlichen und jungen Heranwachsenden neben dem Regelbedarf gemäß § 28 SGB II zusätzliche Bedarfe für Bildung und Teilhabe am sozialen und kulturellen Leben gesondert berücksichtigt. Insoweit hat der Gesetzgeber eigenständige Ansprüche für die Übernahme von Kosten für Schulausflüge und Klassenfahrten, der Schülerbeförderung, einer angemessenen Lernförderung und für eine gemeinschaftliche Mittagsverpflegung geschaffen. Darüber hinaus werden für die Ausstattung mit persönlichem Schulbedarf gemäß § 28 Abs. 3 Satz 1 SGB II i.V.m. § 34 Abs. 3 SGB II bei Schülerinnen und Schülern zum 1. August eines jeden Jahres 70 € und zum 1. Februar eines jeden Jahres 30 € berücksichtigt. Diese sogenannte Schulbedarfspauschale hatte das Jobcenter K laut Sachverhalt in den Jahren 2018 und 2019 gezahlt; sie dient zum Schuljahresbeginn insbesondere dem Erwerb von Gegenständen zur persönlichen Ausstattung für die Schule, z.B. einem Schulranzen, und für Schreib-, Rechen- und Zeichenmaterialien wie etwa Füller, Hefte, Papier, Lineale oder Taschenrechner.

Hinweis:
Hierzu die Gesetzesbegründung (BT-Drs. 17/3404, S. 105).

Nicht von der Pauschale nach § 28 Abs. 3 SGB II umfasst sind aber die Kosten für Schulbücher. Das ergibt sich aus dem insoweit eindeutigen Gesetzeswortlaut.

Hinweis:
Auch der Gesetzgeber ist davon ausgegangen, dass diese Kosten durch die monatlichen Regelbedarfe nach §§ 20 Abs. 2, 23 Nr. 1 SGB II abgedeckt seien.

BT-Drs. 17/3404, S. 104; ausführlich hierzu LSG Niedersachsen-Bremen v. 11.12.2017 – L 11 AS 1503/15, Rn. 25 m.w.N.

Der Anspruch der K lässt sich damit nicht aus § 28 SGB II herleiten.

III. Anspruch aus § 21 Abs. 6a SGB II

Heute könnte K die Übernahme der Kosten für die Schulbücher gemäß § 21 Abs. 6a SGB II beanspruchen. Durch § 21 SGB II sollen die in den Absätzen 2 bis 7 der Norm genannten Mehrbedarfe abgedeckt werden, die nicht durch den Regelbedarf abgedeckt sind. Gemäß § 21 Abs. 6a SGB II sind Aufwendungen von Schülerinnen oder Schülern, die diese aufgrund der jeweiligen schulrechtlichen Bestimmungen oder schulischen Vorgaben zur Anschaffung oder Ausleihe von Schulbüchern oder gleichstehenden Arbeitsheften haben, als Mehrbedarf anzuerkennen. Die in der Norm genannten Voraussetzungen sind vorliegend erfüllt; K musste die Schulbücher für den Unterricht auf eigene Kosten anschaffen.

Allerdings ist § 21 Abs. 6a SGB II erst mit Wirkung vom 1.1.2021 in Kraft getreten. Vorliegend geht es um einen Sachverhalt, der sich im Jahr 2020 ereignet hat, sodass die Norm insoweit nicht herangezogen werden kann.

Hinweis:
Diese Erkenntnis gewinnt man auch bei der Ansicht der maßgeblichen Norm im Aichberger; hier finden sich in den Fußnoten entsprechende Hinweise.

IV. Anspruch aus § 21 Abs. 6 SGB II

Vor Inkrafttreten des § 21 Abs. 6a SGB II kam allenfalls § 21 Abs. 6 SGB II als Anspruchsgrundlage für die Kostentragung bezüglich der Schulbücher in Betracht. Bei Leistungsberechtigten wird ein Mehrbedarf anerkannt, soweit im Einzelfall ein unabweisbarer, besonderer Bedarf besteht.

1. Leistungsberechtigung der K

Die Leistungsberechtigung der K nach dem SGB II ist, wie oben dargelegt, gegeben.

2. Vorliegen eines besonderen Bedarfs

Besondere Bedarfe im Sinne des § 21 Abs. 6 SGB II sind nur solche Bedarfe, die nicht schon vom Regelbedarf abgedeckt werden, sondern aufgrund atypischer Bedarfslagen über den Durchschnittsbedarf hinausgehen oder gerade aufgrund ihrer Atypik vom Regelbedarf gar nicht erfasst sind.

Hinweis:
Hierzu *Behrend* in; jurisPK-SGB II, Stand 8.2.2021, § 21 Rn. 86 ff. m.w.N.

Der Bedarf „Schulbücher" ist nach den Angaben im Sachverhalt im Regelbedarf offensichtlich unzureichend abgebildet, sodass ein besonderer Bedarf vorliegt.

Hinweis:
Ausführlich hier LSG Niedersachsen-Bremen v. 11.12.2017 – L 11 AS 1503/15, Rn. 27 ff.

Das hat damit zu tun, dass K einen atypischen Bedarf hat. Die insoweit unzutreffende Bedarfserfassung betrifft nicht alle Leistungsempfänger nach dem SGB II; der im Streit stehende Bedarf ist noch nicht einmal für die meisten Schüler typisch, denn es bestehen in den Bundesländern zum Teil weitreichende Regelungen zur Lernmittelfreiheit. Selbst in Niedersachsen fällt nicht bei allen Schülern ein Bedarf in vergleichbarer Höhe an, weil in den Klassen 1-10 der Bedarf weitestgehend und in den Klassen 11-13 der Bedarf teilweise durch Ausleihmöglichkeiten gedeckt wird. Ein Bedarf für Schulbücher, wie er hier im Streit steht, kann daher auch in Niedersachsen nur bei Schülern entstehen, denen die Schule entsprechend dem Niedersächsischen Landesrecht – ab der Klasse 11 aufwärts – keine kostenfreie Schulbuchausleihe mehr anbietet. Dies ist bei K der Fall.

Auch der Einwand des Jobcenters, dass die Befriedigung derartiger Bildungsbedarfe nicht dem SGB II obliege, weil die Deckung von Bedarfen für den Schulunterricht, die der Durchführung des Unterrichts selbst dienen, in der Verantwortung der Schule liege und daher von den Schulen und Schulträgern nicht auf das Grundsicherungssystem abgewälzt werden dürfe, ändert an diesem Ergebnis nichts. Der Bundesgesetzgeber hat durch den Erlass des SGB II von seiner konkurrierenden Gesetzgebungskompetenz nach Art. 74 Abs. 1 Nr. 7 GG abschließend Gebrauch gemacht; der Bund trägt dementsprechend die Verantwortung für die Sicherstellung des gesamten menschenwürdigen Existenzminimums.

Hinweis:
Hierzu BVerfG v. 9.2.2010 – 1 BvL 1/09 u.a., Rn 181 f., 197. Vgl. auch BSG v. 8.5.2019 – B 14 AS 13/18 R, Rn. 30.

3. Unabweisbarkeit des Bedarfs

Ein Mehrbedarf ist gemäß § 21 Abs. 6 Satz 2 SGB II unabweisbar, wenn er insbesondere nicht durch die Zuwendungen Dritter sowie unter Berücksichtigung von Einsparmöglichkeiten der Leistungsberechtigten gedeckt ist und seiner Höhe nach erheblich von einem durchschnittlichen Bedarf abweicht.

Auf die Bedarfsdeckung durch Zuwendungen Dritter kann K nicht verwiesen werden; entsprechende Leistungen Dritter sind vorliegend auch nicht ersichtlich.

Konkrete Einsparmöglichkeiten lassen sich nicht feststellen. K hat bereits einen nicht unerheblichen Teil der Bücher gebraucht angeschafft; weitere zur Verfügung stehende Möglichkeiten zur Kostenreduzierung sind nicht ersichtlich.

Hinweis:
Entsprechende Einsparmöglichkeiten müssen ausdrücklich festgestellt werden (BSG v. 4.6.2014 – B 14 AS 30/13 R, Rn. 23 ff.).

Auch das Merkmal der Erheblichkeit ist vorliegend erfüllt. Der Begriff „erheblich" in § 21 Abs. 6 SGB II ist ein unbestimmter Rechtsbegriff, der in vollem Maß gerichtlicher Überprüfung unterliegt. Erheblich ist ein atypischer Bedarf dann, wenn er von einem durchschnittlichen Bedarf in nicht nur unbedeutendem wirtschaftlichen Umfang abweicht. Letztlich geht es dabei um die Frage, ob das menschenwürdige Existenzminimum infolge des Mehraufwands noch gewährleistet ist.

Bei den hier in Rede stehenden Aufwendungen in Höhe von 230 € handelt es sich um einen erheblichen Bedarf. Legte man die tatsächlich angefallenen Aufwendungen auf das Jahr um, ergibt sich ein monatlicher Betrag von fast 20 € – ein solcher Betrag kann im Existenzsicherungsrecht nicht als unerheblich betrachtet werden.

Hinweis:
Das BSG akzeptiert auch im Übrigen keine allgemeine Bagatellgrenze für selbst zu tragende Aufwendungen (hierzu BSG v. 4.6.2014 – B 14 AS 30/13 R, Rn. 30).

4. Laufender, nicht nur einmaliger Bedarf

§ 21 Abs. 6 Satz 1 SGB II setzt darüber hinaus das Bestehen eines laufenden, nicht nur einmaligen besonderen Bedarfs voraus. Die Erfüllung dieses Tatbestandsmerkmals erscheint vorliegend problematisch, da es um die einmalige Anschaffung von Lehrbüchern im Wert von 230 € geht. Allerdings besteht die fehlende Lehrmittelfreiheit in Niedersachsen ab der 11. Klasse. K strebt das Abitur als Schulabschluss an, sodass hier bei einer verfassungsrechtlich gebotenen prognostischen Betrachtung von einem laufenden Bedarf auszugehen ist, auch wenn aktuell noch nicht klar ist, welche Schulbücher K im Verlauf des weiteren Schulbesuchs noch wird anschaffen müssen.

Hinweis:
Hierzu BSG v. 8.5.2019 – B 14 AS 13/18 R, Rn. 29.

5. Ergebnis

K hat Anspruch auf Erstattung der Kosten in Höhe von 230 € für die Schulbücher.

C. Gesamtergebnis

Die Klage der K ist zulässig und begründet.

Teil 2

Frage 1

E könnte gegen seine Krankenkasse einen Kostenerstattungsanspruch nach § 13 SGB V haben. Da er keine Kostenerstattung nach § 13 Abs. 2 SGB V gewählt hat, kein Auslandsbezug besteht und die Kasse die beantragte Leistung nach den Angaben im Sachverhalt „umgehend" abgelehnt hat und deshalb auch § 13 Abs. 3a SGB V nicht relevant ist, kommt nur ein Erstattungsanspruch nach § 13 Abs. 2 Satz 1 SGB V in Betracht. Konnte die Krankenkasse eine unaufschiebbare Leistung nicht rechtzeitig erbringen oder hat sie die Leistung zu Unrecht abgelehnt, sind die Kosten von der Krankenkasse in der entstandenen Höhe zu erstatten, soweit die Leistung notwendig war. Vorliegend könnte die Krankenkasse das Begehren des E zu Unrecht abgelehnt haben. Dieser hatte im Jahr 2019 um die Finanzierung dieser Therapie gebeten; die Krankenkasse hatte die Übernahme der Kosten verweigert.

A. Anspruch des E nach § 13 Abs. 3 Satz 1 Alt. 2 SGB V

I. Versicherteneigenschaft des E

Nach den Angaben im Sachverhalt ist E als Beschäftigter bei der TK Hamburg versichert. Er ist demnach versicherungspflichtig nach § 5 Abs. 1 Nr. 1 SGB V und damit versichert im Sinne des § 13 Abs. 3 Satz 1 SGB V.

II. Rechtswidrige Ablehnung der Leistungserbringung

Die Krankenkasse hatte das Leistungsbegehren des E im Jahr 2019 abgelehnt. Fraglich ist, ob dies zu Unrecht geschehen ist. Die Ablehnung ist rechtswidrig, wenn E einen Anspruch auf die Leistung hat. Zu prüfen ist daher, ob E einen Primäranspruch auf die sogenannte Kuba-Therapie hat, denn die Grenzen des Leistungssystems werden durch § 13 Abs. 3 SGB V nicht erweitert. Die von E gewünschte Behandlung muss sich in den Leistungskatalog des SGB V einordnen lassen.

1. Anspruch auf ärztliche Behandlung

Nach § 27 Abs. 1 Satz 1 Nr. 1 SGB V haben Versicherte Anspruch auf ärztliche Behandlung. Die Kuba-Therapie ist eine ärztliche Behandlung, die von Prof. Dr. Paulsen aus Hamburg entwickelt wurde.

2. Neue Untersuchungs- und Behandlungsmethode

Allerdings umfasst der Anspruch des Versicherten auf ärztliche Behandlung nach §§ 2 Abs. 1, 12 Abs. 1 SGB V nur solche Leistungen, die zweckmäßig und wirtschaftlich sind und deren Qualität und Wirksamkeit dem allgemein anerkannten Stand der medizinischen Erkenntnisse entsprechen. Bei der von Prof. Dr. Paulsen entwickelten Behandlung handelt es sich um eine neue Untersuchungs- und Behandlungsmethode, weil sie im Einheitlichen Bewertungsmaßstab noch nicht abgebildet ist. Maßgeblich ist insoweit § 135 Abs. 1 Satz 1 SGB V, der den Umfang der den Versicherten von den Krankenkassen geschuldeten ambulanten Leistungen festlegt. Ein Leistungsanspruch ist nach dieser Norm grundsätzlich nur dann gegeben, wenn der Gemeinsame Bundesausschuss eine positive Empfehlung über den diagnostischen und therapeutischen Nutzen der Methode abgegeben hat.

Hinweis:
Zu denkbaren Ausnahmen bei nicht zeitgerechten Verfahren beim Gemeinsamen Bundesausschuss *Schifferdecker* in: Kasseler Kommentar Sozialversicherungsrecht, Werkstand 112. EL September 2020, § 13 SGB V Rn. 66. Hierzu finden sich im Sachverhalt allerdings keine Anhaltspunkte.

Nach den Angaben im Sachverhalt wurde die Kuba-Therapie bislang nicht vom Gemeinsamen Bundessausschuss in seinen Richtlinien nach § 92 Abs. 1 Satz 2 Nr. 5 SGB V empfohlen. Ein Anspruch des E besteht insoweit also zunächst nicht.

Allerdings könnte vorliegend § 2 Abs. 1a Satz 1 SGB V einschlägig sein, der in Abweichung von den allgemeinen Grundsätzen besondere Leistungsansprüche gewährt. Versicherte mit einer lebensbedrohlichen oder regelmäßig tödlichen Erkrankung oder mit einer zumindest wertungsmäßig vergleichbaren Erkrankung, für die eine allgemein anerkannte, dem medizinischen Standard entsprechende Leistung nicht zur Verfügung steht, können auch eine von § 2 Abs. 1 Satz 3 SGB V abweichende Leistung beanspruchen, wenn eine nicht ganz entfernt liegende Aussicht auf Heilung oder auf eine spürbar positive Einwirkung auf den Krankheitsverlauf besteht.

Hinweis:
Mit § 2 Abs. 1a SGB V hat der Gesetzgeber den sogenannten Nikolaus-Beschluss des Bundesverfassungsgerichts (hierzu BVerfG v. 6.12.2005 – 1 BvR 347/98) einfachgesetzlich umgesetzt (hierzu *Peters* in: Kasseler Kommentar Sozialversicherungsrecht, Werkstand 112. EL September 2020, § 2 SGB V Rn. 6 m.w.N.).

Die Krankheit des E ist nicht lebensbedrohlich und verläuft auch nicht regelmäßig tödlich. Es könnte sich aber um eine zumindest wertungsmäßig vergleichbare Erkrankung handeln. E leidet an Retinitis pigmentosa, einer Netzhauterkrankung, die zu Tunnelblick und in ihrem Endstadium zur Erblindung führt. Eine die Lebensqualität auf Dauer beeinträchtigende Erkrankung wie der Verlust eines wichtigen Sinnesorgans ist in diesem Sinne wertungsmäßig vergleichbar.

Hinweis:
Ausführlich hierzu BSG v. 5.5.2009 – B 1 KR 15/08 R, Rn. 15 f. m.w.N.; hier hat das Gericht die Anwendbarkeit des § 2 Abs. 1a SGB V im Fall einer hochgradigen Sehstörung allerdings verneint.

Für die Behandlung der Krankheit des E steht nach den Angaben im Sachverhalt keine allgemein anerkannte, dem medizinischen Standard entsprechende Behandlung zur Verfügung.

Fraglich ist, ob vorliegend im Sinne des § 2 Abs. 1a SGB V eine nicht ganz entfernt liegende Aussicht auf Heilung oder auf eine spürbar positive Einwirkung auf den Krankheitsverlauf besteht. Dies ist nach den Regeln der ärztlichen Kunst zu beurteilen.

Hinweis:
Hierzu schon BSG v. 7.11.2006 – B 1 KR 24/06, Rn. 23.

Vorliegend liegen Verlaufsbeobachtungen anhand von über 150 operierten Menschen vor. Zudem gibt es Parallelbeobachtungen im Rahmen von Tierversuchen. Die neue Behandlungsmethode von P beruht auf einem wissenschaftlichen Erklärungsmodell. All das sind geeignete Indizien, um das Bestehen von mehr als bloß ganz entfernt liegenden Aussichten auf eine spürbar positive Einwirkung auf den Krankheitsverlauf durch eine Therapie nach den Regeln der ärztlichen Kunst zu begründen.

Hinweis:
Hierzu BSG v. 2.9.2014 – B 1 KR 4/13 R, Rn. 12 ff.

Auch die Tatsache, dass die Behandlung des E mit der Kuba-Therapie seine Sehfähigkeit nur für etwa zwei weitere Jahre erhält, muss angesichts der Bedeutung des Sehens als eine spürbar positive Einwirkung auf den Krankheitsverlauf gewertet werden. Eine Verhütung der Verschlimmerung der Krankheit im Sinne von § 27 Abs. 1 Satz 1 SGB V muss nicht dauerhaft sein, d.h. die Erkrankung des E muss nicht zum Stillstand kommen.

Hinweis:
Das BSG stellt darauf ab, dass bei einem schicksalhaften Verlauf der Erkrankung die Erblindung hinausgezögert wird (v. 2.9.2014 – B 1 KR 4/13 R, Rn. 19).

3. Ergebnis

Da E einen Sachleistungsanspruch nach § 2 Abs. 1a SGB V hatte, hat die TK Hamburg die Leistung im Sinne von § 13 Abs. 3 Satz 1 2. Alt SGB V zu Unrecht abgelehnt.

III. Selbstbeschaffung der Leistung

Infolge der Ablehnung seines Antrags durch die Krankenkasse hat E sich die Leistung selbst beschafft. Mit Hilfe der finanziellen Unterstützung seiner Eltern hat er sich auf eigene Kosten durch P behandeln lassen.

IV. Notwendigkeit der Leistung

Nach § 13 Abs. 3 SGB V werden nur notwendige Leistungen erstattet. Ob eine Leistung im Sinne von § 13 Abs. 3 SGB V i.V.m. § 12 Abs. 1 SGB V notwendig ist, ist gemäß § 27 Abs. 1 Satz 1 SGB V anhand ihres Zwecks zu bestimmen, der in der Erkennung und Heilung einer Krankheit, in der Verhütung der Verschlimmerung oder in der Linderung der Beschwerden liegen kann. Vorliegend liegen keine Anhaltspunkte dafür vor, dass die Behandlung durch P nicht notwendig gewesen ist.

V. Kostenerstattung

Nach § 13 Abs. 3 SGB V hat die Krankenkasse die Kosten in der tatsächlich entstandenen Höhe zu übernehmen. Ob die Krankenkasse selbst die Behandlung als Sachleistung günstiger hätte erbringen können, ist im Rahmen des § 13 Abs. 3 SGB V ohne Bedeutung.

B. Ergebnis

E kann von seiner Krankenkasse einen Betrag in Höhe von 11.465 € fordern.

Frage 2

Die Verzinsung des Betrags richtet sich nach § 44 SGB I. Ansprüche auf Geldleistungen sind nach Ablauf eines Kalendermonats nach dem Eintritt ihrer Fälligkeit bis zum Ablauf des Kalendermonats vor der Zahlung mit 4 % zu verzinsen. Die Verzinsung beginnt nach § 44 Abs. 2 SGB I frühestens nach Ablauf von sechs Kalendermonaten nach Eingang des vollständigen Leistungsantrags beim zuständigen Leistungsträger.

§ 44 SGB I erfasst nicht nur originäre Geldleistungen wie Renten oder das Krankengeld, sondern auch solche Leistungen, die erst aufgrund von Erstattungsregelungen wie § 13 Abs. 3 SGB V ihre Qualität als Geldleistung bekommen haben.

Das Begehren des E bezog sich ursprünglich auf eine Dienstleistung, nämlich die Behandlung seiner Erkrankung durch P. Der Kostenerstattungsanspruch nach § 13 Abs. 3 Satz 1 2. Alt. SGB V ist als gebundener Anspruch gemäß § 40 I SGB I erst bei Vorliegen aller Tatbestandsmerkmale entstanden und nach § 41 SGB I zeitgleich fällig geworden. Die Kosten für die selbstbeschaffte Leistung sind E erst im Jahr 2020 entstanden, als er sich von P behandeln ließ und dessen Tun privatärztlich vergüten musste. Da er nach den Angaben im Sachverhalt „sogleich" Erstattung der Kosten beantragt hat, dürfte die Sechs-Monats-Frist, die für Antragsleistungen gilt – und eine solche ist wegen § 19 Satz 1 SGB IV auch der Kostenerstattungsanspruch nach § 13 Abs. 3 SGB V – aktuell noch nicht abgelaufen sein.

Frage 3

Statthafte Klageart für den Erstattungsanspruch ist die kombinierte Anfechtungs- und Leistungsklage nach § 54 Abs. 1 und 4 SGG. Die Weigerung der Krankenkasse stellt einen belastenden, nicht erledigten Verwaltungsakt dar; die Kostenerstattung steht nicht im Ermessen der Krankenkasse.

Gliederung zu Fall 17

Teil 1

A. Zulässigkeit der Klage
   I. Eröffnung des Sozialrechtswegs
   II. Statthafte Klageart
   III. Klagebefugnis
   IV. Erfolglose Durchführung eines ordnungsgemäßen Vorverfahrens
   V. Klagefrist
   VI. Beteiligte; Partei- und Prozessfähigkeit
   VII. Zuständigkeit des Gerichts
   VIII. Ordnungsgemäße Klageerhebung
   IX. Allgemeines Rechtsschutzbedürfnis
   X. Sonstiges
   XI. Ergebnis
B. Begründetheit der Klage
   I. Anspruchsberechtigung der K nach Maßgabe des SGB II
   II. Anspruch aus § 28 SGB II
   III. Anspruch aus § 21 Abs. 6a SGB II
   IV. Anspruch aus § 21 Abs. 6 SGB II
      1. Leistungsberechtigung der K
      2. Vorliegen eines besonderen Bedarfs
      3. Unabweisbarkeit des Bedarfs
      4. Laufender, nicht nur einmaliger Bedarf
      5. Ergebnis
C. Gesamtergebnis

Teil 2

Frage 1

A. Anspruch des E nach § 13 Abs. 3 Satz 1 2. Alt. SGB V
   I. Versicherteneigenschaft des E
   II. Rechtswidrige Ablehnung der Leistungserbringung
      1. Anspruch auf ärztliche Behandlung
      2. Neue Untersuchungs- und Behandlungsmethode
      3. Ergebnis
   III. Selbstbeschaffung der Leistung

IV. Notwendigkeit der Leistung
V. Kostenerstattung
B. Ergebnis

Frage 2

Frage 3

Fall 18

Teil 1

Anette Aheim (A) betreibt seit dem Jahr 2015 ein Unternehmen, das medizinische Rheumabandagen aus Nerzfellen herstellt. Die dafür notwendigen Felle bezieht die A von dänischen Nerzfarmen. In der Näherei ihres Unternehmens arbeiten zehn in Vollzeit beschäftigte Arbeitnehmerinnen, zwei weitere sind im Umfang von 400 € pro Monat beschäftigt. Es gibt keinen Betriebsrat. Die Geschäfte laufen bis zum Sommer 2020 – unabhängig von der Corona-Pandemie und trotz in unregelmäßigen Abständen stattfindender Proteste von Tierschützern gegen die Verwendung von Nerzfellen – gut. Dies ändert sich jedoch, als im September 2020 erste Presseberichte über gefährliche Mutationen des Corona-Virus bei Nerzen aus dänischen Nerzfarmen veröffentlicht werden. In den Medien ist unter anderem von „Zombie-Mutanten" bei dänischen Nerzen die Rede. Die kritische Berichterstattung über die Zustände auf den dänischen Nerzfarmen ebbt auch in den Folgemonaten nicht ab. Daraufhin bricht der Umsatz des Unternehmens der A im vierten Quartal 2020 um über 50 Prozent ein. Insbesondere Privatkunden wollen mit einem Produkt aus dänischem Nerz nichts mehr zu tun haben. Da die A das Image dänischer Nerzfelle für nachhaltig beschädigt hält, was zutrifft, entschließt sie sich im Januar 2021 ihre Produktion umzustellen. Zukünftig möchte sie die Bandagen aus chinesischen Katzenhaaren herstellen, wobei ausschließlich Fälle von Katzen verwendet werden sollen, die eines natürlichen Todes gestorben sind. Davon erhofft sie sich eine Verbesserung des Produkt-Images. Allerdings benötigt die Umstellung der Produktion einige Monate Zeit. Für das erste Halbjahr 2021 geht die A von einem aufgrund der sinkenden Nachfrage im Vergleich zum ersten Halbjahr 2020 halbierten Umsatz aus. Ab der zweiten Jahreshälfte 2021 – nach der geplanten Umstellung der Produktion auf chinesische Katzenhaare – geht A hingegen wieder von einem Umsatz auf dem Niveau der Vorjahre aus. Da sie im ersten Halbjahr 2021 nur 50 Prozent der Produktionskapazitäten benötigt, möchte sie fünf der in ihrer Näherei in Vollzeit beschäftigten Personen sowie eine der beiden „400-€-Kräfte" auf „Kurzarbeit Null" setzen. Dies sei sehr praktisch, da „der Staat" dann ja automatisch ihre Lohnkosten übernehme, und es sei auch gerecht – schließlich sei auch ihr Unternehmen „ein Opfer der Corona-Pandemie".

Die Anordnung von Kurzarbeit, so die Vorstellung der A, sei sicherlich ohne Weiteres einseitig möglich. Weil „das deutsche Recht es den ehrlichen Unternehmern mit seiner Bürokratie immer so schwer macht", kontaktiert sie dennoch die Anwältin Ute Unseldt (U) und bittet diese um Auskunft. Konkret möchte sie wissen, ob sie Kurzarbeit einfach so anordnen kann und ob – die wirksame Einführung der Kurzarbeit vorausgesetzt – ein Anspruch auf Kurzarbeitergeld der sechs betroffenen Beschäftigten besteht. U, die Veganerin ist, ist sich allerdings nicht so sicher, ob das Kurzarbeitergeld wirklich auch bei Umsatzeinbrüchen gezahlt werden kann, die auf einem Verlust des öffentlichen Ansehens eines Produkts beruhen. Insbesondere fragt sie sich, ob A angesichts der in den letzten Jahren tatsächlich erheblich gestiegenen Anzahl von Menschen, die sich in Deutschland vegetarisch oder vegan ernähren, nicht hätte antizipieren können, dass Produkte aus echtem Tierfell möglicherweise einen Akzeptanzverlust erleiden würden. Daher bittet sie die bei ihr tätige Rechtsreferendarin Renate Rosshaar (R), die Rechtslage in einem umfassenden Gutachten unter Einbeziehung aller aufgeworfenen rechtlichen Probleme darzustellen.

Bearbeitungsvermerk:

Erstellen Sie das Gutachten der R. Dabei ist davon auszugehen, dass es keinen für das Unternehmen der A einschlägigen Tarifvertrag mit Regelungen zur Einführung von Kurzarbeit gibt und die Arbeitsverträge keine Klauseln zur Einführung von Kurzarbeit enthalten.

Teil 2

Im Rahmen der Beratung wird die Anwältin U auf ein weiteres Problem aufmerksam. Sie fragt sich, wer eigentlich – im Falle der Ablehnung des Anspruchs durch die Agentur für Arbeit – befugt wäre, vor den Sozialgerichten zu klagen, die A als Arbeitgeberin oder ihre Arbeitnehmerinnen? Sie beauftragt erneut die R, dies herauszufinden.

Bearbeitungsvermerk:

Erstellen Sie die Auskunft der R an U. Erläutern Sie auch, welche Klageart bei einem Ablehnungsbescheid schon im Anzeigeverfahren nach § 99 SGB III und welche bei einer Ablehnung des darauffolgenden Antrags auf Kurzarbeitergeld statthaft wäre.

Teil 1:	*Anspruch auf Kurzarbeitergeld*
Teil 2:	*Rechtsschutz gegen ablehnende Entscheidungen zum Kurzarbeitergeld*

Unverbindliche Lösungshinweise

Teil 1

A. Arbeitsrechtliche Einführung von Kurzarbeit

Hinweis:
Bei der Einführung von Kurzarbeit und dem Bezug von Kurzarbeitergeld sind die arbeitsrechtliche und die sozialrechtliche Seite systematisch zu trennen. Ob Kurzarbeit eingeführt werden kann, ist zunächst eine rein arbeitsrechtliche Frage. Die Voraussetzungen eines Anspruchs auf Kurzarbeitergeld richten sich hingegen nach den sozialversicherungsrechtlichen Voraussetzungen der §§ 95 ff. SGB III. Diese setzen aber ihrerseits nach hier vertretener Auffassung – dazu sogleich – die arbeitsrechtlich wirksame Einführung von Kurzarbeit voraus, weshalb schließlich doch eine Überschneidung besteht.

Fraglich ist, ob die A, wie von ihr vorgesehen, Kurzarbeit durch einseitige Anordnung einführen kann.

Kurzarbeit ist die vorübergehende Minderung der betriebsüblichen Arbeitszeit, mithin eine Kürzung der geschuldeten Arbeitsleistung mit entsprechender Minderung der Entgeltzahlungspflicht. Die von A geplante sogenannte „Kurzarbeit Null“ bezeichnet dabei den vollständigen Wegfall der geschuldeten Arbeitsleistung. Als rechtliche Grundlage einer einseitigen Anordnung kommt lediglich das Direktionsrecht der Arbeitsgeberin, hier der A, in Betracht. Das Direktionsrecht ermöglicht es der Arbeitgeberin bei einer im Arbeitsvertrag nur rahmenmäßig umschriebenen Tätigkeit den genauen Inhalt der Arbeitsleistung gemäß § 106 Satz 1 GewO nach billigem Ermessen zu konkretisieren. Das Direktionsrecht ermöglicht aber keine einseitige Änderung der vertraglich vereinbarten Arbeitszeitdauer und des geschuldeten Arbeitsentgelts, mithin der Hauptleistungspflichten des Arbeitsvertrages. Die Einführung von Kurzarbeit kommt daher hier – da keine tarifvertragliche Grundlage gegeben ist und kein Betriebsrat besteht – nur durch einzelvertragliche Vereinbarung mit den jeweiligen Arbeitnehmerinnen in Betracht.

Zum Teil wird darüber hinaus vertreten, dass in der widerspruchslosen Hinnahme einer arbeitgeberseitig – zum Beispiel durch Rundmail – angeordneten Kurzarbeit, eine Vertragsänderung durch schlüssiges Verhalten gesehen werden könne. Dies erscheint jedoch zweifelhaft, da es den Aussagegehalt der bloßen fortgesetzten Arbeitsleistung überstrapazieren würde, darin eine Zustimmung zur Kurzarbeit zu sehen. Jedenfalls wäre eine solche Änderung der Hauptleistungspflichten durch schlüssiges Verhalten einzelfallabhängig sowie risikobehaftet und der A bei Berücksichtigung anwaltlicher Vorsicht nicht zu empfehlen.

Hinweis:
Bei unwirksamer Einführung von Kurzarbeit bleiben die arbeitsvertraglichen Hauptleistungspflichten unverändert bestehen, folglich haben die Arbeitnehmer in dieser Konstellation, wenn der Arbeitsgeber die angebotene Arbeitsleistung nicht annimmt, einen Anspruch auf Annahmeverzugslohn nach § 615 BGB.

Hinweis:
Zu den arbeitsrechtlichen Voraussetzungen der Einführung von Kurzarbeit *Preis* in: ErfK, 21. Auflage 2021, § 611a Rn. 657 ff.; *Koch* in: Schaub/Koch, Arbeitsrecht von A-Z, 25. Auflage 2021, Stichwort: Kurzarbeit; *Zieglmeier/Rittweger*, NZA 2020, 685 f. In der Praxis erfolgt die Vereinbarung von Kurzarbeit regelmäßig durch eine Betriebsvereinbarung, was die Existenz eines Betriebsrates voraussetzt. Kontrovers diskutiert wird in der arbeitsrechtlichen Literatur außerdem die Möglichkeit einer Einführung von Kurzarbeit durch Änderungskündigung, was aber nur unter strengen Voraussetzungen möglich sein dürfte, dazu *Weller/König*, BB 2020, 953 ff. Ferner ließe sich in der vorliegenden Konstellation diskutieren, ob die A berechtigt ist, für einen Teil der Arbeitnehmer „Kurzarbeit Null“ vorzusehen und die übrigen in Vollzeit arbeiten zu lassen, oder ob der arbeitsrechtliche Gleichbehandlungsgrundsatz eine gleichmäßigere Verteilung gebietet.

B. Anspruch auf Kurzarbeitergeld

Fraglich ist, ob die sechs betroffenen Beschäftigten – die arbeitsrechtlich wirksame Einführung von „Kurzarbeit-Null“ vorausgesetzt – einen Anspruch auf Kurzarbeitergeld haben.

I. Anspruchsgrundlage

Anspruchsgrundlage für die Zahlung von Kurzarbeitergeld ist § 95 Satz 1 SGB III.

II. Versicherungspflicht nach dem SGB III

Anspruch auf Zahlung von Kurzarbeitergeld haben versicherungspflichtig beschäftigte Arbeitnehmer. Entscheidend ist dabei – auch wenn § 95 Satz 1 SGB III nur von „Arbeitnehmerinnen und Arbeitnehmern“ spricht – die Versicherungspflicht nach Maßgabe des SGB III. Dies ergibt sich auch aus § 98 Abs. 1 Nr. 1 SGB III, der eine fortgesetzte versicherungspflichtige Beschäftigung fordert. Fünf der sechs betroffenen Arbeitnehmerinnen sind als Beschäftigte im Sinne des § 7 Abs. 1 SGB IV, die auch ein Arbeitsentgelt erhalten, gemäß § 25 Abs. 1 Satz 1 SGB III versicherungspflichtig.

Allerdings erhält eine weitere Arbeitnehmerin lediglich 400 € im Monat für ihre Tätigkeit. Damit liegt eine geringfügige Beschäftigung nach § 8 Abs. 1 Nr. 1 SGB IV vor, die gemäß § 27 Abs. 2 Satz 1 SGB III versicherungsfrei ist. Der Bezug von Kurzarbeitergeld kommt daher nur für die fünf nicht geringfügig beschäftigten Arbeitnehmerinnen in Betracht.

Hinweis:
Die arbeitsrechtliche Wirksamkeit der Vereinbarung von Kurzarbeit dürfte hingegen unabhängig von der sozialversicherungsrechtlichen Versicherungspflicht zu beurteilen sein, weshalb die Vereinbarung von Kurzarbeit auch bei geringfügig Beschäftigten in Betracht kommt, für diese aber – mangels Anspruch auf Kurzarbeitergeld – regelmäßig unvorteilhaft ist (vgl. Schlegel in: Schlegel/Meßling/Bockholdt, COVID-19 – Corona-Gesetzgebung – Gesundheit und Soziales, 2020, § 6 Rn 14).

Hinweis:
Es ist ebenfalls gut möglich, die Zugehörigkeit zum versicherten Personenkreis unter der Voraussetzung „versicherungspflichtige Arbeitnehmer“ als Teil der Anspruchsvoraussetzungen von § 95 Satz 1 SGB III zu prüfen und nicht – wie hier – aufbautechnisch vorzuziehen.

III. Anspruchsvoraussetzungen nach § 95 Satz 1 SGB III

§ 95 Satz 1 SGB III setzt für einen Anspruch auf Kurzarbeitergeld kumulativ voraus, dass ein erheblicher Arbeitsausfall mit Entgeltausfall vorliegt (Nr. 1), die betrieblichen

Voraussetzungen erfüllt sind (Nr. 2), die persönlichen Voraussetzungen vorliegen (Nr. 3) und der Arbeitsausfall der Agentur für Arbeit angezeigt worden ist (Nr. 4).

1. Erheblicher Arbeitsausfall mit Entgeltausfall

Es müsste zunächst also gemäß § 95 Satz 1 Nr. 1 SGB III ein erheblicher Arbeitsausfall mit Entgeltausfall gegeben sein.

a. Arbeitsausfall mit Entgeltausfall

Der Begriff des Arbeitsausfalls ist gesetzlich nicht näher definiert. Entscheidend ist, dass die Erbringung der Arbeitsleistung aus den im Gesetz als „erheblich" bezeichneten Gründen unmöglich oder ihre Annahme wirtschaftlich unsinnig ist. Vorliegend ist die Nachfrage nach den Bandagen der A um die Hälfte eingebrochen, sodass die fortgesetzte Beschäftigung ihrer Arbeitnehmerinnen im Grundsatz wirtschaftlich unsinnig geworden ist.

Hinweis:
Es existiert nach wie vor keine anerkannte Definition für den Begriff des Arbeitsausfalls, regelmäßig wird lediglich das Vorliegen der Erheblichkeit geprüft. Die Darstellung folgt an dieser Stelle *Petzold* in: Hauck/Noftz, SGB III, Stand Oktober 2020, § 96 Rn. 4; streng genommen hat der Begriff des Arbeitsausfalls neben dem der Erheblichkeit keine eigene Bedeutung.

Das Merkmal Arbeitsausfall mit Entgeltausfall setzt allerdings zusätzlich die arbeitsrechtlich wirksame Vereinbarung von Kurzarbeit voraus, da es nur dann überhaupt zu einem Entgeltausfall kommt. Ist Kurzarbeit nicht wirksam vereinbart worden, bestehen die arbeitsvertraglichen Hauptleistungspflichten, mithin auch der Lohnanspruch, fort. Hier war eine arbeitsvertraglich wirksame Vereinbarung von Kurzarbeitergeld zu unterstellen (zu deren Voraussetzungen vgl. oben unter A).

Hinweis:
Die Lösung folgt der Argumentation von *Bieback* in: Gagel, SGB II/SGB III, 79. EL September 2020, § 95 SGB III Rn. 131. Das Bundessozialgericht erkennt die Notwendigkeit einer wirksamen arbeitsvertraglichen Vereinbarung ebenfalls an, spricht aber insoweit von einem „ungeschriebenen Tatbestandsmerkmal" des Anspruchs auf Kurzarbeitergeld. Dementsprechend ist es auch vertretbar, diese Voraussetzung nicht unter dem Punkt „Arbeitsausfall mit Entgeltausfall" zu prüfen, sondern schlicht als eigenständigen, nicht im Gesetz niedergeschriebenen Punkt (vgl. BSG v. 21.7.2009 – B 7

AL 3/08 R, Rn. 11). Die Argumentation von *Bieback* hat allerdings den Vorteil einer engeren Anknüpfung an den Wortlaut von § 95 Satz 1 SGB III und dürfte deshalb vorzugswürdig sein.

b. Erheblichkeit des Arbeitsausfalls

Ein Arbeitsausfall ist nach § 96 Abs. 1 Satz 1 SGB III erheblich, wenn er auf wirtschaftlichen Gründen beruht (Nr. 1), vorübergehend ist (Nr. 2), nicht vermeidbar ist (Nr. 3) und im jeweiligen Kalendermonat mindestens ein Drittel der in dem Betrieb beschäftigten Arbeitnehmerinnen und Arbeitnehmer von einem Entgeltausfall von jeweils mehr als 10 Prozent ihres monatlichen Bruttoentgeltes betroffen ist (Nr. 4).

aa. Grund des Arbeitsausfalls

Der Arbeitsausfall müsste zunächst auf wirtschaftlichen Gründen oder auf einem unabwendbaren Ereignis beruhen.

(1) Wirtschaftliche Gründe

Der Begriff „wirtschaftliche Gründe" ist im Gesetz nicht legaldefiniert; er wird allerdings in § 96 Abs. 2 SGB III beispielhaft konkretisiert. Gemäß § 96 Abs. 2 SGB III beruht ein Arbeitsausfall auch auf wirtschaftlichen Gründen, wenn er durch eine Veränderung der betrieblichen Strukturen verursacht wird, die durch die allgemeine wirtschaftliche Entwicklung bedingt sind. Gesetzlicher Anknüpfungspunkt für die Bestimmung der wirtschaftlichen Gründe ist mithin die „allgemeine wirtschaftlichen Entwicklung". Der Begriff der wirtschaftlichen Gründe schließt alle Arbeitsausfälle ein, die aus der Gesamtheit der laufenden Produktions- und Konjunkturvorgänge, den Veränderungen des Wirtschaftskreislaufes und damit aus der Teilnahme des Betriebs am Wirtschaftsleben folgen. Erfasst sind nach dem Sinn und Zweck von Kurzarbeitergeld – es geht um die Aufrechterhaltung von Beschäftigung auch in Krisenzeiten – insbesondere konjunkturelle und strukturelle Störungen der Gesamtwirtschaftslage, beispielsweise Exportrückgänge aufgrund erhöhter Zölle oder Auftragsmangel in Folge einer Rezession. Das Kurzarbeitergeld soll hingegen nicht dazu dienen, vor einem allgemeinen Betriebsrisiko zu schützen oder wirtschaftlich auf Dauer nicht lebensfähige Unternehmen am Markt zu erhalten. Daher muss es sich bei den wirtschaftlichen Gründen um externe Wirtschaftsprozesse handeln.

Vorliegend ist die Ursache für den Arbeitsausfall im Unternehmen der A in der gesunkenen Nachfrage nach medizinischen Bandagen aus Nerzfellen zu sehen. Diese gesunkene Nachfrage beruht wiederum auf einer veränderten öffentlichen Wahrnehmung der Produktionsbedingungen der Nerzfälle, die ihrerseits insbesondere auf COVID-19-Mutationen unter dänischen Nerzen rückführbar sind. Damit basiert der Nachfrageinbruch nicht auf einem typischen konjunkturellen Wirtschaftsrisiko oder auf einer Störung der Gesamtwirtschaftslage, beispielsweise durch eine Wirtschaftskrise, sondern auf der bewussten Entscheidung von Konsumenten gegen ein bestimmtes Produkt aus ethischen bzw. gesundheitlichen Gründen. Der Eintritt einer gesunkenen Nachfrage aufgrund gesunkener gesellschaftlicher Akzeptanz eines Produkts gehört zu den von einem Unternehmen einzukalkulierenden allgemeinen Betriebsrisiken; es ist nicht Aufgabe der Versichertengemeinschaft, dieses Risiko durch Zahlung von Kurzarbeitergeld aufzufangen. Es besteht hier gerade kein Zusammenhang mit der allgemeinen wirtschaftlichen Entwicklung; vielmehr geht es um eine von der allgemeinen Wirtschaftsentwicklung losgelöste Ablehnung eines einzelnen, spezifischen Produkts aufgrund von dessen Herstellungsbedingungen.

Hinweis:
Die Lösung folgt hier der Argumentation des BSG v. 15.12.2005 – B 7a AL 10/05 R, Rn. 14 ff. Eine andere Auffassung ist – da der Begriff der wirtschaftlichen Ursache sehr unbestimmt und schwach konturiert ist – gut vertretbar. Vgl. zur Kritik an der Rechtsprechung des Bundessozialgerichts *Bieback* in: Gagel, SGB II/SGB III, 80. EL Februar 2021, § 96 SGB III Rn. 24. Die Voraussetzung der wirtschaftlichen Ursache überschneidet sich hier, wie das Bundessozialgericht zutreffend ausführt, mit der sogleich zu prüfenden Voraussetzung der „Unvermeidbarkeit" des Arbeitsausfalls, sodass die Problematik auch dort diskutiert werden kann. Allgemein gilt, dass alle Voraussetzungen des § 96 SGB III sehr offen formuliert und bislang nur in Ansätzen in der Rechtsprechung konkretisiert worden sind.

(2) Unabwendbares Ereignis

Neben den wirtschaftlichen Gründen nennt das Gesetz in § 96 Abs. 1 Satz 1 Nr. 1 SGB III als möglichen anspruchsbegründenden Grund für den Arbeitsausfall noch das „unabwendbare Ereignis". Ein solches liegt nach § 96 Abs. 3 Satz 1 SGB III insbesondere vor, wenn ein Arbeitsausfall auf ungewöhnlichen, von dem üblichen Witterungsverlauf abweichenden Witterungsverhältnissen beruht, was hier nicht der Fall ist. Ferner ist nach § 96 Abs. 3 Satz 2 SGB III auch dann ein unabwendbares Ereignis im Sinne der Norm gegeben, wenn ein Arbeitsausfall durch behördliche oder behördlich anerkannte Maßnahmen verursacht ist, die vom Arbeitgeber nicht zu vertreten sind. Dies käme in Betracht, wenn die A ihren Betrieb aufgrund infektionsschutzrechtlicher Anordnungen hätte schließen müssen. Der Umsatzrückgang und damit der Arbeitsausfall beruhen aber auf einer Entscheidung der Kunden gegen Produkte aus Nerzfell und gerade nicht auf einer behördlichen Maßnahme, sodass das Regelbeispiel des § 96 Abs. 3 Satz 2 SGB III nicht gegeben ist. Insgesamt setzt ein unabwendbares Ereignis unter Berücksichtigung des Gehalts der Regelbeispiele ein zeitlich begrenztes, außergewöhnliches und von außen auf den Betrieb einwirkendes Geschehen voraus, das den Betrieb vergleichbar den äußeren Witterungsbedingungen trifft.

Allgemein kann bei der bewussten Entscheidung von Kunden gegen die Herstellungsmethoden eines Produktes nicht von einer Ursache ausgegangen werden, die – unüblichen Witterungsbedingungen vergleichbar – plötzlich und unabwendbar über einen Betrieb hereinbricht. Zwar war der Ausbruch von Corona-Mutationen unter dänischen Nerzen durchaus ein plötzliches und nicht konkret vorhersehbares Ereignis, allerdings war bereits zuvor bekannt, dass die Nerzzüchtung sowie die Pelzverwendung insgesamt mit für Tiere und Menschen gefährlichen „Nebenwirkungen" einhergehen, weshalb durchaus hätte einkalkuliert werden können, dass Kunden sich aus ethischen Gründen gegen den Erwerb einer Bandage aus einem Tierfell wenden. Dieser Nachfrageeinbruch war insoweit für das Unternehmen auch nicht unabwendbar im Wortsinne; vielmehr hätte bereits zuvor eine Umstellung der Produktion erfolgen können.

Folglich liegt, da auch ein unabwendbares Ereignis abzulehnen ist, kein anspruchsbegründender Grund für den Arbeitsausfall im Sinne des § 96 Abs. 1 Satz 1 Nr. 1 SGB III vor. Bereits deshalb besteht kein Anspruch auf Kurzarbeitergeld der Beschäftigten der A.

Hinweis:
Bei behördlich angeordneten Betriebsschließungen im Rahmen der Covid-19-Pandemie handelt es sich – völlig unproblematisch – um ein unabwendbares Ereignis im Sinne des § 96 Abs. 3 Satz 2 SGB III. Bei auf der allgemeinen wirtschaftlichen Entwicklung aufgrund der Pandemie beruhenden Einbrüchen dürfte – allerdings durchaus nicht in gleichem Maße eindeutig – in der Regel das Vorliegen eines wirtschaftlichen Grundes im Sinne von § 96 III Satz 1 Nr. 1 Alt. 1 SGB III zu bejahen sein.

Hilfsgutachten

Hinweis: Da ein umfassendes Rechtsgutachten zu erstellen ist, ist die Prüfung im Hilfsgutachten fortzusetzen.

bb. Vorübergehender Arbeitsausfall

Ferner müsste der Arbeitsausfall nach § 96 Abs. 1 Satz 1 Nr. 2 SGB III auch „vorübergehend" sein. Vorübergehend ist ein Arbeitsausfall, wenn eine konkrete Wahrscheinlichkeit dafür gegeben ist, dass in absehbarer Zeit wieder zur Vollarbeit übergegangen werden kann. Maßgeblich ist eine ex-ante Sicht zum Zeitpunkt der Anzeige des Arbeitsausfalls nach § 99 SGB III. Dabei lässt sich in Anknüpfung an die maximale Bezugsdauer des Kurzarbeitergeldes ein Zeitraum von zwölf Monaten (§ 104 Abs. 1 SGB III) beziehungsweise bis zu 24 Monaten (§ 1 Zweite KugBeV) jedenfalls als noch vorübergehend einstufen.

Vorliegend geht A davon aus, dass die Umstellung ihrer Produktion sechs Monate dauern wird und sie danach wieder zur Vollarbeit zurückkehren kann. Diese Dauer ist jedenfalls deutlich unterhalb der maximalen Bezugsdauer des § 104 Abs. 1 SGB III und damit noch vorübergehend im Sinne von § 96 Abs. 1 Satz 1 Nr. 2 SGB III. Die A kann sich mit der geplanten Umstellung der Produktion auf die Verwendung ethisch weniger problematischen Materials – die Haare ohnehin verstorbener Katzen – auch auf konkrete Anhaltspunkte dafür berufen, dass der Nachfrageeinbruch nicht dauerhaft sein wird.

Hinweis:
Die zweite Verordnung über die Bezugsdauer von Kurzarbeitergeld (2. KugBeV) bestimmt in § 1 aufgrund der Corona-Pandemie, dass die Bezugsdauer bei Kurzarbeitergeldansprüchen, die bis zum 31.12.2020 entstanden sind, auf bis zu 24 Monate verlängert wird. Der Anspruch ist hier allerdings nach dem 31.12.2020 entstanden, sodass auf § 104 Abs. 1 SGB III abzustellen sein dürfte. Dies muss hier aber nicht diskutiert werden, da sechs Monate ohnehin als vorübergehend einzustufen sind.

cc. Unvermeidbarkeit

Der Arbeitsausfall müsste auch unvermeidbar gewesen sein, § 96 Abs. 1 Satz 1 Nr. 3 SGB III. Nach § 96 Abs. 4 Satz 1 SGB III ist ein Arbeitsausfall nicht vermeidbar, wenn im Betrieb alle zumutbaren Vorkehrungen getroffen wurden, um den Eintritt des Arbeitsausfalls zu verhindern. Nach § 96 Abs. 4 Satz 2 Nr. 1 SGB III gilt ein Arbeitsausfall insbesondere dann als vermeidbar, wenn er überwiegend branchenüblich, betriebsüblich oder saisonbedingt ist oder ausschließlich auf betriebsorganisatorischen Gründen beruht (Nr. 1). Betriebsüblich sind Arbeitsausfälle, die auf der Eigenart des Betriebes beruhen. Dabei geht es auch um die Abgrenzung desjenigen Risikos, das von der Versichertengemeinschaft übernommen werden soll, zu einem solchen Risiko, das allgemein mit einem Betrieb der betroffenen Art einhergeht.

Hinweis:
Die weiteren in § 96 Abs. 4 Satz 2 bis 4 SGB III geregelten Regelbeispiele – Gewährung von Erholungsurlaub, Nutzung möglicher Arbeitszeitschwankungen – sind hier mangels Hinweisen im Sachverhalt auf entsprechende Optionen nicht einschlägig.

Fraglich ist, ob die A alle zumutbaren Vorkehrungen gegen den eingetretenen Arbeitsausfall getroffen hat. Für die Annahme einer zumutbaren Vermeidbarkeit spricht, dass es bereits vor den Umsatzeinbrüchen Proteste gegen die Verwendung von Nerzfellen gab und in den vergangenen Jahren eine allgemeine Tendenz in der Gesellschaft zu beobachten war, weniger tierische Produkte zu verwenden und auf einen „bewussten Konsum“ zu setzen, was sich unter anderem in einer stetig steigenden Anzahl von vegetarisch/vegan lebenden Menschen niedergeschlagen hat. In diesem Sinne lässt sich der Umsatzeinbruch durch verändertes Konsumentenverhalten durchaus als typisches Betriebsrisiko eines Unternehmens, das Echttierfelle verwendet, einstufen. Andererseits gab es bis zu den Berichten über die konkret von A verwendeten Nerzfelle keine Umsatzeinbrüche im Unternehmen der A. Vielmehr war der Umsatzeinbruch durch die spezifisch negative Berichterstattung konkret zu dänischen Nerzfarmen im Kontext der Corona-Pandemie bedingt; dagegen Vorkehrungen zu treffen, dürfte aus wirtschaftlicher Sicht nicht zwingend von A zu erwarten gewesen sein.

Hinweis:
An dieser Stelle sind mit entsprechender Argumentation beide Auffassungen vertretbar, insbesondere, da große Überschneidungen zum Merkmal des „Grund des Arbeitsausfalls“ in Form des „unabwendbaren Ereignisses“ bestehen. Das Bundessozialgericht hat die Vermeidbarkeit ebenfalls offengelassen, sich in der Tendenz aber eher dahingehend geäußert, dass dieses Tatbestandsmerkmal wohl – im Gegensatz zum unabwendbaren Ereignis – noch zu bejahen sein dürfte (v. 25.12.2005 – B 7a AL 10/05 R, Rn. 19 ff.).

dd. Mindestausfall

§ 96 Abs. 1 Satz 1 Nr. 4 SGB III bestimmt einen notwendigen Mindestumfang des Arbeitsausfalls. Danach muss im jeweiligen Kalendermonat des Anspruchs mindestens ein Drittel der in dem Betrieb beschäftigten Arbeitnehmerinnen und Arbeitnehmer von einem Entgeltausfall von jeweils mehr als zehn Prozent ihres monatlichen Bruttoentgelts betroffen sein, wobei der Ausfall auch jeweils 100 Prozent des monatlichen Bruttoentgelts betragen kann. Gemäß § 1 Nr. 1 KugV, der Sonderregelungen aufgrund der Corona-Pandemie enthält, genügt es, wenn mindestens zehn Prozent der in einem Betrieb beschäftigten Personen im jeweiligen Kalendermonat von einem Entgeltausfall von jeweils mehr als zehn Prozent betroffen sind. Vorliegend ist die Hälfte der Beschäftigten (sechs von zwölf) von einem Entgeltausfall von 100 Prozent betroffen, sodass diese Voraussetzungen jedenfalls erfüllt sind.

2. Betriebliche Voraussetzungen

Gemäß § 95 Satz 1 Nr. 2 SGB III müssen weiterhin die betrieblichen Voraussetzungen erfüllt sein. Nach § 97 Satz 1 SGB III sind die betrieblichen Voraussetzungen erfüllt, wenn in dem Betrieb mindestens eine Arbeitnehmerin oder ein Arbeitnehmer beschäftigt ist, wobei ein Betrieb im Sinne der Vorschriften über das Kurzarbeitergeld gemäß § 97 Satz 2 SGB III auch eine Betriebsabteilung ist. Bei der Definition des Betriebs wird auf den arbeitsrechtlichen Betriebsbegriff abgestellt, wonach ein Betrieb die organisatorische Einheit ist, innerhalb derer ein Arbeitgeber allein oder in Gemeinschaft mit seinen Mitarbeitern mit Hilfe von sächlichen und immateriellen Mitteln bestimmte arbeitstechnische Zwecke fortgesetzt verfolgt. Vorliegend ist die Näherei der A eine technisch-organisatorische Einheit in diesem Sinne. Dort werden auch mehrere Personen beschäftigt.

Hinweis:
Die Voraussetzung eines beschäftigten Arbeitnehmers dürfte – da bei dessen Fehlen bereits kein möglicher Anspruchsinhaber gegeben ist – streng genommen eine „überflüssige Doppelsicherung“ sein (so *Petzold* in: Hauck/Noftz, SGB III, Stand Mai 2012, § 97 Rn. 8); die Bedeutung von § 97 SGB III liegt eher in der Bestimmung der Vorgabe des Satzes 2 zum Betriebsteil, da dadurch beispielsweise das nach § 96 Satz 1 Nr. 4 SGB III zu erfüllende Quorum nur in einem Betriebsteil und nicht im gesamten Betrieb erfüllt sein muss.

3. Persönliche Voraussetzungen

Die persönlichen Voraussetzungen im Sinne des § 95 Satz 1 Nr. 3 SGB III ergeben sich aus § 98 SGB III. Sie müssen bei jeder einzelnen Person, die Kurzarbeitergeld bezieht, während des Bezuges vorliegen. Die persönlichen Voraussetzungen sind nach § 98 Abs. 1 SGB III erfüllt, wenn erstens die Arbeitnehmerin/der Arbeitnehmer nach Beginn des Arbeitsausfalls eine versicherungspflichtige Beschäftigung fortsetzt (Nr. 1 a), aus zwingenden Gründen aufnimmt (Nr. 1 b) oder im Anschluss an die Beendigung eines Berufsausbildungsverhältnisses aufnimmt (Nr. 1 c), zweitens das Arbeitsverhältnis nicht gekündigt oder durch Aufhebungsvertrag aufgelöst ist (Nr. 2) und drittens die Arbeitnehmerin oder der Arbeitnehmer nicht vom Kurzarbeitergeldbezug ausgeschlossen ist (Nr. 3). Die Nummern 1 bis 3 müssen kumulativ erfüllt sein, wobei die Buchstaben a bis c drei alternative Möglichkeiten der Erfüllung von Nr. 1 vorgeben. Vorliegend sollten die zuvor bestehenden fünf versicherungspflichtigen Beschäftigungsverhältnisse in der Näherei der A fortgesetzt werden (Nr. 1 a), eine Kündigung oder Auflösung der Arbeitsverhältnisse war nicht vorgesehen (Nr. 2) und auch ein Ausschluss der betroffenen Personen vom Kurzarbeitergeld (Nr. 3), der in § 98 Abs. 3 SGB III näher bestimmt ist, ist nicht gegeben. Folglich liegen die persönlichen Voraussetzungen vor.

Hinweis:
Neben der Vorgabe, dass es sich um fortgesetzte versicherungspflichtige Beschäftigungsverhältnisse handeln muss, soll § 98 SGB III vor allem sicherstellen, dass die Arbeitsverhältnisse auch tatsächlich aufrechterhalten werden, wenn Kurzarbeitergeld bezogen wird. Nur so wird der Zielsetzung des Kurzarbeitergeldes Rechnung getragen.

4. Anzeige des Arbeitsausfalls bei der Agentur für Arbeit

Schließlich setzt § 95 Satz 1 Nr. 4 die Anzeige des Arbeitsausfalls gegenüber der Agentur für Arbeit voraus. Die Anzeige, deren nähere Voraussetzungen § 99 SGB III regelt, kann nach § 99 Abs. 1 Satz 2 nur vom Arbeitgeber oder von der Betriebsvertretung erfolgen, mithin nicht von den Beschäftigten selbst. Mit der Anzeige ist ein erheblicher Arbeitsausfall glaubhaft zu machen, § 99 Abs. 1 Satz 4 SGB III. Eine entsprechende Anzeige müsste die A hier noch vornehmen.

Hinweis:
Es handelt sich bei der Anzeige, wie bei den anderen in § 95 Satz 1 SGB III genannten Voraussetzungen um eine echte materielle Anspruchsvoraussetzung, nicht lediglich –

aber auch – um eine Verfahrenshandlung (vgl. *Petzold* in: Hauck/Noftz, SGB III, Stand Oktober 2020, § 99 Rn. 2). Entscheidende Bedeutung kommt der Anzeige dahingehend zu, dass die Leistung frühestens ab dem Kalendermonat erfolgt, in dem die Anzeige eingegangen ist, § 99 Abs. 2 Satz 1 SGB III.

5. Ergebnis zu III.

Die Voraussetzungen des § 95 Satz 1 SGB III sind nicht gegeben, da der Arbeitsausfall nicht auf wirtschaftlichen Gründen oder einem unabwendbaren Ereignis beruht. Sofern dies aber unterstellt würde, lägen die Leistungsvoraussetzungen nach erfolgter Anzeige durch A vor.

IV. Antrag auf Kurzarbeitergeld

Zusätzlich zur Anzeige des Arbeitsausfalls nach § 99 SGB III muss – nach einem auf die Anzeige folgenden Anerkennungsbescheid – auch konkret die Auszahlung von Kurzarbeitergeld durch die Arbeitgeberin, hier A, beantragt werden, §§ 323 II, 327 III SGB III. Der Antrag ist innerhalb einer Ausschlussfrist von drei Monaten nach Ablauf des Monats zu stellen, in dem erste Leistungstage liegen, § 325 III SGB III.

Hinweis:
Bei dem Antrag handelt sich um eine formelle Anspruchsvoraussetzung, die streng genommen vor den materiellen Voraussetzungen zu prüfen wäre. Aufgrund der Zweigliedrigkeit des Kurzarbeitergeld-Verfahrens, in dem zunächst die Anzeige zu erfolgen hat und erst danach ein Antragsverfahren eingeleitet wird, ist hier eine Prüfungsreihenfolge gewählt worden, die dieser Chronologie folgt.

Ein Anspruch auf Kurzarbeitergeld bestünde für die betroffenen Beschäftigten bei fortgesetztem Vorliegen der Voraussetzungen längstens für zwölf Monate, § 104 Abs. 1 Satz 1 SGB III. § 1 der 2. KugBeV greift hier nicht, da eine Verlängerung auf eine Bezugsdauer von bis zu 24 Monaten nur bei Entstehen des Anspruchs bis zum 31.12.2020 vorgesehen ist. Der Höhe nach beträgt das Kurzarbeitergeld gemäß § 105 Abs. 1 Nr. 2 SGB III 60 Prozent der Nettoentgeltdifferenz (§ 106 SGB III) im Anspruchszeitraum, bei denjenigen, die die Voraussetzungen für einen erhöhten Leistungssatz nach § 149 Nr. 1 SGB III erfüllen – Vorhandensein mindestens eines Kinds – 67 Prozent. Bis zum 31.12.2021 beträgt das Kurzarbeitergeld allerdings gemäß § 421c Abs. 2 Satz 1 Nr. 2 III für Anspruchsberechtigte mit mindestens einem Kind ab dem vierten Bezugsmonat 77 Prozent und ab dem siebten Bezugsmonat 87 Prozent;

für die übrigen gemäß § 421c Abs. 2 Satz 1 Nr. 2 SGB III ab dem vierten Bezugsmonat 70 und ab dem siebten Bezugsmonat 80 Prozent.

C. Gesamtergebnis

Es besteht kein Anspruch auf Kurzarbeitergeld, da der Arbeitsausfall nicht auf einem wirtschaftlichen Grund oder einem unabwendbaren Ereignis beruht. Sofern dies aber unterstellt wird, bestünde ein Anspruch nach erfolgter Anzeige und Antragstellung in dargelegter Höhe für längstens zwölf Monate.

Teil 2

A. Klagebefugnis

Zu klären ist zunächst, ob A als Arbeitgeberin oder die betroffenen Arbeitnehmerinnen gegen den ablehnenden Bescheid klagen könnten.

Materiellrechtlich steht der Anspruch auf Kurzarbeitergeld – dies folgt eindeutig aus § 95 Satz 1 SGB III – den Arbeitnehmerinnen zu. Dies spricht dafür, dass die Arbeitnehmerinnen als Inhaberinnen des Anspruchs auch gemäß § 54 Abs. 1 Satz 2 SGG klagebefugt sein müssen, da bei Ablehnung der Zahlung und zumindest möglichem Anspruch eine Verletzung ihrer subjektiven Rechte droht. Allerdings greift § 54 Abs. 1 Satz 2 SGG nur, soweit „gesetzlich nichts anderes bestimmt" ist. Etwas anderes in diesem Sinne könnte sich vorliegend aus den Vorgaben zum Kurzarbeitergeld im SGB III ergeben.

Hinweis:
Die Darstellung konzentriert sich im Folgenden auf die Funktionen von Arbeitgeber und Arbeitnehmer im Verwaltungsverfahren und im Prozess. Die mögliche Rolle des Betriebsrates, der ebenfalls für die Arbeitnehmer auftritt, wird – da ein solcher hier nicht vorhanden ist – ausgeklammert.

Nach der gesetzlichen Konzeption des Bezuges von Kurzarbeitergeld sind dem Arbeitgeber wesentliche verfahrensrechtliche Funktionen zugeordnet. Der Arbeitgeber hat den Arbeitsausfall nach § 99 SGB III anzeigen, die Voraussetzungen für die Gewährung von Kurzarbeitergeld nach § 320 Abs. 1 Satz 1 SGB III er Agentur für Arbeit auf Verlangen nachzuweisen und innerhalb der Ausschlussfrist des § 325 Abs. 3

SGB III die Auszahlung von Kurzarbeitergeld gemäß § 323 Abs. 2 SGB III zu beantragen. Die genannten Vorschriften begründen eine umfassende Prozessstandschaft des Arbeitgebers im Verwaltungsverfahren, der die Rechte der Arbeitnehmer gegenüber der Agentur für Arbeit im eigenen Namen geltend macht. Die anspruchsberechtigten Arbeitnehmer selbst treten hingegen überhaupt nicht als Subjekt im Verwaltungsverfahren auf. Wesentlicher Zweck dieser gesetzlichen Konzeption ist einerseits die Verwaltungsvereinfachung – es soll für das Kollektiv aller betroffenen Arbeitnehmer zügig in einem einheitlichen Verfahren entschieden werden – und andererseits die Notwendigkeit der Darlegung von konkreten Angaben über die wirtschaftliche Situation des Betriebes, die typischerweise einzelnen Arbeitnehmern gar nicht möglich ist. Allerdings enthält das SGB III selbst nur die dargelegten Vorgaben für das Verwaltungsverfahren; zur Möglichkeit der Klageerhebung selbst schweigt das Gesetz. Dass das SGB III von einer umfassenden Verfahrens- und Prozessstandschaft des Arbeitgebers ausgeht, lässt sich jedoch insbesondere mit der Ausschlussfrist des § 325 Abs. 3 SGB III begründen. Durch die verspätete Antragsstellung – und diese ist allein Arbeitgeber und Betriebsrat möglich – geht der Anspruch des betroffenen Arbeitnehmers unwiederbringlich verloren, womit es allein der Arbeitgeber in der Hand hat, den Anspruch durchzusetzen. Es wäre widersprüchlich, wenn dem Arbeitnehmer, der aus den dargelegten Gründen im Verwaltungsverfahren gar nicht selbständig auftritt, eine eigene, zusätzliche Klagebefugnis eingeräumt werden würde.

B. Ergebnis

Folglich kann – und muss – ausschließlich die A als Prozessstandschafterin Klage erheben. Den Arbeitnehmerinnen fehlt dagegen die Klagebefugnis; ihre Klagen wären deshalb unzulässig. Das Risiko der Verfahrens- und Prozesskosten trägt daraus folgend ebenfalls ausschließlich A selbst.

Hinweis:
Die dargestellte Lösung entspricht der seit Jahrzehnten bestehenden Rechtsprechung des Bundessozialgerichts (BSG v. 20.5.2005 – B 11a-11 AL 15/04 R, Rn. 15 ff; BSG v. 29.8.1974 – 7 Rar 17/72, Rn. 18) und der überwiegenden Meinung in der Literatur (z.B. *Kühl* in: Brand, SGB III, 3. Auflage 2018, § 95 Rn 20 f.; *Petzold* in: Hauck/Noftz, SGB III, Stand Mai 2020, § 95 Rn. 14 f; *Ziegelmeier/Rittweger*, NZA 2020, 685, 687). Sie kann daher als gesicherte Praxis gelten, ist aber in der Sache nicht unproblematisch, denn den eigentlich anspruchsberechtigten Arbeitnehmern wird die Möglichkeit, ihre gesetzlichen Ansprüche eigenständig durchzusetzen, vollständig genommen. Das ist vor dem Hintergrund von Art. 19 Abs. 4 GG und da es an einer ex-

pliziten gesetzlichen Regelung zur Klageerhebung fehlt, durchaus fragwürdig. Es ist daher sehr gut vertretbar, eine Klagebefugnis der Arbeitnehmer jedenfalls im Antragsverfahren – das Anzeigeverfahren betrifft hingegen recht deutlich nur den Betrieb als Ganzen – zu bejahen, da die ablehnenden Bescheide die Arbeitnehmer unmittelbar belasten. Kritisch zur Rechtsprechung des Bundessozialgerichts mit beachtlichen Argumenten in diesem Sinne und mit unterschiedlichen alternativen Vorschlägen *Bieback* in: Gagel, SGB II/SGB III, 80. EL Dezember 2021, § 95 SGB III Rn. 88 ff. und *Müller-Grune* in: juris-PK-SGB III, Stand 22.4.2021 § 95 Rn. 34. Nach herrschender Meinung bleibt den Arbeitnehmern nur die Möglichkeit, ihre Arbeitgeber auf Schadensersatz vor dem Arbeitsgericht zu verklagen, sofern diese nicht ordnungsgemäß als Verfahrens- und Prozessstandschafter in ihrem Sinne agieren.

C. Statthafte Klageart

Hinsichtlich der statthaften Klageart ist zwischen dem Anzeigeverfahren nach § 99 SGB III und dem späteren Antragsverfahren zu unterscheiden. Das Anzeigeverfahren ist auf den Erlass eines Bescheides nach § 99 Abs. 3 SGB III gerichtet, in welchem die Agentur für Arbeit dem Anzeigenden zunächst nur bestätigt, dass ein erheblicher Arbeitsausfall im Sinne der Vorschriften über das Kurzarbeitergeld vorliegt und auch die betrieblichen Voraussetzungen gegeben sind. Folglich wäre – bei Erlass eines ablehnenden Bescheides – eine kombinierte Anfechtungs- und Verpflichtungsklage statthaft.

Hinweis:
Der Antrag der Klage würde lauten: „Es wird beantragt, den Bescheid vom … in der Gestalt des Widerspruchsbescheids vom … aufzuheben und die Beklagte (Bundesagentur) zu verpflichten, dem (Arbeitgeber) einen Bescheid zu erteilen, dass erheblicher Arbeitsausfall und die betrieblichen Voraussetzungen des Kurzarbeitergeldes gemäß Anzeige vom … bestehen“ (nach *Ziegelmeier/Rittweger*, NZA 2020, 685, 687).

Ergeht ein ablehnender Bescheid hingegen erst auf der zweiten Verfahrensstufe – also nach Erlass eines Anerkennungsbescheides im Antragsverfahren – ist das klägerische Begehren unmittelbar auf die Zahlung von Kurzarbeitergeld, mithin auf eine Leistung gerichtet, auf die ein Rechtsanspruch besteht. Statthaft ist folglich dann die kombinierte Anfechtungs- und Leistungsklage gemäß § 54 Abs. 1 und 4 SGG.

Hinweis:
Die Verfahren sind für die Kläger kostenfrei; § 197a SGG findet keine Anwendung, da der klagende Arbeitgeber bzw. Betriebsrat als Prozessstandschafter agiert (vgl. *Ziegelmeier/Rittweger*, NZA 2020, 685, 687).

Gliederung zu Fall 18

Teil 1

A. Arbeitsrechtliche Einführung von Kurzarbeit
B. Anspruch auf Kurzarbeitergeld
   I. Anspruchsgrundlage
   II. Versicherungspflicht nach dem SGB III
   III. Anspruchsvoraussetzungen nach § 95 Satz 1 SGB III
      1. Erheblicher Arbeitsausfall mit Entgeltausfall
         a. Arbeitsausfall mit Entgeltausfall
         b. Erheblichkeit des Arbeitsausfalls
            aa. Grund des Arbeitsausfalls
               (1) Wirtschaftliche Gründe
               (2) Unabwendbares Ereignis
            Hilfsgutachten
            bb. Vorübergehender Arbeitsausfall
            cc. Unvermeidbarkeit
            dd. Mindestausfall
      2. Betriebliche Voraussetzungen
      3. Persönliche Voraussetzungen
      4. Anzeige des Arbeitsausfalls bei der Agentur für Arbeit
      5. Ergebnis zu III.
   IV. Antrag auf Kurzarbeitergeld
C. Gesamtergebnis

Teil 2

A. Klagebefugnis
B. Ergebnis
C. Statthafte Klageart

Sozialrecht und Sozialpolitik in Europa
Schriftenreihe der Forschungsstelle für Sozialrecht und Sozialpolitik an der Fakultät für Rechtswissenschaft der Universität Hamburg
hrsg. von Prof. Dr. Gerhard Igl (Hamburg) und Prof. Dr. Dagmar Felix (Hamburg)

Helmut Ertel
Die sozialrechtliche Auslandsunfallversicherung
Die Träger der deutschen gesetzlichen Unfallversicherung können sog. Auslandsversicherungen gründen. Zweck solcher Einrichtungen ist, den Schutz des Sozialgesetzbuchs VII für inländische Unternehmen mit Personal im Ausland zu erweitern. Der Autor analysiert die bestehenden Auslands-Unfall-Versicherungen in rechtlicher und tatsächlicher Hinsicht. Neben weiteren Schwächen erkennt er insbesondere deren finanzielle Anfälligkeit bei Großschäden. Seine de lege ferenda-Vorschläge zeigen Möglichkeiten zur Problemlösung auf, einschließlich einer Vereinfachung von Organisationsstrukturen und -abläufen.
Bd. 45, 2020, 330 S., 49,90 €, br., ISBN 978-3-643-14763-9

Ragnar Hoenig
Der Abstand der Rente zur Grundsicherung
Eine rentenpolitische Forderung aus sozial- und verfassungsrechtlicher Sicht
Die Rentenversicherung garantiert selbst nach langjähriger Beitragszahlung keine Rente oberhalb der Grundsicherungsschwelle. Hier soll die neue Grundrente für langjährig Versicherte Abhilfe schaffen. Der Autor wirft einen Blick zurück auf die Entwicklung der Rentenversicherung und untersucht, ob das heutige Renten- und Grundsicherungsrecht Anhaltspunkte für die Forderung nach einem Abstand der Rente zur Grundsicherung liefern. Ferner geht er der Frage nach, ob die Grundrechte des Grundgesetzes die Abstandsforderung stützen.
Bd. 44, 2020, 380 S., 49,90 €, br., ISBN 978-3-643-14761-5

Sandra Isbarn
Stellen zur Bekämpfung von Fehlverhalten im Gesundheitswesen nach den §§81a, 197a SGB V
Eine Untersuchung der Aufgaben, Befugnisse und des Verfahrens der Stellen sowie ihrer Einrichtung als Ausdruck einer gesetzlichen Compliance-Pflicht
Durch Abrechnungsbetrug und Korruption entstehen im deutschen Gesundheitswesen jährlich geschätzte Schäden in Milliardenhöhe. Mit dem GKV-Modernisierungsgesetz wurden die Krankenkassen, die Kassenärztlichen Vereinigungen und ihre Spitzenverbände durch die §§ 81a, 197a SGB V dazu verpflichtet, Stellen zur Bekämpfung von Fehlverhalten im Gesundheitswesen einzurichten. Die Autorin untersucht ihre Aufgaben und Befugnisse und prüft, welches Verfahrensrecht einschlägig ist. Zudem ordnet sie die Stellen in das Konzept der Compliance ein.
Bd. 43, 2020, 390 S., 44,90 €, br., ISBN 978-3-643-14592-5

Dagmar Felix
Das Sozialrechtsfallbuch III
Das Sozialrechtsfallbuch aus dem Jahre 2014 hat einen Nachfolger bekommen: Das Sozialrechtsfallbuch III. 19 völlig neue und aktuelle Aufgabenstellungen aus den verschiedensten examensrelevanten Bereichen des Sozialrechts mit vollständig ausformulierten Lösungshinweisen ermöglichen die perfekte Vorbereitung auf Klausuren und Hausarbeiten in diesem Rechtsgebiet. Neben dem materiellen Recht werden auch das Verfahrensrecht und das sozialgerichtliche Verfahren berücksichtigt. Im Allgemeinen Teil des Buches werden auf rund 50 Seiten wichtige Aspekte der Fallbearbeitung besprochen; zudem finden sich wertvolle Hinweise zur Erstellung einer Haus- oder Seminararbeit.
Bd. 42, 2018, 448 S., 24,90 €, br., ISBN 978-3-643-14193-4

LIT Verlag Berlin – Münster – Wien – Zürich – London
Auslieferung Deutschland / Österreich / Schweiz: siehe Impressumsseite

Sebastian Lilje
Intersektorale und interpersonelle Kooperation im Gesundheitswesen unter besonderer Berücksichtigung des Verbots der Patientenzuweisung gegen Entgelt
Vertragsärzte und Krankenhäuser im Spannungsfeld zwischen Versorgungsoptimierung und strafrechtlicher Verfolgung
Seit rund 25 Jahren versucht der Gesetzgeber, die strikte Trennung von ambulanter Behandlung und Krankenhausbehandlung zu überwinden. Die Dissertation beschreibt in einem ersten Schritt die verschiedenen sektorenübergreifenden Versorgungsmodelle. Im zweiten Schritt wird auf die Korruptionsgefahren, die mit der Kooperation zwischen den Leistungserbringern einhergehen, eingegangen. Im Mittelpunkt steht dabei die Frage, wo die Grenze zwischen gewollter Kooperation und verbotener Korruption verläuft.
Bd. 41, 2018, 392 S., 49,90 €, br., ISBN 978-3-643-14164-4

Sören Deister
Qualitätssicherung im Krankenhaus
Rechtliche Voraussetzungen stationärer Qualitätssicherung im Spannungsverhältnis von Wissenschaftsvorbehalt und Gestaltungsspielraum des Gemeinsamen Bundesausschusses
Die Qualität von Krankenhausbehandlungen steht aktuell mehr denn je im Fokus gesundheitspolitischer Diskussionen und gesetzgeberischer Reformen. Das vorliegende Werk analysiert und systematisiert die Instrumente sozialrechtlicher Qualitätssicherung. Dabei geht es vorrangig um die Beantwortung der kontrovers diskutierten Frage, welchen formellen und materiellen Rechtmäßigkeitsanforderungen die Qualitätssicherungsvorgaben, die der Gemeinsame Bundesausschuss in Form untergesetzlicher Rechtsnormen verbindlich erlässt, genügen müssen.
Bd. 40, 2018, 350 S., 44,90 €, br., ISBN 978-3-643-14096-8

Kilian Ertl
Die Bewertung von medizinischen Methoden in der deutschen Rechtsordnung
Eine vergleichende Untersuchung anhand des sozial- und privatrechtlichen Krankenversicherungsrechts und des Einkommensteuerrechts
Das Recht wird in unterschiedlichen Zusammenhängen mit der Frage nach der Wirksamkeit und Qualität von medizinischen Untersuchungs- und Behandlungsmethoden konfrontiert. Das vorliegende Werk analysiert die hierfür maßgeblichen rechtlichen Vorgaben exemplarisch anhand des sozialrechtlichen und privatrechtlichen Krankenversicherungsrechts sowie des Einkommensteuerrechts. Im Zentrum stehen die für die rechtsförmige Methodenbewertung maßgeblichen Kriterien und verfahrensrechtlichen Vorgaben. Dabei werden auch die Bezüge zu den in der Medizin maßgeblichen Entwicklungen bis hin zur evidenzbasierten Medizin und „Real World Evidence" umfassend in die Untersuchung eingebettet.
Bd. 39, 2018, 570 S., 54,90 €, br., ISBN 978-3-643-14090-6

Jasmin Ludwig
Der europarechtliche Einfluss auf die Entwicklung des nationalen Heilberuferechts
Der Zugang zu den Heilberufen und die Gestaltung ihrer Ausbildung werden von nationalem und unionalem Recht geprägt. Die Berufsqualifikationsanerkennungsrichtlinie (Richtlinie 2005/36/EG) liefert die wesentlichen Vorgaben hierzu. Damit wird die gegenseitige Anerkennung der heilberuflichen Qualifikationen in den EU-Mitgliedstaaten ermöglicht. In dem vorliegenden Werk (Dissertation Univ. Kiel) werden die Einflüsse des unionalen Rechts auf die bundesrechtliche Regulierung der Heilberufe untersucht.
Bd. 38, 2018, 440 S., 49,90 €, br., ISBN 978-3-643-14042-5

LIT Verlag Berlin – Münster – Wien – Zürich – London
Auslieferung Deutschland / Österreich / Schweiz: siehe Impressumsseite

Dagmar Felix
Konfliktlösungsinstrumente bei dreiseitigen Verträgen und Beschlüssen der Selbstverwaltung im System der gesetzlichen Krankenversicherung
Bestandsaufnahme, Problemanalyse und Weiterentwicklung
Die bestehenden Konfliktlösungsinstrumente im SGB V sind auf bipolare Rechtsbeziehungen ausgerichtet. Für das Vertragsarztrecht ist das Schiedsamt (§ 89 SGB V) bedeutsam; Konflikte im Krankenhausbereich lösen die in § 114 SGB V und § 18a KHG genannten Schiedsstellen.
Die Grenzen zwischen den Sektoren lösen sich allerdings zunehmend auf. Normen wie § 115b SGB V oder § 116b SGB V erfordern den Abschluss dreiseitiger Verträge, und auch Gremien wie der Bewertungsausschuss nach § 87 SGB V werden immer öfter mit Fragen konfrontiert, die sowohl Ärzte als auch Krankenhäuser betreffen.
Vor diesem Hintergrund bedarf es einer neuen Konfliktlösungsstrategie. Vorgeschlagen wird die Etablierung eines „sektorenübergreifenden Entscheidungsgremiums" im SGB V, das eine spezifische, nicht durch die Versorgungsgrenzen beschränkte Kompetenz entwickeln soll, die in Zukunft von immer größerer Bedeutung werden dürfte.
Das Werk ist als Rechtsgutachten im Auftrag des Bundesministeriums für Gesundheit entstanden.
Bd. 37, 2018, 308 S., 34,90 €, br., ISBN 978-3-643-13974-0

Holger Brecht-Heitzmann (Hg.)
Die Integration Geflüchteter als Herausforderung für das Sozialrecht
Bd. 36, 2017, 160 S., 34,90 €, br., ISBN 978-3-643-13856-9

Susanne Reil
Geldleistungen im gegliederten Sozialsystem
Die soziale Sicherung bei Störungen der Leistungsfähigkeit
Bd. 35, 2018, 604 S., 59,90 €, br., ISBN 978-3-643-13848-4

Karl-Jürgen Bieback; Christoph Bögemann; Gerhard Igl; Felix Welti (Hg.)
Der Beitrag des Sozialrechts zur Realisierung des Rechts auf Gesundheit und des Rechts auf Arbeit für behinderte Menschen
Bd. 34, 2016, 206 S., 34,90 €, br., ISBN 978-3-643-13490-5

Christian Grube
Das Fürsorgerecht im Wandel der Zeit
Bd. 33, 2016, 268 S., 34,90 €, br., ISBN 978-3-643-13271-0

Hauke Christian Wiese
Die Einbindung von Gesundheitsberufen in die gesundheitssozialrechtlichen Leistungserbringungssysteme und der Einfluss auf die Gestaltung der Gesundheitsberufe und ihrer Berufsausübung
Bd. 32, 2016, 268 S., 39,90 €, br., ISBN 978-3-643-13246-8

Gerhard Igl; Felix Welti; Michael Eßer (Hg.)
Alter und Beschäftigungen
Arbeitssituationen, Lebensentwürfe und soziale Sicherung der über 50-Jährigen
Bd. 30, 2015, 216 S., 34,90 €, br., ISBN 978-3-643-13116-4

Judith Brockmann (Hg.)
Prävention an der Schnittstelle von Arbeits- und Sozialrecht
Bd. 29, 2014, 128 S., 24,90 €, br., ISBN 978-3-643-12779-2

Sandra Birte Carlson
Leistungsausschlüsse als Rationierungsinstrument im Gesundheitswesen
Eine vergleichende Untersuchung der Rechtslage in Deutschland und England
Bd. 28, 2014, 312 S., 44,90 €, br., ISBN 978-3-643-12582-8

Dagmar Felix
Das Sozialrechtsfallbuch II
Bd. 27, 2014, 424 S., 24,90 €, br., ISBN 978-3-643-12523-1

LIT Verlag Berlin – Münster – Wien – Zürich – London
Auslieferung Deutschland / Österreich / Schweiz: siehe Impressumsseite

Dörte Dörschner
Die Rechtswirkungen der UN-Behindertenrechtskonvention in Deutschland am Beispiel des Rechts auf inklusive Bildung
Bd. 26, 2014, 296 S., 39,90 €, br., ISBN 978-3-643-12472-2

Eckhard Bloch (Hg.)
Herausforderungen der regionalen Versorgung nach dem Versorgungsstrukturgesetz
Bd. 25, 2013, 72 S., 24,90 €, br., ISBN 978-3-643-12262-9

Philipp Köster
Das Leistungserbringungsrecht der medizinischen Rehabilitation
Bd. 24, 2013, 264 S., 39,90 €, br., ISBN 978-3-643-11936-0

Margarete Schuler-Harms (Hg.)
Konsensuale Handlungsformen im Sozialleistungsrecht
Bd. 23, 2012, 176 S., 24,90 €, br., ISBN 978-3-643-11891-2

Dagmar Felix
Das Sozialrechtsfallbuch
Bd. 22, 2012, 368 S., 24,90 €, br., ISBN 978-3-643-11771-7

Wolfgang Schütte (Hg.)
Abschied vom Fürsorgerecht
Von der „Eingliederungshilfe für behinderte Menschen" zum Recht auf soziale Teilhabe
Bd. 21, 2011, 304 S., 29,90 €, br., ISBN 978-3-643-11481-5

Gerhard Igl (Hg.)
Verbraucherschutz im Sozialrecht
Sozialleistungsberechtigte als Verbraucher, Nutzer und Mitgestalter sozialer Leistungen: Auf dem Weg zu einem eigenständigen Verbraucherschutz im Sozialrecht
Bd. 20, 2011, 184 S., 24,90 €, br., ISBN 978-3-643-11310-8

Christine Wilcken
Pflegebedürftigkeit und Behinderung im Recht der Rehabilitation und Teilhabe und im Recht der Pflege
Bd. 19, 2011, 384 S., 34,90 €, br., ISBN 978-3-643-11115-9

Malte Wüstenberg
Interdependenzen im Sozialrecht
Eine Untersuchung anhand der Regelaltersgrenze
Bd. 18, 2011, 232 S., 24,90 €, br., ISBN 978-3-643-11082-4

Dagmar Felix; Wolfgang Schütte (Hg.)
Medizinische Innovation im Krankenhaus
Steuerung und Finanzierung
Bd. 17, 2011, 112 S., 19,90 €, br., ISBN 978-3-643-11076-3

Karl-Jürgen Bieback (Hg.)
Neue Mitgliedschaft in der Sozialversicherung
Auf dem Weg in die Volksversicherung?
Bd. 16, 2010, 232 S., 24,90 €, br., ISBN 978-3-643-10685-8

Volker Eckhoff
Anreizsysteme bei der Beitragsgestaltung in der gesetzlichen Unfallversicherung
Bd. 15, 2010, 272 S., 29,90 €, br., ISBN 978-3-643-10582-0

LIT Verlag Berlin – Münster – Wien – Zürich – London
Auslieferung Deutschland / Österreich / Schweiz: siehe Impressumsseite